★★★ 반드시 내 것으로 ★★★

#MUSTHAVE

누적 2억 뷰 코로나보드를 만들며 풀스택 개발자로 거듭나기

코로나보드로 배우는
실전 웹
서비스 개발

코로나보드
일 최대 200만 뷰
누적 2억 뷰

Must Have 시리즈는 내 것으로 만드는 시간을 드립니다. 명확한 학습 목표와 핵심 정리를 제공하고, 간단명료한 설명과 다양한 그림으로 학습 효과를 극대화합니다. 설명과 예제를 제공해 응용력을 키워줍니다. 할 수 있습니다. 포기는 없습니다. 지금 당장 밑줄 긋고 메모하고 타이핑하세요! Must Have가 여러분의 성장을 돕겠습니다.

GOLDEN RABBIT

골든래빗은 가치가 성장하는 도서를 함께 만드실 저자님을 찾고 있습니다.
내가 할 수 있을까 망설이는 대신, 용기 내어 골든래빗의 문을 두드려보세요.

apply@goldenrabbit.co.kr

우리는
가치가 성장하는
시간을
만듭니다.

GOLDEN RABBIT

추천의 말

이 책은 원고 단계에서 베타 리딩을 진행했습니다. 보내주신 의견을 바탕으로 더 좋은 원고로 만들어 출간합니다. 참여해주신 모든 분께 감사드립니다.

웹 서비스 개발 중고급자

이 책은 사이드 프로젝트를 어떻게 해야 하는지를 처음부터 끝까지 알려주는 친절한 멘토입니다. 프로젝트 기획 및 설계부터 개발, 배포, 검색 엔진 최적화, 수익화까지 다루기 때문에 굉장히 많은 개념이 등장합니다. 그래서 대충 읽어서는 안 되고 하나하나 제대로 살펴가야 학습 효과를 최대한 끌어올릴 수 있습니다. 이 책을 통해 프로젝트 전체 흐름을 익히고, 자신만의 사이드 프로젝트에 적용시키면 더욱 성장할 수 있게 될 겁니다.

강보현 메가존 웹 개발자

코로나 위기 극복에 큰 도움을 준 코로나보드를 구현해본다는 것 자체부터 흥미로웠습니다. 서비스는 어떻게 설계하고 어떻게 구현하는지에 따라 정말 큰 차이가 납니다. 코로나보드 개발과 운영 노하우가 온전히 전달되어 유익했습니다. 특히 구글시트 활용은 굉장히 신선했습니다. 별도의 크롤링 사이트를 제공해주는 세심함도 느낄 수 있었습니다. 개발 후, AWS 환경 구성이 매우 자세히 설명이 되어 있어서 실제 서비스 구성에 유익합니다. 서비스를 위한 한 사이클을 제공하는 좋은 책입니다.

박찬웅 개발자

웹 개발을 하나도 모르는 사람도 이 책을 따라서 하나씩 같이 만들다 보면 멋진 서비스를 똑같이 구현할 수 있습니다. 서비스 구현에만 그치는 게 아니라, 도메인 연결, 배포, 광고까지 서비스 개발의 A부터 Z까지 경험할 수 있다는 큰 차별점을 제공합니다. 웹 개발 초급자부터 중급자까지, 사이드 프로젝트를 만들고 운영해보고 싶은 분께 큰 도움이 될 겁니다. 그동안 파이썬으로 크롤링했는데, 자바스크립트로 크롤링하는 법을 배우게 되어 너무 좋습니다.

최재현 쿠팡 시니어 프로그래머

웹 서비스 개발 초심자

웹사이트 제작 경험이 한 번밖에 없는 저도 차근차근 코로나보드를 만들어나갈 수 있었습니다. 웹 서비스의 프런트엔드와 백엔드를 실제 예제를 통해 이해할 수 있어서 이론만 학습할 때보다 더 도움이 되었습니다.

임소영 삼성서울병원 연구원

크롤링을 실습할 클론 사이트를 제공하다니, 이런 서비스까지 제공하는 서적은 처음 봤습니다! 웹 서비스 개발뿐만 아니라 도메인을 구입해 AWS에서 배포하고, 실제 운영(SEO 설정 및 광고 운영)까지 다루는 멋진 책입니다.

정현준 매드업 CTO

고민타파 5문 5답

Q 무언가 남다른 노하우가 부족하다고 느끼나요?

현실 세계 서비스 개발 노하우를 얻게 돼요. 갑자기 많은 사용자가 접속해도 장애 없이 안정적으로 서비스하는 동시에 서버 비용이 최소화되게 설계하려면 많은 경험이 필요합니다. 서비스 사용자에게 같은 기능을 제공하더라도 운영 비용이나 고가용성, 성능, 사용 기술이 다릅니다. 또한 구현하는 데 드는 시간과 노력도 천차만별입니다. 이 책은 쾌속으로, 그리고 개발과 운영비를 줄여서 일 200만 뷰를 감당하는 안정성 높은 서비스를 만드는 다양한 노하우를 알려줍니다. 웹 서비스를 만드는 노하우를 얻을 수 있어요.

Q 취준생이라 아직 경력란에 쓸 내용이 없나요?

경력란을 채울 제대로 된 사이드 프로젝트를 얻을 수 있어요. UI 클론코딩만 해서는 제대로 된 프로젝트로 인정받기 어려워요. 제대로된 서비스를 구현해야 이력이 됩니다. 이 책으로 필요한 기술을 하나하나 익혀 가면서 나만의 완성도 있는 사이드 프로젝트를 진행하세요. 그러면 경력란에 채울 수 있는 개인 프로젝트 이력을 마련할 수 있을 겁니다.

Q 운영 중인 서비스 유지비가 부담되나요?

운영비를 최소화하면서 수익화 방법을 익힐 수 있어요. 직접 서버를 운영하려니 운영비가 걱정되죠? 웹사이트에 구글 애드센스와 쿠팡 파트너스 두 가지 광고를 적용해보세요. 구글 애널리틱스로 사용자 행동을 분석해 웹사이트를 개선하고 방문자 수를 늘려보세요. 어느 순간 운영비보다 광고 수익이 커져, 운영비 걱정을 잊게 될 겁니다.

Q 무엇을 더 익혀야 성장할 수 있는지 모르겠나요?

직접 A부터 Z까지 만들며 풀스택 개발자로 거듭날 수 있어요. 백엔드, 프론트엔드로 구분 지어 내 영역만 알면 성장에 한계가 있습니다. 모든 영역에서 전문가가 될 수는 없지만 주력 아닌 영역을 어떻게 만들고, 어떻게 돌아가는지는 알아야 더 나은 개발을 할 수 있습니다. 더불어 엉뚱한 요구사항을 만들지 않으므로 원활한 협업도 가능하답니다.

Q 크롤러를 만들었는데 수동 조작하시나요?

자동 크롤링되는 파이프라인을 익힐 수 있어요. 크롤러는 수동으로 사용해서는 의미가 없습니다. 주기적으로 자동 실행될 때 효용성이 더 큽니다. 이 책은 크롤링, 저장, 데이터 업데이트를 반복하는 지속 가능한 자동화 파이프라인을 만들어 사용하는 방법을 알려드립니다.

이 책만의 특징

웹 서비스 지식이 없어도 OK

HTML · CSS · 자바스크립트를 익혔다면 웹 서비스 지식이 없더라도 나만의 웹 서비스를 만들 수 있게 알려드립니다. 리액트까지 알고 있으면 더 수월하게 읽을 수 있습니다.

크롤링 전용 사이트 제공

크롤링 전용 사이트를 제공합니다. 그래서 공부하면서 사이트 개편을 염려할 필요가 없습니다. 또한 법적인 문제가 발생하지 않습니다.

2가지 광고 수익 창출 서비스 사용

구글 애드센스와 쿠팡 파트너스 광고를 적용해 수익을 창출하는 방법을 알려드립니다.

실전 웹 서비스 개발

환경 구축 후 백엔드, 프론트엔드, 웹 서비스 구현(코로나보드), 배포, 운영 및 수익화 노하우를 5단계로 익힙니다.

운영비 절감 노하우 전달

서버 설정, HTTPS, 도메인 설정 등 목적을 달성하면서도 비용을 아끼는 방법을 알려드립니다. 그러면서도 일 200만 뷰 트래픽에도 끄떡없는 서비스를 만들 수 있게 이끌어줍니다.

10+ 가지 유익한 도구가 가득

개츠비, 부트스트랩, 구글 테이블, 노드JS, 익스프레스, MySQL, AWS, 클라우드플레어, 구글 애드센스, 구글 애널리틱스, 쿠팡 파트너스, 그래프 시각화 등 생산성을 돕는 다양한 도구를 사용합니다.

독자께 드리는 편지

HTML/CSS/자바스크립트 그다음 공부를 준비하는 초보자께

이 책은 서비스 하나를 온전히 만들고 운영하는 데 필요한 다양한 도구를 사용합니다. 여기서 다루는 크롤링, 노드JS, MySQL, AWS, 개츠비, 부트스트랩, 구글 애널리틱스 등은 각각 깊게 파고들면 책 한 권 분량이 나올 주제입니다. 그러므로 중도 포기하기보다는 더 공부해야 하는 주제를 체크해두고 꼼꼼히 읽고 따라 해보세요. 완독 후에 다른 서적이나 강의 등으로 추가 공부를 해나가면 더 나은 개발자로 성장할 수 있을 겁니다.

아직 웹 서비스 개발 경력이 없는 취준생께

취준생이 경력이 없는 것은 당연하지만, 경력란을 비워두어서는 경쟁력을 얻기 어렵습니다. 그렇다고 UI만 동작하는, 혹은 Restful API로 데이터를 받아와 게시판에 보여주는 프로젝트를 채워봤자 크게 메리트가 없습니다. 하지만 완전히 동작하는 서비스를 A부터 Z까지 만들고 운영까지 해본 경력은 다릅니다. 코로나보드 서비스를 따라서 구현해본 후에 자신만의 아이디어를 담아 새로운 사이드 프로젝트를 만들고 실제 운영해보세요. 분명 더 경쟁력 있는 이력이 되어줄 겁니다.

풀스택 개발자가 되고 싶은 프론트엔드/백엔드 현업 개발자께

coronaboard.kr에 실제 적용한 아키텍처와 기술을 알려드립니다. 개츠비를 활용한 정적 페이지 구성, 리액트를 활용한 동적 페이지 구성 방법, 각종 유용한 차트 라이브러리 활용 방법을 제공합니다. 간과하기 쉽지만 중요한 SEO 체크리스트를 확인해볼 수 있고, AWS를 사용한 기본적인 서버 운영 방법도 배울 수 있습니다. 게다가 생각지도 못한 비용 절감 노하우를 제공하고 있어 풀스택 개발자로 성장하는 좋은 경험을 제공해줄 겁니다.

이 책의 구성

이 책은 학습 흐름을 끊지 않기 위해 개발 환경부터 미리 구축해놓은 후, 웹 서비스를 개발하는 데 필요한 지식을 배우고 나서 코로나보드 클론 사이트를 개발합니다.

1단계 : 백엔드에서 서비스 준비하기

백엔드에서는 프론트엔드의 요청에 따라 데이터를 조회 및 가공해 응답합니다. 이번 단계에서는 데이터 종류나 사용 방식에 적합한 데이터 저장소를 선택하고 저장한 뒤, 저장한 데이터를 효율적으로 프론트엔드에 전달하는 방법을 알아봅니다.

2단계 : 프론트엔드로 사용자에게 다가가기

프론트엔드는 백엔드에서 받아온 데이터를 사용자에게 보여줍니다. 기본적인 프론트엔드 개발 환경을 리액트와 개츠비로 구축하고, 다양한 화면 크기에도 최적화되어 보이도록 반응형 레이아웃을 적용하고, 데이터를 그래프로 시각화하는 방법을 알아봅니다.

3단계 : PROJECT 코로나보드 만들기

앞서 배운 내용을 바탕으로 코로나보드와 거의 동일한 기능을 하는 클론 웹사이트를 컴포넌트 단위로 구현합니다. API와 구글 시트 등의 데이터 저장소로부터 웹사이트에 필요한 데이터를 불러와서 UI 컴포넌트에 전달하고, 부트스트랩과 CSS를 이용하여 UI 컴포넌트에 디자인을 적용합니다. 이렇게 만들어진 컴포넌트들을 조합하여 최종적으로 하나의 웹사이트를 완성합니다

4단계 : PROJECT 배포하고 운영하기

이제까지 개발한 코드들은 개발 환경에서만 동작했습니다. 이번 단계에서는 실제 사용자가 접속해서 볼 수 있도록 AWS^{Amazon Web Service}에서 제공하는 다양한 기능을 조합하여 운영 환경을 구축하는 방법을 알아보겠습니다.

5단계 : PROJECT 운영하며 광고 수익내기

서비스를 론칭한 후에는 사이트를 검색 엔진에 알리고 사용자를 모으고 분석하여 서비스를 수익화하는 방법도 살펴봅니다(구글 애드센스와 쿠팡 파트너스 광고 적용).

프롤로그 : 코로나보드의 시작, 성과, 의의

코로나보드의 시작

2020년 1월, 중국에서 시작된 원인불명 폐렴이 세계로 빠르게 침투하면서 날마다 흉흉한 뉴스가 헤드라인을 장식했습니다. 당시 저희 부부는 태국 치앙마이에서 '한 달 살기'를 하며 디지털 노마드로 '여행하면서 일하는 삶이 가능한가?'를 실험하던 중이었습니다. 그러던 중 태국에도 확진자가 나오기 시작했고, 1월 20일이 되자 한국에서도 첫 확진자가 보고되었습니다.

자연스럽게 저희 부부도 뉴스에 촉각을 곤두세울 수밖에 없었습니다. 하지만 산발적으로 쏟아지는 뉴스와 질병관리본부가 매일 오전 제공하는 한글 파일(HWP) 보도자료를 확인할 때마다 정보가 너무 파편화되어 보기가 어려웠습니다. 그러다 한국 확진자가 4명이 되었을 때 '아, 우리가 이 정보들을 좀 더 보기 좋게 가공해보는 것은 어떨까?'하는 생각이 들었고, 곧바로 코로나보드 프로젝트를 시작하게 되었습니다.

프로젝트 시작은 그다지 어렵지 않았습니다. 저희는 평소에 불편하게 느끼는 것 중 IT를 접목해 개선할 수 있을 만한 아이디어를 메모해두고, 함께 논의하고, 정말 필요하다 싶으면 직접 개발해보곤 해왔으니까요.

진행 중이던 다른 개인 프로젝트를 중단하고, 우선 코로나보드 제작에 전념하기로 했습니다. 당시 태국에 있었기 때문에 자연스럽게 국내(한국)뿐 아니라 해외 데이터도 함께 보여줘야겠다고 생각했습니다. 또한 당일에 공개되는 정보만으로는 흐름을 알기 어렵다고 판단하여 시계열 그래프와 같은 다양한 차트를 추가하기로 했습니다. 그렇게 꼬박 이틀 반나절을 쏟아부은 끝에 2020년 1월 29일 새벽 2시, 코로나보드를 세상에 선보일 수 있었습니다.

실수와 책임감

코로나보드를 론칭하고 그리 오래되지 않은 3월 중순, 어찌 보면 작지만 큰 실수를 저질렀습니다.

바티칸 시국이라는 인구 800명 정도의 작은 나라가 있습니다. 교황이 통치하는 신권 국가이자 전 세계 가톨릭 교회의 총 본부인 나라입니다. 바티칸 시국의 확진자는 3월 15일까지 1명뿐이었는데, 다음날인 16일 오전 9시쯤, 갑자기 50만 넘게, 사망자는 80만이 넘게 치솟았다고 코로나보드에

프롤로그 : 코로나보드의 시작, 성과, 의의

표시된 겁니다.

▼ 코로나보드 데이터 입력 오류(2020년 3월 16일)

세계	한국	차트	예방	확진자	뉴스	
국가	확진자	사망자	완치	사망률 (%)	완치율 (%)	
1 바티칸 시국 🏴	568,000 (+567,999)	892,045 (+892,045)	0	157.1	-	
2 중국 🇨🇳	80,849 (+1)	3,199	66,926	4.0	82.8	

▼ 네이버 급상승 검색어(2020년 3월 16일)

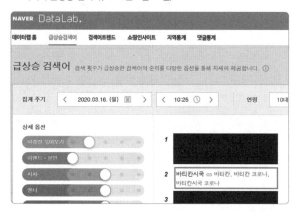

저희는 오랜만에 늦잠을 자느라 이 사태를 오전 10시까지 인지하지 못하고 있었습니다. 그러는 사이 네이버 실시간 검색에까지 오르고 '바티칸 시국 확진자 80만 명', '왜 확진자가 이렇게 많나?' 식의 기사까지 뜨고, 50통이 넘는 항의 메일이 와 있었습니다. 식은땀을 흘리며 데이터를 수정했던 기억이 지금도 생생합니다. 그도 그럴 것이 3월은 코로나19에 대한 관심도가 가장 높았던 시기입니다. 코로나보드 일일 페이지 뷰 수가 200만에 달할 정도로요. 나중에 분석해보니 크롤러가 잘못된 값을 가져와 그대로 입력해버려서 생긴 오류였습니다.

솔직히 처음에는 조금 가벼운 마음으로 시작했던 것 같습니다. 그런데 방문자 수가 하루가 다르게 늘어나 부담이 점점 커져가던 차에, 이 실수가 결정적인 계기가 되어 저희가 만든 서비스가 얼마나 많은 사람에게 영향을 주는지 깨닫게 되었습니다. 이제껏 느껴보지 못한 무거운 책임감이 어깨를 짓누르는 듯했습니다. 그 뒤로는 데이터를 더욱 철저히 검증하고, 잘못된 숫자가 배포되는 것을 막는 안전장치도 코드 구석구석 심어두었습니다. 그렇지만 크고작은 문제는 계속 발생했습니다. 그때마다 최대한 빠르게 대처하느라 점점 심적 부담도 커졌습니다.

성장과 고민

코로나보드 개발을 진행하면서 다양한 문제에 직면했습니다. 초반에는 질병관리본부 보도자료를 직접 눈으로 보고 손으로 옮겨적는 방식으로 확진자 현황을 정리했는데, 사태가 장기화되면서 매일 오전 수동으로 하는 작업에 점점 지치기 시작했습니다. 그래서 게시판을 모니터링하고 있다가 일일현황 PDF가 업로드되면 내려받아 파싱^{parsing}해서 기입하는 과정을 자동화했습니다. 그러나 종종 PDF 파일의 양식이 변경되거나 일일 확진자 기준이 달라지면 그에 맞게 모든 코드를 수정해야 했습니다.

특히 일일 확진자를 0시(전일 0시 ~ 당일 0시), 16시(당일 0시 ~ 당일 16시) 기준으로 하루 두 번 발표했던 2020년 3월 1일 ~ 11일 기간에 가장 힘들었던 것 같습니다. 16시 집계 수치가 발표되면 증가량을 표시하는 기준을 당일 0시로 할지, 전일 16시로 할지에 따라서 숫자가 크게 차이가 났고 저희 부부끼리도 의견이 잘 맞지 않아서 변경된 기준으로 데이터를 반영하는 데 꽤 오랜 시간이 걸렸습니다. 고심 끝에 아래와 같은 다이어그램을 도입했지만 공들여 개발한 것이 무색하게 일주일도 안 돼서 질병관리청에서 하루 한 번 0시 기준으로 발표하는 것으로 기준을 변경해 씁쓸하게 코드를 주석 처리한 기억이 납니다.

▼ 하루 두 번씩 확진자 수를 발표했을 때 추가한 다이어그램

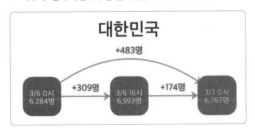

프롤로그 : 코로나보드의 시작, 성과, 의의

첫 론칭 후 감염 양상이 복잡해짐에 따라 저희의 고민도 늘어갔습니다. 사람들이 어떤 정보를 궁금해할지, 데이터를 어떻게 가공하고 분리해서 보여주면 더 의미 있는 형태로 보여질지를 끊임없이 연구했습니다.

먼저 코로나보드에 다양한 형태의 차트를 추가했습니다. 검사자 대비 확진자 비율을 보여주는 검사 현황 그래프, 확진자와 사망자의 증가 속도를 가늠해볼 수 있는 로그스케일(y축) 그래프, 최근 7일 및 월별 확진 현황을 보여주는 기능 등 다른 사이트에서는 볼 수 없는 다양한 기준으로 작성된 차트와 그래프를 제공했습니다.

▼ 코로나보드에 추가된 다양한 차트

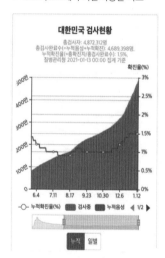
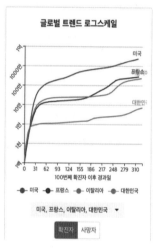
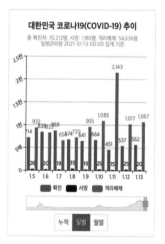

운영 면에서는 특히 용어를 정리하고 분류 기준을 세우는 일에 고민이 많았습니다. 치사율, 치명률의 차이, 일본 크루즈에서 발생한 확진자를 일본 본토로 편입할지 여부, 확진자 동선 공개 시 공개할 정보의 범위 등 운영적으로도 결정해야 할 부분이 많았습니다. 더욱이 메일로 쏟아지는 다양한 의견을 전부 수용하기 어려웠습니다.

다행히 이제는 많은 기준이 정리되어 안정적으로 서비스를 제공하고 있습니다.

성과와 의의

코로나보드는 2020년 1월 29일 론칭 후 여러 커뮤니티에 소개되고 유명 정치인이 트위터에 공유하면서 방문자 수가 급격하게 치솟아, 2020년 3월에는 일일 200만 뷰에 달했습니다. 이러한 급격한 방문자 수 증가에도 별다른 장애 없이 서비스를 제공했습니다.

4월 이후로는 사람들이 코로나19에 점점 익숙해지면서 관심이 줄어들었고, 2020년 10월에는 월 순수 이용자 수(MAU)가 78만 명 정도까지 내려왔습니다.

어느 정도 사이트 운영이 안정된 후에는 국내 거주 외국인을 위해 영문 페이지도 만들었으며, 자원봉사 번역가들의 도움을 받아 일본어와 중국어 서비스도 제공할 수 있었습니다. 나아가 저희 코드를 기초로 미국, 프랑스, 네덜란드 지인들이 각자 자신의 나라에 맞춰 최적화한 서비스를 추가하는 등, 나름 글로벌한 서비스로 확장·운영되고 있습니다.

개인적 의의

이번 일로 저희 부부는 새로운 경험을 많이 해보았고 좋은 인연도 많이 만들었습니다.

먼저 2020년 3월에는 매일경제와 주간동아 등 다양한 매체와 인터뷰를 진행했습니다. 이어서 5월에는 한국정보화진흥원에서 발간한 〈한국의 코로나19 대응 ICT사례집〉[1]에도 소개되었으며 11월에는 한겨레 '사람과 디지털 연구소'에서 주관하는 휴먼테크놀로지 어워드 사회공헌부문에서 우수상을 수상하기도 했습니다.

지금 여러분이 읽고 계시는 이 책도 집필하게 되었습니다. 덕분에 책이라는 매체를 통해 미래의 코로나보드 제작자들과 소통하는 무척 색다른 경험을 하게 되겠네요.

무엇보다 다양한 인연, 커뮤니티, 사이트 방문자 등과 소통하면서 우리나라는 물론 국제 사회의 구성원이라는 사실을 자각하고 유대감을 키우는 계기가 되었습니다. 특히 미국, 프랑스, 네덜란드 개발을 도와준 최희중, Jean-Pierre Tran, 류영경, 조유빈 님에게 감사의 말씀을 전하고 싶습니다.

---

[1] https://www.nia.or.kr/site/nia_kor/ex/bbs/View.do?cbIdx=39485&bcIdx=22151&parentSeq=22151

프롤로그 : 코로나보드의 시작, 성과, 의의

또한 자발적으로 많은 양의 번역을 도와주신 전국 각지의 번역 봉사자들에게도 감사드립니다.

사회, 공공 측면의 의의

〈한국의 코로나19 대응 ICT사례집〉에서는 코로나보드를 다음과 같이 평해주셨습니다.

- 이용자들에게 국제적 차원에서는 코로나19의 확산 상황을 종합적으로 이해할 수 있게 하며, 국내 차원에서는 코로나19 확진자들의 상세한 동선 공개 등을 포함한 자세한 정보를 제공하여 코로나19 상황에 대한 일반 다수의 건강한 상황대처능력을 길러준다.
- 코로나19가 전 세계로 급속히 확산되며 많은 사람에게 막연한 불안과 공포를 안겨줄 때, 코로나보드는 한국의 질병관리본부, WHO 및 각국 보건 관련 기관 사이트를 출처로 하여 일반인에게 신뢰도 높은 정보를 신속하게 전달해주었다.
- 특히 한국에서는 검사 현황, 확진자 분포 및 분석 등 아주 상세한 내용까지 알려주어 정부의 적극적이고 공격적인 코로나19 대응 노력을 홍보해주는 역할도 하였다.

개인적으로 코로나보드 프로젝트를 진행하면서 가장 의미 있다고 생각한 부분은 깃허브GitHub 저장소에 CSV 형태로 일별 확진자 현황을 공개한 겁니다. 학계는 물론 업계의 많은 분으로부터 이 데이터가 큰 도움이 되었다는 이야기를 들었을 때 최고로 뿌듯했습니다.

▼ 깃허브 저장소에서 CSV 형태로 제공되는 국내 지역별 확진자 현황

	date	region	confirmed	death	released
2	20200217	서울	14	0	3
3	20200217	부산	0	0	0
4	20200217	대구	0	0	0
5	20200217	인천	1	0	1
6	20200217	광주	2	0	0
7	20200217	대전	0	0	0
8	20200217	울산	0	0	0
9	20200217	세종	0	0	0
10	20200217	경기	11	0	4

5203 lines (5203 sloc)　135 KB

https://github.com/jooeungen/coronaboard_kr

목차

목차

목차

목차

개발 환경 구축

#MUSTHAVE

☐ **학습 목표**	코로나보드를 개발하는 개발 환경을 구축합니다. 노드JS$^{Node.js}$, MySQL을 윈도우와 맥OS에 설치하고 실행하는 방법을 알아봅니다.

☐ **학습 순서**

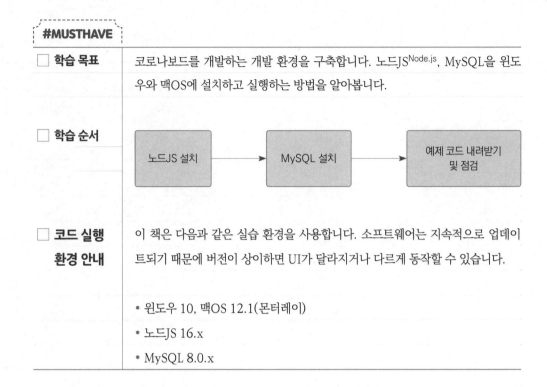

☐ **코드 실행 환경 안내**	이 책은 다음과 같은 실습 환경을 사용합니다. 소프트웨어는 지속적으로 업데이트되기 때문에 버전이 상이하면 UI가 달라지거나 다르게 동작할 수 있습니다. • 윈도우 10, 맥OS 12.1(몬터레이) • 노드JS 16.x • MySQL 8.0.x

0.1 개발 환경 설치하기

윈도우와 맥OS에 노드JS와 MySQL을 설치합니다. 노드JS는 LTS 버전을 추천합니다. LTS란 Long Term Support(장기 지원)의 약자로, 릴리스 후 상대적으로 긴 30개월 간 유지보수를 지속하는 버전을 뜻합니다.

알려드려요

이 책을 실습하려면 깃^{Git}이 설치되어 있어야 합니다. 개발 환경에 설치되어 있지 않다면 먼저 깃을 기본값으로 설치해주세요.

• 깃 다운로드 URL : https://git-scm.com/downloads

0.1.1 윈도우 개발 환경 구축하기

To Do <u>노드JS 설치</u>

01 웹브라우저에서 노드JS 홈페이지(https://nodejs.org/ko/)에 방문하면 바로 다운로드 페이지가 나타납니다.

02 '안정적, 신뢰도 높음' 표시가 있는 버전(집필 시점에서는 16.13.2 LTS)을 클릭하여 다운로드를 합니다.

03 다운로드한 설치 파일을 클릭하여 실행합니다. 모든 설정을 기본값으로 설치합니다.

04 설치가 완료됐으면 명령 프롬프트를 통해 설치가 잘됐는지 확인해보겠습니다. 윈도우 + R 키를 눌러서 실행창을 띄웁니다. 실행창에 cmd를 입력하고 확인을 클릭하거나 enter 키를 누르세요.

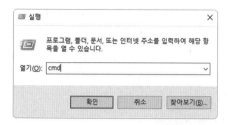

05 명령 프롬프트가 열리면 다음 명령어를 실행합니다. 버전 번호가 잘 출력되면 제대로 설치된 겁니다.

```
C:\Users\yjiq150>node --version
v16.13.2
```

To Do **MySQL 서버 설치**

01 웹브라우저에서 MySQL 커뮤니티 버전 다운로드 페이지(https://dev.mysql.com/downloads/installer)에 방문합니다. ❶ 운영체제가 윈도우인지 확인 후 → ❷ [Download] 버튼을 클릭합니다.

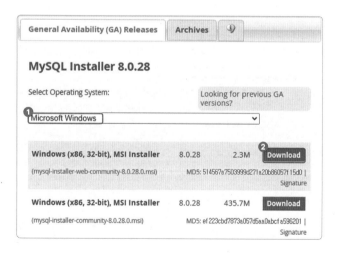

02 ❶ [No thanks, just start my download] 버튼을 클릭하면 다운로드가 시작됩니다.

03 다운로드한 설치 파일을 실행합니다. ❶ 기본값으로 두고 ❷ [Next>] 버튼을 클릭해 설치를 진행합니다.

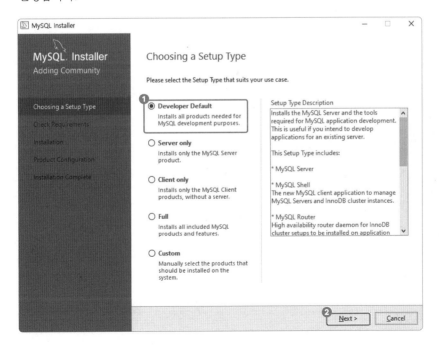

04 MySQL을 설치하는 데 필요한 요구 사항을 점검해 알려줍니다. ❶처럼 설치할 목록이 보입니다(안 보이면 모든 항목이 이미 설치되어 있는 겁니다). Status가 ❷ Manual로 된 항목은 무시합니다. ❸ 우선은 [Execute] 버튼을 클릭해 자동 설치가 가능한 항목을 설치합니다.

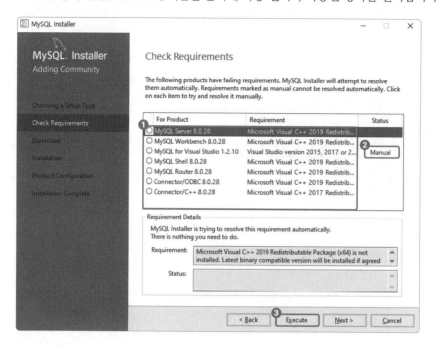

05 설치할 항목이 보입니다. ❶ [Execute] 버튼을 클릭해 설치합니다.

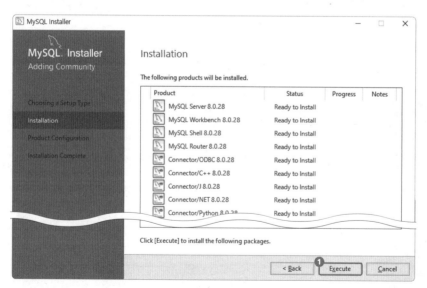

06 제품 설정 화면이 나오면 ❶ [Next〉] 버튼을 클릭해 진행합니다. 기본값으로 설치를 진행했을 때 총 3가지 제품에 대한 설정을 진행해야 하는데 ❷ MySQL 서버를 제외한 다른 제품은 이 책에서 사용하지 않기 때문에 설정하지 않아도 무관합니다.

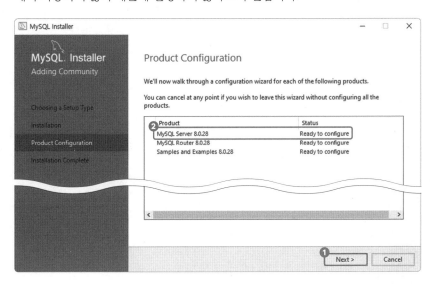

07 네트워크와 권한 설정창이 차례대로 뜹니다. 기본값으로 진행하다가 → 다음과 같이 루트 계정 비밀번호 설정 화면이 나오면 ❶ 비밀번호를 입력합니다. 이 비밀번호는 나중에 서버에 접속할 때 꼭 필요하니 잘 기억해두세요. ❷ [Next〉] 버튼을 클릭합니다.

08 MySQL 서버를 윈도우 서비스 형태로 등록하여 사용할지 여부를 결정합니다. ❶ [Start the MySQL Server at System Startup] 항목을 활성화해두면 MySQL 서버 설치가 완료된 후 컴퓨터를 재시작하더라도 자동으로 MySQL 서버가 실행되기 때문에 편리합니다. ❷ [Next] 버튼을 클릭해 설치를 계속 진행합니다.

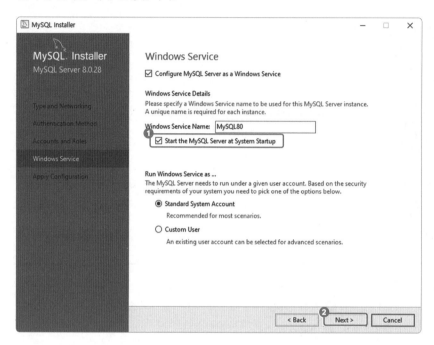

09 ❶ [Execute] 버튼을 클릭해 설정을 적용합니다.

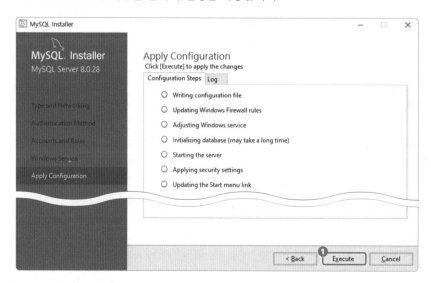

10 ❶ [Finish] 버튼을 클릭해 완료합니다.

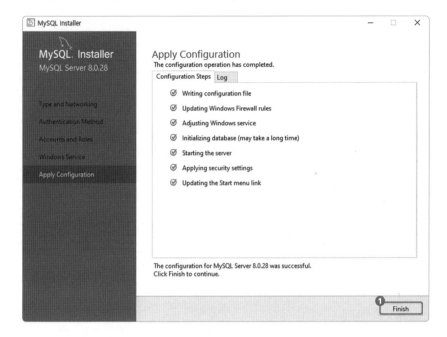

11 나머지 두 제품은 사용하지 않기 때문에 특별히 설정할 필요가 없으니 ❶ [Cancel] 버튼을 눌러 설정을 생략합니다.

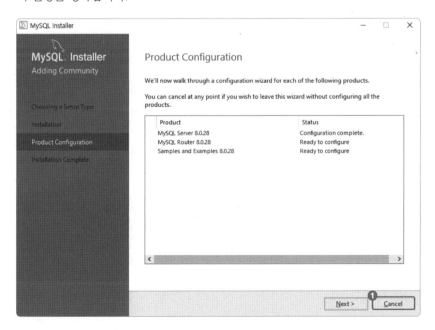

12 모든 설치가 완료되었습니다. ❶ [Finish] 버튼을 눌러주세요.

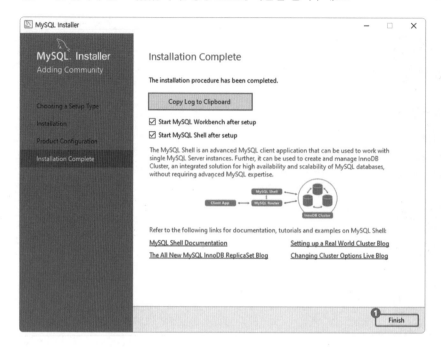

13 명령 프롬프트를 열고 다음 명령어를 입력합니다. 이 명령어는 mysql 프로그램이 어떤 경로에서든 실행될 수 있도록 경로path 환경 변수를 변경해주는 역할을 합니다. 변경된 설정을 적용되려면 명령 프롬프트를 닫고 다시 실행해야 합니다.

```
C:\Users\yjiq150>setx path "%path%;C:\Program Files\MySQL\MySQL Server 8.0\bin\"

성공: 지정한 값을 저장했습니다.
```

14 명령프롬프트를 새로 실행합니다. 다음 명령어를 입력했을 때 다음과 같이 MySQL 버전이 출력되면 제대로 설치된 겁니다.

```
C:\Users\yjiq150>mysql --version

mysql  Ver 8.0.22 for Win64 on x86_64 (MySQL Community Server - GPL)
```

0.1.2 맥OS 개발 환경 구축하기

To Do **노드JS 설치**

01 웹브라우저에서 노드JS 홈페이지(https://nodejs.org)에 방문하면 바로 다운로드 페이지가 나타납니다.

02 '안정적, 신뢰도 높음' 표시가 있는 버전(집필 시점에서는 16.13.2 LTS)을 클릭하여 다운로드를 합니다.

03 다운로드한 설치 파일을 클릭하여 실행합니다. 모든 설정을 기본값으로 설치합니다.

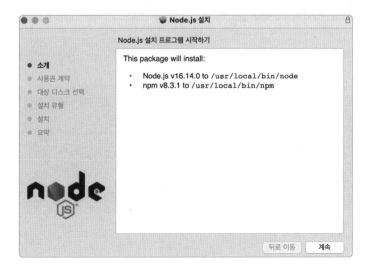

04 터미널에 node --version 명령어를 실행하여 노드JS가 정상적으로 설치되었는지 확인합니다. 버전이 출력되면 성공적으로 설치한 겁니다.

```
$ node --version
v16.13.2
```

To Do ## MySQL 서버 설치

01 홈브류가 아직 설치되어 있지 않다면 다음 명령으로 홈브류부터 설치합니다(https://brew. sh 참조).

```
$ /bin/bash -c "$(curl -fsSL
https://raw.githubusercontent.com/Homebrew/install/HEAD/install.sh)"
```

02 설치가 제대로 되었는지를 확인합니다.

```
$ brew --version
Homebrew 3.3.14

Homebrew/homebrew-core (git revision e2fbb32f441; last commit 2022-02-09)

Homebrew/homebrew-cask (git revision d2a705cdda; last commit 2022-02-09)
```

03 홈브류의 패키지 정보를 최신으로 업데이트합니다.

```
$ brew update
```

04 MySQL 관련 패키지들을 확인하고 싶으면 brew search 명령에 검색어로 mysql을 지정해 실행하면 됩니다.

```
$ brew search mysql
==> Formulae
automysqlbackup          mysql-client             mysql-sandbox
mysql@5.7                mysql                    mysql-client@5.7
mysql-search-replace     mysqltuner               mysql++
mysql-connector-c++      mysql@5.6
```

검색된 목록 중 mysql이 우리가 설치하고자 하는 MySQL 서버를 의미하는 패키지입니다. 특별히 버전을 지정하지 않으면 홈브류에 등록된 가장 최신 버전이 설치됩니다. 원하는 버전이 따로 있다면 mysql@5.7처럼 버전이 명시된 패키지를 설치하면 됩니다.

참고로 mysql-client는 MySQL에 접속해 쿼리^{query}를 수행하는 CLI 도구입니다. MySQL 서버에는 이 기능도 포함되어 있으니 별도로 설치할 필요는 없습니다. 이 패키지는 원격지의 MySQL 서버를 이용할 때 설치하면 됩니다.

05 install 명령어로 MySQL 서버를 설치하면 자동으로 최신 버전[1]을 설치합니다.

```
$ brew install mysql

... 생략 ...

We've installed your MySQL database without a root password. To secure it run:
    mysql_secure_installation

MySQL is configured to only allow connections from localhost by default

To connect run:
    mysql -uroot

To have launchd start mysql now and restart at login:
  brew services start mysql
Or, if you don't want/need a background service you can just run:
  mysql.server start
```

06 설치가 끝났으면 실행해봅시다. 다음 명령은 MySQL 서버를 일회성으로 실행합니다. 컴퓨터를 재시작하면 서버가 자동으로 실행되지 않기 때문에 다시 실행해야 합니다.

```
$ mysql.server start
```

컴퓨터를 재시작하더라도 MySQL이 자동으로 실행되길 바란다면 다음처럼 서비스 형태로 실행해야 합니다.

---

1   집필 시점에 최신 버전은 8.0.22입니다. 이 책에서는 MySQL의 기본 기능만 사용하기 때문에 완전히 첫째 자리(8 버전)만 같다면 문제가 없습니다.

```
$ brew services start mysql ———  서비스 시작

$ brew services stop mysql ———  서비스 종료

$ brew services restart mysql ———  서비스 재시작
```

notice 이 책은 MySQL 서버가 실행 중인 상태를 가정하고 진행합니다. 서버가 실행된 상태를 유지하고 실습해주세요.

To Do MySQL 서버 보안 설정하기

brew 명령으로 MySQL 서버를 설치하면 루트 계정이 비밀번호 없이 생성됩니다. 개발 용도로 로컬에서 사용하는 경우라면 비밀번호를 반드시 설정할 필요는 없지만, 보안을 중시하는 습관을 들이기 위해서라도 루트 계정에 비밀번호를 설정해두는 것이 좋습니다.

mysql_secure_installation 명령을 실행하면 루트 비밀번호 설정 외에도 보안성을 높여주는 여러 가지 설정이 문답 형식으로 진행됩니다. 차례로 설명하겠습니다.

01 처음 질문은 비밀번호가 충분히 안전한지를 검사하는 컴포넌트를 활성화할지를 묻습니다. 개발 목적으로 사용하는 로컬 데이터베이스에서 꼭 필요한 기능은 아니라서 'n'을 입력해서 비활성화했습니다.

```
$ mysql_secure_installation

Securing the MySQL server deployment.

Connecting to MySQL using a blank password.

VALIDATE PASSWORD COMPONENT can be used to test passwords
and improve security. It checks the strength of password
and allows the users to set only those passwords which are
secure enough. Would you like to setup VALIDATE PASSWORD component?

Press y¦Y for Yes, any other key for No: n ——— 비밀번호 안전성 검사 비활성화
```

02 이어서 루트 계정의 새로운 비밀번호를 물어보며, 독자가 원하는 값을 입력하면 됩니다.

```
Please set the password for root here.

New password:
Re- enter new password:
```

03 다음으로 익명 사용자의 접근을 막을지 물어봅니다. 개발용 데이터베이스도 운영 환경과 비슷하게 맞춰주는 게 좋으므로 'y'를 입력해 익명 사용자를 삭제합니다.

```
By default, a MySQL installation has an anonymous user,
allowing anyone to log into MySQL without having to have
a user account created for them. This is intended only for
testing, and to make the installation go a bit smoother.
You should remove them before moving into a production
environment.

Remove anonymous users? (Press y¦Y for Yes, any other key for No) : y
Success.
```

04 다음은 루트 계정이라도 원격 접속은 막을지를 물어봅니다. 루트 계정은 MySQL 서버 내의 모든 데이터베이스에 접근할 수 있으니 원격 접속을 막아두는 것이 안전합니다. 외부 애플리케이션에서 접근할 때는 별도 계정을 통해 꼭 필요한 데이터베이스만 이용할 수 있도록 제한하는 것을 추천합니다. 따라서 'y'를 입력합니다.

```
Normally, root should only be allowed to connect from
'localhost'. This ensures that someone cannot guess at
the root password from the network.

Disallow root login remotely? (Press y¦Y for Yes, any other key for No) : y
Success.
```

05 모든 계정에서 접근 가능한 'test'라는 이름의 데이터베이스를 삭제할지 묻습니다. 단순 테스트 용도의 데이터베이스이므로 삭제해도 무관합니다. 'y'를 입력합니다.

```
By default, MySQL comes with a database named 'test' that
anyone can access. This is also intended only for testing,
and should be removed before moving into a production
environment.


Remove test database and access to it? (Press y¦Y for Yes, any other key for No) : y
 - Dropping test database...
Success.

 - Removing privileges on test database...
Success.
```

06 마지막으로 지금까지 변경한 설정을 바로 적용할지 묻습니다. 'y'를 입력합니다.

```
Reloading the privilege tables will ensure that all changes
made so far will take effect immediately.

Reload privilege tables now? (Press y¦Y for Yes, any other key for No) : y
Success.

All done!
```

이것으로 MySQL 서버의 보안 설정까지 마무리했습니다.

0.2 깃허브에서 예제 코드 내려받기

이 책은 모든 예제를 깃허브에서 제공합니다. 깃허브에서 예제 코드를 다운로드하고 구성을 살펴봅시다.

To Do **예제 소스 코드 다운로드**

이 책에 등장하는 모든 예제 코드를 깃허브에서 내려받을 수 있습니다. 저장소 위치는 다음과 같습니다.

- **예제 소스** : https://github.com/yjiq150/coronaboard-book-code

01 이 책의 깃허브 원격 저장소로 이동합니다.

02 ❶ `Code ▾` ➞ ❷ `⬇ Download ZIP` 을 클릭합니다.

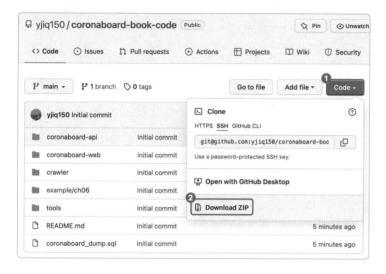

03 내려받은 압축 파일을 작업할 폴더에 풀어놓습니다.

이름 ⌃	수정일	크기	종류
> 📁 coronaboard-api	오늘 오후 5:09	--	폴더
> 📁 coronaboard-web	오늘 오후 5:09	--	폴더
> 📁 crawler	오늘 오후 5:09	--	폴더
> 📁 example	오늘 오후 5:09	--	폴더
> 📁 tools	오늘 오후 5:09	--	폴더
📄 coronaboard_dump.sql	오늘 오후 5:09	5.7MB	SQL File
📄 README.md	오늘 오후 5:09	757바이트	Markdo...cument

- **coronaboard-api** : 코로나보드 API 서버
- **coronaboard-web** : 코로나보드 프론트엔드
- **crawler** : 코로나보드 크롤러
- **example** : 단원별 예제 코드 조각
- **tools** : 구글 시트에서 공지사항 및 국가 정보를 받아오는 다운로더
- **coronaboard_dump.sql** : 코로나 발생 시작인 2020년 1월 20일부터 2021년 6월 5일까지의 국가별 코로나19 통계가 포함된 데이터베이스 덤프 파일

이로써 실습 준비를 모두 마쳤습니다.

코로나보드 아키텍처와
웹 서비스

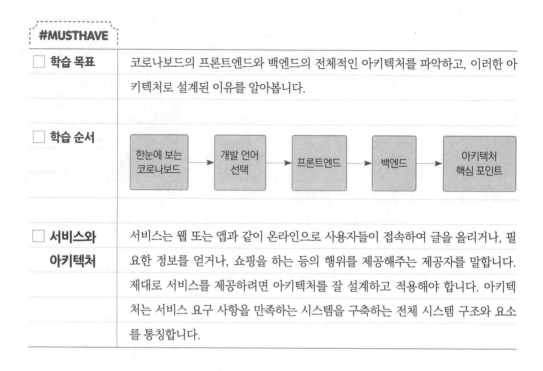

#MUSTHAVE

☐ **학습 목표**	코로나보드의 프론트엔드와 백엔드의 전체적인 아키텍처를 파악하고, 이러한 아키텍처로 설계된 이유를 알아봅니다.
☐ **학습 순서**	한눈에 보는 코로나보드 → 개발 언어 선택 → 프론트엔드 → 백엔드 → 아키텍처 핵심 포인트
☐ **서비스와 아키텍처**	서비스는 웹 또는 앱과 같이 온라인으로 사용자들이 접속하여 글을 올리거나, 필요한 정보를 얻거나, 쇼핑을 하는 등의 행위를 제공해주는 제공자를 말합니다. 제대로 서비스를 제공하려면 아키텍처를 잘 설계하고 적용해야 합니다. 아키텍처는 서비스 요구 사항을 만족하는 시스템을 구축하는 전체 시스템 구조와 요소를 통칭합니다.

1.1 한눈에 보는 코로나보드

아키텍처를 파헤쳐보기 전에 코로나보드라는 서비스가 어떻게 생겼고 어떤 정보를 서비스하는지 빠르게 훑어보겠습니다.

코로나보드 사이트(https://coronaboard.kr/)는 크게 실시간 상황판, 국가별 현황과, 대한민국 현황, 글로벌 차트, 국내 차트, 예방 수칙, 확진자 동선, 뉴스로 구성되어 있습니다.

실시간 상황판

전 세계와 우리나라의 현황을 한눈에 보여주는 요약 패널입니다. 다음 그림과 같이 '확진자 수', '사망자 수', '격리해제 수', '치명률' 같은 주요 정보를 전 세계와 대한민국으로 나눠 보여줍니다.

그림 1-1 코로나보드 실시간 상황판

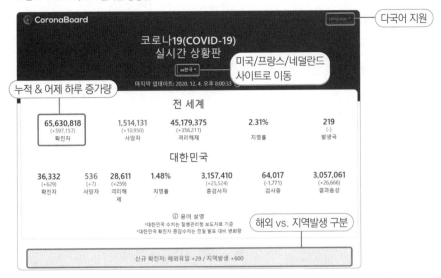

국가별 현황과 대한민국 현황

지도 형태의 차트와 표로 구성됩니다. 지도는 지역별(국가나 시도) 확진자 수를 색 농도로 표시해 고위험 지역을 쉽게 구분할 수 있게 했으며, 표는 각 지역의 구체적인 수치를 상세히 보여줍니다. 다음 그림은 대한민국 현황의 모습이며, 국가별 현황(세계 현황)은 대한민국 지도 대신 세계 지도를, 대한민국 시도 대신 각 국가별 수치를 보여줍니다.

그림 1-2 코로나보드 국가별 현황과 대한민국 현황

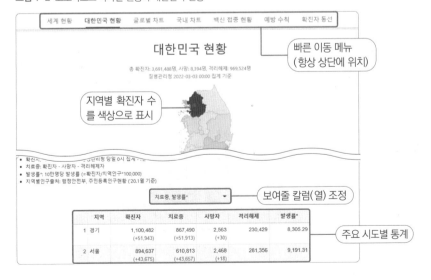

글로벌 차트

전 세계 코로나 확진자 추이와, 확진자 추이를 보고 싶은 국가를 선택하여 비교하는 차트를 보여줍니다. 전 세계 확진자 숫자의 단위가 100만 명 이상으로 증가함에 따라 큰 단위의 숫자에 대한 증가 추세를 더 직관적으로 볼 수 있는 로그스케일 그래프도 보여줍니다.

그림 1-3 코로나보드 글로벌 차트

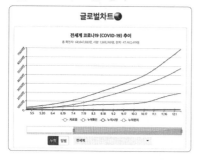
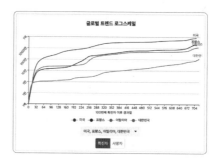

국내 차트

국내 차트에서는 질병관리청에서 제공하는 데이터를 기반으로 확진자 추이를 보여주는 누적/일별/월별 차트를 제공합니다. 관심사에 따라 지역별, 성별, 연령별 등 방식을 선택할 수 있습니다.

그림 1-4 코로나보드 국내 차트

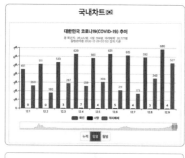
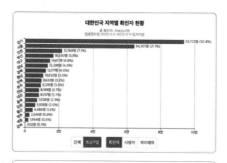

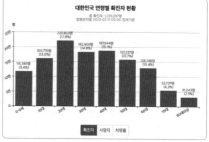

예방 수칙

코로나19 확산 초기에는 국민들이 어떻게 하면 코로나 전파를 최소화할 수 있는지 알지 못했습니다. 그래서 이를 지속적으로 알리고자 질병관리청에서 배포하는 예방 수칙 포스터를 가져다가 모바일에서 보기 편하게 보여줍니다.

확진자 동선

코로나19 확산 초기에는 확진자 수가 적기도 했고, 정보를 투명하게 공개해야 국민들의 불안감을 최대한 덜어줄 수 있다는 취지로 확진자 한 명 한 명의 동선을 공개했습니다. 하지만 개인정보 침해 소지가 있어서 얼마 후 공개 범위가 축소됐습니다. 또한 전국적으로 확진자 숫자가 크게 늘어 모든 확진자 동선을 한 화면에 보여줄 수 없게 되었습니다. 현재는 각 지자체 페이지로 가는 링크 목록만을 제공합니다.

1.2 개발 언어 선택하기

코로나보드 개발에는 프론트엔드와 백엔드 모두 자바스크립트를 사용했습니다. 이유는 크게 다음과 같습니다.

1 빠른 개발 속도
2 웹 프론트엔드 개발 시 자바스크립트는 필수
3 프론트엔드와 백엔드에서 같은 언어 사용 시의 여러 장점

코로나보드 개발을 시작할 당시 가장 중요하게 생각한 부분은 빠른 개발이었습니다. 개발을 시작한 2020년 1월 말에 이미 중국에서는 하루에 수백 명씩 확진자가 나오고, 한국에서도 확진자 4명이 나온 상황이어서 정보를 수집해서 보여주는 서비스가 시급해보였죠. 빠르게 개발하여 배포해야 했기 때문에 심사가 까다롭고, 개발하는 데 상대적으로 오래 걸리는 앱을 포기하고 웹사이트로 만들었습니다.

웹 프론트엔드 개발에 자바스크립트는 필수입니다. 자연스럽게 프론트엔드 개발 언어로 자바스크립트를 택했습니다. 국내외 여러 소스로부터 데이터를 수집하는 웹 크롤러^{crawler}와, 수집된 데이터를 저장하고 변환해서 정보를 제공하는 백엔드에도 자바스크립트를 사용하기로 했습니다. 프론트엔드와 백엔드에서 같은 언어를 사용하면 둘 모두에서 사용되는 공통 코드를 한 번만 작성하면

된다는 장점이 있습니다. 게다가 웹에서 데이터 교환에 가장 대중적으로 사용하는 JSON^{JavaScript} Object Notation 형식을 별다른 설정이나 라이브러리 없이도 바로 사용할 수 있어서 개발 시간이 크게 단축되죠. 또한 자바스크립트는 이름 그대로 스크립트 언어이다 보니 컴파일할 필요 없이 코드를 바로 실행해볼 수 있다는 점도 매력적입니다. 마지막으로 함수/클래스 등을 작성할 때 변수에 타입^{type}을 일일이 지정할 필요가 없는 동적 타입^{dynamically typed} 언어라서, 자바나 코틀린 같은 정적 타입^{statically typed} 언어에 비해 코드 작성량이 적어서 초기 생산성이 높습니다. 이러한 장점 덕에 자바스크립트는 소규모 웹사이트를 빠르게 만들어서 출시하는 데 적합합니다.

> **Note** 물론 정적 타입 시스템(static type system)을 가진 자바나 코틀린은 코드 가독성도 더 좋고 컴파일타임에 타입 안전성(type safety)을 보장해주기 때문에 런타임(runtime) 오류의 발생 가능성을 그만큼 줄여주는 장점이 있습니다. 참여 개발자가 많거나 코드 규모가 커질수록 스크립트 언어보다는 컴파일 언어의 효용이 더 커지는 점도 알아두면 좋습니다.

1.3 프론트엔드 선택하기

코로나보드의 웹 프론트엔드는 개츠비^{gatsby} 기반의 정적 웹사이트로 만들었습니다. 정적 웹사이트는 페이지를 빌드하는 시점에 필요한 데이터를 가져와서 페이지에 미리 채워넣습니다. 이렇게 빌드된 정적 웹페이지는 서버에서 동적으로 데이터를 가져올 필요가 없으니 속도가 빠른 데다 애플리케이션 서버 비용을 대폭 절감할 수 있습니다. 반면 동적 웹사이트는 페이지가 로드될 때마다 서버에서 동적으로 데이터를 가져옵니다(정적 웹사이트는 5장 '웹사이트 UI 구성하기 : 개츠비' 참조).

코로나보드는 기본적으로 정적 웹사이트이지만 웹페이지 용량을 줄여 초기 로딩 속도를 높일 목적으로 일부 데이터에 동적인 방식을 사용합니다. 예를 들어 '국가별 누적 추이' 그래프는 사용자가 특정 국가를 선택하는 시점에 선택된 국가의 통계 정보를 다운로드하여 그래프에 표시합니다.

데스크톱과 모바일에 동시 대응하고자 부트스트랩^{Bootstrap}의 그리드 시스템을 이용해서 반응형 디자인으로 구현했습니다. 그 외에도 부트스트랩에서 기본 제공하는 버튼, 카드, 모달 다이얼로그 ^{modal dialog}, 툴팁^{tooltip} 등의 UI 구성요소들을 CSS만 조금씩 수정해서 사용했습니다(6장 '반응형 웹 디자인하기 : 부트스트랩' 참조).

1.4 백엔드 설계하기

코로나보드의 백엔드는 다음 그림처럼 구성되어 있습니다.

그림 1-5 코로나보드 백엔드 아키텍처

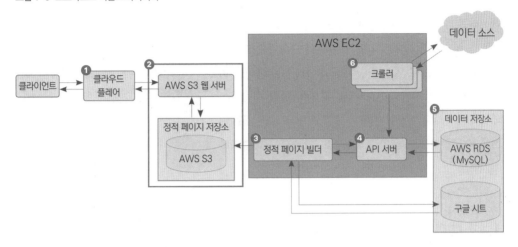

각 요소의 역할은 다음과 같습니다(클라이언트와 가까운 순서로).

❶ **클라우드플레어** : 클라이언트의 모든 요청은 CDN 서비스인 클라우드플레어를 통해서 웹 서 버로 보내집니다. 이렇게 하면 클라우드플레어에서 제공하는 다양한 기능을 사용할 수 있습 니다.

❷ **웹 서버 및 정적 페이지 저장소** : 클라이언트의 요청에 맞게 정적 페이지 저장소에 저장된 페이지 를 보여줍니다.

❸ **정적 페이지 빌더** : 데이터 저장소의 최신 정보를 토대로 정적 페이지를 만들어 정적 페이지 저 장소에 올립니다(20분 주기).

❹ **API 서버** : 데이터 저장소에 필요한 통계 정보를 업데이트하고 원하는 형태로 조회할 수 있게 해줍니다.

❺ **데이터 저장소** : 코로나보드에 보여줄 다양한 정보를 저장합니다.

❻ **크롤러** : 코로나 관련 데이터를 모니터링하다가 변경 사항이 발견되면 API 서버를 통해 데이 터 저장소에 반영합니다.

웹페이지가 만들어지는 과정은 이 역순이므로 크롤러부터 자세히 살펴봅시다.

1.4.1 크롤러

크롤러는 자동화된 방법으로 웹페이지 전체 또는 일부를 추출하여 정보를 얻는 컴퓨터 프로그램을 지칭합니다. 코로나보드는 노드JS[Node.js] 기반으로 작성된 다수의 웹 크롤러를 이용하여 질병관리청 코로나19 웹사이트(ncov.mohw.go.kr, 대한민국) 및 여러 외국 사이트[1]에서 지속적으로데이터를 수집합니다. 이 크롤러들은 AWS EC2 기반의 리눅스 서버에서 실행됩니다. 크롤러는 크론탭으로 스케줄링되어 자동으로 일정 시간마다 데이터를 수집하고 변경 사항이 발견되면 API 서버를 통해 변경된 데이터를 데이터베이스에 저장합니다(자세한 설명은 4장 '데이터 자동 수집하기 : 크롤링', 14.5.2절 '크롤러 스케줄링하기' 참조).

> **크론탭**
>
> 유닉스 계열(unix-like) 운영체제에서는 크론(cron)이라는 스케줄러를 사용해 주기적으로 특정 명령을 실행할 수 있습니다. 크론탭(crontab)은 이러한 크론을 실행할 설정을 담고 있는 크론 테이블입니다.

1.4.2 데이터 저장소

데이터 저장소로는 구글 시트와 MySQL을 사용합니다.

구글 시트

구글 시트는 구글이 제공하는 API를 이용하여 스프레드시트 안의 데이터를 불러오거나 업데이트하는 것이 가능해서 작은 데이터베이스처럼 활용할 수 있습니다. 또한 스프레드시트이다 보니 웹이나 구글 시트 모바일 앱으로 자유롭게 편집할 수 있다는 점도 큰 장점입니다.

코로나보드 서비스 초기에는 아직 코로나 관련 데이터의 소스들이 명확하지 않거나 제공되는 형식이 불규칙한 곳이 많아서 크롤러에 의지하기에는 제약이 많았습니다. 그러다 보니 직접 뉴스를 찾아보거나 사이트를 조회해서 데이터를 일일이 수동으로 입력하는 일이 매우 잦았습니다. 새로운 데이터가 계속 추가되면서 데이터 형식이 달라지는 일도 종종 생겼습니다.

만약 데이터를 MySQL로 관리한다면 MySQL 워크벤치[MySQL Workbench] 같은 GUI 도구를 이용하거나, 웹 기반 관리 도구를 직접 만들어서 데이터를 편집해야 합니다. 하지만 전자는 모바일에서 사용하기가 힘들고, 후자는 관리 도구를 만드는 데만 꽤 많은 개발 시간이 소요됩니다. 이러한 불편함에

---

1   NHK(nhk.or.jp 일본), The New York Times(nytimes.com, 미국), 丁香园(dxy.cn, 중국), 월드오미터(worldometers.info)

서 벗어나기 위해 코로나보드 개발 초기에는 주요 통계 데이터를 구글 시트로 관리했습니다.

그림 1-6 구글 시트로 관리하던 코로나보드 데이터

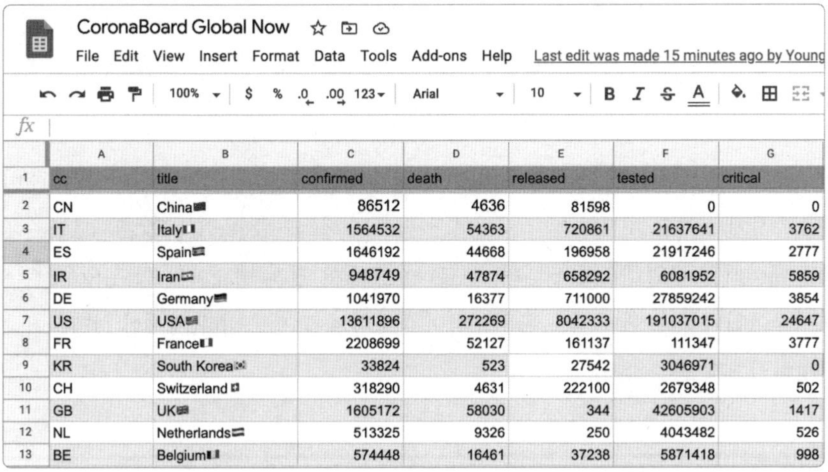

	A	B	C	D	E	F	G
1	cc	title	confirmed	death	released	tested	critical
2	CN	China	86512	4636	81598	0	0
3	IT	Italy	1564532	54363	720861	21637641	3762
4	ES	Spain	1646192	44668	196958	21917246	2777
5	IR	Iran	948749	47874	658292	6081952	5859
6	DE	Germany	1041970	16377	711000	27859242	3854
7	US	USA	13611896	272269	8042333	191037015	24647
8	FR	France	2208699	52127	161137	111347	3777
9	KR	South Korea	33824	523	27542	3046971	0
10	CH	Switzerland	318290	4631	222100	2679348	502
11	GB	UK	1605172	58030	344	42605903	1417
12	NL	Netherlands	513325	9326	250	4043482	526
13	BE	Belgium	574448	16461	37238	5871418	998

다만 구글 시트 API에는 몇 가지 제약이 있습니다. 예를 들어 시트 하나는 최대 500만 개의 셀만 담을 수 있고 100초 동안 최대 100번만 호출할 수 있습니다. 불러오는 속도도 느린 편이죠. 따라서 데이터양이 많다거나, 자주 불러와야 한다거나 혹은 응답 속도가 빨라야 할 때는 적합하지 않습니다(자세한 설명은 3장 '저장소 구축하기 : 구글 시트' 참조).

MySQL

코로나19 팬데믹이 장기화됨에 따라 관리하는 데이터양이 많아져 시트 크기 제한에 도달했습니다. 그래서 일부 데이터를 MySQL로 이전했습니다. 구글 시트에서 직접 편집하는 편리함은 사라졌지만, 오직 코드로만 데이터를 불러오고 업데이트하다 보니 개발자 입장에서는 오히려 더 편하고 안정적이었습니다(자세한 설명은 2.4절 '데이터베이스 준비하기 : MySQL' 참조).

1.4.3 API 서버

노드JS로 만든 간단한 웹 애플리케이션 서버입니다. 크롤러가 수집한 각종 정보를 API 서버를 통해 데이터 저장소에 저장합니다. 정적 페이지 빌더는 빌드 시점에 API 서버를 통해 페이지에 필요한 데이터를 조회합니다(자세한 설명은 2장 'API 서버 만들기' 참조).

1.4.4 정적 페이지 빌더

코로나보드는 프론트엔드가 매번 백엔드 API를 호출하여 데이터를 받아오지는 않습니다. 데이터 저장소에서 데이터를 가져와서 미리 만들어둔 HTML 템플릿 파일에 주입하여 정적인 HTML 파일을 만들어두고, 클라이언트가 요청하면 이 HTML을 보내줍니다. 이런 방식을 정적 웹페이지^{static web page}라고 합니다.

정적 웹페이지를 만드는 데 최적화된 개츠비가 바로 이 정적 페이지 빌더 역할을 합니다. 개츠비의 웹사이트 빌드 과정에서 구글 시트와 API 서버에서 원하는 데이터를 불러온 후 프론트엔드에서 원하는 형태로 데이터를 주입해주게 됩니다. 코로나보드에서 정적 웹페이지 빌드 및 배포는 20분에 한 번씩 이루어집니다. 또한 수동으로 빌드하여 배포할 수도 있습니다(자세한 설명은 5장 '웹사이트 UI 구성하기 : 개츠비' 참조).

> ### 정적 웹페이지와 동적 웹페이지
>
> 동적 웹페이지는 사용자 요청을 받은 애플리케이션 서버가 동적으로 사용자의 요청 내용에 맞게 콘텐츠를 생성하여 응답하는 방식입니다. 이 방식은 사용자 요청에 따라 콘텐츠를 다르게 보여줄 수 있는 장점이 있지만 별도의 애플리케이션 서버가 필요합니다. 애플리케이션 서버에서는 보통 복잡한 비즈니스 로직이 수행되면서 서버의 CPU 자원을 많이 사용합니다. 또한 많은 데이터가 저장된 데이터베이스에서 원하는 데이터를 검색하는 등의 작업에 시간이 걸려 응답 속도가 느려집니다. 요청이 많이 들어오면 처리되지 못한 요청들이 서버에 쌓이면서 서버의 메모리를 잠식해 자칫 서버 장애로 이어질 가능성이 큽니다. 그래서 동일한 요청량을 처리하는 데 필요한 서버 수는 동적 웹페이지 방식이 정적 웹페이지 방식보다 더 많습니다.
>
> 반면 정적 웹페이지는 미리 만들어둔 콘텐츠를 파일로 저장해두고 웹 서버가 요청받은 내용에 해당하는 파일을 찾아 바로 응답합니다. 이 방식은 파일을 읽어서 응답하는 웹 서버만 있으면 되기 때문에 별도의 애플리케이션 서버가 필요 없습니다. 사용자에게 보여주고 싶은 콘텐츠가 담긴 HTML 파일들만 미리 서버에 업로드해두면 사용자 요청에 따라 해당 HTML 파일 내용을 응답으로 내려주면 되기 때문에 CPU 부담이 거의 없고 처리 속도가 매우 빨라서 적은 수의 웹 서버만으로도 동적 웹페이지 방식 대비 훨씬 더 많은 요청량을 처리할 수 있습니다.

그림 1-7 정적 웹페이지와 동적 웹페이지

정적 웹페이지

동적 웹페이지

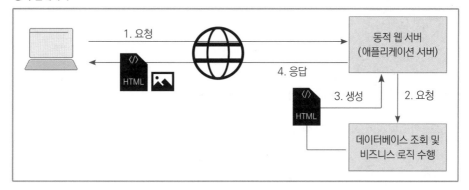

웹사이트를 만들 때 모든 페이지가 정적 웹페이지인 정적 웹사이트를 만들 수도 있고, 모든 페이지가 동적 웹페이지인 동적 웹사이트를 만들 수도 있지만, 상황에 따라 적절하게 정적/동적 웹페이지가 혼합된 웹사이트를 만들 수도 있습니다.

1.4.5 정적 페이지 저장소 및 웹 서버

빌드가 완료된 HTML 페이지 파일들을 저장해두는 곳입니다. '정적'이라는 말이 뜻하듯 이 파일들은 삭제해서 다시 업로드하기 전까지는 내용이 변하지 않습니다, AWS S3^Simple Storage Service를 사용하면 이런 파일 데이터를 저장하고, 저장된 파일을 서빙serving하는 웹 서버 역할까지 할 수 있기 때문에 S3를 활용했습니다(자세한 내용은 15장 '파일 서버 운영하기 : AWS S3' 참조).

1.4.6 클라우드플레어

사용자가 웹 서버에 직접 요청해서 웹페이지를 받아가도 되지만, 사용자와 웹 서버 사이에

CDN^{content delivery network} 역할을 하는 클라우드플레어^{Cloudflare} 서비스를 추가했습니다(CDN은 사용자와 가까운 위치의 분산된 캐시 서버로 부터 사진, 비디오 등의 콘텐츠를 내려받아 대기 시간을 최소화하는 콘텐츠 전송 기술입니다). 이렇게 하면 사용자는 웹 서버에 직접 접속하지 않고 클라우드플레어 서버를 통해서 웹페이지를 받아갑니다. 따라서 클라우드플레어에 이미 캐시^{cache}된 웹페이지에 대한 요청은 클라우드플레어에서 바로 응답하므로 웹 서버로 직접 들어오는 트래픽을 줄일 수 있습니다. 게다가 클라우드플레어의 대역폭 비용이 무료라서 운영 비용을 대폭 절감할 수 있습니다. 이외에도 HTTPS와 웹사이트 운영에 필요한 여러 리디렉션 규칙을 적용할 수 있습니다(자세한 내용은 17.2절 '검색 엔진에 웹사이트 등록하기' 참조).

1.5 코로나보드 아키텍처 핵심 포인트

코로나보드 아키텍처에 적용된 핵심 포인트를 요약해보겠습니다.

정적 웹페이지 & 빌더 - 트래픽 걱정은 그만

정적 웹페이지 방식으로 웹사이트를 운영하면 트래픽이 아무리 늘어도 걱정할 필요가 없습니다. 트래픽이 늘어나면 늘어난 트래픽에 따른 대역폭 사용료만 지불하면 됩니다. 트래픽에 따라 애플리케이션 서버 혹은 데이터베이스 서버를 증설할 필요가 없기 때문에 전체 서버 운영비를 최소화할 수 있습니다.

자동 크롤링 파이프라인 - 나를 쉽게 하는 비법

크롤러는 데이터 수집을 자동화해서 사람의 개입을 최소화하는 프로그램입니다. 스케줄러를 통해 원하는 시간에 크롤러가 수행되도록 설정하면 반복되는 업무를 자동화할 수 있습니다. 또한 절약한 시간을 더 중요한 기능을 개발하는 데 사용할 수 있습니다.

구글 시트 - 저장소로 드는 돈을 아끼는 비법

구글 시트를 저장소로 사용하면 여러 사람과 문서를 공유해서 데이터를 편집할 수 있습니다. 권한 관리와 변경 내역 추적까지 제공하는 강력한 데이터 편집 툴을 같이 얻게 되는 셈입니다. 게다가 무료입니다.

클라우드플레어 CDN - 트래픽 비용까지 무료로

클라우드플레어는 트래픽에 따른 대역폭 사용료가 무료이고 HTTPS, 리디렉션 설정 등의 다양한 기능을 제공합니다. 이를 이용하여 운영비를 줄이면서도 서비스 운영에 필수적인 설정을 손쉽게 할 수 있습니다.

광고 - 부족한 유지비를 보충하는 비법

아무리 서버 비용을 최소화하더라도 서비스를 운영하는 데 다양한 비용이 발생할 수밖에 없습니다. 서비스 유지 비용을 넘어 수익까지 창출할 수 있다면 계속해서 서비스를 개선하고 발전시켜나가는 원동력이 될 수 있습니다. 수익화를 위해서 서비스 경험을 해치지 않는 범위 내에서 코로나보드에 광고를 게재했습니다.

학습 마무리

코로나보드에 적용된 기술 스택과 아키텍처를 알아보았고, 왜 그렇게 선택하고 설계했는지도 살펴보았습니다. 개발하려는 서비스의 특징에 맞춰서 여러 요소를 고려하여 아키텍처를 설계하는 것이 중요합니다.

학습 목표

백엔드에서는 프론트엔드의 요청에 따라 데이터를 조회 및 가공해 응답합니다. 이번 단계에서는 데이터 종류나 사용 방식에 적합한 데이터 저장소를 선택하고 코로나19 통계 데이터를 저장한 뒤, 저장한 데이터를 효율적으로 프론트엔드에 전달하는 방법을 알아보겠습니다.

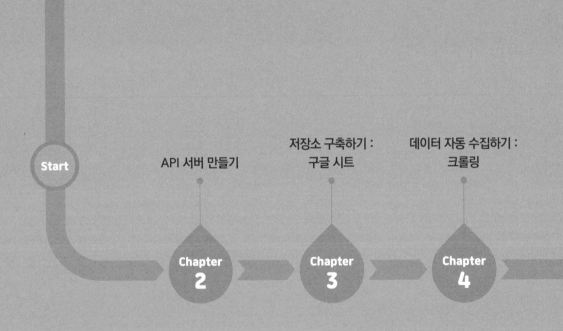

Start

API 서버 만들기

Chapter 2

저장소 구축하기 :
구글 시트

Chapter 3

데이터 자동 수집하기 :
크롤링

Chapter 4

백엔드에서 서비스 준비하기

Finish

API 서버 만들기

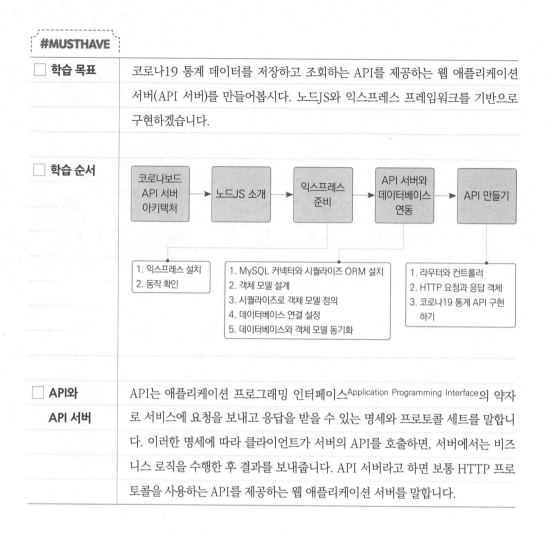

☐ **학습 목표** 코로나19 통계 데이터를 저장하고 조회하는 API를 제공하는 웹 애플리케이션 서버(API 서버)를 만들어봅시다. 노드JS와 익스프레스 프레임워크를 기반으로 구현하겠습니다.

☐ **학습 순서**

코로나보드 API 서버 아키텍처 → 노드JS 소개 → 익스프레스 준비 → API 서버와 데이터베이스 연동 → API 만들기

1. 익스프레스 설치
2. 동작 확인

1. MySQL 커넥터와 시퀄라이즈 ORM 설치
2. 객체 모델 설계
3. 시퀄라이즈로 객체 모델 정의
4. 데이터베이스 연결 설정
5. 데이터베이스와 객체 모델 동기화

1. 라우터와 컨트롤러
2. HTTP 요청과 응답 객체
3. 코로나19 통계 API 구현하기

☐ **API와**
API 서버

API는 애플리케이션 프로그래밍 인터페이스Application Programming Interface의 약자로 서비스에 요청을 보내고 응답을 받을 수 있는 명세와 프로토콜 세트를 말합니다. 이러한 명세에 따라 클라이언트가 서버의 API를 호출하면, 서버에서는 비즈니스 로직을 수행한 후 결과를 보내줍니다. API 서버라고 하면 보통 HTTP 프로토콜을 사용하는 API를 제공하는 웹 애플리케이션 서버를 말합니다.

2.1 코로나보드 API 서버 아키텍처 소개

코로나보드의 API 서버는 코로나19 관련 통계 데이터를 데이터베이스에 저장해두고 프론트엔드의 요청에 따라 데이터를 적절히 가공해서 응답합니다. 예를 들어 프론트엔드가 2020년 1월 29일부터 2020년 2월 29일까지 일별 확진자 수치를 보내달라고 API 명세에 맞게 요청하면 API 서버는 데이터베이스에서 해당 기간의 일별 확진자 수치를 조회해 응답합니다.

다음 그림을 보면 코로나보드 전체 아키텍처에서 API 서버의 위치를 알 수 있습니다.

그림 2-1 코로나보드 아키텍처에서 API 서버의 위치

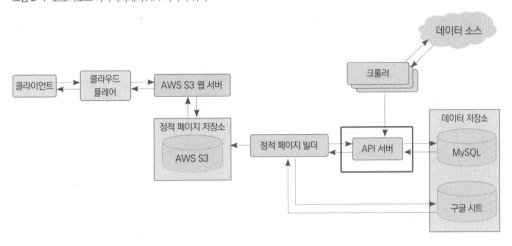

보다시피 코로나보드 API 서버는 크롤러가 수집해온 데이터를 저장소(MySQL)에 보관했다가 정적 페이지 빌더가 요청할 때마다 건네주는 역할을 합니다.

이 API 서버의 내부를 자세히 들여다보면 다음 그림과 같습니다.

그림 2-2 코로나보드 API 서버의 구조

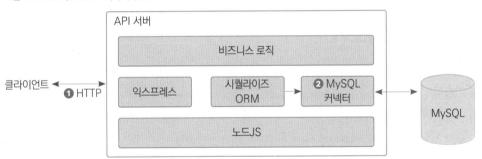

먼저 외부 모듈들과의 인터페이스를 보면 클라이언트와는 ❶ HTTP로, ❷ MySQL과는 전용 커넥터 모듈을 통해 통신합니다. 이 그림에서 클라이언트는 정적 페이지 빌더와 크롤러가 되겠네요.

API 서버 자체를 보면 자바스크립트 런타임인 노드JS(2.2절)가 가장 밑에서 기본 실행 환경 역할을 해주며, 그 위에 클라이언트 요청을 해당 비즈니스 로직으로 라우팅(길안내)하는 익스프레스(2.3절)가 올라가 있습니다. MySQL 커넥터(2.5절)는 이름 그대로 MySQL(2.4절)을 사용하는 라이브러리이며, 시퀄라이즈 ORM object-relational mapping은 자바스크립트 객체와 데이터베이스 테

이블을 자동으로 매핑해주어 코드 생산성을 높여주는 라이브러리입니다.

이제부터 이 요소들을 노드JS, 익스프레스, 데이터 관리(MySQL과 시퀄라이즈) 순서로 살펴본 후, 마지막에 실제 API를 구현해보며 이 장을 마무리하겠습니다.

> **런타임(runtime)**
>
> 런타임은 '컴퓨터 프로그램이 실행되고 있는 상태'라는 의미도 있지만 '특정 언어로 작성된 코드가 실행되는 환경'을 의미하기도 합니다. 노드JS는 대표적인 '자바스크립트 런타임'이라고 말할 때는 후자의 의미로 사용됩니다. 즉, 자바스크립트라는 언어로 작성된 코드가 해석되고 실행되는 데 필요한 환경을 런타임이라고 지칭합니다.

그림 2-3 API 서버의 구조와 다루는 곳

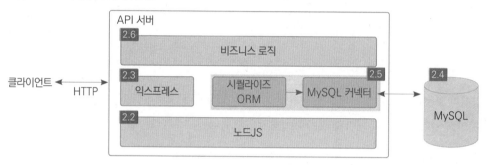

2.2 노드JS 알아보기

노드JS^Node.js^는 구글 크롬 브라우저에서 사용하는 V8 자바스크립트 엔진으로 구동되는 자바스크립트 런타임입니다. 웹브라우저에는 자바스크립트 런타임 환경이 내장되어 있지만, 애플리케이션 서버는 운영체제 위에서 독립된 프로세스로 실행되기 때문에 별도의 런타임이 필요합니다. 노드JS가 바로 이 역할을 하는 대표적인 자바스크립트 런타임입니다.

V8 엔진은 오픈 소스이며 노드JS 자체도 오픈 소스이기 때문에 언제든지 런타임의 내부 구동 방식을 코드 수준에서 확인할 수 있습니다.[1] 노드JS는 2009년 라이언 달^Ryan Dahl^이 처음으로 만들어 공개한 후 현재까지 꾸준히 업데이트되고 있으며 리눅스, 윈도우, 맥OS를 모두 지원합니다. 이미 수많은 상용 서비스가 노드JS 기반으로 운영될 정도로 성능과 안정성이 검증되었고 그만큼 많은 자바스크립트 개발자가 사용합니다.

---

1 노드JS 깃허브 주소 : https://github.com/nodejs/node

웹브라우저에 내장된 런타임과 노드JS는 모두 자바스크립트 코드를 실행해주지만 수행하는 작업 범위가 다릅니다.

웹브라우저에서 수행되는 자바스크립트는 작업 범위가 말 그대로 웹브라우저 내에서 하는 일로 한정됩니다. 예를 들면 웹페이지의 HTML 요소를 조작하거나 웹 저장소 API를 통해 로컬 저장소의 데이터를 읽고 쓸 수는 있지만, 웹브라우저가 제공하지 않는 작업은 수행 자체가 불가능합니다.

반면 노드JS는 운영체제 위에서 독립된 프로세스로 실행되기 때문에 '런타임에서 제공하는' 파일 시스템 입출력 모듈이나, DNS, HTTP, TCP, UDP 등의 네트워크 모듈을 이용해서 운영체제 기능을 직접 사용할 수 있으므로 웹 애플리케이션 서버를 만드는 게 가능합니다.

그림 2-4 노드JS 아키텍처

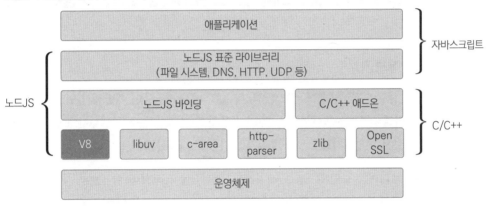

2.2.1 자바스크립트코드 실행하기

노드JS에서는 인터프리터 언어인 자바스크립트의 특성을 살려 코드를 대화식으로 작성할 수 있습니다. 다음과 같이 터미널에서 node 명령어를 아무 옵션 없이 실행하면 REPL 모드가 시작됩니다. REPL read-eval-print loop이란 입력한 명령어를 읽고 read, 평가 eval(실행)해 결과를 출력 print하는 과정을 반복 loop하는 방식의 대화식 프로그래밍 모드를 뜻합니다. REPL 모드에서 코드를 입력한 후 enter 키를 누르면 해당 코드가 실행된 후 결과를 출력한 후 다시 입력을 기다리는 상태로 돌아옵니다.

```
$ node
> 1 + 1
2

>
```

하지만 작성할 코드가 많은 경우 코드를 별도의 파일에 작성한 후 파일을 실행하는 방법이 더 편리하고 일반적입니다. 텍스트 편집기를 열어서 console.log('Hello World!')라고 입력한 다음 example.js 파일로 저장한 후 다음처럼 실행할 수 있습니다.

```
$ node example.js
Hello World!
```

2.2.2 npm 알아보기

npm은 노드 패키지 매니저Node Package Manager의 약자로, 다른 사람들이 개발해서 업로드해둔 오픈 소스 라이브러리들을 패키지 단위로 내려받아 사용할 수 있게 하는 도구입니다. npm은 노드JS를 설치할 때 기본으로 설치되므로 별다른 설정 없이 바로 사용할 수 있습니다.

이미 수많은 라이브러리가 중앙의 npm 레지스트리registry에 등록되어 있으므로 누구든 npm을 통해 손쉽게 참조해서 사용할 수 있습니다. 개발자는 그저 필요한 라이브러리 이름과 버전을 package.json이라는 패키지 설정 파일에 명시해두기만 하면 됩니다. 덕분에 개발자들은 많은 기능을 공개 라이브러리에 위탁하면서 자신은 핵심 코드만 작성하면 되니 전체적인 생산성을 끌어올릴 수 있게 됩니다. 이러한 개발 생산성 향상은 노드JS 개발 생태계가 빠르게 성장하는 데 핵심적인 역할을 해왔습니다.

예를 들어 앞서 [그림 2-2]에서 API 서버의 구성요소로 소개한 익스프레스, 시퀄라이즈 ORM, MySQL 커넥터도 모두 npm으로 관리되는 패키지들입니다. 이처럼 우리의 API 서버도 npm을 이용할 것이므로 다음 주제로 넘어가기 전에 npm과 친해질 필요가 있습니다.

그럼 실제로 npm을 사용하는 방법을 간단히 알아보겠습니다.

패키지 설정 파일 생성하기

노드JS를 이용해 새로운 프로젝트를 만들면 해당 프로젝트에 대한 초기 패키지 설정이 필요합니다. 예를 들어 example이라는 새로운 프로젝트를 생성해봅시다.

01 먼저 ❶ [example]이라는 빈 디렉터리를 만들고 → ❷ 그 안에서 npm init 명령을 실행해봅시다.

명령을 실행하면 패키지 이름, 버전, 설명, 진입 지점, 테스트 명령어, git 저장소 주소, 키워드, 작성자, 라이선스 등을 물어봅니다. 원하는 값을 입력하면 되며, 아무것도 입력하지 않고 Enter 를 치면 기본값 혹은 빈 값으로 채워집니다. 모든 물음에 답하고 나면 다음처럼 내용을 확인시켜준 후 package.json 파일로 저장합니다. 이 파일이 바로 패키지 설정 파일입니다.

```
$ npm init
This utility will walk you through creating a package.json file.
It only covers the most common items, and tries to guess sensible defaults.

See `npm help init` for definitive documentation on these fields
and exactly what they do.

Use `npm install <pkg>` afterwards to install a package and
save it as a dependency in the package.json file.

Press ^C at any time to quit.
package name: (example)    ① 패키지 이름
version: (1.0.0)           ② 버전
description:               ③ 설명
entry point: (index.js)    ④ 진입 지점
test command:              ⑤ 테스트 명령어
git repository:            ⑥ 깃 저장소 주소
keywords:                  ⑦ 키워드
author:                    ⑧ 작성자
license: (ISC)             ⑨ 라이선스
About to write to .../example/package.json:

{                          ⑩ 생성할 패키지 설정 파일의 내용
  "name": "example",
  "version": "1.0.0",
  "description": "",
```

```
  "main": "index.js",
  "scripts": {
    "test": "echo \"Error: no test specified\" && exit 1"
  },
  "author": "",
  "license": "ISC"
}


Is this OK? (yes)
```

이제부터는 npm 명령어가 이 package.json 파일 내용을 기반으로 우리가 원하는 라이브러리에 대한 의존성을 추가하고 설치할 수 있게 해줄 겁니다.

> **의존성(dependency)**
>
> 소프트웨어를 개발하면서 종종 이미 개발된 기능 (주로 라이브러리 형태)을 불러와서 사용하게 되는데 이를 의존성이라고 합니다. npm 패키지 매니저는 이러한 의존성을 편리하게 관리해줍니다.

To Do 의존성 추가/삭제하기

01 npm install [패키지명][2] 명령어로 의존성을 추가할 수 있습니다.

방금 생성한 프로젝트에 lodash라는 라이브러리를 추가하겠습니다. lodash는 자바스크립트 기본 라이브러리에는 없는 다양한 유틸리티들을 모아놓은 라이브러리로, 수많은 프로젝트에서 사용하고 있습니다. 다음은 lodash 버전 4.17.20을 설치하는 명령입니다.

```
$ npm install lodash@4.17.20
npm notice created a lockfile as package-lock.json. You should commit this file.

+ lodash@4.17.20
added 1 package from 2 contributors and audited 1 package in 0.57s
found 0 vulnerabilities
```

보다시피 패키지명 뒤에 @를 쓰고 원하는 버전을 명시할 수 있습니다. 앞의 명령을 실행한 후에 package.json 파일을 열어보면 "dependencies" 항목에 "lodash": "^4.17.20" 항목이 추가되어 있습니다. 또한 [node_modules/lodash] 디렉터리가 생겨 있고 그 안에 lodash 코드들이

---

2 https://www.npmjs.com/ 사이트에서 npm 레지스트리에 등록된 모든 패키지들을 검색할 수 있습니다.

설치되어 있는 걸 볼 수 있습니다. 추가된 모든 의존성은 [node_modules] 디렉터리 안에 패키지 이름별로 생성됩니다. 참고로 이 디렉터리는 npm install 명령어로 언제든지 다시 설치할 수 있으며, 같은 이유로 소스 코드 저장소에서는 제외하는 것이 좋습니다.

새로운 의존성을 추가하는 명령어를 실행한 직후에 'npm notice created a lockfile as package-lock.json. You should commit this file.' 메시지가 출력됩니다. 현재 프로젝트 디렉터리를 살펴보면 package-lock.json 파일이 생성되어 있습니다. 이 파일을 소스 코드 저장소에 추가하라는 의미입니다.

npm은 의존성을 설치할 때 package.json에 명시된 의존성의 버전 조건을 확인해서 어떤 버전을 설치할지 정하게 됩니다. 현재 lodash에 명시된 버전을 보면 "^4.17.20"으로 되어 있습니다. 버전 앞에 캐럿 기호 ^가 붙어 있는 경우 버전 첫 번째 자리만 동일하면 두 번째, 세 번째 자리는 더 높은 버전을 설치해도 괜찮다는 의미입니다. 즉, 의존성의 버전이 4.17.20보다 크거나 같고, 5.0.0보다 작은 버전이면 설치해도 괜찮다는 의미입니다.[3] 하지만 이렇게 유연하게 설치 가능한 버전의 범위를 지정하면 npm install을 수행한 시점에 따라 설치되는 의존성의 버전이 달라질 수 있습니다. 예를 들어 오늘은 4.17.20이 설치되었지만, 1년 후에는 4.17.21이나 4.18.0이 설치될 수 있습니다. 이러한 불확실성을 방지할 목적으로 package-lock.json에 있는 처음으로 설치한 의존성을 package-lock.json 파일에 기록합니다. 이 파일을 소스 저장소에 같이 올려두면 어떤 시점에 npm install을 하더라도 항상 동일한 의존성이 설치되는 것을 보장받을 수 있습니다. package.json 파일에 명시된 의존성이 수정되면 package-lock.json 파일 또한 자동으로 수정됩니다. 이 경우 수정된 package-lock.json 파일을 꼭 소스 코드 저장소에 반영해줘야 합니다.

> **Note** npm install lodash처럼 버전을 명시하지 않으면 lodash의 가장 최신 버전이 설치됩니다. 하지만 책에서 테스트한 버전과 다른 버전을 사용하면 예기치 못한 오작동 가능성이 있으니 버전을 명시했습니다.

한편 **npm uninstall [패키지명]** 명령어는 의존성을 삭제합니다.

```
$ npm uninstall lodash
removed 1 package in 0.893s
found 0 vulnerabilities
```

---

3   의존성 버전 규칙에 대한 더 자세한 정보는 https://github.com/npm/node-semver를 참고해주세요.

명시된 의존성 설치하기

npm install 명령어에서 뒤에 패키지명을 넣지 않고 실행하면 package.json 파일에 명시된 모든 의존성을 설치해줍니다. 앞 절에서 이야기했듯이 [node_modules] 디렉터리는 일반적으로 소스 코드 저장소에 포함시키지 않기 때문에 보통 새롭게 소스 코드를 받아온 경우 [node_modules] 디렉터리는 존재하지 않고 package.json 파일과 package-lock.json 파일만 있습니다. 이럴 때는 먼저 npm install 명령을 실행하여 필요한 의존성이 [node_modules] 디렉터리에 모두 설치되도록 합니다. 이렇게 하지 않으면 외부 의존성들이 설치되어 있지 않기 때문에 코드 내에서 외부 라이브러리를 참조하는 부분에서 런타임 오류[4]가 발생하니 주의합시다.

`To Do` **API 서버용 노드JS 프로젝트 만들기**

01 이제 코로나보드의 API 서버 프로젝트를 생성하겠습니다. ❶ [coronaboard-api] 디렉터리를 만든 후 → ❷ 그 안으로 이동합니다.

```
$ mkdir coronaboard-api
$ cd coronaboard-api
```

02 npm init을 실행해 패키지 설정 파일을 생성합니다. 이 과정에서 패키지 이름, 버전, 설명, 진입 지점 등을 물어보는데, 모든 질문에 별다른 입력 없이 enter 를 쳐서 기본값으로 넣습니다. package.json 파일은 언제든지 수정할 수 있으니 무언가를 잘못 입력했다고 해서 걱정할 필요가 전혀 없습니다.

```
$ npm init
```

다음은 생성된 package.json 파일의 내용입니다.

▼ 기본 생성된 package.json

coronaboard-api/package.json

```
{
  "name": "coronaboard-api",
  "version": "1.0.0",
  "description": "",
  "main": "index.js",
```

---

4 여기서의 런타임은 '컴퓨터 프로그램이 실행되고 있는 상태' 의미로 사용되었습니다. 런타임 오류란 실행 중에 발생하는 오류를 의미합니다.

```
  "scripts": {
    "test": "echo \"Error: no test specified\" && exit 1"
  },
  "author": "",
  "license": "ISC"
}
```

이상으로 노드JS 기반의 API 서버 프로젝트를 생성했습니다. 다음 절에서는 여기에 익스프레스를 추가로 설치하고 실행하겠습니다.

2.3 익스프레스 준비하기

익스프레스Express는 노드JS 기반으로 작성된 빠르고 가벼운 웹 프레임워크로, 웹 애플리케이션 서버를 만들 때 항상 예시로 등장하는 유명 프레임워크입니다. 익스프레스는 가볍고 작은 프레임워크를 지향하다 보니 스프링Spring 같은 프레임워크에서 지원하는 데이터베이스 연결이나 사용자 인증 등 복잡한 기능이 없습니다. 하지만 필요한 기능을 별도의 라이브러리를 추가해 충분히 극복할 수 있고, 코드 몇 줄과 설정만으로 쉽게 웹 애플리케이션 서버를 만들 수 있습니다.

이번 절에서는 앞 절에서 생성한 프로젝트 디렉터리에 익스프레스를 추가로 설치해볼 겁니다. 따라서 현재 작업 디렉터리는 여전히 [coronaboard-api]입니다.

To Do **익스프레스 설치하기**

익스프레스도 노드JS 패키지로 배포되므로 npm을 이용하면 간단히 설치할 수 있습니다.

01 npm install 명령으로 express 프레임워크와 body-parser 라이브러리를 설치합니다(@ 문자 다음에 버전을 명시했습니다).

```
$ npm install express@4.17.1 body-parser@1.19.0
npm notice created a lockfile as package-lock.json. You should commit this file.

+ body-parser@1.19.0
+ express@4.17.1
added 50 packages from 37 contributors and audited 50 packages in 3.106s
```

```
found 0 vulnerabilities
$
```

body-parser는 서버로 들어오는 HTTP 요청에 포함된 바디^{body}를 파싱해서 코드에서 해당 내용을 읽는 기능을 제공하는 라이브러리로, 익스프레스로 API 서버를 만들 때 필수라고 생각해도 좋습니다.

설치가 완료됐다면 package.json 파일에 dependencies 항목이 생기며, 그 안에 설치한 라이브러리 정보가 기록됩니다. 다음 예제에서 음영 처리된 부분입니다.

▼ 익스프레스와 body-parser 설치 후의 package.json

coronaboard-api/pakcage.json

```
{
  "name": "coronaboard-api",
  "version": "1.0.0",
  "description": "",
  "main": "index.js",
  "scripts": {
    "test": "echo \"Error: no test specified\" && exit 1"
  },
  "author": "",
  "license": "ISC",
  "dependencies": {
    "body-parser": "^1.19.0",
    "express": "^4.17.1"
  }
}
```

To Do 익스프레스 동작 확인하기

드디어 코딩을 시작할 차례입니다. 익스프레스 동작을 확인해보겠습니다.

01 편집기를 열어 다음 내용을 입력하고 index.js 파일로 저장합니다.

▼ 익스프레스 동작 확인용 index.js

coronaboard-api/index.js

```
const express = require('express');
const bodyParser = require('body-parser');
```

```
const app = express();  // 익스프레스 인스턴스 생성

// Content-Type이 application/json인 HTTP 요청의 바디를 파싱할 수 있도록 설정
app.use(bodyParser.json());

app.get('/', (req, res) => {
    res.json({ message: 'Hello CoronaBoard!' });
});

const port = process.env.PORT || 8080; // 포트 기본값을 8080으로 지정
app.listen(port, () => {
    console.log(`Server is running on port ${port}.`);
});                                          백틱으로 감싸주세요.
```

02 이제 node index.js라고 실행하면 다음과 같이 8080번 포트에서 서버가 실행 중이라는 메시지를 확인할 수 있습니다.

```
$ node index.js
Server is running on port 8080.
```

03 다음으로 웹브라우저를 열고 주소창에 http://localhost:8080을 입력하면 브라우저 화면에 다음과 같은 응답 메시지가 출력될 겁니다.

```
{"message":"Hello CoronaBoard!"}
```

이상으로 단 십여 줄의 코드만으로 API 서버를 실행시켰습니다(물론 아직은 아무런 API도 제공하지 않습니다). 실행 중인 서버를 종료하려면 Ctrl+C 를 입력하면 됩니다. **코드를 변경한 이후에는 항상 실행 중인 서버를 종료한 이후에 다시 node index.js 명령어를 이용하여 서버를 재실행해야 새롭게 변경된 내용이 반영되니 주의하도록 합시다.**

> **Note** 앞의 코드에서 port 변수에 값을 대입하는 부분에서 || 연산자를 사용했습니다. ||는 일반적으로 OR 연산을 의미하지만 자바스크립트에서는 특수한 용도가 하나 더 있습니다. ||를 사용하면 연산자 왼쪽 값이 undefined, null, false 또는 빈 문자열인 경우 연산자 오른쪽 값이 해당 표현식의 최종값이 됩니다. 이러한 특징을 이용해 특정 변수에 값이 없을 때를 대비해 기본값을 지정하는 용도로 많이 활용됩니다. 앞의 코드에서는 process.env.PORT값이 따로 지정되지 않았을 때 8080을 port 변수에 할당합니다.

이상으로 API 서버 쪽의 기본적인 설치와 동작 확인을 마쳤습니다. 다음 절에서는 API 서버가 데이터 관리에 이용할 데이터베이스를 설정하겠습니다.

2.4 데이터베이스 준비하기 : MySQL

MySQL은 오픈 소스 관계형 데이터베이스 시스템Relational Database Management System, RDBMS입니다. 무료로 사용할 수 있습니다. 관계형 데이터 모델에서는 데이터를 2차원 테이블 형태로 표현하고, 여러 테이블 사이의 관계를 표현할 수 있습니다. MySQL은 유료인 오라클이나 마이크로소프트 SQL 서버와 함께 세계적으로 가장 많이 쓰이는 데이터베이스입니다.[5]

MySQL은 리눅스, 윈도우, 맥OS 등 다양한 플랫폼을 지원합니다. 일반적으로 개발할 때는 로컬 머신에 MySQL 서버를 설치해서 테스트하지만 실제 서비스를 운영할 때는 별도의 서버 머신에 설치하거나 클라우드 서비스 제공자가 제공하는 관리형 데이터베이스 서비스를 사용합니다.

코로나보드에서는 국가별, 일자별 확진자 수치 데이터를 API 서버를 통해 MySQL 서버에 저장해두고 관리합니다. 따라서 API 서버가 동작하려면 먼저 MySQL 서버가 준비되어 있어야 합니다. MySQL 서버를 설치하는 방법은 0장 '개발 환경 구축'에서 설명했습니다. 이번 절에서는 설치 후에 필요한 기본적인 설정을 진행하겠습니다.

2.4.1 코로나보드용 데이터베이스와 계정 만들기

MySQL을 포함한 대부분의 RDBMS는 여러 데이터베이스를 만들 수 있고 각 데이터베이스 안에 여러 테이블을 생성할 수 있습니다. 그리고 이렇게 생성한 데이터베이스로의 접근 권한을 계정별로 관리합니다. 그럼 지금부터 코로나보드용 데이터베이스와 계정을 만들고 필요한 권한을 설정하겠습니다.

---

5 https://db-engines.com/en/ranking

01 먼저 MySQL 서버에 루트 계정으로 접속합니다.

```
$ mysql -u root -p
```

여기서 mysql은 CLI에서 MySQL 서버에 접속하는 MySQL 클라이언트 프로그램입니다. -u 옵션으로 루트 계정을 입력하고 -p 옵션을 명시해 비밀번호를 사용해서 접속한다는 것을 알립니다. 이 옵션이 추가되면 명령어 실행 직후 비밀번호를 묻는 입력창이 나오는데 바로 앞 절에서 설정한 루트 계정의 비밀번호를 입력하면 됩니다. 루트 계정에 비밀번호를 설정하지 않았다면 -p 옵션을 생략해도 됩니다.

접속에 성공하면 다음과 같은 메시지가 출력되고 'mysql〉' 입력 프롬프트가 나타납니다.

```
Copyright (c) 2000, 2020, Oracle and/or its affiliates. All rights reserved.

Oracle is a registered trademark of Oracle Corporation and/or its
affiliates. Other names may be trademarks of their respective
owners.

Type 'help;' or '\h' for help. Type '\c' to clear the current input statement.

mysql>
```

이제부터 여기에 SQL 쿼리를 입력해 다양한 작업을 수행할 수 있습니다. 접속을 종료하려면 맥OS는 `Ctrl + d`, 윈도우는 `Ctrl + z` 키를 입력 후 `enter`를 입력하면 됩니다.

`To Do` 데이터베이스 생성하기

01 코로나보드용 데이터베이스를 생성하겠습니다.

```
mysql> CREATE DATABASE coronaboard;
Query OK, 1 row affected (0.00 sec)
```

Query OK가 출력되면 쿼리가 정상적으로 수행되어서 coronaboard 데이터베이스가 생성됐다는 의미입니다.

To Do 계정 생성하기

01 이어서 코로나보드용 계정을 생성합니다. 다음 쿼리에서 '비밀번호' 부분을 원하는 비밀번호로 바꿔 실행하면 coronaboard_admin 계정을 생성할 수 있습니다.

```
mysql> CREATE USER 'coronaboard_admin'@'%' IDENTIFIED BY '비밀번호';
Query OK, 0 row affected (0.00 sec)
```

> 여기에 여러분의 비밀번호를 입력해주세요.

여기서 '@' 문자를 기준으로 앞쪽은 계정 이름을, 뒤쪽은 해당 계정으로부터의 접근을 허용할 호스트host를 의미합니다. 호스트를 '%'로 지정하면 어떠한 호스트에서의 접근도 허용한다는 뜻입니다. % 대신 121.157.214.98과 같이 IP 주소를 명시하면 지정한 IP의 호스트에서만 접근할 수 있습니다.

To Do 권한 부여하기

01 방금 생성한 계정에는 아직 어떠한 데이터베이스 관련 권한도 설정된 게 없습니다. 즉, coronaboard_admin 계정으로는 MySQL 서버에 접속하더라도 하는 일이 없습니다. 그러므로 다음 쿼리를 이용해 coronaboard 데이터베이스에 대한 권한을 부여합니다.

```
mysql> GRANT CREATE, ALTER, DROP, INDEX, INSERT, SELECT, UPDATE, DELETE, LOCK
TABLES ON `coronaboard`.* TO 'coronaboard_admin'@'%';
Query OK, 0 row affected (0.00 sec)
```

> 백틱 문자로 묶어주세요. 따옴표가 아닙니다.

여기서는 테이블을 생성/변경/삭제하는 데 필요한 CREATE, ALTER, DROP, INDEX 명령과 테이블의 데이터를 CRUD(Create, Read, Update, Delete)하는 데 필요한 INSERT, SELECT, UPDATE, DELETE 명령을 사용하는 권한을 부여했습니다. 마지막으로 테이블에 덤프dump 파일로부터 데이터를 일괄 불러올 때 테이블에 락lock을 걸고 해제하는 데 필요한 LOCK TABLES 권한을 부여했습니다. 이 외에도 다양한 권한이 있지만 코로나보드에서 사용할 가장 기본적인 부분만 부여한 겁니다. 다른 권한이 필요하면 나중에 추가하면 됩니다.

마지막으로 데이터베이스와 계정 생성, 그리고 권한 설정이 제대로 되었는지 확인하겠습니다.

01 루트 계정으로 접속한 연결을 새로 만든 coronaboard_admin 계정으로 접속하겠습니다.

```
$ mysql -u coronaboard_admin -p
```

02 비밀번호 입력창이 뜨면 coronaboard_admin 계정을 생성할 때 넣었던 비밀번호를 넣어주세요. 접속에 성공하면 show databases 쿼리를 실행해 coronaboard 데이터베이스를 확인합니다.

```
mysql> show databases;
+--------------------+
| Database           |
+--------------------+
| coronaboard        |
| information_schema |
+--------------------+
2 rows in set (0.00 sec)
```

이상으로 데이터베이스 준비를 마쳤습니다. 다음 절에서는 API 서버를 이 데이터베이스와 연동하는 방법을 알아보겠습니다.

> **Tip** 이 책에서처럼 터미널에서 mysql 명령어를 통해서 MySQL 서버의 모든 기능을 활용할 수 있지만 아무래도 MySQL을 처음 접할 때는 명령어와 SQL 쿼리의 사용법이 쉽지만은 않습니다. 이럴 때는 MySQL 워크벤치[6] 같은 GUI(Graphic User interface) 기반의 MySQL 클라이언트를 사용해보는 것을 추천합니다.

2.5 API 서버와 데이터베이스 연동하기

API 서버에는 노드JS와 익스프레스를 설치했습니다. MySQL에는 데이터베이스와 계정을 설정했습니다. 이제 드디어 둘을 연동해볼 차례입니다.

---

6 MySQL Workbench. https://www.mysql.com/products/workbench/

2.1절에서 API 서버는 데이터베이스 테이블을 직접 조작하지 않고 중간에 ORM을 이용할 거라고 했습니다. ORM은 다음 그림처럼 프로그래밍 언어에서의 객체 모델을 관계형 데이터베이스 테이블로 자동 매핑하는 계층을 말합니다. ORM을 이용하면 데이터베이스를 조작하느라 SQL문을 직접 사용하지 않아도 되어, 일반적으로 개발 생산성이 높아집니다.

그림 2-5 ORM 개념

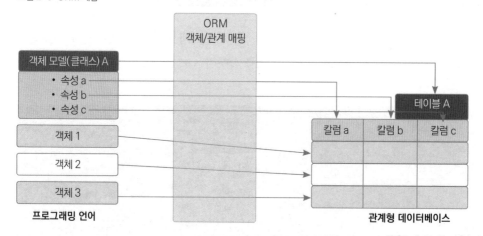

우리가 사용할 ORM 모듈의 이름은 '시퀄라이즈sequelize'이며, 이를 MySQL과 연동하는 데 'MySQL 커넥터'를 이용할 겁니다.

그림 2-6 API 서버와 MySQL을 연동하는 모듈

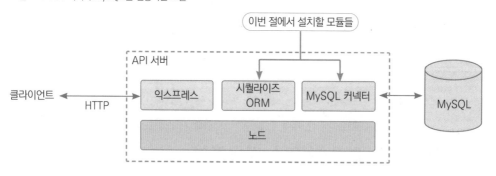

설치 후에는 객체 모델을 하나 정의한 다음 데이터베이스를 동기화해 실제로 동작까지 시켜보려 합니다. 전체 연동 작업은 다음과 같이 다섯 단계입니다.

1 MySQL 커넥터와 시퀄라이즈 ORM 설치
2 객체 모델 설계

3 시퀄라이즈로 객체 모델 정의

4 데이터베이스 연결 설정

5 데이터베이스와 객체 모델 동기화

2.5.1 MySQL 커넥터와 시퀄라이즈 ORM 설치하기

To Do **01** 가장 먼저 필요한 노드JS 모듈들을 API 서버에 설치하겠습니다. 터미널에서 [corona board-api] 디렉터리로 들어간 후 다음 명령을 실행해봅시다.

```
$ npm install mysql2@2.2.5 sequelize@6.3.5
```

mysql2는 노드JS에서 MySQL 서버에 연결해서 쿼리를 실행하는 MySQL 클라이언트 역할을 하고 커넥션 풀connection pool 기능도 제공합니다. 같이 설치하는 sequelize는 SQL 쿼리문 대신 일반적인 자바스크립트 코드로 데이터를 주고받을 수 있도록 하는 ORM 라이브러리입니다.

> **커넥션 풀(connection pool)**
>
> 연결 요청이 오면 미리 만든 네트워크 커넥션(connection)을 제공해주고, 처리가 끝나면 반납받아 풀(pool)에 저장해 재사용하는 방식입니다. API 서버에서 데이터베이스에 접근할 때마다 새롭게 네트워크 연결을 생성하면 연결을 생성하는 데 소요되는 시간만큼 속도가 지연됩니다. 게다가 네트워크 자원을 불필요하게 많이 사용하게 되어 데이터베이스 성능이 저하될 수 있습니다. 커넥션 풀을 사용하면 이러한 문제를 해결할 수 있습니다.

2.5.2 객체 모델 설계

앞 절을 끝으로 필요한 라이브러리를 모두 설치했습니다. 이제부터는 프로그래밍의 영역입니다. 프로그래밍을 하려면 가장 먼저 코로나19 통계 데이터를 표현할 수 있는 데이터 모델을 설계해야 합니다.

ORM을 이용하지 않는다면 데이터베이스 테이블부터 설계해야겠지만, ORM 덕분에 우리는 자바스크립트 코드에서 사용할 객체 모델만 설계하면 됩니다.

먼저 국가별 통계 객체에 필요한 모델을 설계하겠습니다. 국가별 통계는 어떤 정보를 담고 있고 각 정보의 자료형은 무엇일까요? [표 2-1]로 정리했습니다.

표 2-1 국가별 통계 객체에 필요한 속성 정보

용도	속성명	자료형	빈 값 허용
국가 코드	cc	문자(2자)	X
날짜	date	날짜	X
확진자	confirmed	정수	X
사망자	death	정수	O
완치자	released	정수	O
총 검사자	tested	정수	O
검사 중	testing	정수	O
결과 음성	negative	정수	O

ISO 3166-1 표준에 정의된 2자리 국가 코드(예 : 한국 KR, 일본 JP, 미국 US)를 사용하면 2바이트 문자열만으로 국가들을 구분할 수 있습니다.

2.5.3 시퀄라이즈로 객체 모델 정의

우리는 데이터베이스와의 연동을 시퀄라이즈에게 맡기기로 했으니 객체 모델 역시 시퀄라이즈를 통해서 정의해야 합니다. 그래서 시퀄라이즈로 객체 모델을 정의하는 방법을 알아야 합니다.

그런데 그 전에 노드JS 모듈 시스템을 가볍게 살펴보겠습니다. 시퀄라이즈 모듈을 불러오는 방법을 알아야 하고, 또 객체 모델 역시 노드JS 모듈로 만들어 관리할 계획이기 때문입니다.

노드JS 모듈 시스템 맛보기

노드JS 모듈 시스템은 노드JS에서 코드를 파일 단위로 조직화할 수 있게 해줍니다. 그 핵심은 require( ) 함수와 module.exports 변수입니다. 이름에서 쉽게 유추할 수 있듯이 require( )는 다른 파일에 존재하는 코드를 불러와주고, module.exports는 현재 파일에 있는 내용 중 다른 파일에 보여주고 싶은 내용만 노출할 수 있도록 해줍니다. 다음 예시처럼 사용법도 간단합니다.

```
const example = require('someModule');  // 외부 모듈 불러오기
```

require('someModule')은 someModule을 찾아서 someModule이 module.exports에 할당해놓은 값을 불러오는 기능을 합니다. 깊게 들어가면 설명할 게 더 많지만 필요한 만큼만 살펴보았습니다.

시퀄라이즈로 객체 모델 정의하기

시퀄라이즈에서 객체 모델을 정의할 때는 sequelize.define( ) 메서드를 이용합니다. 다음은 이 메서드의 시그니처입니다.

```
public define(modelName: string, attributes: object, options: object): Model
```

보다시피 3개의 매개변수를 받아 모델을 생성해 돌려줍니다. 매개변수들의 의미는 다음과 같습니다.

- **modelName** : 객체 모델 이름
- **attributes** : 객체 모델의 속성 목록(속성 하나가 데이터베이스 테이블의 컬럼 하나에 대응)
- **options** : (선택 사항) 인덱스 등 추가 옵션

다음 코드를 보시죠.

▼ 국가별 코로나19 통계 객체 모델의 뼈대

coronaboard-api/database/global-stat.model.js

```
const { DataTypes } = require('sequelize'); // 시퀄라이즈 모듈 불러오기 ❶

module.exports = (sequelize) => { // 객체 모델 내보내기 ❷
  return sequelize.define( // 객체 모델 정의 ❸
    'GlobalStat', // 매개변수 1 : 모델 이름
    {               // 매개변수 2 : 속성 목록
      ... 생략 ...
    },
    {               // 매개변수 3 : 추가 옵션
      ... 생략 ...
    },
  );
};
```

❶과 ❷는 시퀄라이즈 모듈을 불러오고 객체 모델을 외부로 내보내는 코드입니다. 그리고 ❸에서 실제로 객체 모델을 정의합니다. 하나씩 자세히 살펴보겠습니다.

❶에서는 require( )로 sequelize 패키지(모듈)를 불러왔습니다. package.json의 의존성 목록에 추가되어 [node_modules] 디렉터리에 설치된 패키지들은 이 예처럼 경로 지정 없이 패키지 디렉터리의 이름을 적어주면 됩니다. 그러면 해당 디렉터리에서 진입점 파일인 index.js를 찾아 자동으로 불러옵니다. 결국 require('sequelize')는 require('sequelize/index.js')의 축약 버전이라고 생각하면 됩니다.

다음 줄인 ❷의 문법이 생소할 수 있을 텐데요, module.exports 구문을 이용해 화살표 함수arrow function =>를 외부로 노출시키는 코드입니다. 이렇게 하면 외부에서 이 모듈을 요청할 때 화살표 함수가 실행되고, 그 결과 화살표 함수의 반환값을 얻게 됩니다. 다음 그림을 보면 화살표 함수의 구조가 쉽게 이해될 겁니다.

▼ 화살표 함수의 구조

보다시피 =>를 기준으로 왼쪽에 입력 매개변수 목록이 오고, 오른쪽에 함수 바디가 옵니다. 그래서 예제에서 화살표 함수에서 입력은 sequelize이고 바디는 return sequelize.define(...);입니다. 즉 입력으로 받은 시퀄라이즈 인스턴스의 define( ) 메서드를 이용해 정의한 객체 모델을 반환하는 함수입니다.

To Do 01 마지막으로 ❸에서 sequelize.define() 메서드로 객체 모델을 정의합니다. 이 메서드는 앞에서 설명한 것처럼 모델 이름, 속성 목록, 추가 옵션을 매개변수로 받습니다. 어떻게 정의했는지는 전체 코드를 보며 알아보겠습니다([database] 디렉터리를 생성하고, global-stat.model.js 파일을 생성하세요).

▼ 국가별 코로나19 통계 객체 모델

```
                                        coronaboard-api/database/global-stat.model.js
const { DataTypes } = require('sequelize'); // 시퀄라이즈 불러오기

module.exports = (sequelize) => { // 화살표 함수를 외부로 익스포트
  return sequelize.define(
```

```javascript
// 매개변수 1 : 모델 이름 ❶
'GlobalStat',
// 매개변수 2 : 속성 목록 ❷
{
  id: {  // ID ❸
    autoIncrement: true,                    // 값 자동 증가
    type: DataTypes.INTEGER.UNSIGNED,       // 부호 없는 정수(양의 정수)
    allowNull: false,                       // 빈 값 허용 X
    primaryKey: true,                       // 기본키로 지정
  },
  cc: {          // 국가 코드(cc는 country code의 약자)
    type: DataTypes.CHAR(2),
    allowNull: false,
  },
  date: {        // 날짜
    type: DataTypes.DATEONLY,
    allowNull: false,
  },
  confirmed: {  // 확진자 수
    type: DataTypes.INTEGER,
    allowNull: false,
  },
  death: {       // 사망자 수
    type: DataTypes.INTEGER,
    allowNull: true,
  },
  released: {    // 완치자 수
    type: DataTypes.INTEGER,
    allowNull: true,
  },
  tested: {      // 총 검사자 수
    type: DataTypes.INTEGER,
    allowNull: true,
  },
  testing: {     // 검사중 수
    type: DataTypes.INTEGER,
    allowNull: true,
  },
  negative: {    // 결과 음성 수
```

```
      type: DataTypes.INTEGER,
      allowNull: true,
    },
  },
  // 매개변수 3 : 추가 옵션 ❹
  {
    sequelize,                    // 시퀄라이즈 인스턴스
    tableName: 'GlobalStat',      // 데이터베이스에서 테이블의 이름
    indexes: [                    // 테이블 인덱스
      {
        name: 'PRIMARY',
        unique: true,
        fields: [{ name: 'id' }],
      },
      {
        name: 'ccWithDate',
        unique: true,
        fields: [{ name: 'cc' }, { name: 'date' }],
      },
    ],
    timestamps: false,            // 타임스탬프 속성 자동 생성 X
  },
);
};
```

❶ 첫 번째 매개변수는 객체 모델의 이름입니다. 여기서는 GlobalStat를 사용했습니다. 참고로 시퀄라이즈에 정의된 객체 모델들은 sequelize.models.GlobalStat처럼 모델 이름을 이용해 언제든 가져올 수 있습니다.

❷ 두 번째 매개변수는 모델의 속성을 정의하며, 데이터베이스 테이블의 컬럼에 매핑됩니다. 원하는 만큼의 속성을 추가하면 되며, 각 속성의 형태는 다음과 같습니다.

```
<속성이름>: {
  <상세설정_1>,
  <상세설정_2>,
  ..
},
```

앞의 코드에서 id, cc, date, confirmed 같은 이름들이 객체 모델의 속성 이름이면서 테이블상의 컬럼 이름이 됩니다. 속성 이름 뒤에는 중괄호로 묶어 상세 설정을 할 수 있습니다. 우리 예에서는 다음 설정들을 이용했습니다.

- **type** : 자료형을 뜻하며, 시퀄라이즈가 제공하는 DataTypes에 정의된 타입 중 선택하면 됩니다.
- **allowNull** : null값을 허용할지 명시합니다. true 혹은 false로 설정합니다. 데이터 삽입 시 이 값이 false인 속성에 값이 없다면 에러가 발생합니다.

객체 인스턴스의 고유한 식별자 역할을 하는 id 속성에는 다음 설정이 추가되었습니다.

- **autoIncrement** : 인스턴스가 하나 생길 때마다 값이 1씩 자동 증가시켜줍니다. 보통 MySQL에서는 id 필드에 부호 없는 정수 타입을 지정하고 AUTO_INCREMENT 속성을 지정해 데이터가 삽입될 때마다 id값이 자동으로 1씩 증가하도록 해줍니다.
- **primaryKey** : 이 속성을 기본키로 지정합니다. autoIncrement와 함께 true로 지정하면 id 속성이 항상 고유한 값이 됨을 보장할 수 있습니다.

❸ 세 번째 매개변수에는 sequelize 인스턴스, 데이터베이스의 테이블 이름, 테이블의 인덱스, timestamps 설정을 차례로 넣어줍니다. timestamps값이 true면 시퀄라이즈에서 자동으로 모델에 createdAt과 updatedAt 속성을 추가하고 데이터 생성 날짜와 갱신 날짜를 채워줍니다. 하지만 우리에게는 필요 없는 기능이라서 false로 지정했습니다.

> **Note** 시퀄라이즈의 define 메서드의 자세한 사용법은 공식 문서를 참고하세요.
> - https://sequelize.org/v6/class/src/sequelize.js~Sequelize.html

이상으로 객체 모델을 정의한 코드까지 갖춰졌습니다.

2.5.4 데이터베이스 연결 설정

이제 앞 절에서 준비한 객체 모델을 MySQL 서버와 연동시키면 됩니다. 이번 절에서는 MySQL 서버와의 연결을 설명하고, 다음 절에서 실제 연결하겠습니다.

To Do 01 먼저 [database] 디렉터리에 다음 내용을 담은 index.js 파일을 만듭니다.

▼ 데이터베이스 연결 설정

```
                                                    coronaboard-api/database/index.js
const Sequelize = require('sequelize');

// 데이터베이스 연결 정보 설정 ❶
const config = {
  host: process.env.CORONABOARD_MYSQL_HOST || '127.0.0.1',
  port: 3306,
  database: 'coronaboard',
  user: 'coronaboard_admin',
  password: process.env.CORONABOARD_MYSQL_PASSWORD || 'yourpassword',
};
                                              여러분의 비밀번호를 입력하세요.

// 데이터베이스 연결 정보를 입력해 시퀄라이즈 인스턴스 생성 ❷
const sequelize = new Sequelize(config.database, config.user, config.password, {
  host: config.host,
  dialect: 'mysql',
});

// 외부 모듈에서 사용할 수 있도록 내보내기 ❸
module.exports = {
  sequelize,
  // 데이터베이스 연결이 완료된 객체 모델 생성
  GlobalStat: require('./global-stat.model')(sequelize),
  // 또 다른 객체 모델이 필요하면 똑같은 방식으로 아래 줄에 추가
};
```

❶에서는 host의 주소로 환경 변수에 지정된 값을 불러오거나, 없다면 127.0.0.1을 할당합니다. IP 주소 127.0.0.1은 로컬 호스트, 즉 현재 컴퓨터 자신을 가리킵니다. 개발할 때는 로컬 호스트에 설치한 MySQL 서버를 사용하다가, 차후 운영 환경에 배포할 때는 CORONABOARD_MYSQL_HOST 환경 변수를 설정해 실제 MySQL 서버로 연결하면 됩니다.

MySQL 서버는 기본값으로 3306번 포트를 사용하며, database, user, password 항목은 2.4.1절 '코로나보드용 데이터베이스와 계정 만들기'에서 설정한 값을 그대로 입력합니다. 로컬 호스트의 MySQL 서버에 설정한 비밀번호를 'yourpassword'에 입력해주세요. 운영 환경 MySQL 서버의 패스워드는 보안상 중요하므로 소스 코드에 하드코딩하는 것을 피하고자

CORONABOARD_MYSQL_PASSWORD 환경 변수가 설정된 경우 이를 우선 사용할 수 있게 했습니다. 나중에 운영 환경에서는 이 환경 변수를 사용해 비밀번호를 지정하게 되는데, 이 내용은 14.4.2절 'API 서버 실행하기'를 참고해주세요.

❷ 다음으로는 앞에서 준비한 설정값들을 이용해 시퀄라이즈 인스턴스를 생성합니다.

❸ 마지막으로, 방금 생성한 인스턴스를 다른 모듈에서 사용할 수 있도록 익스포트합니다. 여기에서 require('./global-stat.model')(sequelize)는 sequelize 인스턴스를 입력으로 건네 global-stat.model.js 파일에서 익스포트한 화살표 함수를 호출하는 코드입니다. 이렇게 호출하면 화살표 함수가 데이터베이스 연결까지 완료된 GlobalStat 객체 모델을 생성해 반환해줍니다. 만약 또 다른 객체 모델이 필요하다면 global-stat.model.js 같은 모델 정의 파일을 새로 생성해 같은 방식으로 이 위치에 추가하면 됩니다. 이 방식을 사용하면 객체 모델의 수가 많아지더라도 모델당 하나의 파일로 분산해 편리하게 코드를 관리할 수 있습니다.

2.5.5 데이터베이스와 객체 모델 동기화

지금까지 만든 객체 모델과 sequelize 인스턴스를 사용하면 드디어 데이터베이스에 연결해서 테이블을 생성할 수 있습니다.

To Do **01** coronaboard-api/index.js 파일을 열어 다음과 같이 수정해봅시다. 달라진 부분을 음영으로 표시했습니다.

▼ API 서버의 진입점

```
                                                              coronaboard-api/index.js
const express = require('express');
const bodyParser = require('body-parser');
const { sequelize } = require('./database');

async function launchServer() {  // ❶
  const app = express();
  app.use(bodyParser.json());

  app.get('/', (req, res) => {
    res.json({ message: 'Hello CoronaBoard!' });
  });
```

await는 부록을 참고하세요.

```
  try {
    await sequelize.sync();  // ❷
    console.log('Database is ready!');
  } catch (error) {
    console.log('Unable to connect to the database:');
    console.log(error);
    process.exit(1);
  }

  const port = process.env.PORT || 8080;
  app.listen(port, () => {
    console.log(`Server is running on port ${port}.`);
  });
} // ❶


launchServer();
```

처음 API 서버를 띄웠던 코드와 비교하면, 서버를 초기화하고 시작하는 코드를 launchServer()라는 비동기 함수로 감쌌고(❶), 내부에 sequelize.sync()를 실행하는 코드를 추가했습니다(❷).

sequelize.sync() 메서드는 이름 그대로 sequelize에 정의된 객체 모델을 기준으로 실제 데이터베이스와 동기화를 수행해 테이블 스키마를 생성 또는 변경하는 역할을 합니다. 현재는 MySQL 서버에 coronaboard 데이터베이스만 생성되어 있고 이 데이터베이스에는 아무런 테이블도 없는 상태입니다. 따라서 이 코드를 처음 실행하면 우리가 만들어서 등록해둔 GlobalStat 객체 모델의 정의대로 데이터베이스에 테이블이 생성됩니다.

02 이제 [coronaboard-api] 디렉터리에서 node index.js 명령으로 변경된 코드를 실행해봅시다.

```
$ node index.js

Executing (default): CREATE TABLE IF NOT EXISTS `GlobalStat` (`id` INTEGER
UNSIGNED NOT NULL auto_increment , `cc` CHAR(2) NOT NULL, `date` DATE NOT
NULL, `confirmed` INTEGER NOT NULL, `death` INTEGER, `released` INTEGER,
`tested` INTEGER, `testing` INTEGER, `negative` INTEGER, PRIMARY KEY (`id`))
ENGINE=InnoDB;
Executing (default): SHOW INDEX FROM `GlobalStat`
Database is ready!
Server is running on port 8080.
```

출력된 메시지를 살펴보면 객체 모델을 기반으로 CREATE TABLE IF NOT EXISTS 쿼리를 생성하고, 이 쿼리를 데이터베이스에 전달해 수행시켰다는 것을 알 수 있습니다.

03 이제 다음과 같이 coronaboard 데이터베이스에 연결한 다음 show table; 명령으로 테이블 목록을 조회하면 생성된 GlobalStat 테이블을 확인할 수 있습니다.

```
$ mysql -u coronaboard_admin -p --database=coronaboard

mysql> show tables;
+----------------------+
| Tables_in_coronaboard |
+----------------------+
| GlobalStat           |
+----------------------+
1 row in set (0.00 sec)
```

04 이어서 describe GlobalStat; 명령을 실행하면 테이블의 스키마도 의도대로 정의되어 있음을 확인할 수 있습니다.

```
mysql> describe GlobalStat;
+-----------+--------------+------+-----+---------+----------------+
| Field     | Type         | Null | Key | Default | Extra          |
+-----------+--------------+------+-----+---------+----------------+
| id        | int unsigned | NO   | PRI | NULL    | auto_increment |
| cc        | char(2)      | NO   | MUL | NULL    |                |
| date      | date         | NO   |     | NULL    |                |
| confirmed | int          | NO   |     | NULL    |                |
| death     | int          | YES  |     | NULL    |                |
| released  | int          | YES  |     | NULL    |                |
| tested    | int          | YES  |     | NULL    |                |
| testing   | int          | YES  |     | NULL    |                |
| negative  | int          | YES  |     | NULL    |                |
+-----------+--------------+------+-----+---------+----------------+
9 rows in set (0.01 sec)
```

객체 모델과 데이터베이스를 동기화하는 방법은 크게 세 가지이니 필요에 따라 선택하면 됩니다 (앞의 코드에서는 첫 번째 방법을 사용했습니다).

- sequelize.sync( ); : 동기화하려는 테이블이 존재하면 아무런 작업을 하지 않고 테이블이 없을 때만 새롭게 생성합니다.
- sequelize.sync({ force: true }); : 동기화하려는 테이블이 존재하면 삭제해버리고 테이블을 새로 생성합니다. 예를 들어 개발 서버에서 기존에 저장된 데이터가 삭제되거나 테이블 스키마가 완전히 바뀌어도 문제 없이 사용할 수 있습니다.
- sequelize.sync({ alter: true }); : 동기화하려는 테이블의 필드와 자료형을 확인해 객체 모델 정의와 다르다면 같아지도록 적절히 변경합니다.

이상으로 API 서버와 데이터베이스 연결 작업을 마쳤습니다. 다음 절에서는 실제 API를 하나씩 만들겠습니다.

2.6 API 만들기

익스프레스 프레임워크 기반의 웹 애플리케이션 서버가 준비되었고, 서버에서 시퀄라이즈 ORM을 이용해 데이터베이스에 접근하는 준비도 완료되었습니다. 이제 마지막으로 클라이언트가 서버에 정의된 API를 호출해서 원하는 데이터를 저장하거나 조회할 수 있도록 연결하는 일만 남았습니다.

코로나보드에서 필요한 통계 데이터 API는 총 3가지입니다.

- 모든 국가, 모든 날짜에 대한 전체 통계 데이터를 불러오는 API
- 새로운 데이터를 삽입하거나 또는 기존 데이터를 갱신하는 API
- 잘못 입력된 데이터를 삭제하는 API

이 API들을 구현하려면 먼저 라우팅과 컨트롤러 개념을 이해해야 합니다. 그래서 먼저 이 개념을 설명한 후 뒤이어 실제로 구현하겠습니다.

2.6.1 라우터와 컨트롤러

서버에서 여러 API들을 제공하려면 HTTP 요청에 따라 실행될 코드를 메서드^{method}와 경로^{path}별로 미리 연결해줘야 합니다. 이 연결 작업을 라우팅^{routing}이라고 부릅니다.

그림 2-7 HTTP 요청이 라우터를 통해 컨트롤러로 전달되는 과정

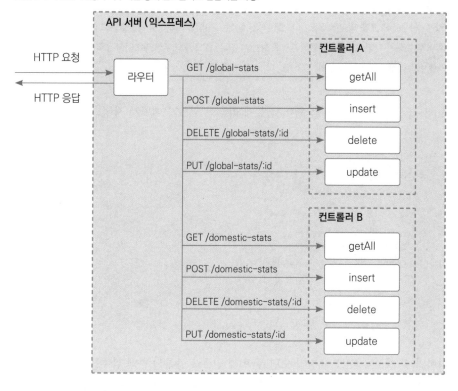

[그림 2-7]에서처럼 라우터를 통해서 지정된 메서드/경로를 컨트롤러 내의 특정 함수로 연결해두면, 실제 HTTP 요청이 도착했을 때 해당 요청과 일치하는 함수가 실행됩니다.

익스프레스 프레임워크에서 라우팅을 정의하는 기본적인 함수 호출 방식은 다음과 같습니다.

```
app.METHOD(PATH, HANDLER)
```

- app은 익스프레스 인스턴스를 의미합니다.
- METHOD에는 HTTP 메서드^{method}를 적어줍니다. GET, POST, PUT, PATCH, DELETE 등이 있는데, 여기서는 소문자로 적습니다.
- PATH에는 말 그대로 서버상의 경로를 지정합니다. '/', '/global-stat' 등 지정하고 싶은 경로를 자유롭게 넣어줄 수 있습니다.
- HANDLER에는 METHOD와 PATH에 일치하는 HTTP 요청을 처리해줄 콜백 함수(핸들러)를 등록합니다.

coronaboard-api/index.js 파일을 열어서 실제 라우팅 코드가 어떻게 작성되어 있는지 살펴봅시다.

```
const app = express();

... 생략 ...

app.get('/', (req, res) => {
  res.json({ message: 'Hello CoronaBoard!' });
});

... 생략 ...
```

이 코드는 서버의 '/' 경로로 GET 요청이 오면 두 번째 인수로 등록된 콜백 함수를 실행하라는 의미입니다. req 객체와 res 객체는 익스프레스 프레임워크가 넣어서 전달해주게 됩니다. req 객체는 수신된 HTTP 요청에 대한 모든 정보를 담고 있으며, res 객체는 클라이언트에 돌려줄 HTTP 응답을 만들 때 사용합니다. 우리는 수신된 요청을 분석해 적절한 작업을 수행 후 응답을 만드는 코드를 콜백 함수 안에 작성하면 됩니다.

라우터와 컨트롤러 나누기

[그림 2-7]을 보면 라우터에 global-stats, domestic-stats 경로를 등록할 때 각자 별도의 컨트롤러로 연결합니다. RESTful API를 디자인할 때 일반적으로 많이 사용되는 방식입니다. 특정 리소스resource에 대해 하나의 경로를 지정하고 해당 리소스에 대한 처리를 담당하는 컨트롤러를 만들어서 관련 코드들을 해당 컨트롤러 안에 모아서 작성합니다. 여러 컨트롤러로 분리하는 것이 필수 사항은 아니지만 이렇게 리소스에 따라 컨트롤러를 분리해두면 하나의 컨트롤러가 비대해지는 것을 막을 수 있을 뿐 아니라 관련도가 높은 코드들을 한 파일 안에 모아둘 수 있기 때문에 코드를 관리하기도 쉽고 가독성도 좋아집니다. 이러한 이유로 이 방식을 따르는 것을 추천합니다.

> ## RESTful API란?
>
> REST$^{representational\ state\ transfer}$는 서버에서 어떠한 리소스를 제공할 때 이 리소스에 접근하는 API의 설계 방식입니다. 이 방식을 따라 만든 API를 RESTful API 또는 REST API라고 부릅니다.
>
> REST에서는 통신을 할 때 HTTP 프로토콜을 사용합니다. 제공하고자 하는 리소스들에 각각 URI$^{uniform\ resource\ identifier}$를 지정한 후, 각 지정된 URI에 대해서 HTTP 메서드인 POST, GET, PUT, DELETE 등을 이용해서 해당 리소스를 생성하고, 읽고, 수정하고 삭제합니다. 이렇게 REST 방식에 따라 만든 API들은 일관성이 있기 때문에 사용하거나 관리하기가 매우 편리해서 대부분의 API 제공자들이 이 방식을 사용합니다.
>
> 코로나보드 API도 REST 방식을 사용합니다. 코로나보드 API에서 제공하는 '전 세계 국가별 통계 데이터'가 바로 REST 관점에서 봤을 때 리소스라고 할 수 있습니다. 이 리소스에 대해서 global-stats라는 URI를 정의하고, 해당 URI에 대해 POST, GET, PUT, DELETE를 정의해 국가별 통계 데이터를 생성하고, 읽고, 수정하고 삭제할 수 있습니다.
>
> REST는 단순히 설계 방식을 제공하는 것이다 보니 모든 사항을 엄격하게 따를 필요는 없습니다. 상황에 따라 리소스에 삭제 기능이 필요 없는 경우 삭제 기능을 정의하지 않거나 다르게 변형하더라도 해당 API는 RESTful하다고 할 수 있습니다.

2.6.2 HTTP 요청과 응답 객체

API가 RESTful인지 여부와 무관하게 HTTP 기반의 API 서버를 만드려면 결국 서버로 들어온 HTTP 요청을 해석해서 적절하게 다시 HTTP 응답을 보내줄 수 있어야 합니다. 이번 절에서는 익스프레스 프레임워크에서 HTTP 요청 객체와 HTTP 응답 객체를 다루는 방법을 알아보겠습니다.

HTTP 요청 객체 사용하기

콜백 함수의 첫 번째 인수로 제공되는 req 객체에서 가장 많이 사용되는 속성은 headers, params, query, body 네 가지입니다. 이 네 가지만 다룰 줄 알면 거의 모든 요청을 처리할 수 있습니다.

headers 속성은 HTTP 요청에 포함된 모든 HTTP 헤더 정보를 키값 쌍 형태로 제공합니다. 요청한 클라이언트가 응답받기를 원하는 언어 정보가 포함된 Accept-Language 헤더나 사용자 인증이 필요한 API를 사용할 때 발급받은 인증 토큰access token을 넣는 Authorization 헤더 등이 대표적입니다.

params 속성은 경로 매개변수를 사용하는 때만 필요합니다. 경로 매개변수path parameter란 라우팅할 때 사용하는 경로의 일부를 고정 값이 아닌 매개변수로 사용하는 것을 말합니다. 예를 들어 경로에 ':cc'와 같이 ':' 문자로 시작하는 부분이 있다면 해당 위치에는 동적인 값을 입력할 수 있는데, 이 값에 req.params.cc를 통해 접근할 수 있습니다. 예를 들어 /global-stat/KR 경로로 요청을 하면 req.params.cc값은 KR입니다.

> :로 시작하는 곳에 경로를 지정할 수 있습니다. 여기서는 :cc로 이름 지었지만, :countryCode처럼 다른 이름으로 지어도 상관없습니다.

```
app.get('/global-stat/:cc', (req, res) => {
  const cc = req.params.cc;
  ...
});
```

> :로 시작하는 곳에 :cc로 이름 지어서 .cc로 해당 값을 읽어왔습니다. :countryCode였다면 .countryCode값을 읽어오면 됩니다.

query 속성은 경로의 뒤쪽에 추가로 붙어 있는 쿼리 스트링을 파싱해서 쓸 수 있게 해줍니다. 요청 URL에서 경로와 쿼리 스트링은 다음 처럼 '?'를 기준으로 구분됩니다.

▼ 경로와 쿼리 스트링

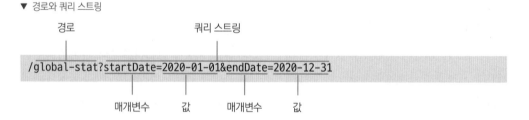

경로   쿼리 스트링

/global-stat?startDate=2020-01-01&endDate=2020-12-31

매개변수   값   매개변수   값

쿼리 스트링은 '매개변수=값&매개변수=값' 형태이며, 원하는 만큼의 매개변수 개수를 지정할 수 있습니다. 요청이 위와 같은 URL로 들어왔을 때 req.query 속성을 읽으면 다음과 같은 객체가 반환됩니다.

```
{ startDate: '2020-01-01', endDate: '2020-12-31'}
```

body 속성은 HTTP 요청의 바디 내용을 담고 있습니다. HTTP 바디는 XML, JSON, x-www-form-urlencoded와 같이 다양한 형식으로 보낼 수 있기 때문에 실제 요청에 사용된 형식에 맞는 파서를 미리 익스프레스 인스턴스에 등록해줘야 합니다. 그렇지 않으면 req.body가 존재하지 않거나 잘못된 내용이 들어 있을 수 있습니다. coronaboard-api/index.js 파일을 보면 app.use(bodyParser.json( )); 코드에서 JSON 바디 파서를 등록하는 코드입니다. 최근에 개발되는 API들은 거의 모두 JSON 형식을 사용하며, 코로나보드 API에서도 JSON 형식만 사용하므로 이 파서 하나만 등록했습니다.

HTTP 응답 객체 사용하기

콜백 함수의 두 번째 인수인 res 객체를 이용하면 클라이언트로 응답을 보낼 수 있습니다. 다음은 몇 가지 간단한 사용 예입니다.

```
// 비어 있는 응답을 전송
res.end();

// 'hello'라는 일반 텍스트(platin text) 응답 전송
res.send('hello');

// 자바스크립트 객체를 JSON 형식의 문자열로 변환해서 응답 전송
res.json({ result: 'hello' });
```

이때 응답 내용뿐 아니라 상태 코드status code를 같이 보낼 수 있습니다. 다음은 HTTP 상태 코드를 명시한 예입니다.

```
// 성공
res.status(200).end();

// 요청한 리소스를 찾을 수 없음
res.status(404).send('Requested resource is not found');

// 서버 에러인 500 설정
res.status(500).json({ error: 'Unknown error' });
```

상태 코드를 명시하지 않으면 기본적으로 정상 응답을 의미하는 200이 설정됩니다.

2.6.3 코로나19 통계 API 구현하기

요청을 받고, 요청에 맞게 비즈니스 로직을 수행한 후 다시 응답을 돌려주는 역할을 하는 코드를 지칭하는 데 컨트롤러controller라는 용어를 많이 사용합니다. 먼저 컨트롤러를 구현하고 나서 서버의 특정 경로에 HTTP 요청이 왔을 때 해당 경로에 알맞은 컨트롤러 함수로 요청을 전달하도록 라우팅 설정을 진행하겠습니다.

To Do 컨트롤러 구현하기

01 세계 국가별 통계를 조회하고 추가하고 삭제하는 컨트롤러를 구현해보겠습니다. [corona board-api] 디렉터리에 [controller] 디렉터리를 만들고, 그 안에 global-stat.controller.js 파일을 만듭니다.

coronaboard-api/controller/global-stat.controller.js

```
const { GlobalStat } = require('../database');  // ❶ GlobalStat 객체 가져오기

// ❷ 데이터 조회
async function getAll(req, res) {
  const result = await GlobalStat.findAll();
  res.status(200).json({ result });
}

// ❸ 데이터 삽입 또는 업데이트
async function insertOrUpdate(req, res) {
  const { cc, date } = req.body;
  if (!cc || !date) {
    res.status(400).json({ error: 'cc and date are required' });
    return;
  }

  // 조건(국가 코드와 날짜)에 맞는 데이터 개수 확인
  const count = await GlobalStat.count({ where: { cc, date } });

  if (count === 0) {
    await GlobalStat.create(req.body);
```

```
  } else {
    await GlobalStat.update(req.body, { where: { cc, date } });
  }

  res.status(200).json({ result: 'success' });
}

// ❹ 데이터 삭제
async function remove(req, res) {
  const { cc, date } = req.body;
  if (!cc || !date) {
    res.status(400).json({ error: 'cc and date are required' });
    return;
  }

  await GlobalStat.destroy({
    where: {
      cc,
      date,
    },
  });

  res.status(200).json({ result: 'success' });
}

module.exports = {
  getAll,
  insertOrUpdate,
  remove,
);
```

❶에서 GlobalStat 객체를 가져옵니다. require()에 디렉터리 경로를 넣으면 해당 디렉터리에 있는 index.js 파일의 코드를 읽어들입니다. 이렇게 읽어들인 코드 중에서 GlobalStat 객체만 꺼내서 사용합니다.

❷ getAll(), ❸ insertOrUpdate(), ❹ remove() 함수 내부에서는 GlobalStat 객체의 메서드를 이용해 데이터베이스 관련 작업을 수행합니다. 이 메서드들은 시퀄라이즈 ORM에서 제공하는 기능입니다. 대표적으로 다음과 같은 메서드를 많이 사용합니다.

표 2-2 시퀄라이즈 ORM에서 제공하는 대표적인 기능[7]

함수	설명
create( )	SQL의 INSERT 구문에 해당
findAll( )	SQL의 SELECT 구문에 해당
findOne( )	SQL의 SELECT 구문에 해당하는 작업을 수행하되 첫 번째 찾은 레코드만 반환
count( )	SQL의 SELECT 구문으로 검색된 레코드의 개수 반환
update( )	SQL의 UPDATE 구문에 해당
destroy( )	SQL의 DELETE 구문에 해당
upsert( )	MySQL의 INSERT ... ON DUPLICATE KEY UPDATE 구문[8]에 해당 (INSERT를 시도해보고 기존에 존재하는 데이터가 있으면 업데이트)

❷ getAll( ) 함수는 조건 없이 모든 통계 데이터를 반환합니다. 데이터 조회에는 GlobalStat. findAll( ) 함수를 이용하는데, 이때 아무런 조건을 붙이지 않았기 때문에 아무런 필터링 조건 없이 모든 데이터를 가져옵니다. 그리고 이렇게 조회한 데이터를 JSON 형태로 응답합니다.

❸ insertOrUpdate( ) 함수는 통계 데이터를 삽입하거나 기존에 있는 데이터를 갱신합니다. 이 함수는 먼저 조건에 맞는 데이터가 있는지를 GlobalStat.count( ) 함수로 확인합니다. 그런 다음 데이터가 없다면 GlobalStat.create( ) 함수를 수행하고 데이터가 있다면 GlobalStat. update( ) 함수를 수행합니다. GlobalStat.count( ) 함수의 경우 인수 없이 사용된다면 필터링 조건 없이 모든 데이터 개수를 돌려주겠지만 여기서는 특정 국가(cc), 특정 날짜(date)에 대해 데이터가 있는지 없는지 확인을 해야 하기 때문에 where 조건식을 추가했습니다.

기존 통계 데이터가 잘못 입력된 경우 데이터를 삭제하는 ❹ remove( ) 함수에는 GlobalStat. destroy( ) 함수가 사용되었습니다. 여기도 특정 국가, 특정 날짜 조건에 맞는 데이터만 삭제하도록 코드가 작성되었습니다. GlobalStat.destroy( ) 함수를 호출할 때 조건을 명시하지 않으면 GlobalStat 테이블 안의 모든 데이터가 삭제되니 주의해야 합니다.

---

7 https://sequelize.org

8 표준 SQL 문법이 아니라서 데이터베이스에 따라 문법이 조금씩 다릅니다. 그래서 SQL이라고 사용하지 않고 MySQL이라고 따로 명시했습니다. 시퀄라이즈에서 설정된 데이터베이스에 맞게 자동으로 처리해주기 때문에 문법은 신경쓰지 않아도 됩니다.

01 서버의 특정 경로에 HTTP 요청이 왔을 때 해당 경로에 맞는 컨트롤러의 함수로 요청을 전달하도록 라우팅 설정을 진행하겠습니다.

```
                                                          coronaboard-api/index.js
... 생략 ...
const globalStatController = require('./controller/global-stat.controller'); // ❶

async function launchServer() {
  ... 생략 ...
  app.get('/global-stats', globalStatController.getAll);
  app.post('/global-stats', globalStatController.insertOrUpdate);
  app.delete('/global-stats', globalStatController.remove);
  ... 생략 ...
}
```

앞에서 작성한 컨트롤러 코드가 담긴 ❶ global-stat.controller.js 파일을 require()해 globalStatController 객체를 가져옵니다. ❷ 각 경로에 컨트롤러에 포함된 함수를 하나씩 등록해주면 작업이 완료됩니다.

이렇게 라우팅을 등록한 후 서버를 실행해 /global-stats라는 경로에 HTTP GET 요청을 하면 getAll() 함수가, HTTP POST 요청을 하면 insertOrUpdate() 함수가 수행됩니다. HTTP DELETE 요청을 하면 remove() 함수가 수행됩니다.

To Do 만든 API 테스트해보기

수정된 코드를 이용해 서버를 다시 실행 한 후 이제 각 API를 실제로 호출하면서 정상 동작하는지 확인해봅시다.

터미널에서는 curl 명령어를 사용해 HTTP 요청을 보낼 수 있습니다. curl은 터미널 환경에서 HTTP를 포함한 다양한 프로토콜로 데이터를 전송하는 데 사용하는 명령어입니다. 이 명령어는 대부분의 유닉스 계열 운영체제에 기본 설치가 되어 있고, 윈도우 10 버전 1803 이상에도 설치가 되어 있어서 별다른 설정 없이 바로 사용할 수 있습니다. 만약 터미널보다 GUI를 선호한다면 포스트맨^{Postman}과 같은 GUI HTTP 클라이언트를 사용해보세요.⁹

윈도우 사용자를 위한 조언

윈도우 10의 버전 1803 이전에는 curl 명령어가 기본적으로 설치되어 있지 않기 때문에 별도로 설치[10]해줘야 합니다. 설치가 되어 있더라도 아래와 같은 사항을 모두 지켜야 정상적으로 명령어 실행이 가능합니다.

- 작은따옴표를 사용할 수 없습니다. 모든 명령어에서 작은따옴표를 큰따옴표로 바꿔서 사용해주세요.
- 큰따옴표 안에 들어 있는 문자열에 큰따옴표 글자를 넣을 때는 이스케이프^{escape} 처리가 필요합니다. 큰따옴표 글자 앞에 \ 기호를 하나 더 입력하면 됩니다.
- 명령어를 여러 줄 이어서 사용할 때는 \ 기호 대신 ^ 기호를 사용합니다.

> **Tip** 유닉스 계열(맥OS, 리눅스 포함) 터미널에서 명령어가 너무 길 때 \ 기호를 입력하고 줄바꿈을 하면, 한 줄로 명령어를 입력해서 수행하는 것과 같습니다.

- 명령 프롬프트에 줄바꿈이 포함된 문자열을 받아들이는 기능이 없습니다. 따라서 줄바꿈이 포함된 문자열을 작성하지 못하므로 --data-raw 옵션 다음에 JSON body 내용을 작성할 때 줄바꿈을 모두 없애야 합니다.

이 책은 유닉스 환경에서 개발을 기본으로 합니다. 따라서 윈도우 사용자는 다음과 같이 코드를 변경해 사용해야 정상 동작됩니다.

▼ 유닉스 계열 사용자 (책 내용)

```
curl --location --request POST 'http://localhost:8080/global-stats' \
--header 'Content-Type: application/json' \
--data-raw '{
    "cc": "KR",
    "date": "2020-02-14"
}'
```

---

9 https://www.postman.com
10 https://curl.se/download.html

```
curl --location --request POST "http://localhost:8080/global-stats" [^]
--header "Content-Type: application/json" [^]        윈도우에서는 \를 ^로 변경하세요.
--data-raw "{\"cc\": \"KR\",\"date\": \"2020-02-14\"}"
```

너무 불편하거나 잘 안 되면 curl 대신 GUI HTTP 클라이언트를 사용하기 바랍니다.

01 다음 명령어를 이용해서 /global-stats에 HTTP GET 요청을 보내겠습니다.

```
$ curl --request GET 'http://localhost:8080/global-stats'

{"result":[]}
```

실행 결과로 출력된 응답을 살펴보면 JSON 형태로 응답이 잘 온 것을 확인할 수 있습니다. 현재는 데이터베이스의 GlobalStat 테이블에 아무런 내용도 저장되어 있지 않기 때문에 모든 데이터를 조회했지만 result 필드에 빈 배열만 내려왔습니다.

02 그렇다면 이제 실제로 데이터를 저장하는 기능을 테스트하겠습니다. URL은 동일하지만 요청 방식을 GET에서 POST로 변경했고 --header 옵션을 이용해서 Content-Type을 application/json으로 설정했습니다. 이 헤더 필드는 클라이언트가 보내는 요청의 body가 JSON 형태로 되어 있다는 것을 서버에게 알려주는 역할을 합니다. 서버는 전달된 필드를 보고 형식에 맞게 바디를 파싱할 수 있습니다. POST 요청의 경우 --data-raw 옵션을 이용해 바디를 보낼 수 있습니다. 여기서는 바디에 실제 저장할 데이터를 JSON 형태로 입력해 요청을 수행합니다.

```
$ curl --location --request POST 'http://localhost:8080/global-stats' \
--header 'Content-Type: application/json' \
--data-raw '{
    "cc": "KR",
    "date": "2020-02-14",
    "confirmed": 28,
    "death": 0,
    "negative": 6679,
    "released": 7,
    "tested": 7242,
    "testing": 535
```

```
}'

{"result":"success"}
```

저장 요청이 문제 없이 성공한 경우 result 필드에 success 문자열이 포함된 응답을 수신합니다.
이제 다시 처음 수행했던 요청을 동일하게 수행하면 우리가 저장한 데이터가 응답에 포함된 것을
확인할 수 있습니다.

```
$ curl --request GET 'http://localhost:8080/global-stats'

{
  "result": [
    {
      "id": 1,
      "cc": "KR",
      "date": "2020-02-14",
      "confirmed": 28,
      "death": 0,
      "released": 7,
      "tested": 7242,
      "testing": 535,
      "negative": 6679
    }
  ]
}
```

03 마지막으로 저장했던 데이터를 삭제하는 API도 잘 동작하는지 확인을 하겠습니다. 이번에는
요청 방식을 DELETE로 변경했고, 어떤 데이터를 삭제할지 조건을 명시하려면 cc와 date 필드
에 각각 좀 전에 저장한 데이터의 값을 다시 입력했습니다.

```
$ curl --location --request DELETE 'http://localhost:8080/global-stats' \
--header 'Content-Type: application/json' \
--data-raw '{
    "cc": "KR",
    "date": "2020-02-14"
}'

{"result":"success"}
```

삭제 요청이 문제 없이 성공한 경우 result 필드에 success 문자열이 포함된 응답을 수신합니다.

04 이제 다시 전체 조회를 하면 GlobalStat 테이블에 저장된 데이터가 없어서 빈 배열이 응답으로 옵니다.

```
$ curl --request GET 'http://localhost:8080/global-stats'

{"result":[]}
```

To Do **예외 처리를 하는 공통 에러 핸들러 만들기**

하나씩 테스트한 결과 정상적인 상황에서는 모두 문제 없이 작동했습니다. 컨트롤러에 작성된 코드는 아직 예외 상황을 처리하지 못합니다. 예외 상황에 어떤 일이 벌어지는지 GlobalStat 테이블에 저장될 confirmed 필드값에 일부러 숫자가 아닌 문자를 값으로 넣어서 예외를 발생시켜보겠습니다.

```
$ curl --location --request POST 'http://localhost:8080/global-stats' \
--header 'Content-Type: application/json' \
--data-raw '{
    "cc": "KR",
    "date": "2020-02-14",
    "confirmed": "hello"
}'
```

위 명령어를 수행하면 한참 동안 응답이 오지 않은 상태로 멈춰있다가 타임아웃^{timeout}이 발생하고 연결이 종료됩니다. 이때 서버 로그에 다음과 같은 에러 메시지가 출력됩니다.

> "UnhandledPromiseRejectionWarning: SequelizeDatabaseError: Incorrect integer value: 'hello' for column 'confirmed' at row 1"

insertOrUpdate( ) 함수 내에서 GlobalStat.create( ) 함수를 호출해 테이블에 데이터를 저장하는 도중에 정수가 들어와야 할 곳에 문자열이 들어오는 바람에 예외가 발생했다는 내용입니다. async/await 키워드는 프로미스를 자바스크립트 문법 차원에서 쓰기 편하게 만들어주는 것이라서 실제로는 프로미스를 쓰는 것과 같습니다(부록 '비동기 함수와 async, await 키워드' 참조).

그러다 보니 async 키워드가 붙은 insertOfUpdate( ) 함수 안에서 발생한 예외는 결국 프로미스의 결과를 기다리다가 예외가 발생한 것과 동일하기 때문에 'UnhandledPromiseRejection Warning' 에러 메시지가 출력된 겁니다.

게다가 이러한 예외가 발생했을 때 어떻게 처리해서 응답할 것인지 우리가 정의하지 않았기 때문에 요청에 대한 응답을 보내주지 못해서 클라이언트에서도 결과를 제대로 받지 못하고 타임아웃이 발생했습니다.

01 이러한 문제를 해결해주려면 insertOrUpdate() 함수 안의 코드를 try-catch 구문으로 감싸서 예외가 발생했을 때 어떤 응답을 보내줄지 정의해주면 됩니다. 여기서는 예외가 발생하면 HTTP 상태 코드를 500으로 지정하고 예외에 포함된 오류 메시지를 error 필드에 담아서 응답으로 내려주겠습니다.

```js
async function insertOrUpdate(req, res) {
  try {
    // 원래 insertOrUpdate에서 수행하던 코드
  } catch (e) {
    res.status(500).json({ error: e.toString() });
  }
}
```

잘 생각하면 insertOrUpdate( ) 함수 외에 다른 함수도 이러한 예외 상황이 동일하게 발생할 수 있어 예외 처리를 해줘야 합니다. 그렇지만 이렇게 반복적으로 try-catch 구문을 모든 함수에 일일이 적용하는 일은 매우 지루한 일이고 유지보수도 불편합니다.

02 기존 함수들의 내용을 수정하지 않으면서도 예외 처리 코드를 공통으로 한 번만 작성할 수 있도록 일반화하는 방법이 있습니다. 모든 컨트롤러 함수를 공통 예외 처리 핸들러로 감싸주는 방법입니다. 먼저 예외 처리 함수를 util.js 파일을 생성하여 아래처럼 작성합니다.

```js
                                                      coronaboard-api/util.js
const errorHandler = (block) => async (req, res) => {
  try {
    await block(req, res); // ❶
  } catch (e) {
    res.status(500).json({ error: e.toString() });
  }
};
```

```
const wrapWithErrorHandler = (obj) => {  // ❷
  Object.keys(obj).forEach((key) => {
    obj[key] = errorHandler(obj[key]);
  });
  return obj;
};

module.exports = {
  wrapWithErrorHandler,
};
```

block( ) 함수를 인수로 받는 errorHandler( ) 함수를 만들고, 해당 함수가 try-catch 구문이
포함된 함수를 반환합니다. 인수로 받은 ❶ block( ) 함수는 try 구문 내에서 실행됩니다. 컨트롤
러에 정의된 getAll( ), insertOrUpdate( ), remove( ) 같은 함수들이 errorHandler( ) 함수의
인수인 block( ) 함수에 대입되어 사용된다고 생각하면 됩니다. errorHandler( ) 함수를 정의할
때 => 함수를 연달아 사용했기 때문에 처음 보시는 분들은 이해가 잘 가지 않을 수도 있습니다. 함
수를 수행하고 난 반환값이 함수라고 생각하거나 혹은 원래 실행할 함수를 한 번 감싸서 다른 기
능을 추가한 함수를 만든다고 생각하면 이해가 쉽습니다.

❷ Object.keys( ) 함수는 해당 객체가 가진 모든 키key를 배열로 반환하는 함수입니다. 이렇게 얻
은 배열을 forEach( ) 함수를 이용하여 순회하면서 전달받은 obj 객체에 들어 있는 기존 함수들
을 errorHandler로 한 번 감싸주게 됩니다.

이제 wrapWithErrorHandler( ) 함수를 기존에 작성했던 컨트롤러의 각 메서드에 일괄 적용해
보겠습니다.

coronaboard-api/controller/global-stat.controller.js

```
const { wrapWithErrorHandler } = require('../util');
... 생략 ...
module.exports = wrapWithErrorHandler({
  getAll,
  insertOrUpdate,
  remove,
});
```

이렇게 하면 원래 module.exports를 통해 파일 외부로 전달되던 컨트롤러의 각 함수들이 앞서 만들어둔 errorHandler로 한 번 감싸져 외부로 전달됩니다.

03 이렇게 예외 처리를 모두 적용한 후 다시 한번 잘못된 요청을 다음처럼 수행하면 이번에는 클라이언트로 에러 메시지가 즉시 전달됩니다.

```
$ curl --location --request POST 'http://localhost:8080/global-stats' \
--header 'Content-Type: application/json' \
--data-raw '{
    "cc": "KR",
    "date": "2020-02-14",
    "confirmed": "hello"
}'

{"error":"SequelizeDatabaseError: Incorrect integer value: 'hello' for column
'confirmed' at row 1"}
```

To Do 다양한 값을 저장하는 범용 API 만들기

지금까지는 국가별 통계 데이터를 저장하고 불러오는 global-stats API를 만드는 과정을 살펴보았습니다. 이번에는 잡다한 데이터를 저장하는 데 쓰는 새로운 API를 하나 더 추가해보겠습니다. 웹 서비스를 만들다 보면 단순 설정값 또는 간단한 데이터 등 데이터양이 많지 않아서 데이터베이스에 별도 테이블까지 만들어서 저장할 정도는 아닌 애매한 데이터를 다루는 경우가 종종 있습니다. 이러한 데이터를 테이블 하나에 키값 쌍을 한 행으로 저장해서 어떤 데이터든 유연하게 저장하고 불러올 수 있는 key-value API를 만들겠습니다. 성별/나이대별 확진자 통계의 경우 날짜별데이터가 필요 없고 오늘 날짜 데이터 하나만 필요하기 때문에 (데이터양이 매우 작아서) 이 API를 사용해 저장할 예정입니다.

global-stats API를 만들 때 하나하나 자세히 설명했던 것과 같은 방식으로 새로운 API를 만들면 되기 때문에 간략하게 설명하겠습니다.

01 먼저 시퀄라이즈로 객체 모델을 정의합니다.

coronaboard-api/database/key-value.model.js

```
const { DataTypes } = require('sequelize');

module.exports = (sequelize) => {
```

```
  return sequelize.define(
    'KeyValue',
    {
      id: {
        autoIncrement: true,
        type: DataTypes.INTEGER.UNSIGNED,
        allowNull: false,
        primaryKey: true,
      },
      key: {
        type: DataTypes.STRING,
        allowNull: false,
      },
      value: {
        type: DataTypes.TEXT,
        allowNull: false,
      },
    },
    {
      sequelize,
      tableName: 'KeyValue',
      timestamps: false,
      indexes: [
        {
          name: 'PRIMARY',
          unique: true,
          fields: [{ name: 'id' }],
        },
        {
          name: 'key',
          unique: true,
          fields: [{ name: 'key' }],
        },
      ],
    },
  );
};
```

객체 모델을 정의하는 데 사용한 코드는 앞서 다룬 내용과 비슷해서 설명을 생략하겠습니다.

02 database/index.js 파일을 열어 방금 만든 KeyValue 객체 모델을 외부에서 사용할 수 있도록 module.exports에 추가해줍니다.

coronaboard-api/database/index.js

```
... 생략 ...
module.exports = {
  sequelize,
  GlobalStat: require('./global-stat.model')(sequelize),
  KeyValue: require('./key-value.model')(sequelize),
};
```

03 모델이 준비되었으니 이제 컨트롤러를 구현해봅시다.

coronaboard-api/controller/key-value.controller.js

```
const { KeyValue } = require('../database');
const { wrapWithErrorHandler } = require('../util');

async function get(req, res) {
  const { key } = req.params;
  if (!key) {
    res.status(400).json({ error: 'key is required' });
    return;
  }

  const result = await KeyValue.findOne({
    where: { key },
  });
  res.status(200).json({ result });
}

async function insertOrUpdate(req, res) {
  const { key, value } = req.body;
  if (!key || !value) {
    res.status(400).json({ error: 'key and value are required' });
    return;
  }

  await KeyValue.upsert({ key, value });

  res.status(200).json({ result: 'success' });
```

```
}

async function remove(req, res) {
  const { key } = req.params;
  if (!key) {
    res.status(400).json({ error: 'key is required' });
    return;
  }

  await KeyValue.destroy({
    where: { key },
  });

  res.status(200).json({ result: 'success' });
}

module.exports = wrapWithErrorHandler({
  get,
  insertOrUpdate,
  remove,
});
```

컨트롤러에도 global-stat API를 만들 때 작업했던 것과 대부분 비슷합니다. 키를 이용해 값을 조회하는 API, 새로운 키값 쌍을 저장하거나 업데이트하는 API, 키를 이용해 값을 삭제하는 API 이렇게 3개를 만들었습니다.

04 마지막으로 만든 컨트롤러를 라우터에 연결하겠습니다.

coronaboard-api/index.js

```
const keyValueController = require('./controller/key-value.controller');

async function launchServer() {
  ... 생략 ...
  app.get('/key-value/:key', keyValueController.get);
  app.post('/key-value', keyValueController.insertOrUpdate);
  app.delete('/key-value/:key', keyValueController.remove);
  ... 생략 ...
}
```

여기까지 작업했으면 key-value API가 완성되었으니 테스트해봐서 문제가 없는지만 확인하면 됩니다. 웹 API 만들기 참 쉽죠?

학습 마무리

이번 장에서는 노드JS와 익스프레스를 이용해 코로나보드에 사용할 API 서버를 만들었습니다. 시퀄라이즈 ORM을 이용해 서버와 MySQL 데이터베이스를 연동해 데이터를 저장하고 조회하는 방법을 알아보았습니다. API 테스트 방법과 예외 처리 방법도 살펴보았습니다.

핵심 요약

1 노드JS 패키지 매니저를 이용하면 다양한 오픈 소스 프로젝트를 손쉽게 설치해 사용할 수 있습니다.

2 익스프레스 프레임워크를 사용해 웹 애플리케이션 서버를 실행할 수 있습니다.

3 시퀄라이즈 ORM을 사용하면 직접 SQL 쿼리를 작성하지 않고도 객체 모델을 정의하는 방식으로 데이터를 모델링하고 데이터베이스를 사용할 수 있습니다.

4 익스프레스 프레임워크에 라우팅을 정의해 원하는 경로에 원하는 컨트롤러 코드가 실행되도록 API를 만들 수 있습니다.

5 HTTP 클라이언트를 사용해 API를 테스트해볼 수 있습니다.

6 공통 예외 처리를 이용하면 예외 상황이 발생하더라도 안전하고 간결하게 처리가 가능합니다.

저장소 구축하기 : 구글 시트

| ☐ **학습 목표** | 구글 시트 서비스를 이용하여 스프레드시트에 콘텐츠를 입력, 가공, 활용해봅니다. |

☐ **학습 순서**

```
┌──────────┐      ┌──────────┐      ┌──────────┐
│ 코로나보드와 │ ──→  │  구글 시트  │ ──→  │ 구글 시트 API로│
│  구글 시트  │      │ API 사용 설정│      │  데이터 읽기 │
└──────────┘      └──────────┘      └──────────┘
                        │                   │
```

┌──┐ ┌──────────────────────┐
│ 1. GCP(Google Cloud Platform) 콘솔에서 신규 프로 │ │ 1. 자료 형태 미리보기   │
│   젝트 생성하기   │ │ 2. 데이터 읽어 객체로 변환하기 │
│ 2. 구글 시트 API 활성화하기   │ │ 3. 실제 데이터에 적용해보기   │
│ 3. OAuth 동의 화면 설정하기   │ └──────────────────────┘
│ 4. OAuth 클라이언트 ID 생성 및 설정 파일 내려받기 │
│ 5. 구글 시트 API 클라이언트 생성하기   │
└──┘

☐ **구글 시트**

구글 시트Google Sheets는 구글에서 제공하는 무료 온라인 스프레드시트 애플리케이션입니다. 엑셀 파일을 가져오거나 엑셀 파일로 내보낼 수도 있습니다.

장점

• 온라인 스프레드시트이기 때문에 인터넷에만 연결되어 있으면 어디서든 이용할 수 있습니다.
• 다른 사람과 공유하여 하나의 시트를 동시에 편집할 수도 있습니다.
• 변경 추적 기능을 이용하면 누가 언제 어느 내용을 변경했는지 쉽게 찾아낼 수 있어서 공동 작업에 유용합니다.
• 또한 내용을 읽고 수정하는 API를 제공하여 일종의 데이터베이스처럼 활용할 수 있습니다.

단점

• 저장 가능한 데이터양이 시트당 최대 500만 개의 셀로 제한됩니다.
• API를 통해 구글 시트의 데이터를 읽거나 수정하는 작업은 100초 동안 최대 100번만 호출 가능합니다.
• API를 통해 시트 데이터 전체를 읽어들이는 코드는 작성하기 쉽지만 원하는 셀을 찾아 데이터를 업데이트하는 코드는 작성하기가 조금 어려운 편입니다.
• API 응답 속도가 조금 느린 편입니다.

3.1 코로나보드와 구글 시트

코로나보드 서비스를 시작할 당시에는 코로나19와 관련된 어떤 통계 데이터가 제공될지, 어떤 기능이 필요할지 전혀 예상할 수 없었습니다. 그래서 새로운 형태의 정보가 공개될 때마다 그 정보를 보여주는 기능을 최대한 빠르게 개발하는 것이 중요했습니다. 또한 콘텐츠를 손쉽게 입력하는 도구가 필요했습니다.

이러한 상황에서 구축 시간이 더 걸리는 관계형 데이터베이스를 이용하면 비효율적이라 판단했습니다. 테이블 스키마 정의, 데이터를 읽고 쓰는 API 개발, 데이터 입력 도구 개발 등 할 일이 너무 많았으니까요. 그래서 데이터베이스가 아닌 구글 시트를 주요 데이터 저장소로 선택했습니다.

그림 3-1 코로나보드에서 구글 시트의 위치

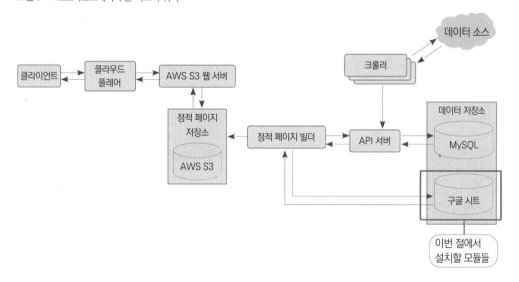

그래서 서비스 초기에는 데이터를 구글 시트에 직접 입력하여 관리했습니다. 구글 시트의 강력한 동시 편집 기능 덕분에 여러 명이 편집하는 데도 전혀 무리가 없었고, 실수로 잘못 입력하더라도 변경 추적 기능 덕분에 원래대로 복구할 수 있어서 걱정이 없었습니다.

❶ 이렇게 입력된 데이터는 구글 시트 API를 이용하여 읽어온 후 정적 웹사이트를 빌드하는 시점에 원하는 형태로 가공하여 템플릿 웹페이지에 주입해 최종 페이지를 생성합니다(5.5.1절 '구글 시트에서 불러오기' 참고). 사용자가 코로나보드 웹사이트에 접속하면 이렇게 미리 생성된 정적 페이지를 받아갑니다. 따라서 접속자가 늘어도 구글 시트 API 호출이 늘어나지도 않고, 구

글 시트 API의 응답 속도가 느리더라도 웹사이트를 이용하는 사용자에게는 전혀 영향이 없습니다.

그러다 일정 시점 이후로는 발표되는 데이터 형태가 정형화되어 변경되는 일이 거의 없어졌습니다. 초기에 확진자, 사망자, 격리 해제, 이렇게 세 가지 데이터를 제공하다가 검사자, 위중증환자, 검사중, 결과 음성 등의 항목이 점진적으로 추가된 후 현재까지 유지되고 있습니다. 그런데 시계열 데이터가 수개월 이상 쌓이다 보니 구글 시트에서 데이터를 읽어들이고 편집하는 속도가 점점 느려졌습니다. 이 문제를 해결하고자 ❷ 통계 데이터를 데이터베이스로 이전하고 ❸ 별도 API 서버를 개발하는 작업을 착수했습니다(앞서 2장에서 설명한 API 서버 개발이 바로 이 내용입니다).

하지만 편집할 일이 많은 데이터는 여전히 구글 시트로 관리했습니다. 공지 사항, 국가 정보(코로나19 신규 발생국이 추가될 때마다 편집), 그외 정형화되지 않은 데이터가 여기 해당했습니다.

다음은 실제로 코로나보드에서 사용하고 있는 데이터 중 공지 사항과 국가 정보 데이터의 예시입니다.

그림 3-2 앞으로 개발에 사용할 코로나보드 데이터 구글 시트 예제

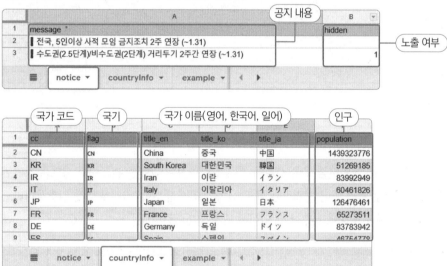

보다시피 notice 시트에는 공지 사항을 입력하는 message 컬럼과 해당 공지를 노출할지 결정하는 hidden 컬럼이 존재합니다. countryInfo 시트에는 국가 코드, 국기, 국가 이름(영어, 한국

어, 일어), 인구 수 컬럼이 존재합니다.

다음 절에서는 이 예제 스프레드시트에 있는 데이터를 구글 시트 API를 통해 읽어들여, 시트별 혹은 컬럼별로 원하는 형태로 가공하여 사용하는 방법을 자세히 설명할 겁니다.[1]

구글 시트 사용 시 주의점

구글 시트는 원래 목적은 이름 그대로 스프레드시트이기 때문에 데이터 저장소로 사용하기 전에 몇 가지 제약을 확인해둘 필요가 있습니다.

1. 저장 용량

시트 하나가 담을 수 있는 셀의 수는 최대 500만 개이며 최대 컬럼 수는 18,278개입니다. 또한 개별 셀은 최대 50,000자까지 담을 수 있습니다. 따라서 이 제한을 초과할 가능성이 있는 데이터는 여러 시트에 나누어 저장하거나 다른 종류의 저장소를 사용하는 것이 좋습니다.

2. API 호출 횟수

시트의 데이터를 자동으로 읽고 쓰려면 구글 시트 API를 호출해야 합니다. 그런데 구글 시트 API에는 누군가가 무분별하게 호출하지 못하도록 한도가 설정되어 있습니다. 한도는 프로젝트 단위 또는 사용자 단위에 대해 적용되는데, 단위별로 정해진 시간 동안 일정 횟수 이상 호출하면 API 호출 한도 초과 오류가 발생합니다.

기본적으로 한 프로젝트는 100초당 500회까지 호출할 수 있으며, 한 사용자는 100초당 100회까지 허용됩니다.[2] 필요하다면 구글 클라우드 플랫폼에 결제 정보를 등록한 후 한도를 늘릴 수 있지만 이 또한 무제한으로 늘려주지는 않습니다.[3] 따라서 API 호출 횟수가 많다면 별도의 데이터베이스와 API 서버를 구축하는 것을 추천합니다.

---

1 https://bit.ly/3dcB4SH. 현재 이 시트는 링크만 있으면 누구든지 열람할 수 있도록 권한을 열어뒀습니다.
2 사용량 제한 : https://developers.google.com/sheets/api/limits
3 API 할당량 모니터링하기 : https://support.google.com/a/answer/6301355

3.2 구글 시트 API 사용 설정

구글 시트 API를 사용하려면 기본적으로 구글 계정이 필요합니다. 구글 계정으로 로그인한 후, GCP^{Google Cloud Platform} 콘솔 웹사이트에 접속하여 다음 순서로 설정을 진행해나가면 됩니다.

1 GCP 콘솔에서 신규 프로젝트 생성
2 해당 프로젝트에 대해서 구글 시트 API 사용 활성화
3 OAuth 동의 화면 설정
4 OAuth 클라이언트 ID 생성 및 설정 파일 내려받기
5 구글 시트 API 클라이언트 만들기

3.2.1 GCP 콘솔에서 신규 프로젝트 생성하기

GCP는 하나의 플랫폼 안에서 가상 머신, 파일 저장소, 데이터베이스, 구글 API 등 엄청나게 다양한 기능을 제공합니다. GCP에서는 이러한 기능을 항상 '프로젝트'라는 상위 개념을 사용하여 묶어서 관리할 수 있도록 해줍니다. 따라서 구글 시트 API를 사용하려면 먼저 '프로젝트'를 하나 생성한 후, 해당 프로젝트 안에서 구글 시트 API를 활성화해야 합니다.

GCP 콘솔에 접속해 프로젝트를 생성해봅시다.

To Do **01** GCP 콘솔에 접속합니다. https://console.cloud.google.com

02 상단 메뉴바의 [프로젝트 선택] 버튼을 클릭합니다.

03 다음에 나오는 프로젝트 선택 화면에서 [새 프로젝트] 버튼을 클릭합니다. 그러면 다음 화면이 나타납니다(꼭 새 프로젝트를 생성할 필요는 없고 기존에 사용하던 프로젝트가 있다면 해당 프로젝트를 선택해도 무관합니다).

❶ 프로젝트 이름에 원하는 이름을 입력 후 ❷ [만들기] 버튼을 눌러 진행합니다.

04 프로젝트가 생성되면 상단 메뉴에서 방금 생성한 프로젝트를 선택합니다.

3.2.2 구글 시트 API 활성화하기

이제 현재 선택된 프로젝트에 대해 구글 시트 API를 활성화할 차례입니다.

To Do **01** 왼쪽 상단의 ▤ 버튼을 클릭하면 나오는 메뉴에서 ❶ [API 및 서비스] → ❷ [라이브러리]를 선택합니다. 그러면 GCP에서 제공하는 API 목록이 나타납니다.

02 검색창에 'sheet'를 입력하고, 검색 결과로 나타나는 'Google Sheets API'를 선택합니다.

03 다음 화면에서 [사용] 버튼을 클릭해 구글 시트 API를 활성화합니다.

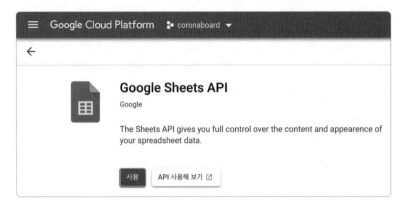

3.2.3 OAuth 동의 화면 설정하기

구글 시트 API가 활성화되었습니다. 하지만 기존에 만들어둔 스프레드시트는 특정 계정만 접근할 수 있도록 설정되어 있어서 여전히 접근이 불가능합니다. 이러한 스프레드시트에 접근하려면 구글 시트 API를 호출하는 주체가 접근 권한을 가진 구글 계정이라는 것을 '인증'해야만 합니다. 이 과정에 OAuth를 사용합니다.

OAuth란 Open Authorization의 약자로 어떤 웹 서비스에서 다른 웹 서비스의 기능을 사용하고 싶을 때 다른 웹 서비스 계정의 아이디/비밀번호 없이도 해당 기능을 사용하는 권한을 획득해주는 표준화된 방법입니다. 현재는 대부분의 서비스가 OAuth 2.0을 사용하고 있습니다.

우리가 만든 웹 서비스 A에서 사용자의 페이스북에 자동으로 포스팅하는 경우를 가정해봅시다. 단순하게 생각하면 사용자에게 페이스북 아이디와 비밀번호를 미리 입력받아서 저장해뒀다가 사용자 대신 페이스북에 로그인한 후 포스팅할 수 있습니다. 하지만 이렇게 하면 사용자의 아이디와 비밀번호를 서버에 저장해야 하기 때문에 보안상 안전하지 않습니다. OAuth를 사용하면 이러한 문제를 보안 문제 없이 해결할 수 있습니다. OAuth가 어떤 식으로 구현되는지 그림을 보면서 설명하겠습니다.

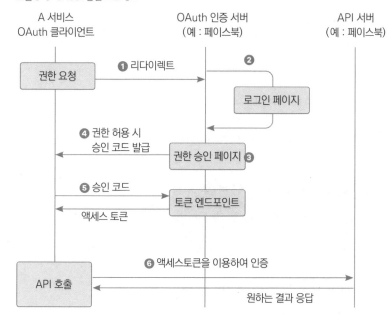
그림 3-3 OAuth 통신 프로세스

❶ A 서비스에서 페이스북의 기능을 사용하려는 시점에 사용자에게 포스팅 권한을 달라는 인수를 넣어서 페이스북의 권한 요청 페이지로 리다이렉트[redirect]시킵니다.

❷ 사용자가 페이스북에 로그인이 되어 있지 않다면 페이스북 로그인 페이지로 이동됩니다.

❸ 여기서 로그인에 성공하거나, 이미 로그인이 되어 있던 상태라면 A 서비스에서 페이스북에 포스팅 권한을 요청한다는 페이지가 사용자에게 표시됩니다.

❹ 사용자가 '권한 허용' 버튼을 누르면 승인 코드가 발급됩니다.

❺ 발급받은 승인 코드를 이용하여 토큰 엔드포인트에 토큰 발급 요청을 하면 최종적으로 A 서비스가 페이스북이 발급한 액세스 토큰[access token]을 받게 됩니다.

❻ 이제부터 A 서비스에서는 이 액세스 토큰을 사용하여 페이스북 API를 호출할 수 있게 됩니다.

이러한 과정을 통해 A 서비스는 사용자의 페이스북 아이디와 비밀번호를 전혀 모르는 상태로 보안상 안전하게 해당 사용자의 페이스북 기능을 사용할 수 있게 됩니다.

구글 시트와 OAuth를 연동하는 방법은 다음과 같습니다.

1 구글 시트 API를 사용하는 클라이언트 애플리케이션이 구글 계정에 대한 OAuth 인증 절차를 통해서 액세스 토큰을 발급받습니다.

2 구글 시트 API를 호출할 때마다 이 액세스 토큰을 같이 전송하도록 합니다.

3 구글 시트 API는 이 액세스 토큰을 통해 현재 API를 호출하는 주체가 어떤 구글 계정인지 알게 되고, 이 계정이 접근하는 스프레드시트에 구글 시트 API도 동일하게 접근할 수 있게 해줍니다.

이제 OAuth를 어디에 사용할지 알았으니 설정하는 방법을 알아봅시다.

To Do **01** GCP 콘솔의 좌측 상단 ❶ 햄버거 메뉴에서 ❷ [API 및 서비스] → ❸ [OAuth 동의 화면]을 선택합니다.

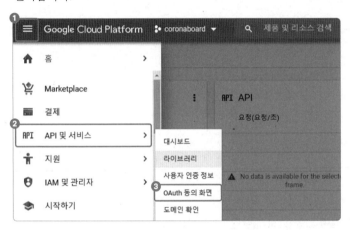

02 다음 화면에서 ❶ '외부'를 선택한 후 ❷ [만들기] 버튼을 클릭합니다.

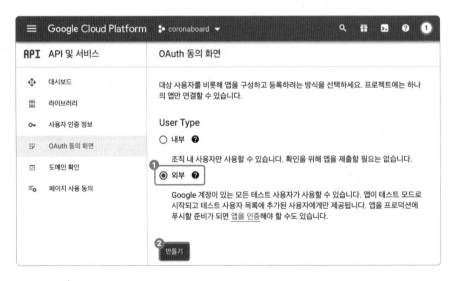

그러면 다음과 같이 4단계로 진행되는 화면이 나타납니다.

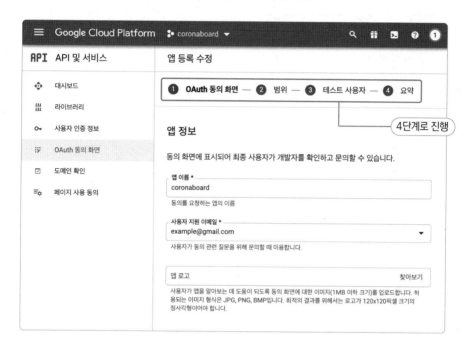

03 1단계 '**OAuth 동의 화면**'에서 필수 필드를 원하는 값으로 채워넣고, 화면 맨 아래로 스크롤해 [저장 후 계속] 버튼을 클릭합니다.

04 2단계 '**범위**' 설정 화면에서는 ❶ [범위 추가 또는 삭제] 버튼을 클릭한 후 ❷ "auth/spreadsheets"를 검색하여 나오는 ❸ 'Google Drive에서 스프레드시트 보기, 수정, 생성, 삭제' 범위를 선택하고 ❹ [업데이트]합니다. 여기서 '범위'라는 것은 OAuth를 통해서 인증된 사용자에게 어떤 범위까지 권한을 줄 것인지를 의미합니다. ❺ 마지막으로 화면 아래로 스크롤하여 [저장 후 계속] 버튼을 클릭하여 넘어갑니다.

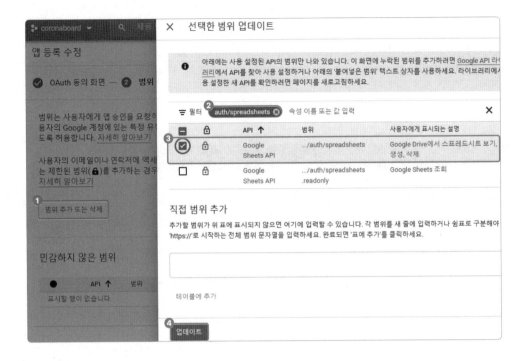

05 3단계 **'테스트'** 화면에서도 별다른 설정 없이 [저장 후 계속] 버튼을 클릭하여 넘어갑니다.

06 4단계 **'요약'** 화면에서 이제까지 설정한 값들에 문제가 없는지 다시 검토한 후 [대시보드로 돌아가기] 버튼을 클릭합니다.

07 '게시 상태' 섹션에 보면 현재 게시 상태는 '테스트'로 설정되어 있습니다. ❶ [앱 개시] 버튼을 클릭 → 팝업창에서 ❷ [확인] 버튼을 클릭해 '프로덕션 단계'로 변경합니다.

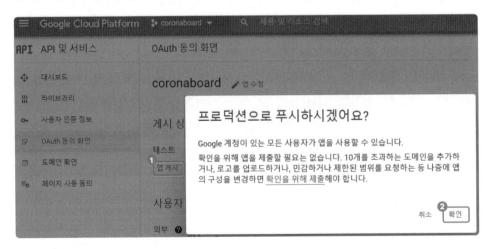

3.2.4 OAuth 클라이언트 ID 생성 및 설정 파일 내려받기

OAuth 동의 화면 설정이 완료되었으니 이제 OAuth 클라이언트 ID를 생성할 수 있습니다.

To Do **01** 왼쪽 메뉴에서 ❶ [사용자 인증 정보]를 선택한 후 ❷ [사용자 인증 정보 만들기] → ❸ [OAuth 클라이언트 ID]를 차례로 선택합니다.

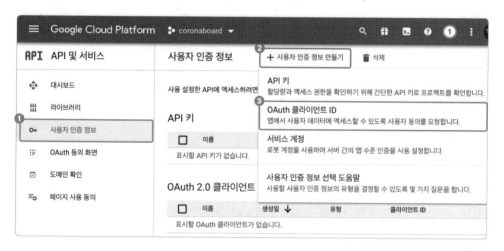

02 ❶ [애플리케이션 유형]으로 '데스크톱 앱'을 선택하고 → ❷ 원하는 이름을 입력한 후 → ❸ [만들기] 버튼을 클릭합니다.

03 'OAuth 클라이언트 생성됨' 팝업이 뜨고 OAuth 클라이언트 ID와 클라이언트 보안 비밀번호가 제공됩니다. 따로 기록할 필요 없이 바로 [확인] 버튼을 클릭하여 창을 닫습니다.

04 [OAuth 2.0 클라이언트 ID] 섹션에 방금 생성한 클라이언트가 보입니다. 여기서 ❶ 내려받기 아이콘을 클릭합니다. 클라이언트 ID와 클라이언트 보안 비밀번호가 포함된 JSON 파일이 내려받아집니다.

05 내려받은 파일 이름을 **credentials.json**으로 변경해줍니다.

이 파일은 다음 단계에서 구글 시트 API 라이브러리를 통해서 OAuth 인증을 진행할 때 필요하니 잘 보관해둡니다(파일을 분실하더라도 GCP 콘솔에서 언제든 다시 받을 수 있습니다).

이제 개발을 시작하기 위한 설정 작업이 완료되었습니다. 다음 단계에서는 구글 시트 API 라이브러리를 이용하여 구글 시트 API와 통신하는 클라이언트를 만들어보겠습니다.

3.2.5 구글 시트 API 클라이언트 생성하기

이제 구글 시트의 내용을 다운로드해서 파일로 만들어주는 도구를 실제로 만들어보겠습니다. 이 기능은 [coronaboard-api] 디렉터리와 동일한 레벨에 [tools] 디렉터리를 만들어서 넣을 겁니다.

먼저 다음 명령들을 차례로 실행합니다.

```
$ mkdir tools
$ cd tools
$ npm init          ❶ 패키지 초기화
$ npm install googleapis@39  ❷ googleapis 설치
```

[tools] 디렉터리를 생성하고 ❶ 패키지 초기 설정을 진행한 후, 마지막으로 ❷ googleapis의 39 버전을 설치한 겁니다. googleapis는 구글 시트 API를 간단한 자바스크립트 호출로 사용할 수 있게 미리 구현해둔 라이브러리입니다. 구글 시트 API를 직접 사용하고 싶다면 레퍼런스 문서[4]를 참고해주세요.

구글 시트 API는 인증된 사용자만 호출할 수 있습니다. 그래서 우리는 API 호출 권한이 있는 액세스 토큰이 필요합니다. 액세스 토큰을 얻으려면 앞서 생성한 OAuth 클라이언트 정보를 이용하여 구글 계정에 대해 구글 시트 API를 호출할 권한을 받는 승인 절차를 진행해야 합니다.

이제부터 코드를 작성해봅시다(3.2.3절 'OAuth 동의 화면 설정하기'에서 다룬 절차와 비슷합니다).

To Do **01** [tools] 디렉터리에 sheet_api_client_factory.js 파일을 생성하고 다음처럼 코드를 작성해봅시다(이 코드는 구글 시트 API 가이드 문서[5]에서 제공하는 샘플 코드를 더 읽기 편하게 재작성한 코드입니다).

---

4 https://developers.google.com/sheets/api/reference/rest
5 https://developers.google.com/sheets/api/quickstart/nodejs

```javascript
                                                          tools/sheet_api_client_factory.js
const fs = require('fs');
const readline = require('readline');
const { google } = require('googleapis');

const SCOPES = ['https://www.googleapis.com/auth/spreadsheets'];
const TOKEN_PATH = 'accessToken.json';

class SheetApiClientFactory {
  static async create() {
    // ❶ 구글 OAuth 클라이언트 사용을 위해 credentials.json 파일 읽기
    const credential = fs.readFileSync('credentials.json');
    // ❷ 해당 파일을 이용해서 OAuth 인증 절차 진행
    const auth = await this._authorize(JSON.parse(credential));
    // ❸ 생성된 OAuth 클라이언트를 이용하여 구글 시트 API 클라이언트 생성
    return google.sheets({ version: 'v4', auth });
  }

  static async _authorize(credentials) {
    const { client_secret, client_id, redirect_uris } = credentials.installed;
    // ❹ 구글 OAuth 클라이언트 초기화
    const oAuth2Client = new google.auth.OAuth2(
      client_id,
      client_secret,
      redirect_uris[0],
    );

    // ❺ 기존에 발급받아둔 액세스 토큰이 없다면 새롭게 발급 요청
    if (!fs.existsSync(TOKEN_PATH)) {
      const token = await this._getNewToken(oAuth2Client);
      oAuth2Client.setCredentials(token);

      fs.writeFileSync(TOKEN_PATH, JSON.stringify(token));
      console.log('Token stored to', TOKEN_PATH);

      return oAuth2Client;
    }
    // ❻ 기존에 발급받아둔 액세스 토큰이 있으면 바로 사용
    const token = JSON.parse(fs.readFileSync(TOKEN_PATH));
    oAuth2Client.setCredentials(token);
```

```
    return oAuth2Client;
  }

  static async _getNewToken(oAuth2Client) {
    // ➐ OAuth 인증 진행을 위한 URL 생성
    const authUrl = oAuth2Client.generateAuthUrl({
      access_type: 'offline',
      scope: SCOPES,
    });

    console.log('다음 URL을 브라우저에서 열어 인증을 진행하세요:', authUrl);

    // ➑ 터미널에서 키보드 입력 대기
    const rl = readline.createInterface({
      input: process.stdin,
      output: process.stdout,
    });

    const code = await new Promise((resolve) => {
      rl.question('인증이 완료되어 발급된 코드를 여기에 붙여넣으세요: ', (code) => {
        resolve(code);
      });
    });

    rl.close();

    // ➒ 인증 코드를 이용하여 액세스 토큰 발급
    const resp = await oAuth2Client.getToken(code);
    return resp.tokens;
  }
}

module.exports = SheetApiClientFactory;
```

위 코드는 OAuth 클라이언트를 통해 구글 시트 API 호출을 할 수 있는 권한을 가진 액세스 토큰을 발급하고 이 토큰을 사용하는 구글 시트 API 클라이언트를 생성합니다.

❶ 구글 OAuth 클라이언트 사용하는 데 필요한 클라이언트 ID와 클라이언트 보안 비밀번호가

담긴 credentials.json 파일을 읽어들입니다. 이렇게 읽어들인 정보로 ❹ 구글 OAuth 인증 절차를 진행하기 위한 OAuth 클라이언트를 초기화합니다.

❺ 이미 발급받은 액세스 토큰이 없다면 새롭게 발급 요청을 한 후, 액세스 토큰을 파일로 저장합니다. 저장해둔 액세스 토큰이 이미 있으면 매번 OAuth인증 절차를 거칠 필요 없이 ❻에서처럼 저장된 토큰을 재활용해서 구글 시트 API를 계속 호출할 수 있습니다.

OAuth 인증 절차는 인증 코드를 먼저 획득하고 이 인증 코드를 이용하여 액세스 토큰을 발급받는 순서로 진행됩니다. ❼은 이러한 인증 과정을 웹브라우저에서 진행하는 데 필요한 웹페이지의 URL을 생성합니다. 이 URL에 웹브라우저로 접속하여 실제 구글 계정으로 로그인을 하면 이 OAuth 클라이언트에 구글 시트 API를 사용할 권한을 부여할 것인지 물어봅니다. 여기서 권한을 부여하면 인증 코드가 생성됩니다.

❽에서는 터미널에서 입력 프롬프트를 띄우고 사용자가 인증 코드를 입력할 때까지 키보드 입력을 기다립니다. 생성된 인증 코드를 사용자가 입력하면 해당 코드를 이용하여 ❾에서 액세스 토큰 발급 요청을 진행합니다.

02 실제로 인증 절차를 수행해서 액세스 토큰을 발급받으려면 방금 만든 SheetApiClient Factory 클래스를 실행해주는 진입점이 필요합니다. 다음 코드를 sheet_api_client_factory_tester.js 이름으로 저장합니다.

tools/sheet_api_client_factory_tester.js

```
const SheetApiClientFactory = require('./sheet_api_client_factory');

async function main() {
  try {
    await SheetApiClientFactory.create();
  } catch (e) {
    console.error(e);
  }
}

main();
```

03 코드 작성은 끝났습니다. 코드를 실행하기 전에 앞서 내려받은 credentials.json 파일을 [tools] 디렉터리에 복사해줍니다. 이 파일에는 OAuth 클라이언트 정보가 담겨 있고, 이 정보가 있어야만 구글 계정에 대해 OAuth 인증 절차를 진행할 수 있습니다.

04 코드를 실행합니다. 다음과 같이 URL이 출력되면서 인증 완료 후 발급된 코드를 붙여넣으라는 입력 프롬프트가 표시됩니다.

```
$ node sheet_api_client_factory_tester.js

다음 URL을 브라우저에서 열어 인증을 진행하세요:
https://accounts.google.com/o/oauth2/v2/auth?access_type=offline&scope=https
%3A%2F%2Fwww.googleapis.com%2Fauth%2Fspreadsheets&response_type=code&client_
id=75853117707-qit4dv7ff25e390sr579ptrlofo5uhov.apps.googleusercontent.
com&redirect_uri=http%3A%2F%2Flocalhost

인증이 완료되어 발급된 코드를 여기에 붙여넣으세요:
```

❶ URL을 복사하여 브라우저에서 열면 다음과 같이 경고 메시지가 나타납니다. ❷ [고급] 버튼을 누르면 [coronaboard(으)로 이동(안전하지 않음)] 링크가 나타납니다. 이 링크를 클릭합니다 (경고가 뜨는 이유와 무시하고 진행하는 이유는 절 마지막에서 설명합니다).

그러면 다음과 같이 'Google Drive에서 스프레드시트 보기, 수정, 생성, 삭제' 권한을 부여할지 묻는 창이 나타납니다. ❸ [계속]을 클릭합니다.

페이지가 리디렉트되면서 다음과 같은 화면이 나타납니다. 3.2.4절 'OAuth 클라이언트 ID 생성 및 설정 파일 내려받기' **02**에서 '데스크톱 앱'을 선택했기 때문에 기본 리디렉트 주소가 localhost로 지정되어 있습니다. 실제로 **④** 주소창을 확인해보면 URL이 localhost로 되어 있고 현재 localhost에는 별다른 서버가 실행 중이지 않기 때문에 이렇게 '사이트에 연결할 수 없음' 페이지가 표시된 겁니다.

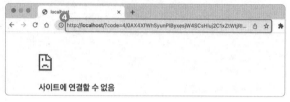

URL을 자세히 살펴보면 OAuth 인증 과정에서 발급되는 **⑤** 승인 코드가 쿼리 스트링 형태로 포함되어 있습니다. 승인 코드 부분만 복사합니다.

```
http://localhost/?code=4/0AX4ZexY3k...(생략)...KAvzYVw&scope=https://www.googleap
```
⑤ 승인 코드

> **Warning** 만약 독자분들의 localhost에 이 책 내용과 무관한 별도의 서버가 실행 중이라면 다른 페이지가 표시되면서 URL에 포함되어 있던 승인 코드 부분이 없어질 가능성도 있습니다. 이때는 해당 서버를 잠시 종료해두고 이 과정을 다시 진행해주세요

05 다시 터미널로 돌아와서 '마우스 우클릭'으로 인증 코드를 붙여넣은 후 `enter`를 칩니다. 그러면 인증을 위한 액세스 토큰 발급이 완료되면서 accessToken.json 파일이 현재 작업 디렉터리에 생성됩니다.

이제 이 액세스 토큰과 함께 구글 시트 API를 호출하면 OAuth 인증에 사용한 구글 계정으로 구글 시트 기능을 사용할 수 있습니다. 즉, 인증에 A라는 구글 계정을 사용했다면, 이 액세스 토큰과 함께 구글 시트 API로 문서를 읽고/수정하면, A가 직접 문서를 읽고/수정하는 것과 동일한 효과를 내게 됩니다. 이로써 구글 시트 API를 호출할 준비가 되었습니다.

경고 메시지가 뜨는 이유

경고 메시지가 뜨는 이유는 방금 생성한 coronaboard 프로젝트의 OAuth 동의 화면에서 추가한 '스프레드시트 보기, 수정, 생성, 삭제' 범위가 민감한 범위라서 구글의 리뷰를 받아야 하는데 아직 받지 않았기 때문입니다. 이 상태에서는 다음처럼 GCP 콘솔에서 coronaboard 프로젝트를 선택한 후 [API 및 서비스] → [OAuth 동의 화면] 메뉴에 접근했을 때 '확인 상태' 섹션에 '확인 필요'라는 경고 메시지가 떠 있는 것을 볼 수 있습니다.

리뷰를 받으려면 [확인 준비] 버튼을 클릭하여 리뷰에 필요한 추가 정보를 입력하여 제출하면 됩니다. 이렇게 제출된 정보 기반으로 리뷰가 완료되면 OAuth 인증이 진행될 때 경고 메시지가 더는 출력되지 않습니다.

하지만 이 OAuth 인증을 일반 사용자를 대상으로 제공할 것이 아니라면 리뷰 과정이 꼭 필요하지는 않습니다. 코로나보드에서 구글 시트 API는 개발하는 당사자만 사용하기 때문에 경고 메시지를 무시하고 진행해도 무관합니다.

3.3 구글 시트 API로 데이터 읽기

API를 이용해 스프레드시트에 저장된 데이터를 실제로 읽어오는 방법을 알아보겠습니다.

3.3.1 자료 형태 미리보기

앞 절에서 생성한 구글 시트 API 클라이언트를 사용하면 API 명세에 정의되어 있는 API들[6]을 손쉽게 호출할 수 있습니다. 그중 spreadsheets.values.get( ) 메서드를 이용하면 스프레드시트 아이디를 지정하고, 지정한 스프레드시트의 특정 시트에 있는 모든 데이터를 읽어들일 수 있습니다. 이때 읽어들인 데이터는 시트에 저장된 모습 그대로 2차원 배열로 생성됩니다. 즉, 시트의 행 개수만큼의 원소를 지닌 배열이 생성되고, 이 배열의 각 원소에는 시트의 각 열에 해당하는 값들을 원소로 가진 배열이 들어 있습니다.

예를 들어 시트에 다음과 같은 데이터가 입력되어 있다고 가정해봅시다.

	A	B	C	D	E
1	1	2	3	4	
2	1	2			5
3	corona	board			
4					
5	코로나보드				

이 시트를 읽어들인 결과를 자바스크립트 2차원 배열로 표현하면 다음과 같습니다.

```
[
  ["1", "2", "3", "4"],
  ["1", "2", "", "", "5"],
  ["corona", "board"],
  []
  ["코로나보드"]
]
```

더 살펴보면 다음과 같은 특성을 추가로 파악할 수 있습니다.

---

6 https://developers.google.com/sheets/api/reference/rest

- 모든 데이터를 문자열로 인식합니다. 따라서 특정 데이터를 숫자로 사용하려면 형변환 함수 (parseInt( ), parseFloat( ) 등)를 사용해야 합니다.
- 각 행에서 열 데이터가 담긴 배열은 값을 갖는 가장 끝 셀^{cell}까지만 만들어집니다. 따라서 행마다 열 데이터를 담는 배열의 길이가 달라질 수 있습니다. 중간에 비어 있는 셀은 빈 문자열로 채워집니다(예 : C2, D2).
- 아무런 값도 없는 행은 빈 배열로 표현됩니다(예 : 4행).

3.3.2 데이터 읽어 객체로 변환하기

실제로 공지사항 데이터를 어떤 식으로 읽어들여 사용할 수 있을지 살펴보겠습니다. 앞서 3.1절 '코로나보드와 구글 시트'에 언급한 링크를 통해 '코로나보드 데이터 예제' 스프레드시트를 웹브라우저로 열어 notice 시트를 보면 다음과 같은 데이터를 볼 수 있습니다.

	A	B
1	message	hidden
2	❗전국, 5인이상 사적 모임 금지조치 2주 연장 (~1.31)	
3	❗수도권(2.5단계)/비수도권(2단계) 거리두기 2주간 연장 (~1.31)	1

이 시트를 읽어들이면 2차원 배열 형태가 될 텐데, 자바스크립트에서 사용하기 편리하도록 다음처럼 키값 형태의 객체로 변환하는 것이 최종 목표입니다.

```
[
  {
    "message": "❗전국, 5인이상 사적 모임 금지조치 2주 연장 (~1.31)",
    "hidden": "1"
  },
  {
    "message": "❗수도권(2.5단계)/비수도권(2단계) 거리두기 2주간 연장 (~1.31)"
  }
]
```

To Do **01** 시트의 데이터를 읽어들여서 JSON 형식의 파일로 저장하는 코드를 작성해봅시다.

tools/sheet_downloader.js
```
const fs = require('fs');
const path = require('path');

class SheetDownloader {
```

```
constructor(apiClient) {  // ❶
  this.apiClient = apiClient;
}

/**
 * 명시한 스프레드시트의 시트 내용을 읽어 JSON 객체로 변환해줍니다.
 * @param spreadsheetId 스프레드시트 ID
 * @param sheetName 시트 이름
 * @param filePath 저장할 JSON 파일 생략 시 파일로 저장하지 않음)
 */
async downloadToJson(spreadsheetId, sheetName, filePath = null) { // ❷
  // 명시한 시트의 내용을 가져옵니다. ❸
  const res = await this.apiClient.spreadsheets.values.get({
    spreadsheetId: spreadsheetId,
    range: sheetName,
  });

  // 행 데이터(배열)를 얻어옵니다.
  const rows = res.data.values;

  // 행이 0개라면, 즉 시트에 아무런 데이터가 없다면 빈 JSON 객체를 반환합니다.
  if (rows.length === 0) {
    const message = 'No data found on the sheet';
    console.error(message);
    return {};
  }

  // 행 데이터(배열)를 객체로 변환합니다. ❹
  const object = this._rowsToObject(rows);

  // filePath를 명시했다면 지정한 파일로 저장 ❺
  if (filePath) {
    // 마지막 인수는 space를 의미합니다. 이곳에 2를 넣으면
    // 출력되는 JSON 문자열에 2칸 들여쓰기와 줄바꿈이 적용되어 보기 편해집니다.
    const jsonText = JSON.stringify(object, null, 2);

    const directory = path.dirname(filePath);
    if (!fs.existsSync(directory)) {
      fs.mkdirSync(directory);
    }
    fs.writeFileSync(filePath, jsonText);
    console.log(`Written to ${filePath}`);
  }

  return object;
```

```
  }

  _rowsToObject(rows) {
    ... 생략 ...
  }
}

module.exports = SheetDownloader;
```

새로 작성한 SheetDownloader에서는 ❶ 생성자에 apiClient 객체를 받고 있습니다. 여기에는 앞 절에서 작성한 코드의 SheetApiClientFactory.create()를 호출하여 구글 시트 API 클라이언트 객체를 생성하여 넣어주면 됩니다.

❷ downloadToJson() 함수를 살펴보면 앞에서 설명했던 대로 ❸ 스프레드시트 아이디와 시트명을 입력받아 해당 시트를 읽어들인 후, ❹ 내부 함수인 _rowsToObject()를 호출하여 2차원 배열을 키값 형태의 객체로 변환합니다. ❺ 변환된 객체는 filePath가 지정된 경우 JSON 형태로 직렬화serialize해서 파일로 저장합니다. 이렇게 파일로 저장해두면, 나중에 읽어들여 사용할 수 있습니다.

02 다음은 앞 코드에서 생략한 _rowsToObject() 함수를 작성합니다.

tools/sheet_downloader.js

```
/**
 * 주어진 배열을 JSON 객체로 변환해줍니다.
 * @param rows 변환할 2차원 배열
 */
_rowsToObject(rows) {
  const headerRow = rows.slice(0, 1)[0];  // ❶
  const dataRows = rows.slice(1, rows.length);  // ❷

  return dataRows.map((row) => {  // ❸
    const item = {};
    for (let i = 0; i < headerRow.length; i++) { // 열(제목) 수만큼 반복
      const fieldName = headerRow[i]; // 키(열 제목)
      const fieldValue = row[i]; // 값(내용)
      item[fieldName] = fieldValue;
    }
    return item;
  });
}
```

_rowsToObject() 함수에서는 ❶ 첫 번째 행을 따로 slice()로 잘라내서 headerRow를 만들고, ❷ 나머지 행을 역시 slice()로 잘라내서 dataRows를 만듭니다. 이렇게 하면 headerRow에는 제목이, dataRows에는 순수한 데이터가 저장됩니다. ❸ 그리고 이 dataRows에 대해 map() 함수를 적용하여 객체로 변환하는 작업을 수행합니다. 이때 headerRow도 필드 이름을 채우는 데 사용됩니다.

스프레드시트 ID는 어떻게 알 수 있나요?

웹브라우저 주소창에서 확인할 수 있습니다. 웹브라우저로 구글 시트 문서를 열어보면 주소창의 URL이 다음과 같은 형태일 겁니다. URL에서 d와 edit 요소 사이의 긴 문자열이 ID입니다.

여기가 ID입니다.

```
https://docs.google.com/spreadsheets/d/1z2d4gBO8JSI8..(생략)..PxeUCAqW1c/edit
```

3.3.3 실제 데이터에 적용해보기

To Do **01** 지금까지 작성한 SheetApiClientFactory 클래스와 SheetDownloader 클래스를 이용하여 앞서 계속 사용하던 '코로나보드 데이터 예제' 스프레드시트로부터 공지사항 데이터가 들어있는 notice 시트와 전 세계 국가 정보가 들어 있는 countryInfo 시트에서 데이터를 내려받아 json 파일로 저장하고, 생성된 객체를 콘솔에 출력하는 코드를 작성하겠습니다.

tools/main.js

```javascript
const SheetApiClientFactory = require('./sheet_api_client_factory');
const SheetDownloader = require('./sheet_downloader');

async function main() {
  try {
    const sheetApiClient = await SheetApiClientFactory.create();
    const downloader = new SheetDownloader(sheetApiClient);

    // '코로나보드 데이터 예제' 스프레드시트의 실제 ID값
    const spreadsheetId = '1z2d4gBO8JSI8SEotnHDKdcq8EQ9X405fWPxeUCAqW1c';
```

```
    // 공지 내려받기
    const notice = await downloader.downloadToJson(
      spreadsheetId,
      'notice',
      'downloaded/notice.json',
    );

    console.log(notice);

    // 국가 정보 내려받기
    const countryInfo = await downloader.downloadToJson(
      spreadsheetId,
      'countryInfo',
      'downloaded/countryInfo.json',
    );

    console.log(countryInfo);
  } catch (e) {
    console.error(e);
  }
}

main();
```

02 다음 명령으로 이 코드를 실행해보세요.

```
$ node main.js
```

그러면 현재 디렉터리 하부에 [downloaded] 디렉터리가 생성되고 그 안에 notice.json과 countryInfo.json 파일이 생성될 겁니다. 파일과 별도로 시트를 읽어들여 생성한 객체들이 콘솔로 출력되는 것도 확인할 수 있습니다.

여기에서는 단순히 파일과 콘솔로 출력만 했지만, 차후 5.5.1절 '구글 시트에서 불러오기'에서 이렇게 생성된 JSON 파일을 읽어들인 후 프론트엔드에 실제로 주입하여 정적 웹페이지를 빌드하는 방법을 자세히 다룹니다.

오랫동안 main.js 코드를 실행하지 않으면 기존에 인증받아 발급한 액세스 토큰의 사용 기간이 만료됩니다. 그러면 invalid_grant 인증 오류가 발생하면서 코드가 제대로 동작하지 않습니다. 이 문제는 tools/accessToken.json 파일을 삭제하면 해결됩니다. 삭제 후 다시 node main.js 명령어를 실행합니다. 이어서 3.2.5절의 **04**에서처럼 다시 웹브라우저를 열어 구글 인증을 진행해주세요. 인증이 완료되면 새로 발급된 액세스 토큰이 저장되면서 tools/accessToken.json이 재생성됩니다.

학습 마무리

이번 장에서는 구글 시트 API를 통해서 구글 시트에 입력된 데이터를 읽어 원하는 형태로 가공하는 방법을 알아보았습니다. 이 방식을 사용하면 별도의 데이터베이스를 사용하는 API 서버를 개발할 필요가 없기 때문에 초기에 서비스를 빠르게 론칭하는 데 매우 유용합니다. 하지만 구글 시트에는 API의 느린 호출 속도, 호출 횟수 제한, 저장하는 데이터양 제한 등의 제약이 있습니다. 장단점을 잘 고려하여 상황에 맞는 선택을 하는 것이 중요합니다.

핵심 요약

1 구글 시트에 데이터를 입력하고, 구글 시트 API를 통해 데이터를 읽어들일 수 있습니다.

2 구글 시트 API를 사용하려면 구글 클라우드 플랫폼에 프로젝트를 생성할 때 같이 발급되는 OAuth 클라이언트 정보가 필요합니다. 이렇게 생성된 정보를 이용하여 OAuth 인증을 진행하여 액세스 토큰을 발급아 구글 시트 API를 인증된 상태로 호출할 수 있습니다.

3 구글 시트 API를 호출하여 스프레드시트에 입력되어 있는 데이터는 2차원 배열로 읽어집니다. 이 데이터를 객체 형태로 변환하여 사용하면 편리합니다.

데이터 자동 수집하기 : 크롤링

#MUSTHAVE

□ 학습 목표

인터넷에 존재하는 코로나19 관련 데이터를 제공하는 다양한 데이터 소스를 크롤링crawling하여 원하는 데이터를 추출, 가공하여 저장할 수 있습니다. 원하는 시간에 원하는 주기로 크롤링하는 크롤러를 만들어 최신 데이터를 확보합시다.

□ 학습 순서

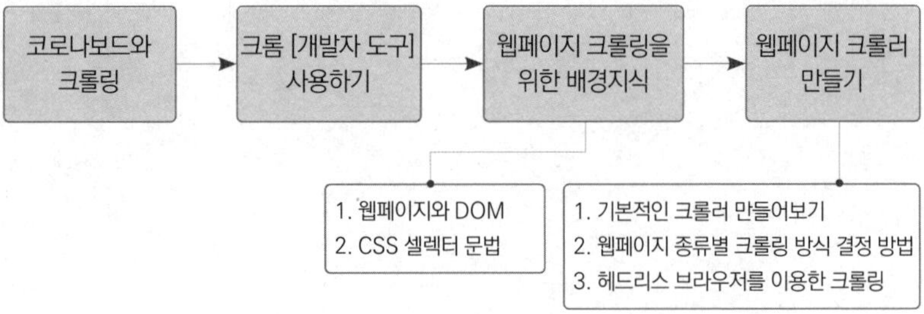
코로나보드와 크롤링
크롬 [개발자 도구] 사용하기
웹페이지 크롤링을 위한 배경지식
웹페이지 크롤러 만들기
1. 웹페이지와 DOM
2. CSS 셀렉터 문법
1. 기본적인 크롤러 만들어보기
2. 웹페이지 종류별 크롤링 방식 결정 방법
3. 헤드리스 브라우저를 이용한 크롤링

□ 크롤링

인터넷에는 수많은 웹페이지가 존재합니다. 사용자는 웹브라우저를 이용하여 원하는 페이지를 열고, 웹브라우저에 렌더링rendering된 내용을 읽어서 정보를 얻습니다. 한편, 컴퓨터 프로그램을 작성하여 자동화된 방법으로 웹페이지 전체 또는 일부를 추출하여 정보를 얻을 수도 있는데, 이러한 작업을 크롤링 또는 스크래핑scraping이라 합니다. 이 책에서는 크롤링으로 용어를 통일하겠습니다.

필요성

자주 찾는 데이터를 잘 정리해 알려주는 API가 제공된다면 웹페이지를 따로 크롤링할 필요가 없습니다. 하지만 원하는 데이터가 웹페이지에만 존재할 뿐 API로 제공되지 않는다면 어쩔 수 없이 크롤링을 고려하게 됩니다. 그리고 크롤러를 이용하여 웹사이트의 데이터를 주기적으로 수집할 수 있다면 데이터를 모아서 코로나보드처럼 새로운 가치를 제공하는 서비스를 만들어낼 수 있습니다.

4.1 코로나보드와 크롤링

2020년 1월 말, 코로나보드 서비스를 처음 론칭하는 시점에는 국내 코로나19 관련 통계를 질병관리본부(현 질병관리청)의 보도자료에 포함된 PDF나 한글(HWP) 파일에서 얻어야 했습니다. 아직 공공데이터 포털[1]에서 API로 제공하지 않는 상황이었죠. 그래서 보도자료가 업데이트되는 9시~10시 사이에 질병관리본부의 보도자료 게시판의 글 목록을 크롤링했습니다. 기존에 크롤링한 목록과 새로 크롤링한 목록이 달라지면, 새로운 보도자료 파일이 첨부된 글을 찾아 슬랙slack 메신저로 알림을 보내도록 만들었습니다. 알림만 받을 수 있어도 사람이 매번 페이지를 새로고침해 가며 새로운 글이 올라왔는지 확인할 필요가 없어집니다. 그 시간에 코로나보드의 기능을 만드는 데 집중할 수 있죠.

그 후에는 단순 알림을 보내는 것을 넘어 게시글에 첨부된 보도자료 파일을 내려받아 파싱하여 확진자, 완치자, 사망자 수 등의 데이터를 자동으로 추출하도록 개선했습니다. 참고로 PDF에서 원하는 데이터를 추출하는 방법은 웹페이지 크롤링과는 다른 문제라서 이 책에서는 다루지 않습니다.[2]

2020년 4월부터는 드디어 공공데이터 포털에서 코로나19 통계를 API로 제공하기 시작했습니다. 하지만 업데이트되는 시간이 질병관리청의 보도자료보다 느린 편인데다 확진자 관련 단순 수치만 제공되어서 연령별 혹은 성별 데이터를 API로 받아올 방법이 없었습니다. 그래서 여전히 보도자료 PDF를 직접 크롤링하는 방식을 계속 유지했습니다. 그래야 사용자들이 원하는 최신 통계를 가장 빠르게 제공할 수 있고, 백신별 접종 현황 등의 새로운 항목이 추가될 때도 가장 빠르게 반영할 수 있기 때문입니다. 현재는 PDF 크롤링과 질병관리청의 코로나19 감염 현황 웹사이트 두 곳을 모두 크롤링한 후 데이터를 적절히 조합하여 사용합니다.

2020년 2월 초까지는 확진자가 보고된 국가가 많지 않아서 해당 국가의 보건 관련 정부 기관 또는 주요 언론의 웹사이트를 직접 크롤링하여 정보를 얻었습니다. 하지만 코로나19 대유행이 시작됨에 따라 확진자가 보고된 국가 수가 기하급수적으로 늘어나, 모든 국가를 개별 크롤링하는 데 드는 작업량이 너무 많아졌습니다. 그래서 결국 국가별 통계는 월드오미터[3]나 존스홉킨스 COVID-19 대시보드[4] 웹사이트에서 크롤링한 데이터를 조합하여 사용하도록 수정했습니다.

---

1 행정안전부 공공데이터 포털 – 코로나19 감염 현황: https://data.go.kr/data/15043376/openapi.do
2 실제 코로나보드에서는 https://github.com/modesty/pdf2json 라이브러리를 이용해서 PDF 파일로부터 데이터를 추출했습니다.
3 https://www.worldometers.info/coronavirus/
4 https://gisanddata.maps.arcgis.com/apps/dashboards/bda7594740fd40299423467b48e9ecf6

다만 정확한 최신 데이터를 얻고자 미국과 일본은 직접 크롤링을 병행했습니다. 미국의 경우 뉴욕타임스에서 제공하는 깃허브[5]에서, 일본의 경우 NHK의 코로나19 페이지[6]에서 크롤링합니다.

> **Warning** 무분별한 크롤링으로 웹사이트 제공자에게 과도한 트래픽을 유발하지만 않는다면, 사이트 제공자 입장에서는 크롤러와 일반 사용자가 별 차이가 없으므로 큰 문제가 되지 않습니다. 하지만 웹사이트에서 개인정보 같은 민감한 정보가 포함된 경우라든가, 정보 제공자가 많은 노력을 쏟아서 저작권이 인정되는 데이터 경우, 혹은 정보 자체가 유료인 경우도 있습니다. 이런 정보를 함부로 크롤링하여 다른 곳에 이용하면 법적 문제가 발생할 수 있습니다. 그러니 크롤링할 때는 항상 대상 사이트를 크롤링해도 문제될 소지가 없는지를 확인해야 합니다.

'크롤러' 이름의 유래

네이버나 구글 같은 검색 엔진이 웹페이지 검색 기능을 제공하려면 미리 웹페이지를 찾아서 인덱싱indexing, 색인화을 해둬야 합니다. 웹페이지의 숫자가 엄청나게 많고 또 계속 늘어나기 때문에 이 작업을 사람이 하기란 불가능합니다. 그래서 봇bot이라는 프로그램을 만들어서 수많은 웹페이지에 자동으로 방문하여 텍스트를 찾고 인덱싱합니다. 봇은 방문한 웹페이지에 링크가 존재하면 링크된 웹페이지도 인덱싱합니다. 링크를 따라 이동하고 인덱싱하는 작업을 반복하게 되는데, 이 모습이 마치 웹web, 거미줄을 기어다니는 거미spider 같다고 하여 스파이더, 혹은 기어다니는 곤충을 뜻하는 크롤러라고 부르게 되었습니다.

4.2 크롬 [개발자 도구] 사용하기

크롤링을 하기 전에 대상 웹페이지의 구조를 파악하고 원하는 정보만 효율적으로 추출해올 방법을 구상해야 합니다. 웹페이지 구조를 분석하는 가장 좋은 방법은 웹브라우저에 내장된 [개발자 도구]를 이용하는 겁니다.

---

5 http://github.com/nytimes/covid-19-data
6 https://www3.nhk.or.jp/news/special/coronavirus/

[개발자 도구]에서는 현재 웹페이지의 HTML 구조를 라이브로 볼 수 있고, HTML 요소에 적용된 CSS 스타일을 조사할 수 있습니다. 이외에도 웹페이지에서 수행되는 HTTP 요청/응답 내용을 모니터링하고 자바스크립트 코드를 디버깅하는 등 매우 다양한 일을 할 수 있습니다.

이러한 기능들은 크롤링할 웹페이지를 파악하는 데도 매우 유용하지만 자신이 개발 중인 웹페이지를 디버깅하는 데도 거의 필수로 사용되니 사용법을 잘 익혀두면 많은 도움이 됩니다. 이번 장뿐만 아니라 나중에 프론트엔드 개발을 진행할 때도 [개발자 도구]를 계속 사용할 것이라서 일반적으로 자주 사용되는 기능을 설명하겠습니다.

웹브라우저 중 가장 많이 사용되는 크롬을 기준으로 설명하겠습니다. 파이어폭스, 사파리, 엣지 등 다른 웹브라우저도 [개발자 도구]와 비슷한 기능을 내장하고 있으니 어렵지 않게 적응할 수 있을 겁니다.

크롬 화면에서 마우스 오른쪽 버튼을 눌러 나오는 팝업 메뉴에서 [검사]를 선택하거나, 키보드의  키[7]를 누르면 다음과 같은 모습의 [개발자 도구]가 열립니다.

그림 4-1 크롬 개발자 도구

---

7   맥OS에서는 운영체제의 키보드 설정에따라 Fn + F12를 눌러야 하는 경우도 있습니다.

보다시피 화면 왼쪽 ❶에는 웹페이지가 유지되고, 오른쪽 ❷에 [개발자 도구] UI가 나타납니다. 이 제부터 ❸ [개발자 도구] 상단 메뉴들을 왼쪽부터 하나씩 설명하겠습니다.

요소 선택 커서 토글

❸ 상단 메뉴 가장 왼쪽의 🔲 아이콘을 클릭하면 아이콘 색이 파랗게 바뀝니다. 이 상태로 ❶의 웹 페이지 화면 위로 마우스 커서를 옮기면 마우스 커서가 위치한 곳의 HTML 요소가 하이라이트되 면서 자세한 정보가 표시됩니다. 동시에 오른쪽의 ❹ [Elements] 탭은 선택된 요소의 HTML 코 드를 하이라이트해서 보여줍니다.

이 기능을 사용하면 웹페이지 화면에서 원하는 요소를 빠르게 찾을 수 있으니 꼭 기억해둡시다.

그림 4-2 요소를 선택해 하이라이트된 모습

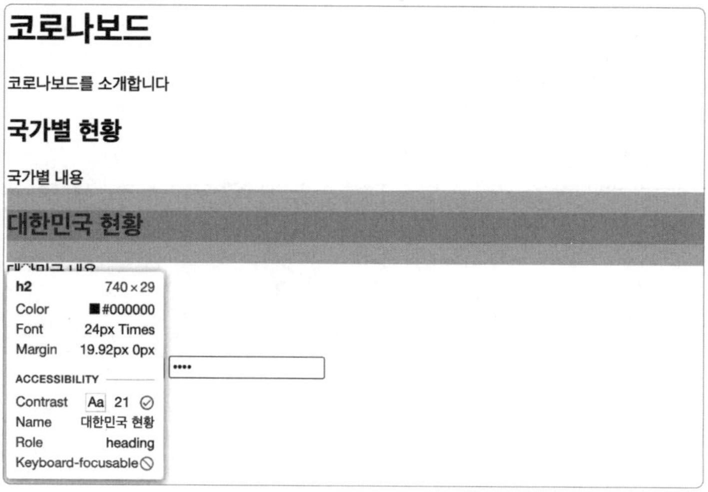

Device Toolbar 토글

상단 메뉴에서 두 번째 🔲 아이콘은 Device Toolbar를 보이게 하거나 사라지게 합니다. Device Toolbar로는 웹페이지 화면의 해상도를 자유롭게 변경할 수 있어서 해상도에 따라 디 자인이 바뀌는 반응형 웹페이지를 손쉽게 테스트할 수 있습니다. 주요 스마트폰과 태블릿의 해상 도 프리셋을 제공하기 때문에 스마트폰에서 웹페이지가 어떻게 보이는지를 PC에서도 확인할 수 있습니다. PC와 모바일을 모두 지원하는 웹사이트를 만들 때 자주 사용하는 기능입니다.

그림 4-3 Device Toolbar가 활성화된 상태

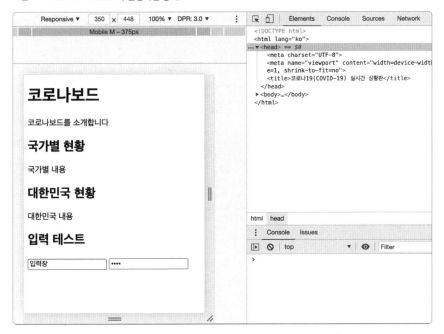

[Elements] 탭

[Elements] 탭의 왼쪽 ❶ 영역에서는 현재 웹페이지의 HTML 요소들이 어떻게 구성되었는지 한 눈에 확인할 수 있습니다. 관심 있는 요소에서 마우스를 우클릭하여 요소를 추가/수정할 수도 있 습니다. 수정 내용은 왼쪽 웹페이지에 실시간 반영됩니다.

오른쪽의 [Styles] 탭에서는 선택된 요소에 적용된 CSS 정보를 확인할 수 있습니다.

❷ 영역을 클릭하면 새롭게 CSS 속성들을 추가로 작성하여 새로운 속성을 정의하거나 기존에 설 정된 속성들을 오버라이드^{override}할 수도 있습니다. 웹페이지에서 외부 CSS 파일 등을 로드한 경 우 해당 파일에 정의된 속성값들이 요소에 적용된 경우가 많이 있는데요, ❸ 영역에서는 해당 요 소에 적용된 CSS 속성을 확인할 수 있고 적용된 속성들을 자유롭게 수정할 수 있습니다. ❷, ❸ 영 역에서 속성을 변경하면서 웹페이지에 디자인이 반영되는 것을 실시간으로 볼 수 있기 때문에 디 자이너와 개발자 모두에게 매우 유용한 기능입니다.

참고로 [Elements] 탭에서 수정한 내용은 페이지를 새로고침하면 원래 웹페이지로 돌아가게 됩 니다. 그러니 마음 놓고 값을 바꿔가면서 테스트해도 아무런 문제가 없습니다.

그림 4-4 [Elements] 탭 사용하기

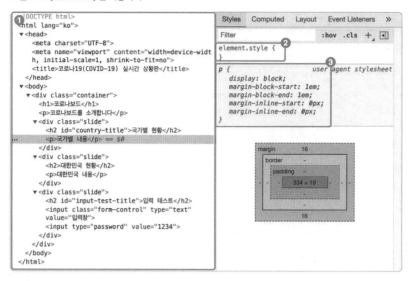

[Console] 탭

[Console] 탭에서는 자바스크립트에서 console.log, console.error 함수 등을 이용하여 출력하는 로그를 확인할 수 있습니다. 이 외에도 네트워크 요청 오류가 발생하거나 자바스크립트 코드 실행 중에 예외가 발생하면 오류 메시지를 출력해줍니다. 따라서 웹페이지가 의도대로 동작하지 않는다면 콘솔을 열어서 오류 메시지가 있는지 확인하는 것이 좋습니다.

참고로 [개발자 도구]가 켜져 있는 상태에서 선택된 탭과 무관하게 ESC 키를 누르면 아래쪽에 [Console] 영역이 나타났다 사라졌다 합니다. 이렇듯 [Console]은 아래쪽에 항상 별도로 나타나게 할 수 있으므로 굳이 상단 메뉴의 [Console] 탭을 선택하여 보는 경우가 거의 없긴 합니다.

콘솔창에서는 간단한 자바스크립트 코드를 실행해볼 수도 있습니다. 다음처럼 ❶ 'window'라고 코드를 입력하고 Enter 를 쳐 실행하면 윈도우 객체의 요약 정보가 출력됩니다(윈도우는 웹브라우저에 항상 존재하는 전역 객체입니다). 왼쪽 부분의 삼각형 아이콘을 클릭하면 해당 객체에 대한 더 자세한 정보를 살펴볼 수 있습니다.

그림 4-5 콘솔창에 코드를 입력하여 실행하기

입력된 코드는 현재 웹페이지에 포함된 자바스크립트 코드가 모두 로드된 상태에서 실행됩니다. 즉, 현재 페이지의 자바스크립트 변수에 의도한 값이 잘 들어 있는지 확인해볼 수 있습니다. 또한 코드를 입력하면 바로바로 실행되기 때문에, 잘 이용하면 개발 생산성 향상에도 큰 도움을 줄 수 있습니다.

[Sources] 탭

현재 페이지에 로드된 다양한 종류의 소스 파일을 한눈에 확인할 수 있습니다. [Page] 탭을 보면 자바스크립트 파일(.js), CSS 파일(.css) 등 다양한 파일이 어떤 호스트로부터 로드되었는지 알 수 있고, 각 파일을 클릭하면 그 내용이 오른쪽 코드 영역에 나타납니다.

특히 자바스크립트 파일을 열어서 줄번호 영역을 클릭하면 브레이크포인트break point가 지정됩니다. 이 기능을 이용하면 웹브라우저에서 자바스크립트 소스 코드를 보면서 라이브로 디버깅이 가능하여 매우 유용합니다.

브레이크포인트

코드의 특정 위치에 브레이크포인트를 지정하면 프로그램이 실행되다가 해당 위치에 도달하는 순간 일시적으로 실행을 멈추게 됩니다. 이렇게 프로그램의 실행을 일시적으로 멈춰놓으면 실행 중이던 프로그램에 존재하는 다양한 변수에 저장된 값을 확인할 수 있습니다. 프로그램이 자신이 의도한 대로 동작하지 않을 때 원인을 파악하는 목적으로 사용합니다.

그림 4-6 [Sources] 탭에서 브레이크포인트 설정하기

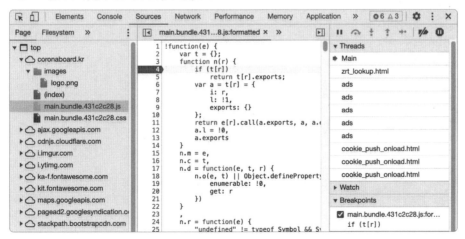

자바스크립트는 파일 크기를 최소화하기 위해 소스 코드를 미니파이 및 어글리파이해서 배포하기도 합니다. 그러면 불필요하게 긴 변수 이름을 짧게 줄이고 공백, 세미콜론, 줄바꿈 문자까지 모두 삭제되기 때문에 [그림 4-7]처럼 한 줄로 표현됩니다. 코드가 한 줄이면 읽기도 힘들 뿐더러 디버깅을 위해 브레이크포인트를 지정하는 것은 더욱 힘이 듭니다. 이럴 때는 [pretty print] 버튼을 클릭하면 그나마 코드 형태를 사람이 읽기 좋은 형태로 바꿔주기 때문에 매우 유용합니다.

미니파이(minify), 어글리파이(uglify)

미니파이는 코드 실행에 불필요한 주석, 공백, 세미콜론, 줄바꿈 문자들을 삭제해 용량을 줄이는 기법입니다. 어글리파이는 미니파이에서 한 단계 더 나아가 변수 이름이나 함수 이름 등을 가능한 짧게 대체하여 용량을 줄입니다. 어글리파이된 코드는 사람이 분석하기 어렵습니다.

그림 4-7 [Sources] 탭에서 미니파이된 코드를 [pretty print]하기

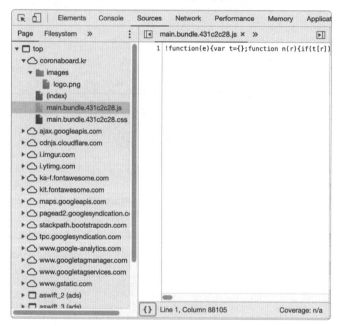

[Network] 탭

[Network] 탭은 현재 웹페이지에서 발생하는 모든 HTTP 요청과 응답을 모니터링한 결과를 보여줍니다.

그림 4-8 [Network] 탭 살펴보기

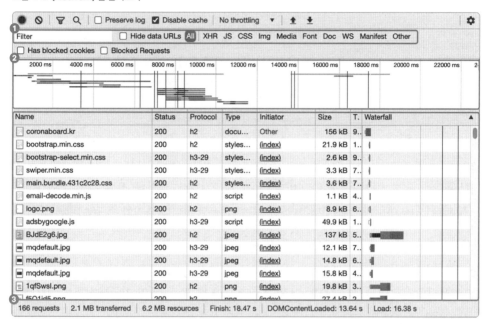

● 버튼이 빨간색이면 현재 요청/응답을 계속 레코딩한다는 뜻입니다. 그 옆의 ◎ 버튼을 누르면 레코딩된 내용이 모두 초기화됩니다. ❷ 영역에는 레코딩된 HTTP 요청에 대한 타임라인이 표시됩니다. 이를 통해서 어떤 요청이 응답을 받는 데까지 얼마나 걸리는지, 한꺼번에 얼마나 많은 요청이 병렬로 수행되고 있는지를 한눈에 볼 수 있습니다. ❸ 영역에서는 개별 요청/응답을 하나하나 살펴볼 수 있습니다. 상단 메뉴 중 ▽ 아이콘을 선택하면 ❶ 영역이 나타납니다. 이 영역에 키워드를 입력하면 레코딩된 결과들을 요청 이름 기준으로 필터링하여 볼 수 있고 [XHR], [JS], [CSS] 등의 버튼을 클릭해 타입별로 필터링할 수도 있습니다.

❸ [Name]에서 특정 요청/응답을 선택하면 오른쪽에 추가로 탭이 나타납니다.

그림 4-9 개별 요청/응답 자세히 살펴보기

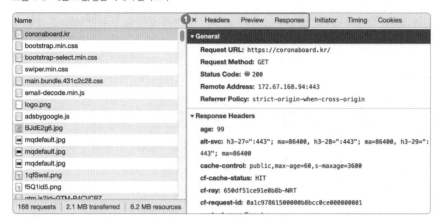

[Headers] 탭에서는 선택된 HTTP 요청/응답의 헤더 정보가 출력됩니다. 헤더 정보로부터 캐시 지시자, 인증 정보, 쿠키 등, HTTP 바디에는 나타나지 않는 다양한 정보를 알 수 있습니다. [Preview]나 [Response] 탭을 선택하면 실제 HTTP 응답 바디를 확인할 수 있습니다.

많은 웹페이지가 처음 HTML을 로드한 후 자바스크립트 코드를 통해서 추가로 HTTP API를 호출하여 데이터를 획득한 후 이 데이터를 이용하여 웹페이지를 동적으로 다시 만들어서 사용자에게 보여주는 방식을 사용합니다. HTTP API 호출만 모아서 보고 싶으면 위에서 살펴본 필터 메뉴에서 XHR^{XMLHttpRequest}을 선택하면 됩니다. 이 방식을 사용하는 웹페이지에서 우리가 원하는 데이터를 얻으려면 렌더링된 페이지를 크롤링하는 방식보다 API 호출을 모니터링하다가 HTTP 응답 바디를 확인하여 원하는 정보가 포함되었는지 확인하는 방식이 낫습니다. 찾아낸 API를 원하는 시점에 호출하여 바로 정보를 획득하면 웹페이지를 크롤링하는 수고를 덜 수 있습니다.

마지막으로 응답 바디 자체를 검색하는 기능도 존재합니다. 찾고자 하는 응답 내용이 명확한 경우 이 기능을 사용하여 직접 검색할 수 있습니다. 다음 그림에서 ❶ 돋보기 버튼을 클릭하면 왼쪽에 ❷ 영역이 나타납니다. 여기에 검색 키워드를 입력하고 enter 를 누르면 응답 바디에 해당 키워드를 포함하는 요청/응답이 모두 검색되고, 이를 클릭하면 해당 응답 바디가 보여지면서 하이라이트 처리됩니다.

그림 4-10 응답 바디 검색하기

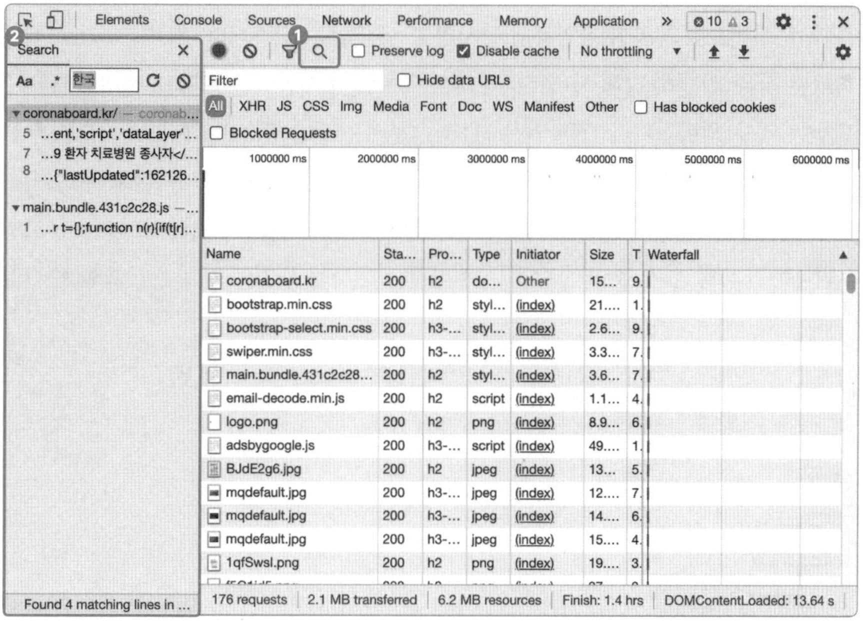

그 외 기능

[Performance] 탭은 웹페이지 성능 최적화를 위한 프로파일링 기능을 제공합니다. [Memory] 탭은 힙heap 메모리 스냅샷을 찍어서 자바스크립트 코드에서 발생하는 메모리 누수 등을 찾을 때 유용합니다. [Application] 탭은 현재 웹페이지가 웹 애플리케이션 형태로 사용될 때 사용하는 다양한 기능을 살펴볼 수 있습니다. 예를 들어 로컬 스토리지Local Storage나 쿠키cookie에 들어 있는 값을 확인할 수 있습니다. 이 외에도 많은 기능이 있지만 이 책의 범위를 벗어나기 때문에 자세히 다루지는 않겠습니다.

4.3 웹페이지 크롤링을 위한 배경 지식

웹 크롤링을 하려면 배경 지식으로 웹페이지 구조인 DOM과 CSS 셀렉터 문법을 알아야 합니다. 각각을 알아봅시다.

4.3.1 웹페이지와 DOM

웹페이지는 HTML 형식으로 제공되는 일종의 문서라고 생각할 수 있습니다. 웹브라우저로 웹페이지에 접근한다는 것은, 간단히 말해 서버로부터 해당 주소에서 제공하는 HTML 문서를 HTTP 통신으로 전달받는 것을 의미합니다. 전달받은 HTML 문서는 단순 텍스트 형태이기 때문에 프로그램에서 사용하기 좋은 데이터 구조로 표현해야 하는데, 이 구조를 DOM이라고 부릅니다. DOM[Document Object Model]은 최상위 노드[node]와 여러 단계의 자식 노드들로 구성된 트리[tree] 구조입니다. 따라서 원하는 노드를 쉽게 찾아서 수정/삭제하거나 원하는 위치에 새로운 노드를 추가할 수 있습니다.

그림 4-11 DOM 트리와 요소[8]

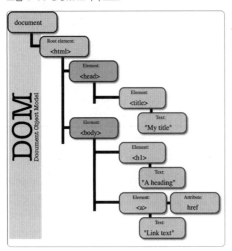

요소[element]는 DOM 트리 구조 안에 존재하는 다양한 노드 중 element 타입의 노드를 의미합니다. [그림 4-11]에서 볼 수 있듯이 보통 하나의 HTML 태그가 하나의 요소로 표현됩니다. 반면 태그 사이의 텍스트값은 text 타입 노드이며, href 태그에 지정된 속성[attribute]은 attribute 타입 노드입니다.

웹브라우저는 HTML을 DOM으로 변환한 후, CSS로 설정한 스타일을 DOM의 각 노드에 적용하여 사용자에게 보여줍니다. 이것이 우리가 보는 웹페이지 화면입니다. 사용자의 인터랙션에 따라 페이지 일부를 변경하고 싶다면 자바스크립트를 이용해 DOM의 일부를 원하는 형태로 변경

---

8   출처 : https://en.wikipedia.org/wiki/Document_Object_Model

하면 됩니다. DOM이 바뀌면 해당 부분의 화면이 다시 렌더링되고, 사용자가 보는 화면도 바뀌게 됩니다.

이제 웹페이지에서 HTML과 DOM의 기본적인 개념은 이해했습니다. 웹페이지를 크롤링하려면 DOM을 이용하여 HTML 문서에서 원하는 요소를 찾아내야 합니다. 요소를 찾는 방법을 알아보 겠습니다.

HTML 문서에서 원하는 DOM 요소 찾기

예제 페이지 https://yjiq150.github.io/coronaboard-crawling-sample/dom을 크롬 웹 브라우저에서 열고 [개발자 도구]로 해당 페이지를 살펴보면서 설명하겠습니다.

위 웹페이지가 로드된 상태로 크롬 [개발자 도구]의 [Element] 탭을 살펴보면 현재 페이지를 구 성하는 HTML이 나타납니다. HTML은 결국 텍스트 편집기로도 쉽게 편집할 수 있는 다음과 같 이 구조화된 텍스트 문서임을 알 수 있습니다.

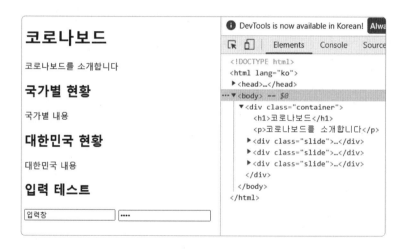

프로그래밍 관점에서 구조가 없는 문서에서 특정 위치를 찾아 내용을 추출하거나, 삭제하는 일은 쉽지 않습니다. 하지만 구조화된 텍스트 문서에서는 매우 쉽게 할 수 있습니다. 예를 들어 제목을 추출하는 방법을 생각해봅시다. 먼저 html 태그를 찾고 → html 태그 안에 존재하는 body 태그 를 찾고 → body 태그 안에 존재하는 h1 태그를 찾으면 됩니다.

구조화된 텍스트 문서를 프로그래밍을 통해 접근하여 내용이나 스타일, 구조 등을 수정하기 쉽도 록 모델링해서 사용하는 방식이 앞서 언급한 DOM입니다. 대부분의 웹브라우저는 DOM에 접근하는 인터페이스를 표준에 따라 구현합니다. 그래서 웹브라우저가 읽은 HTML 문서를 직접 파싱할 필요 없이 자바스크립트 코드 몇 줄로 손쉽게 DOM에 접근할 수 있습니다.

다음 코드를 살펴봅시다.

```javascript
const elements = document.getElementsByTagName('h1');
console.log(elements[0].textContent); // 코로나보드
```

크롬 ❶ [개발자 도구]의 콘솔창에서 ❷ 코드를 실행하면 ❸ '코로나보드'가 출력됩니다.

HTML 태그들은 DOM 트리 안에서 요소element로 표현되어 모두 부모parent/자식child 관계로 연결됩니다. 이러한 구조화된 트리 데이터 구조가 있기 때문에 트리의 최상위 객체를 기준으로 원하는 요소를 찾을 수 있습니다. 웹브라우저에서 document 객체는 현재 로드된 웹페이지를 나타내고, 현재 보고 있는 웹페이지의 DOM 트리tree의 최상위 요소입니다.

요소 객체에는 DOM을 이용하여 해당 요소 서브의 요소들을 찾을 수 있게 해주는 다양한 함수들이 구현되어 있습니다. 위 코드에서는 요소 객체에 제공하는 함수 중 하나인 getElementsByTagName( )을 호출하여 웹페이지에 존재하는 h1 태그로 정의된 요소들을 모두 찾은 후, 그중 첫 번째 요소의 textContent 속성에 접근하여 '코로나보드'라는 텍스트를 추출합니다.

▼ 찾기 함수

함수	설명
getElementsByTagName()	태그 이름으로 찾기
getElementsByClassName()	클래스 속성값으로 찾기
getElementById()	문서 전체에 대하여 고유한 id값을 가진 요소를 찾기. document 객체에서만 호출이 가능합니다.

요소 찾는 방법 비교 getElement* vs. querySelector

앞에서 소개한 함수들은 간단한 조건만으로 요소를 찾는 데 유용합니다. 하지만 복잡한 조건으로 검색하는 것은 쉽지 않습니다. 예를 들어 위 예제의 HTML에서 'slide'라는 클래스 속성값을 가진 요소의 서브에 있는 **p** 태그의 내용만 출력할 때는 다음과 같이 두 단계로 코드를 작성해야 합니다.

```
// 'slide' 클래스 속성값을 가진 요소를 먼저 찾음
const slideElements = document.getElementsByClassName('slide');

for (const slideElement of slideElements) {
  // 찾은 요소를 기준으로 다시 p 태그 검색
  const paragraphElements = slideElement.getElementsByTagName('p');
  for (const paragraphElement of paragraphElements) {
    // 검색한 p 태그의 내용 출력
    console.log(paragraphElement.textContent);
  }
}
```
```
국가별 내용
대한민국 내용
```

두 단계의 조건만으로도 코드가 복잡합니다. 실제 웹페이지는 더 복잡하므로 더 간단한 해결책이 필요합니다. 이때 CSS 셀렉터를 사용하면 간단히 해결을 할 수 있습니다. 요소에서 제공하는 querySelectorAll( ) 함수(조건을 만족하는 모든 항목 찾기) 또는 querySelector( ) 함수(조건을 만족하는 첫 번째 항목 찾기)를 사용하면 CSS에서 사용하는 셀렉터 문법을 통해서 손쉽게 조건에 맞는 요소를 찾을 수 있습니다.

위 예제와 같은 조건을 CSS 셀렉터를 이용하여 다시 작성하면 다음과 같습니다.

```
const paragraphElements = document.querySelectorAll('.slide p');
for (const paragraphElement of paragraphElements) {
  console.log(paragraphElement.textContent);
}
```

querySelectorAll( ) 함수와 '.slide p'라는 CSS 셀렉터를 이용하여 한 번에 원하는 요소를 찾아냈습니다. 웹페이지 내에서 원하는 조건에 맞는 요소를 빠르게 찾아내는 이러한 편리함 덕분에 실

제 웹페이지 크롤링에서는 대개 CSS 셀렉터 문법을 사용합니다. 자주 사용하는 셀렉터 문법을 알아보겠습니다.

4.3.2 CSS 셀렉터 문법

기본 셀렉터 사용법을 알아보고 나서 기본 셀렉터를 조합해 복잡한 조건을 적용하는 방법을 알아봅시다.

기본 셀렉터

기본적인 CSS 셀렉터를 이용하면 명시한 태그, id, 클래스, 속성을 만족하는 요소들을 찾는 기능을 제공합니다. 기본 셀렉터 기능은 앞서 살펴보았던 getElementsByTagName( ), getElementById( ), getElementByClassName( ) 함수와 비슷합니다만, 조합하거나 계층 구조 조건을 적용하면 훨씬 정확한 검색을 할 수 있습니다. 복잡한 사용법을 익히기 전에 기본 사용 방식부터 살펴봅시다.

참고로 document 객체는 DOM의 최상위 요소를 의미합니다. 여기서 사용하는 예제들은 모두 document에 대해 querySelectorAll( ) 함수를 실행하여 웹페이지 전체를 검색합니다. 하지만 원한다면 document뿐만 아니라 다른 요소를 대상으로 querySelectorAll( ) 함수를 실행할 수도 있습니다. 그러면 해당 요소가 가진 자식 요소만 검색하므로 검색 범위가 좁아져 더 나은 성능을 얻을 수 있습니다.

태그 셀렉터[9]

태그 셀렉터type selector는 태그 이름을 그대로 적어주면 해당 태그에 해당하는 요소를 검색합니다.

```
// h1 태그에 해당하는 요소 검색
document.querySelectorAll('h1');
```
`<h1>코로나보드</h1>` 선택된 엘리먼트입니다.

---

[9] 모질라(Mozilla) 문서에는 타입 셀렉터(type selector)라고 정의되어 있습니다. 실제로는 태그를 선택하는 거라 태그 셀렉터가 더 명확한 것 같아, 이 책에서는 태그 셀렉터로 지칭했습니다.

```
// p 태그에 해당하는 요소 검색
document.querySelectorAll('p');
```

```
<p>코로나보드를 소개합니다</p>
<p>국가별 내용</p>
<p>대한민국 내용</p>
```

ID 셀렉터

ID 셀렉터^{ID selector}는 찾고자 하는 id 속성값 앞에 # 기호를 붙여주어 검색합니다(HTML 문서 내에서 id값은 항상 고유하기 때문에 하나만 존재합니다).

```
// id="country-title"인 요소 검색
document.querySelectorAll('#country-title');
```

```
<h2 id="country-title">국가별 현황</h2>
```

클래스 셀렉터

클래스 셀렉터^{class selector}는 찾고자 하는 클래스 속성값의 앞에 . 기호를 붙여 검색합니다.

```
// class="slide" 인 요소 검색
document.querySelectorAll('.slide');
```

```
<div class="slide">...</div>
<div class="slide">...</div>
<div class="slide">...</div>
```

속성 셀렉터

속성 셀렉터^{attribute selector}는 찾고자 하는 속성 이름을 [ ]로 묶어 검색합니다. 해당 속성의 값도 지정하여 검색할 수 있습니다.

```
// "type"이라는 속성을 가진 요소 검색
document.querySelectorAll('[type]');
```

```
<input class="form-control" type="text" value="입력창">
<input type="password" value="1234">
```

```
// "type"이라는 속성의 값이 "text"인 요소 검색
document.querySelectorAll('[type="text"]');
```

```
<input class="form-control" type="text" value="입력창">
```

셀렉터 조합하기

요소가 많은 경우 기본 셀렉터만으로 찾기가 쉽지 않습니다. 기본 셀렉터들을 조합하여 사용하는
방식을 살펴봅시다.

OR 조건으로 찾기

여러 기본 셀렉터를 ,로 연결하면 각 조건을 만족하는 요소 모두를 검색합니다.

```
// h1 태그 또는 'slide' 클래스 속성값을 가진 요소 검색
document.querySelectorAll('h1, .slide');
```

```
<h1>코로나보드</h1>
<div class="slide">...</div>
<div class="slide">...</div>
<div class="slide">...</div>
```

AND 조건으로 찾기

다른 종류의 기본 셀렉터를 띄어쓰기 없이 이어붙이면 해당 조건들을 동시에 만족하는 요소를 검
색합니다. 이어붙일 때 태그 셀렉터가 제일 앞에 나와야 하고 클래스 셀렉터나 속성 셀렉터는 순
서에 관계없이 태그 셀렉터 뒤쪽에 있도록 하면 됩니다.

```
// div 태그에 'slide' 클래스 속성값이 지정된 요소 검색
document.querySelectorAll('div.slide');
```

```
<div class="slide">...</div>
<div class="slide">...</div>
```

```
<div class="slide">...</div>
```

```
// input 태그에 type 속성값이 'password'인 요소 검색
document.querySelectorAll('input[type="password"]');
```

```
<input type="password" value="1234">
```

```
// input 태그에 'form-control' 클래스 속성값이 지정되어 있고
// type 속성값이 'text'인 요소 검색
document.querySelectorAll('input.form-control[type="text"]');
```

```
<input class="form-control" type="text" value="입력창">
```

계층 구조 조합하기

앞서 설명했듯이 HTML은 트리 형태의 데이터 구조인 DOM으로 표현될 수 있습니다. DOM은
요소 간에 부모/자식의 계층 구조를 갖습니다. 이러한 계층 구조를 이용하여 원하는 요소를 CSS
셀렉터 문법으로 찾는 방법을 알아봅시다.

계층 순서로 요소 찾기

여러 셀렉터를 공백으로 연결하면, 연결된 순서대로 부모/자식 계층 관계를 가지는 요소를 검색
합니다. 이때 꼭 부모/자식 관계뿐 아니라 세대를 건너뛰는 요소도 검색됩니다.

```
// div 태그를 상위 요소로 가진 모든 p 태그 요소 검색
document.querySelectorAll('div p');
```

```
<p>코로나보드를 소개합니다</p>
<p>국가별 내용</p>
<p>대한민국 내용</p>
```

```
// div 태그를 상위 요소로 두 번 가진 모든 p 태그 요소 검색
document.querySelectorAll('div div p');
```

```
<p>국가별 내용</p>
<p>대한민국 내용</p>
```

직접적인 자식 요소 찾기

여러 기본 셀렉터를 〉 기호를 사용하여 연결하면 직접적인 부모/자식 계층 관계를 가지는 요소를 검색합니다. 직접적인 계층 관계를 명시하면 계층 순서로 요소를 찾을 때보다 찾고자 하는 요소를 더 정확히 찾을 수 있습니다.

```
// 'container' 클래스 속성값을 가진 div 요소의 직접적인 자식 중 p 태그 요소 검색
document.querySelectorAll('div.container > p');
```

```
<p>코로나보드를 소개합니다</p>
```

동일한 부모를 가진 요소 찾기

여러 기본 셀렉터를 ~ 기호를 사용하여 연결하면 찾은 요소를 기준으로 동일한 부모를 갖는 조건을 만족하는 모든 요소를 검색합니다.

```
// id="input-test-title"인 요소와 동일한 부모를 가진 input 태그 요소 검색
document.querySelectorAll('#input-test-title ~ input');
```

```
<input class="form-control" type="text" value="입력창">
<input type="password" value="1234">
```

동일한 부모를 가지면서 인접한 요소 찾기

여러 기본 셀렉터를 + 기호를 사용하여 연결하면 찾은 요소를 기준으로 동일한 부모를 가지면서 해당 요소 바로 다음에 나오는 요소 하나를 검색합니다.

```
// id="input-test-title"인 요소와 동일한 부모를 가진 input 태그 요소 검색
document.querySelectorAll('#input-test-title + input');
```

```
<input class="form-control" type="text" value="입력창">
```

4.4 웹페이지 크롤러 만들기

지금까지는 웹브라우저에서 제공하는 [개발자 도구]를 이용하여 이미 열려 있는 웹페이지에서 원

하는 정보를 찾는 방법을 알아보았습니다. 그런데 이 방식은 웹브라우저를 실행한 후 사용자가 웹페이지를 직접 열고 [개발자 도구]에서 자바스크립트 코드를 입력해야 하므로 자동화가 쉽지 않습니다(4.4.3절 '헤드리스 브라우저를 이용한 크롤링'에서 헤드리스headless 브라우저를 이용하여 UI 없는 웹브라우저를 코드만으로 조작해서 크롤링하는 방법을 다룹니다).

웹브라우저와 독립적으로 동작하는 CLIcommand line interface 기반 크롤러를 만들면 이 문제를 해결할 수 있습니다. CLI 애플리케이션으로 만들면 터미널terminal 또는 셸shell에서 쉽게 테스트해볼 수 있고, 서버에서 주기적으로 자동 실행되게 만들 수도 있습니다.

이 책에서는 노드JS 런타임을 이용하는 자바스크립트 코드로 크롤러를 작성합니다. 자바스크립트로 작성하면 데이터가 웹페이지의 자바스크립트 코드 안에 존재할 때 별다른 설정 없이 해당 코드를 읽고 실행한 후 데이터를 추출할 수 있습니다(다른 언어로 크롤러를 만들면 자바스크립트 런타임 라이브러리를 설치해야 합니다).

4.4.1 기본적인 크롤러 만들어보기

이제부터 노드JS 런타임을 이용하여 자바스크립트로 크롤러를 만드는 방법을 설명하겠습니다.

개발 환경 설정

이전에 만든 [coronaboard-api], [tools] 디렉터리와 같은 위치에 [crawler] 디렉터리를 만들어서 크롤러 개발 환경을 설정하겠습니다. 다음 명령어를 수행해주세요.

```
$ mkdir crawler
$ cd crawler
$ npm init -y    ①
$ npm install axios@0.21.1 cheerio@1.0.0-rc.9 puppeteer@9.1.1 lodash@4.17.20
date-fns@2.21.1 date-fns-tz@1.1.4    ②
```

①에서 api와 tools 프로젝트를 초기화했던 것과 동일한 방법으로 crawler 프로젝트를 초기화합니다. -y 옵션을 지정하면 초기화 시 기본값이 자동으로 입력되어 편리합니다.

②는 크롤러를 만들 때 필요한 총 6개의 라이브러리를 설치하는 명령입니다. 각 라이브러리의 용도를 간단히 설명하면 다음과 같습니다.

- **axios** : HTTP 호출을 더 편리하게 해주는 HTTP 클라이언트 라이브러리입니다. 이를 이용하여 웹브라우저가 특정 URL로부터 웹페이지 HTML을 로드하듯이 크롤러에서도 특정 URL의 HTML을 로드할 수 있습니다.
- **cheerio** : 로드된 HTML을 파싱하여 DOM을 생성하는 라이브러리입니다. 웹브라우저에서 제공하는 DOM 인터페이스와는 사용 방법이 좀 다르지만 구현된 기능 자체는 대부분 비슷해 CSS 셀렉터 문법을 사용한 검색이 가능합니다.
- **puppeteer** : 헤드리스 브라우저(4.4.3절 참조)를 프로그래밍 방식으로 조작하는 라이브러리입니다. puppeteer 설치와 함께 최신 버전의 크로미움Chromium이 자동으로 node_modules/puppeteer 경로 내부에 기본 설치됩니다.[10]
- **lodash** : 자바스크립가 기본 제공하지 않는 다양한 유틸리티 함수를 모아둔 라이브러리입니다.
- **date-fns, date-fns-tz** : 자바스크립트가 제공하는 Date 객체는 날짜/시간의 타임존 변환이나 원하는 날짜 형식으로 변환이 어렵습니다. 이를 해결해주는 라이브러리입니다.

예제 페이지 크롤러 만들어보기

웹브라우저가 아닌 노드JS 런타임을 이용하여 원하는 요소를 찾는 코드를 구현하겠습니다. 아래와 같이 코드를 작성한 후 node dom.js 명령어로 실행해보세요.

```
                                                     crawler/examples/dom.js
const axios = require('axios');
const cheerio = require('cheerio');

async function main() {
  // ❶ HTML 로드하기
  const resp = await axios.get(
    'https://yjiq150.github.io/coronaboard-crawling-sample/dom'
  );

  const $ = cheerio.load(resp.data); // ❷ HTML을 파싱하고 DOM 생성하기
  const elements = $('.slide p');      // ❸ CSS 셀렉터로 원하는 요소 찾기

  // ❹ 찾은 요소를 순회하면서 요소가 가진 텍스트 출력하기
  elements.each((idx, el) => {
```

---

10 크로미움은 크롬의 기반이되는 오픈 소스 웹브라우저 프로젝트입니다. 기본적인 웹브라우징 기능은 동일하기 때문에 크롤러를 만드는 데 문제가 없습니다.

```
    // ❺ text() 메서드를 사용하기 위해 Node 객체인 el을 $로 감싸서 cheerio 객체로 변환
    console.log($(el).text());
  });
}

main();
```

```
국가별 내용
대한민국 내용
```

❶ axios.get( ) 함수는 웹페이지에 HTTP GET 요청을 보내서 HTTP 응답을 받습니다. resp 객체의 data 필드를 통해서 응답받은 HTML 내용에 접근할 수 있습니다. HTML 응답 내용은 웹 브라우저로 열었을 때와 완전히 동일합니다.

노드JS 런타임은 웹브라우저가 아니므로 해당 HTML 내용을 자동으로 파싱하여 DOM을 만들어 주지는 못합니다. 그래서 ❷ cheerio 라이브러리를 이용하여 DOM을 만들어줍니다. cheerio. load( )를 통해 DOM을 구성한 후 cheerio 객체 형태로 반환해줍니다. 이렇게 반환된 cheerio 객체는 내부에 DOM 정보를 모두 가지고 있습니다. 생성된 cheerio 객체는 관행적으로 $ 변수 에 저장해 사용합니다. 이렇게 변수 이름을 지정하면 ❸ CSS 셀렉터로 원하는 요소를 찾을 때도 $('.slide p') 형식으로 호출할 수 있어 편리합니다. 이러한 형식으로 요소를 찾는 방식은 jQuery[11] 에서부터 사용하는 오래된 관습입니다.

❹에서는 ❸에서 찾은 요소를 cheerio 객체에서 제공하는 each( ) 함수를 사용해 순회하면서 해 당 요소의 내용을 출력합니다. 이때 ❺에서처럼 특정 요소를 나타내는 el 변수를 직접 사용하지 않 고 $(el) 형태로 감싸서 사용합니다. 이렇게 하는 이유는 뭘까요?

el 변수에 담긴 요소는 cheerio에서 만들어낸 DOM 상의 Node 객체[12]입니다. 이 Node 객체는 순수하게 DOM 상의 Node를 표현하는 기능만 갖고 있습니다(웹브라우저에서 DOM을 다룰 때 존재하는 Node 객체와 기본적인 개념은 동일하지만 제공되는 기능에 차이가 있습니다). 때문에 단순히 Node 객체만 가지고는 해당 Node와 자식 Node가 가진 텍스트 내용만 손쉽게 추출할 방법이 없습니다. 하지만 이 Node 객체를 cheerio 객체[13]로 한 번 감싸주면 cheerio에서 제공

---

11 유저 인터랙션이 별로 없는 웹 사이트에 여전히 많이 사용됩니다.

12 https://cheerio.js.org/classes/Node.html

13 https://cheerio.js.org/classes/Cheerio.html

하는 추가 기능을 사용할 수 있게 됩니다. 위 예시에서 Node와 그 자식 Node가 가진 텍스트 내용만 추출하는 데 사용한 text( ) 함수가 바로 cheerio에서 제공되는 기능입니다(이러한 패턴 또한 앞서 언급한 jQuery에서 사용하던 코드 관습을 그대로 옮겨온 겁니다).

그림 4-12 cheerio 객체를 만들어서 사용하는 방법

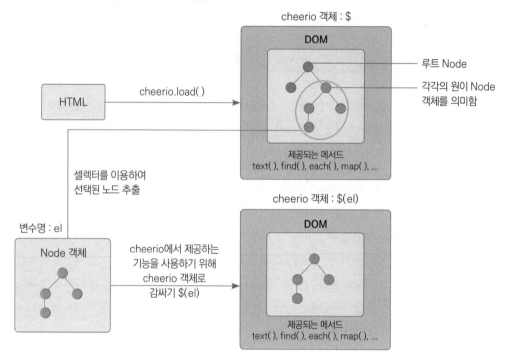

cheerio 기본 사용법

cheerio를 이용하여 CSS 셀렉터 조건에 맞는 요소들을 찾아 순회하거나, 찾은 요소 중에 특정 요소를 선택하는 등의 처리를 하게 됩니다. 위 예시에서는 each( ) 함수를 사용했는데 이 함수 외에 자주 사용하는 함수를 소개하겠습니다. 다음 예제 코드 또한 앞에서 사용한 동일한 예제 웹페이지에 대해 수행합니다.

- **each( )** : 찾은 요소들을 단순히 순회합니다.
- **map( )** : 찾은 요소들을 순회하면서 각 요소에서 얻은 값을 이용하여 데이터를 추출하고 변환하여, 반환값들을 모아둔 배열을 만들 수 있습니다. cheerio 객체 내부에서 사용하는 배열을 자바스크립트 배열로 변환하는 데 toArray( ) 함수를 사용합니다.

```
const textArray = $('.slide p');
    .map((idx, el) => {
      return $(el).text();
    })
    .toArray();
// textArray에 저장된 값: ['국가별 내용', '대한민국 내용']
```

- **find( )** : 찾은 요소를 기준으로 새로운 조건을 적용하여 검색합니다. 어떤 식으로 사용하는지 설명하기 위해 ❶ 두 단계에 걸쳐서 검색을 진행했습니다만, $('.container h1')처럼 한 번에 검색할 수도 있습니다.

```
$('.container') ─────┐
    .find('h1') ─────┘❶
    .each((idx, el) => {
      console.log($(el).text());
    });
// 출력값 : '코로나보드'
```

- **next( ), prev( )** : 찾은 요소를 기준으로 인접한 다음 또는 이전 요소를 찾습니다.

```
const nextElement = $('#country-title').next();
// nextElement.text()의 값: '국가별 내용'

const prevElement= $('#country-title').prev();
// prevElement.text()의 값: ''
```

- **first( ), last( )** : 찾은 요소 중 첫 번째 요소 또는 마지막 요소를 찾습니다.

```
$('.slide p').first().text(); // 국가별 내용
$('.slide p').last().text();  // 대한민국 내용
```

이 외에도 다양한 기능을 제공합니다. 궁금하신 분은 cheerio 레퍼런스 문서를 참고하세요.[14]

---

14 cheerio 레퍼런스 문서 : https://cheerio.js.org/classes/cheerio.html

4.4.2 웹페이지 종류별 크롤링 방식 결정 방법

웹페이지에서 데이터를 불러와서 사용자에게 보여주는 방식은 다양하지만 결국 웹페이지를 구성하는 DOM 안의 특정 요소에 데이터가 있다는 사실은 변하지 않습니다. 따라서 웹페이지 크롤러를 만드는 첫 번째 과정은 크롤링하고자 하는 데이터의 위치를 파악하는 겁니다. 웹페이지를 구성하는 요소 중 우리가 찾는 데이터가 존재할 만한 곳은 다음과 같이 세 곳입니다.

1 웹페이지 최초로 불러오는 HTML(메인 HTML 소스)
2 API 호출을 통해서 외부에서 데이터를 불러오는 경우 해당 API의 응답
3 HTML을 통해서 로드된 자바스크립트 파일 내부(데이터가 코드 형태로 하드코딩되어 있을 수 있음)

데이터 위치에 따라서 추출 방법이 달라지기 때문에 크롤러를 작성하기 전에는 해당 데이터가 어디에 위치하는지를 크롬 [개발자 도구]에서 반드시 확인해야 합니다.

[그림 4-13]는 데이터 위치에 따른 크롤링 방법을 결정하는 순서를 그림으로 보여줍니다. 전체적인 흐름을 먼저 이 그림에서 살펴본 후 각 단계의 조건을 자세히 설명하겠습니다.

그림 4-13 크롤링 방식 의사 결정 트리

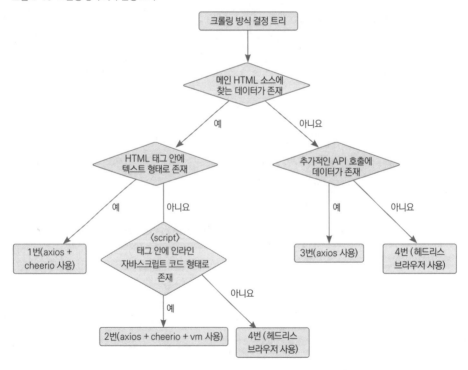

메인 HTML 소스에 찾는 데이터가 존재하는 경우(1, 2번)

웹페이지에서 최초로 불러오는 HTML 소스에서 데이터가 존재하는지 확인하는 방법을 알아봅시다. 해당 페이지를 웹브라우저에서 열어둔 상태로 → 마우스 오른쪽 버튼을 클릭하여 → [페이지 소스 보기]를 선택합니다. 그러면 새로운 창이 열리면서 웹페이지에서 최초로 불러오는 HTML 소스가 나타납니다.

> **Warning** 크롬 [개발자 도구]의 [Elements] 탭에 나오는 HTML은 자바스크립트 등에 의해 동적으로 변경된 '현재 상태'를 보여주기 때문에 '페이지 소스 보기'에서 나오는 HTML 내용은 다를 수도 있습니다.

정적인 웹페이지라면 HTML 내용 안에 원하는 데이터가 존재할 가능성이 매우 큽니다. 두 가지 방식으로 데이터가 존재할 수 있습니다. 첫 번째는 HTML 태그 안에 텍스트 형태로 존재하는 경우입니다. 웹페이지 주소에서 HTML을 불러온 후 cheerio를 이용해 요소를 찾아내는 방식을 사용하면 됩니다(4.4.1절). 두 번째는 ❶ script 태그 안에 자바스크립트 코드로 데이터가 하드코딩된 경우입니다. script 태그 안에 자바스크립트 코드를 인라인inline으로 작성하면 페이지가 로드되면서 자동으로 실행됩니다. 이곳에 변수를 선언해 자바스크립트 코드 형태로 원하는 데이터를 하드코딩해두면, 언제든 해당 변수에 접근해 데이터를 읽을 수 있습니다. 예를 들어 다음과 같은 페이지에서 '크롤링할 내용' 텍스트를 추출하려면 어떻게 해야 하는지 알아보도록 합시다.

```
                              https://yjiq150.github.io/coronaboard-crawling-sample/dom-with-script
<html>
  ... 생략 ...
  <body>
    ... 생략 ...
    <script>
      var dataExample = { title: '제목', content: '크롤링할 내용' };
    </script>
  </body>
</html>
                                                              ❶ 자바스크립트 코드
```

가장 쉽고 효율적인 방법은 script 태그에 있는 자바스크립트 소스 코드를 노드 환경에서 실제로 실행한 후 해당 변수의 값을 읽어들이는 겁니다. 예제 코드를 보면서 하나씩 설명하겠습니다.

```
                                                    crawler/examples/dom-with-script.js
const axios = require('axios');
const cheerio = require('cheerio');
// ❶ 추출된 자바스크립트 코드를 별도 실행하는 가상 환경 기능 로드
const vm = require('vm');
```

```
async function main() {
  const resp = await axios.get(
    'https://yjiq150.github.io/coronaboard-crawling-sample/dom-with-script',
  );

  const $ = cheerio.load(resp.data);
  // ❷ script 태그를 찾아서 코드 추출
  const extractedCode = $('script').first().html();

  // ❸ 컨텍스트를 생성 후 해당 컨텍스트에서 추출된 코드 실행
  const context = {};
  vm.createContext(context);
  vm.runInContext(extractedCode, context);

  // ❹ 스크립트 내에 하드코딩된 정보에 접근
  console.log(context.dataExample.content);
}

main();
```
크롤링할 내용

노드JS에서는 외부에서 불러온 자바스크립트 코드를 실행하는 기능을 제공합니다. 바로 vm 기능입니다. 기본 내장 라이브러리에서 제공되는 기능이라서 ❶에서처럼 곧바로 사용이 가능합니다.

❷ HTML 태그 안의 텍스트를 추출하던 방식으로 script 태그를 찾고, script 태그 안에 존재하는 코드를 추출합니다. 특정 요소 서브에 속한 모든 텍스트만 추출하는 경우에는 text( ) 함수를 사용하지만 여기에서는 원본 HTML에서 script 태그 안에 작성된 내용 그 자체를 가져오기 위해서 html( ) 함수를 호출했습니다.

❸ 새롭게 컨텍스트context를 만들어 추출된 코드를 실행합니다. 여기서 컨텍스트란 코드가 실행되면서 생성한 변수나 값들이 저장되는 공간이라고 생각하시면 됩니다. 실행된 코드에서 사용한 변수들은 해당 컨텍스트 안에서만 생성되고 존재합니다. 코드가 실행되면 dataExample 변수가 컨텍스트 내에 생성되어, 컨텍스트 객체를 통해서 접근할 수 있습니다. ❹ dataExample 변수를 이용하여 목표로 한 '크롤링할 내용'을 추출합니다.

API를 호출해서 외부에서 데이터를 불러오는 경우(3번)

웹브라우저로 웹페이지를 불러올 때는 분명히 찾는 데이터가 있는데 HTML 소스 보기를 하면 없는 경우도 자주 있습니다. 보통 웹페이지 어딘가에서 API를 호출해서 추가로 데이터를 불러오기 때문일 가능성이 높습니다.

메인 HTML 내부에 기본 콘텐츠가 있고 일부 데이터는 동적으로 불러오는 웹사이트가 이에 해당합니다. 웹페이지에서 사용하는 API는 일반적으로 HTTP 기반의 API를 많이 사용하므로 이런 API 호출이 일어났는지부터 확인해야 합니다. 이때 크롬 [개발자 도구]의 [Network] 탭이 아주 유용합니다. [Network] 탭을 실제로 어떤 식으로 사용하는지 잘 보여줄 예제 페이지를 준비해두었습니다.

- https://yjiq150.github.io/coronaboard-crawling-sample/http-api

이 페이지를 웹브라우저에서 열면 웹브라우저 화면에 다음과 같이 페이지가 렌더링됩니다. 이 중 'API 호출로 받아온 내용입니다'라는 부분을 크롤러를 만들어서 추출하고 싶다고 가정해봅시다.

API 호출로 받아온 제목입니다

API 호출로 받아온 내용입니다

이제 [개발자 도구]를 열고 → [Network] 탭에서 → 레코딩이 활성화된 상태로 → 페이지를 새로 고침하고 → ❶ [All]을 선택하면 → 해당 페이지에서 주고받은 모든 통신 내용이 기록됩니다. 예제 웹페이지에서는 다음과 같이 ❷ 요청이 2번 발생했음을 확인할 수 있습니다.

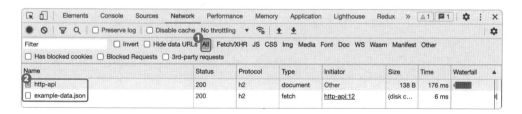

http-api는 예제 웹페이지의 HTML을 불러오는 요청입니다. [Protocol]값이 h2인데, HTTP/2 프로토콜을 사용해서 통신을 진행했다는 말입니다. [Type]은 document입니다. HTML과 같은 웹페이지를 불러왔다는 의미입니다. ❶ [Name]에서 http-api를 클릭하면 → ❷

> **Note** [Protocol] 컬럼이 보이지 않으면 컬럼 표시줄에 오른쪽 버튼을 클릭해서 원하는 컬럼을 추가할 수 있습니다.

오른쪽에 나오는 패널이 나타나면서 → ❸ [Response] 탭에 HTML 내용을 보여줍니다([페이지 소스 보기] 기능을 사용했을 때 나타나는 내용과 동일합니다).

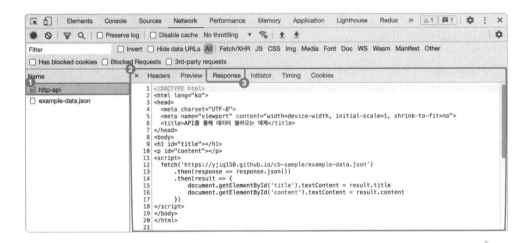

웹브라우저에서 접속했을 때 분명히 'API 호출로 받아온 내용입니다'라는 글자를 확인할 수 있죠. 그런데 코드를 보면 h1, p 태그의 내용이 모두 비어 있고 해당 문구가 안 보이네요. 그렇다면 해당 문구는 도대체 어디서 나타난 걸까요? 다음 코드를 살펴보겠습니다.

https://yjiq150.github.io/coronaboard-crawling-sample/http-api

```html
<html lang="ko">
... 생략 ...
<body>
<h1 id="title"></h1>
<p id="content"></p>
<script>
  // ❶ fetch() 함수를 이용해 아래 URL에서 json 형태로 데이터 불러오기
  fetch('https://yjiq150.github.io/coronaboard-crawling-sample/example-data.json')
    .then(response => response.json())
    .then(result => {
        document.getElementById('title').textContent = result.title
        document.getElementById('content').textContent = result.content
    })
</script>
</body>
</html>
```

❶ fetch( ) 함수를 이용하여 특정 주소에 요청을 하여 json 형식으로 작성된 텍스트 응답을 받습니다. 이 응답 내용을 json( ) 함수를 사용해 자바스크립트 객체로 변환한 후 → 해당 객체에 담긴 title, content 필드값 각각을 h1 태그와 p 태그에 넣어준 겁니다. 이 코드를 보면 해당 문구가 https://yjiq150.github.io/coronaboard-crawling-sample/example-data.json 주소에 대한 응답에 있다는 사실을 유추할 수 있습니다.

데이터를 받아오는지 알아내는 다른 방법으로는 [Network] 탭에 기록된 요청을 살펴보는 방법이 있습니다. [Network] 탭에 기록된 ❶ example-data.json을 클릭하여 응답 내용을 확인하면 ❷ 웹브라우저 표시된 문구들을 확인할 수 있습니다.

네트워크 요청이 적으면 손쉽게 찾을 수 있지만 페이지가 복잡하여 수십 개 요청이 수행되거나 응답 데이터양이 너무 많은 경우 눈으로 훑어보기가 어렵습니다. 이때는 [Network] 탭 설명을 하던 도중 언급한 '응답 바디 검색' 기능을 사용하면 됩니다. 다음처럼 ❶ 돋보기 아이콘을 눌러서 좌측 검색 패널을 활성화한 후 → ❷ 검색 키워드(예를 들어 'API 호출로 받아온 내용입니다')를 검색 → ❸ 검색된 내용을 클릭하면 → ❹ 해당 응답이 열리면서 해당 위치를 하이라이트까지 해줍니다.

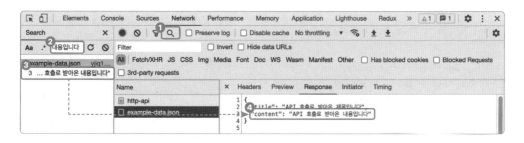

Fetch, XHR의 차이점?

기록된 네트워크 요청에서 HTTP API 요청은 Fetch 또는 XHR 유형이 있습니다. 예제에 포함된 스크립트에서처럼 최신 웹브라우저[15]에서 기본 제공하는 fetch( ) 함수를 통해서 HTTP 요청을 수행하면 Fetch로 기록됩니다. 이전에는 XMLHttpRequest(줄여서 XHR) 객체를 사용해서 HTTP API 요청을 수행했습니다. 이 경우에 XHR로 기록됩니다.

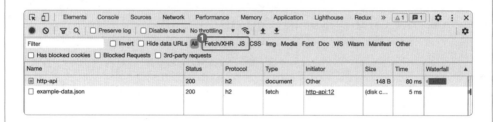

XMLHttpRequest은 비동기 요청에 대한 결과를 얻는 데 콜백을 등록해서 사용합니다. 반면 Fetch는 비동기 요청에 대한 결과를 얻는 데 프로미스promise를 이용하기 때문에 최신 자바스크립트 언어에서 지원하는 async/await 키워드를 사용해 더 간결하게 비동기 코드를 작성할 수 있습니다.

❶ 영역의 Fetch/XHR을 선택하면 다양한 네트워크 요청 중 Fetch와 XHR만 필터링하여 볼 수 있습니다.

데이터가 있는 API 경로를 찾아냈으니 크롤링 코드를 작성해봅시다.

crawler/examples/http-api.js

```
const axios = require('axios');

async function main() {
  const resp = await axios.get(
    'https://yjiq150.github.io/coronaboard-crawling-sample/example-data.json',
  );

  console.log(resp.data.content);
```

---

15 대략 2016년 이후에 배포된 크롬, 엣지, 파이어폭스, 사파리는 모두 fetch( ) 함수를 제공합니다. IE11에서는 지원하지 않습니다.

```
}

main();
```
API 호출로 받아온 내용입니다

API 주소에서 데이터를 바로 가져와서 사용할 수 있어서 HTML에서 정보를 찾아낼 때보다 훨씬 코드가 간단합니다.

참고로 axios에서는 응답 헤더의 Content-Type이 application/json이면 응답 내용이 JSON인 것을 인식하고 텍스트로 받은 응답을 자동으로 자바스크립트 객체로 만듭니다(웹브라우저를 이용하는 예제에서는 수동으로 진행해줘야 했죠). 그래서 응답 객체의 data 필드에 접근하면 이미 객체화된 데이터에 바로 접근할 수 있습니다.

웹사이트에서 HTTP API로 데이터를 불러올 때 '데이터 자체'만을 포함한 JSON 형식을 주로 사용합니다. 하지만 가끔 데이터 외에 해당 데이터를 둘러싼 태그까지 포함된 HTML 형태로 데이터를 불러오는 경우도 있습니다. 이때는 html 태그, body 태그 등 기본적인 HTML을 구성하는 태그가 없습니다. 실제 사용자에게 보여줄 데이터와 태그가 포함된 HTML을 메인 HTML에 끼워 넣는 방식으로 사용자에게 보여주게 됩니다. 이러한 데이터를 크롤링하는 방법은 메인 HTML을 cheerio를 통해 파싱해서 원하는 데이터를 찾는 방법과 동일하기 때문에 자세한 설명을 생략하겠습니다.

그래도 데이터가 안 나온다면?

지금까지 설명한 방법들만 잘 이용해도 대부분은 크롤링할 수 있습니다. 앞서 설명한 모든 방법을 다 썼는데도 눈에 보이는 데이터를 찾지 못했다면 다음과 같은 경우일 수 있습니다.

첫 번째는 데이터가 자바스크립트 코드 내에 존재하지만 해당 데이터에 접근하는 명확한 경로를 알 수 없는 경우입니다. 앞서 예제에서는 HTML 안에 존재하는 script 태그 안에 인라인으로 자바스크립트 코드를 작성하고 전역 변수를 사용했기 때문에 데이터 접근이 쉬웠습니다. 하지만 실제 규모 있는 웹페이지에서는 script 태그에서 별도의 자바스크립트 파일을 읽어들여서 실행하는 방식을 더 많이 사용합니다. 이때에도 전역 변수가 사용된다면 해당 자바스크립트 파일의 코드를 vm 라이브러리를 통해 실행한 후 전역 변수에 접근하여 사용하면 됩니다. 반면 전역 변수가 아니라 자바스크립트 파일 깊숙한 곳에 존재하는 변수라면 접근이 어렵습니다.

두 번째는 보안을 강화할 목적으로 데이터를 암호화/인코딩encoding해서 전달을 하는 경우입니다. 이 경우에는 [Network] 탭에서 원하는 텍스트를 검색하더라도, 데이터가 평문이 아니기 때문에 검색되지 않습니다. 이런 경우에는 해당 페이지에서 사용하는 자바스크립트에 포함된 관련 코드를 분석하여 주고받는 데이터를 복호화/디코딩decoding해야 합니다.

위 두 가지 경우에는 결국 실제로 웹브라우저로 해당 웹페이지를 열고, 웹페이지의 렌더링이 완료되기를 기다린 후 웹브라우저에 로드된 DOM에서 원하는 데이터를 찾아서 추출해야 합니다. 이 방식은 접근 방법 자체가 다르므로 다음 절에서 알아보겠습니다.

마지막으로 HTTP API 통신이 아닌 웹소켓WebSocket 등을 이용한 소켓 통신 방식으로 데이터를 주고받는 경우가 있을 수 있습니다. 다행히 웹소켓 통신 내용은 [개발자 도구]의 [Network] 탭에 잘 나타나기 때문에 데이터의 존재 여부 확인은 쉽습니다. 이 경우 크롤링하고자 하는 웹소켓 통신의 요청/응답 내용을 잘 분석하여 어떤 식으로 데이터를 주고받는지를 정확히 파악해야 합니다. 그 후 원하는 데이터를 서버에 요청하면 응답으로 해당 데이터를 받게 되고, 이 응답에서 원하는 데이터를 추출하는 식으로 크롤러를 구현하면 됩니다.

4.4.3 헤드리스 브라우저를 이용한 크롤링

헤드리스 브라우저headless browser란 GUI 없이 CLI에서 실행되는 웹브라우저입니다. 예를 들어 구글 크롬은 헤드리스 모드를 제공합니다. 헤드리스 브라우저를 사용하면 CLI 환경에서 웹페이지의 스크린샷을 생성한다든가, 해당 웹페이지의 특정 버튼을 눌러서 의도한 대로 동작이 잘 되는지 테스트를 해본다든가 하는 자동화 작업을 편리하게 할 수 있습니다. 특히 크롬 개발팀에서 만든 puppeteer 라이브러리를 사용하면 크롬 브라우저의 모든 기능을 제어할 수 있습니다. 페이지가 완전히 로드되기를 기다렸다가 완성된 DOM에서 원하는 데이터를 찾으면 되죠. 이 방식을 사용하면 4.4.2절에서처럼 데이터가 어디에 존재하는지 일일이 네트워크 요청을 뒤질 필요가 없습니다. 일반 웹브라우저에서 사용자가 보는 웹페이지에 우리가 찾는 데이터가 있다면 헤드리스 브라우저에서도 우리가 찾는 데이터가 동일한 위치에 존재할 것이기 때문입니다.

예시를 보면서 어떤 식으로 동작하는지 확인합시다.

헤드리스 브라우저로 크롤링하기

크롤링할 예시 페이지 주소는 다음과 같습니다.

- https://yjiq150.github.io/coronaboard-crawling-sample/http-api-with-button

먼저 일반 웹브라우저에서 페이지를 열고 어떻게 동작하는지 확인을 해봅시다. 페이지를 열면
제목/내용 불러오기 버튼만 덩그러니 있고 아무런 데이터가 없습니다. 해당 버튼을 클릭하면 페이지의 제
목과 내용을 불러와서 보여줍니다. 크롤링하길 원하는 데이터가 'API 호출로 받아온 내용입니다'
라고 가정하고 설명을 진행하겠습니다([Network] 탭에서 쉽게 확인할 수 있습니다).

```js
crawler/example/headless-browser.js
const puppeteer = require('puppeteer');

async function main() {
  const browser = await puppeteer.launch(); // ❶ 헤드리스 브라우저 실행
  const page = await browser.newPage();     // ❷ 브라우저에 새 페이지 생성

  const pageUrl = 'https://yjiq150.github.io/coronaboard-crawling-sample/
http-api-with-button';
  await page.goto(pageUrl, {
    // ❸ 모든 네트워크 연결이 500ms 이상 유휴 상태가 될 때까지 기다림
    waitUntil: 'networkidle0',
  });

  // ❹ 제목/내용 불러오기 버튼 클릭
  await page.click('input[type="button"]');

  await page.waitForFunction(() => {
    // ❺ 함수가 웹브라우저의 컨텍스트에서 실행되기 때문에 document 객체에 접근 가능
    return document.getElementById('content').textContent.length > 0;
  });

  // ❻ 특정 셀렉터에 대해 제공된 함수를 수행한 값 반환
  const content = await page.$$eval(
    '#content',
    (elements) => elements[0].textContent,
  );

  console.log(content);
```

```
    await browser.close(); // ❼ 작업이 완료되면 브라우저 종료
}

main();
```
API 호출로 받아온 내용입니다

❶ 헤드리스 브라우저를 실행합니다. launch( ) 함수에 인수를 넣지 않아 기본 설치된 크로미움이
실행됩니다.

> **Tip** launch( ) 함수로 특정 버전의 크로미움을 실행하고 싶다면 첫 번째 인수에 다음과 같이 경로값을 지정해주면 됩
> 니다.
>
> ```
> puppeteer.launch({ executablePath: '/path/to/Chrome' })
> ```

실행된 웹브라우저는 헤드리스 모드이기 때문에 눈에 보이지는 않지만 pupeeteer에서 제공하
는 함수를 이용해 제어할 수 있습니다. ❷ 새로운 페이지를 생성합니다. 페이지가 준비되면 page
객체에서 제공하는 goto( ) 함수를 이용하여 특정 주소를 로드합니다.

❸ waitUntil 옵션을 주면 해당 주소에 대한 웹페이지 로드 코드를 수행한 후 다음 코드를 실행하
기 전에 얼마나 기다릴지를 정할 수 있습니다. 여러 옵션을 지원하므로 용도에 맞게 사용하면 됩
니다.

- **domcontentloaded** : 메인 HTML이 로드되어 DOM이 생성된 순간까지 기다립니다. 포함된
  리소스의 로드는 기다리지 않기 때문에 찾는 내용이 메인 HTML 자체에 존재하는 경우 유용
  합니다.
- **load** : 메인 HTML과 포함된 자바스크립트, CSS, 이미지 등 모든 리소스가 로드될 때까지 기
  다립니다.
- **networkidle0** : 최소 500ms 동안 활성화된 네트워크 연결이 완전히 없어질 때까지 기다립니
  다. 자바스크립트를 사용한 API 요청이 있는 페이지에 유용합니다.
- **networkidle2** : 최소 500ms 동안 활성화된 네트워크 연결이 2개 이하로 유지될 때까지 기다
  립니다. 웹페이지 로드가 완료된 이후에도 주기적으로 정보를 업데이트하는 등 폴링 방식으
  로 구현된 웹페이지에 적용하면 유용합니다.

앞서 예제 페이지를 직접 열어보면 [제목/내용 불러오기] 버튼을 누르기 전까지는 원하는 데이터가 페이지에 렌더링되어 있지 않기 때문에 크롤링할 방법이 없습니다. 그래서 ❹ page 객체에서 제공하는 click() 함수를 이용하여 원하는 요소를 CSS 셀렉터로 지정하고, 선택된 요소에 클릭 이벤트를 발생시켜서 웹브라우저에서 클릭한 효과를 만들어줍니다.

이때 API가 호출되고 데이터를 불러오는 과정에 시간이 걸립니다. 데이터를 불러와서 해당 내용이 DOM을 업데이트되기 전까지는 원하는 데이터를 얻을 수 없습니다. page 객체는 작업이 완료될 때까지 기다리는 다음과 같은 여러 함수를 제공합니다.

- **waitForTimeout** : 단순히 지정한 시간만큼 기다리는 함수입니다. 네트워크 속도나 상황에 따라 응답 속도가 달라질 수 있어서 상황에 맞게 2초에서 30초로 잡게 됩니다. 대기 시간이 길면 크롤링 시간도 그만큼 오래 걸려서 비효율적입니다. 최대한 사용을 지양하는 것이 좋습니다.
- **waitForFunction** : 조건을 인수로 받아, 실제 웹브라우저 컨텍스트에서 실행하여 참이 될 때까지 기다리는 함수입니다. 웹브라우저 컨텍스트에서 실행되기 때문에 웹브라우저에 전역 객체로 존재하는 document 객체에 접근하여 사용합니다. ❺ id값이 content인 요소에 접근하여 텍스트가 채워져 있는지를 확인합니다.
- **waitForSelector** : CSS 셀렉터를 인수로 받고, 해당 셀렉터를 만족하는 요소가 존재할 때까지 기다리는 함수입니다. waitForFunction보다 간편하게 사용할 수 있지만 요소의 존재 여부로만 판단하기 때문에 복잡한 조건에서는 사용이 불가능합니다.

웹브라우저에서 버튼을 클릭하고 API 응답을 받아 페이지에 콘텐츠가 채워지는 시점까지 기다리는 데 성공했습니다. 마지막으로 웹브라우저에 로드된 DOM의 특정 요소에 접근하여 값을 가져올 일만 남았습니다. 이 작업은 이미 웹브라우저의 콘솔에서 수동으로 코드를 입력하여 실행하는 방식으로 한번 다룬 내용입니다(4.3.1절). 여기서는 puppeteer를 이용해서 노드 환경에서 동작하는 자바스크립트 코드로 작성하여 자동화하겠습니다.

❻에서처럼 page 객체에 존재하는 $$eval() 함수를 사용하면 웹브라우저 컨텍스트에서 코

드를 실행하고, 반환값을 가져올 수 있습니다. id값이 content인 요소를 찾고, 찾은 요소의 textContext 속성에 접근하여 가져온 값을 반환합니다. 반환된 값은 최종적으로 content 변수에 저장됩니다. 그 결과 'API 호출로 받아온 내용입니다'가 잘 출력됩니다.

❼ 크롤링이 완료되었으니 헤드리스 웹브라우저를 종료합니다. 웹브라우저는 메모리를 상당히 많이 사용하는 애플리케이션이니까 까먹지 맙시다.

puppeteer에 대한 더 자세한 소개는 다음 사이트에서 확인하기 바랍니다.

- https://pptr.dev

모든 크롤러를 헤드리스 브라우저로 만들면 안 되나요?

모든 크롤러를 헤드리스 브라우저로 만들 수 있습니다. 헤드리스 브라우저 기반으로 크롤러를 만들면 UI가 있는 웹브라우저를 사용할 때보다는 메모리를 적게 사용합니다. 하지만 여전히 크롤러가 시작될 때 헤드리스 웹브라우저 애플리케이션도 같이 실행되어야 합니다. 크롤러만 사용할 때보다 시작 속도도 느리고 메모리도 많이 사용하죠. 가능하면 4.4.2절 '웹페이지 종류별 크롤링 방식 결정 방법'에서 설명한 방식을 사용하기 바랍니다.

학습 마무리

크롬 [개발자 도구]를 사용해 웹페이지의 동작 방식을 파악하는 방법을 알아보았습니다. 웹페이지 동작 방식에 맞게 크롤러를 만드는 방법도 알아봤습니다. 크롤러는 주기적으로 자동 수행될 때 효용성이 더 큽니다. 크롤러를 스케줄링하는 방법은 14.5.2절 '크롤러 스케줄링하기'에서 다루겠습니다.

핵심 요약

1 크롤링은 웹페이지에는 존재하지만 공개 API로 제공되지 않는 데이터를 수집할 때 매우 유용한 방식입니다.

2 웹페이지를 구성하는 HTML은 DOM이라는 모델로 표현됩니다. DOM을 이용하면 DOM 내부의 요소를 빠르게 검색할 수 있습니다. 특히 CSS 셀렉터를 이용하면 복잡한 조건이라도 별다른 코드 작성 없이 간결하게 원하는 요소만 뽑아낼 수 있습니다.

3 크롤링은 원하는 데이터 위치 파악 → 가장 적합한 크롤링 방식 선택 → 코드 구현 순서로 진행합니다.

4 크롤링하고자 하는 데이터가 대상 웹페이지를 구성하는 요소 중 어디에 존재하는지에 따라서 크롤링 방식을 결정해야 합니다. 크롬 [개발자 도구]를 이용하면 데이터 위치를 빠르게 파악할 수 있습니다.

5 헤드리스 브라우저를 사용하면 실제 웹브라우저에서 웹페이지를 여는 것처럼 동일한 방식으로 페이지를 열어볼 수 있습니다. 크로미움 헤드리스 브라우저는 puppeteer를 이용하여 손쉽게 자동화할 수 있습니다.

학습 목표

프론트엔드는 백엔드에서 받아온 데이터를 사용자에게 보여줍니다. 기본적인 프론트엔드 개발 환경을 리액트와 개츠비로 구축하고, 다양한 화면 크기에도 최적화되어 보이도록 웹사이트 레이아웃을 적용하고, 데이터를 그래프로 시각화하는 방법을 알아보겠습니다.

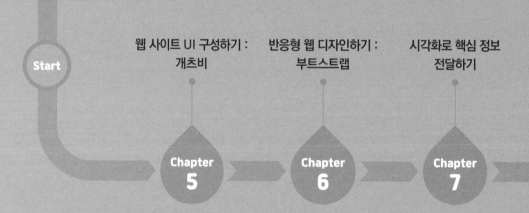

Start

웹 사이트 UI 구성하기 :
개츠비

Chapter
5

반응형 웹 디자인하기 :
부트스트랩

Chapter
6

시각화로 핵심 정보
전달하기

Chapter
7

프론트엔드로
사용자에게 다가가기

Finish

05

웹사이트 UI 구성하기 : 개츠비

☐ **학습 목표** 개츠비는 정적 웹사이트 개발 프레임워크입니다. 이번 장에서는 개츠비를 이용한 개발 환경을 구축하고, 백엔드에서 데이터를 불러와서 정적 웹사이트를 빌드해봅니다.

☐ **학습 순서**

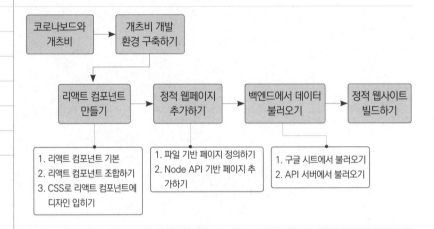

☐ **개츠비** 개츠비^{Gatsby}는 다양한 데이터 소스를 이용하여 정적 웹사이트를 빌드하는 리액트 기반 오픈 소스 프레임워크입니다. 리액트의 장점을 그대로 가져오면서 정적 웹사이트를 쉽게 만들 수 있어서 인기가 높습니다. 코로나보드 또한 개츠비를 이용하여 정적 웹사이트 형태로 개발했습니다. 코로나보드 서비스 구성도 중 '정적 페이지 빌더' 구현에 개츠비를 이용했습니다.

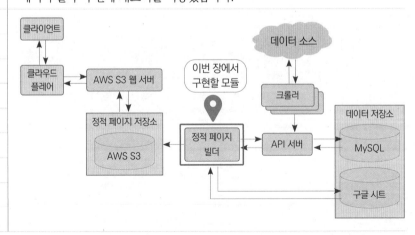

장점	• 정적 웹페이지 방식을 사용하기 때문에 웹사이트 운영 비용이 매우 저렴하고 페이지 로딩 속도가 빠름 (검색 엔진 최적화에 유리함[1])
	• 리액트를 이용하여 정적 웹페이지를 개발할 수 있어 개발 생산성이 좋음
단점	• 웹페이지의 콘텐츠의 내용이 변경될 때마다 다시 빌드하여 배포해야 하는 번거로움
	• 실시간으로 변경되는 데이터나, 게시판 같이 사용자들이 동적으로 만들어내는 콘텐츠를 보여주는 데 최적화되어 있지는 않음
활용 사례	• 필자가 근무하는 스퀘어랩에서는 플레이윙즈 웹사이트[2]를 개츠비 기반으로 만들었습니다. 이 웹사이트에서는 여행 특가 정보나 여행 관련 아티클 등 다양한 콘텐츠가 제공되는데 이러한 콘텐츠들은 자주 변경되지 않는 편입니다. 또한 검색을 통한 유입이 중요하기 때문에 검색 엔진 최적화에 유리하도록 개츠비 기반의 정적 웹사이트 개발 방식을 채택했습니다.

5.1 코로나보드와 개츠비

코로나보드는 왜 개츠비 기반의 정적 웹사이트로 만들었을까요? 최근 몇 년간의 웹 프론트엔드의 기술 트렌드를 살펴보면서 그 이유를 알아보겠습니다.

고전적인 웹은 서버에서 미리 어느 정도 콘텐츠가 채워진 HTML 페이지를 내려준 후 웹브라우저에서 자바스크립트를 실행해 일부 HTML 요소를 조작하거나 사용자와의 인터랙션을 처리하는 방식을 많이 사용했습니다. 하지만 동적인 요소가 많은 페이지를 개발하다 보면 코드가 복잡해져서 관리하기가 점점 힘들어지는 한계가 있습니다.

---

1   검색 엔진 최적화에 대한 자세한 내용은 18장을 참고해주세요.
2   https://www.playwings.co.kr

5.1.1 리액트 등장

이 문제를 해결하고자 프론트엔드에서 개발을 더 쉽고 구조화된 형태로 해주는 앵귤러Angular, 뷰 JSVue.js, 리액트React와 같은 프레임워크가 등장합니다. 이중 리액트는 UI를 컴포넌트 단위로 개발할 수 있도록 해주는 자바스크립트 라이브러리입니다. 메타(이전 이름은 페이스북)가 개발했습니다.

리액트는 SPASingle Page Application에서 동적으로 변하는 UI를 컴포넌트 단위로 잘게 쪼개 개발할 수 있도록 해줍니다. 그 덕분에 코드 재사용성과 가독성이 높아져서 프로젝트 규모가 커지더라도 개발 효율을 높게 유지할 수 있게 되었습니다.

리액트로 개발된 웹사이트를 웹브라우저로 방문하면 웹브라우저가 자바스크립트를 실행하여 콘텐츠를 정상적으로 렌더링해줍니다. 하지만 크롤러나 봇을 이용하면 아무런 내용 없이 자바스크립트 코드만 주어질 뿐, 이 코드가 실행되지 않아 UI와 콘텐츠가 전혀 렌더링되지 않습니다. 이러한 특성 때문에 구글이나 네이버 등의 검색 엔진 봇이 해당 사이트에서 유용한 정보를 가져오지 못하게 됩니다. 결국 웹사이트에 대한 인덱싱이 제대로 되지 않아 검색 엔진에 잘 노출되지 않는 단점이 존재합니다.

그림 5-1 일반적인 SPA 방식

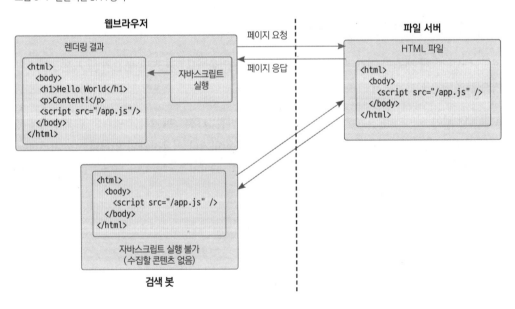

5.1.2 서버 사이드 렌더링 도입

이 단점을 해결하기 위해 리액트로 만들어진 코드를 서버에서 미리 실행하여 렌더링이 완료된 결과를 응답해주는 서버 사이드 렌더링Server Side Rendering, 즉 SSR이 도입되었습니다. 리액트 라이브러리의 ReactDOMServer.renderToString( ) 메서드를 사용하면 웹브라우저에서 하듯이 서버에서 자바스크립트 코드를 수행하여 HTML로 렌더링된 결과물을 생성할 수 있습니다. 이렇게 만든 HTML을 바로 응답해줄 수 있기 때문에 일반 사용자는 물론 검색 엔진에게도 잘 보이는 웹사이트를 만들 수 있습니다. 하지만 클라이언트가 아닌 서버에서 페이지를 렌더링한 후 클라이언트에게 응답해야 하기 때문에 서버 측 컴퓨팅 자원을 많이 사용하는 단점이 있습니다.

그림 5-2 Node.js 기반의 서버를 이용한 런타임에서의 SSR 방식

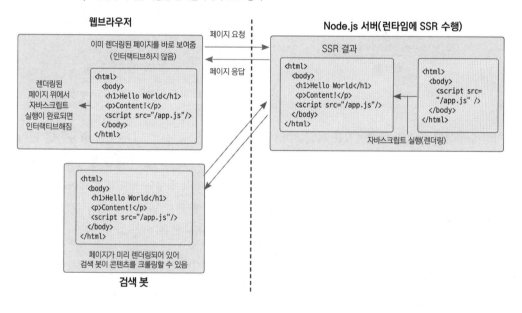

5.1.3 개츠비 등장

개츠비는 웹사이트를 빌드하는 시점에 사이트를 구성하는 모든 페이지를 미리 렌더링하여 정적 페이지를 생성합니다. 최종 HTML을 서버에서 개츠비로 빌드해 만들어내기 때문에 이 또한 일종의 SSR이라고 할 수 있습니다. 단, 사용자 요청을 받은 시점이 아닌 사이트를 빌드하는 시점에 렌더링한다는 점이 다릅니다.

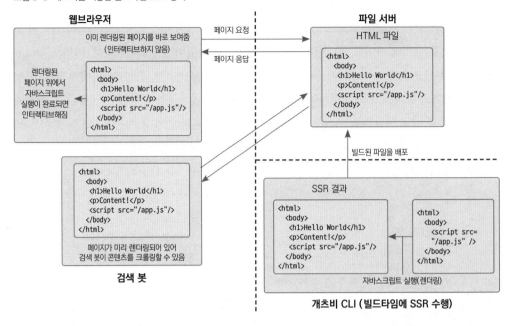

그림 5-3 개츠비를 이용한 빌드타임 SSR 방식

이렇게 생성된 정적인 웹페이지를 파일 서버에 업로드해 제공합니다. CDN까지 활용하면 미리 빌드된 HTML 파일이 CDN을 통해 사용자에게 물리적으로 가장 가까운 서버를 통해서 제공되기 때문에 사이트 응답 속도가 매우 빠릅니다. 모든 콘텐츠가 이미 완성된 형태로 존재하기 때문에 애플리케이션 서버도 필요 없습니다. 덕분에 트래픽이 많이 몰려도 안정성 문제가 전혀 없으며, 애플리케이션 서버를 증설할 필요도 없어 서버 유지비를 많이 아낄 수 있습니다.

이처럼 개츠비를 이용하면 빠른 응답 속도, 안정성, 서버 유지비 절감이라는 정적 웹사이트의 장점과 컴포넌트 단위의 빠른 UI 개발이라는 리액트 장점을 그대로 살릴 수 있습니다. 그래서 많은 개발자가 사용하고 있습니다.

5.1.4 개츠비는 어떤 사이트에 적합한가?

콘텐츠가 자주 변경되지 않으며 변경 사항을 실시간으로 반영하지 않는 정적 웹사이트 개발에 적합합니다(개츠비라고 해서 항상 정적인 웹페이지만 만들 수 있는 것은 아닙니다. 상황에 따라 정적 웹페이지와 동적 웹페이지를 섞어서 만들 수도 있습니다). 정적 웹사이트에서는 새로운 콘텐츠를 추가하거나 기존 콘텐츠를 변경하는 시점에 전체 웹사이트를 다시 빌드해 웹사이트를 최신으로 유지합니다. 블로그, 포트폴리오, 회사 소개 웹사이트 등이 대표적입니다.

코로나보드는 통계 데이터가 제법 바뀌긴 하지만 하루에 수 회에서 최대 수십 회 정도로 제한되며, 수정 주체가 웹사이트 제공자입니다. 이 정도라면 여전히 정적 웹사이트에 적합하다고 볼 수 있습니다. 불특정 다수의 방문자가 콘텐츠를 업로드하고, 다른 방문자가 업로드한 콘텐츠를 즉시 볼 수 있어야 하는 서비스는 정적 웹사이트로 구현이 불가능합니다. 이런 사이트라면 웹 애플리케이션 서버를 이용해 개발해야 합니다.

5.1.5 개츠비 데이터 레이어

개츠비는 정적 사이트 생성에 필요한 데이터를 불러오고 조회하는 기능을 제공하는데, 이를 데이터 레이어data layer라고 부릅니다. 데이터 레이어에서는 빌드 시점에 ❶ 마크다운markdown 파일, 워드프레스WordPress, 콘텐트풀Contentful, 일반적인 REST API 등 다양한 데이터 소스로부터 데이터를 불러와서 ❷ 그래프QL '노드' 형태로 만들어줍니다. ❸ 그런 다음 그래프QL 쿼리를 이용해 노드들에서 원하는 필드를 뽑아내어 ❹ 최종적으로 리액트 컴포넌트에 주입하여 정적 웹페이지를 만듭니다.

그림 5-4 개츠비의 데이터 주입 방식 비교

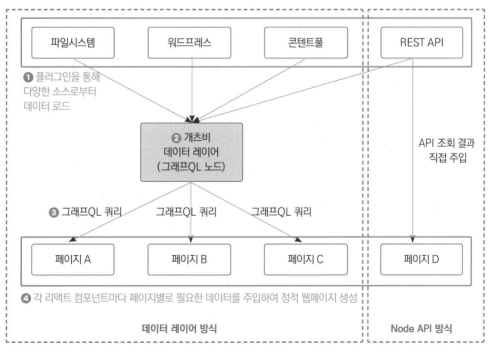

개츠비는 플러그인 생태계가 잘 발달되어 있습니다. 그래서 인기 있는 콘텐츠 관리 도구(콘텐트 풀^{Contentful}, 워드프레스 등)라면 이미 플러그인이 개발되어 있어 곧바로 데이터 소스로 활용할 수 있습니다. 이 역시 개츠비의 큰 장점입니다. 생성하려는 웹사이트에 페이지 수가 많고 데이터 종류도 다양할 때는 데이터 레이어와 그래프QL^{GraphQL}을 권해드립니다.

> **그래프QL(GraphQL)**
> API를 위한 쿼리 언어. 클라이언트가 정한 모델과 필드를 API 서버로부터 받아옵니다.

5.1.6 개츠비 Node API

데이터 레이어 외에, 개츠비의 Node API를 이용하면 데이터 소스로부터 데이터를 원하는 방식으로 가져와서 원하는 페이지에 손쉽게 직접 주입할 수 있습니다. 이렇게 데이터 레이어를 사용하지 않는 방식을 비구조화된 데이터^{unstructured data} 방식이라고도 합니다.

코로나보드는 통계 데이터 관리에 별도의 REST API 서버와 구글 시트를 사용합니다. 이 두 데이터 소스를 지원하는 개츠비 플러그인이 아직 없습니다. 하지만 다행히도 코로나보드는 웹페이지 하나에서 모든 콘텐츠를 보여주므로, 굳이 그래프QL을 이용하여 페이지 단위로 데이터를 가져와 정적 페이지들을 생성하는 데이터 레이어 방식이 그리 효과적이지 않습니다. 따라서 데이터를 불러오는 코드를 직접 작성해야 하는 '비구조화된 데이터' 방식을 사용하겠습니다.

5.2 개츠비 개발 환경 구축하기

개츠비 역시 노드^{node.js} 생태계에 속하기 때문에 개츠비를 사용하려면 노드가 설치되어 있어야 합니다. 노드를 설치하는 방법은 2.2절 '노드JS 준비하기'에서 자세히 설명했습니다.

5.2.1 개츠비 설치 및 동작 확인

To Do **01** 개츠비 CLI를 설치합니다. npm install 명령어에 -g 옵션이 붙으면 현재 경로의 package.json과 무관하게 어느 경로에서도 사용할 수 있도록 전역^{global} 설치가 수행되기 때문에 현재 경로와 무관하게 실행하면 됩니다. 혹시 -g 옵션을 사용했을 때 맥OS에서 권한^{permission} 관련 오류가 발생한다면 명령어 앞에 sudo를 추가로 입력하여 관리자 권한으로 설치를 진행하면 됩니다. 이렇게 전역 설치가 완료되면 어떤 경로에서든지 gatsby 명령어를 실행할 수 있습니다.

```
$ npm install -g gatsby-cli@3.10.0
```

02 개츠비가 제공하는 기본 템플릿을 이용하여 개츠비 기본 프로젝트를 생성합니다. 다음 명령을 실행하면 지정한 템플릿을 기반으로 프로젝트가 생성됩니다. 원래 개츠비의 공식 기본 템플릿 저장소 주소는 https://github.com/gatsbyjs/gatsby-starter-hello-world입니다. 이 저장소를 사용하면 개츠비의 새로운 버전이 나올 때 업데이트돼서 책의 내용과 어긋날 가능성이 있습니다. 그래서 이 책에서는 개츠비 3.x 버전 템플릿이 포함된 저장소인 https://github.com/yjiq150/gatsby-starter-hello-world를 사용하여 프로젝트를 생성합니다.

> 여러 줄에 걸쳐 명령어를 입력할 때 사용하는 기호입니다. 윈도우 사용자는 ^ 기호를 사용하세요.

```
$ gatsby new coronaboard-web \
https://github.com/yjiq150/gatsby-starter-hello-world
```

명령어 형식은 다음과 같습니다.

명령어 `gatsby new [생성할 프로젝트 이름] [템플릿 프로젝트 주소]`

즉, 앞의 명령은 gatsby-starter-hello-world 템플릿을 사용하여 coronaboard-web이라는 프로젝트를 만들어줍니다(기존에 만든 [coronaboard-api] 디렉터리와 동일한 레벨로 생성하면 됩니다). gatsby-starter-hello-world는 개츠비가 제공하는 가장 기본적인 프로젝트입니다.

03 gatsby develop 명령으로 개발용 서버를 띄웁니다.

```
$ cd coronaboard-web
$ gatsby develop
```

이 명령은 개츠비에게 프로젝트를 개발용으로 빌드하라고 시키며, 빌드가 완료되면 다음과 같은 메시지가 출력됩니다.

```
... 생략 ...
You can now view gatsby-starter-hello-world in the browser.

  http://localhost:8000/   ①
```

```
View GraphiQL, an in-browser IDE, to explore your site's data and schema

  http://localhost:8000/___graphql   ②

Note that the development build is not optimized.
To create a production build, use gatsby build   ③
```

이 메시지에 담긴 정보는 세 가지입니다. ❶ 웹브라우저로 http://localhost:8000/에 방문하면 생성한 사이트를 볼 수 있습니다. ❷ 그래프QL을 사용하며, 사이트를 구성하는 데이터와 스키마를 보고 싶다면 http://localhost:8000/___graphql을 방문합니다. ❸ 프로덕션용으로 빌드하고 싶다면 gatsby develop 대신 gatsby build 명령을 사용하면 됩니다.

04 안내 메시지를 따라 http://localhost:8000/ 주소를 웹브라우저에서 열면 "Hello world!" 메시지가 출력됩니다.

05 아무 편집기에서 coronaboard-web/src/pages/index.js 페이지를 열어봅시다. 개츠비는 리액트 기반으로 UI를 구성하고, 정적 웹사이트를 빌드하기 때문에 기본적인 코드에 리액트가 사용됩니다.

coronaboard-web/src/pages/index.js

```
import React from "react"

export default function Home() {
  return <div>Hello world!</div>
}
```

06 이 코드에서 "Hello world!"를 "코로나보드"로 변경한 후 저장합니다.

파일을 저장하는 순간 다음과 같은 메시지가 출력되면서 변경 사항이 자동으로 다시 빌드되고, 열어둔 웹페이지에 출력된 메시지가 "Hello world!"에서 "코로나보드"로 자동 변경됩니다.

```
success onPreExtractQueries - 0.020s
success extract queries from components - 0.024s
success write out requires - 0.003s

success Writing page-data.json files to public directory - 0.002s - 0/0 0.00/s
success Re-building development bundle - 0.658s
```

개츠비 개발 환경은 이처럼 코드 변경이 발견될 때마다 다시
빌드한 후 기존에 보여주고 있던 페이지를 자동으로 새로고침
해주는 HMR^{Hot Module Reload}을 지원합니다. 이 기능 덕분에 변
경 내용을 빠르게 확인할 수 있어서 매우 편리합니다.

> **HMR(Hot Module Reload)**
> 코드 변경이 발견될 때마다 다시 빌드
> 한 후 기존에 보여주던 페이지를 자동
> 으로 새로고침해주는 기능

07 `Ctrl+C` 키를 눌러 gatsby develop으로 실행된 프로세스를 강제 종료합니다.

5.2.2 개츠비 프로젝트 구조

개츠비를 설치하고 프로젝트를 만들어봤으니, 기본 프로젝트가 어떻게 구성되어 있는지 살펴볼
차례입니다.

```
/
├── .cache/
├── public/
├── src/
│    └── pages/
│           └── index.js
├── static/
├── .gitignore
├── .prettierrc
├── .prettierignore
├── gatsby-config.js
├── package.json
```

- **/** : 프로젝트 루트 디렉터리입니다.
- **[.cache]** : 개츠비 빌드 과정에서 생성되는 산출물을 캐싱해두는 디렉터리입니다. 이전 빌드
  의 산출물을 캐싱하여 다음번 빌드를 더 빠르게 해주는 역할을 합니다. 직접 수정할 일은 없
  으나, 혹시 캐시로 인해 변경된 데이터가 제대로 나오지 않는 등의 문제가 발생하면 gatsby
  clean 명령으로 삭제해보세요.
- **[public]** : 빌드가 완료된 정적 웹사이트의 결과물이 저장되는 디렉터리입니다. 나중에
  gatsby build 명령으로 프로덕션용 정적 웹사이트 빌드한 후, 이 디렉터리 안의 모든 파일
  을 파일 서버나 AWS S3 등에 업로드하여 사용합니다. 이 디렉터리 역시 gatsby clean 명
  령으로 깨끗이 청소할 수 있습니다.

- **[src/pages]** : 정적 웹사이트 빌드에 사용할 소스 파일들이 담겨 있는 디렉터리입니다. 이 위치에 존재하는 파일 하나가 정적 웹사이트의 웹페이지 하나와 1:1 매핑됩니다.
- **[static]** : 웹사이트에 사용될 정적 자원(이미지, 폰트 등)을 넣어둡니다. 이 디렉터리에 존재하는 파일들은 빌드 시 [public] 디렉터리로 복사됩니다.
- **.gitignore** : 소스 관리 도구인 깃^Git과 관련된 설정 파일입니다. 이 파일에 특정 파일 또는 파일 패턴을 명시하면 깃이 해당 패턴과 일치하는 파일을 저장소에 추가하지 않고 무시합니다.
- **[.cache]**와 **[public]** 디렉터리는 빌드 과정에서 자동으로 생성되기 때문에 소스 저장소에 추가하여 관리할 필요가 없으므로 .gitignore 파일에 이미 추가되어 있습니다.
- **.prettierrc** : 자바스크립트 코드 포매팅 도구인 프리 티어의 설정 파일입니다(다음 절에서 설명).

> **포매팅(formatting)**
> 형식이나 서식 등을 바꿔주는 기법

- **.prettierignore** : 프리 티어^Prettier의 설정 파일입니다. 자동 포매팅에서 제외하고 싶은 파일이 있다면 해당 파일 또는 해당 파일의 패턴을 이곳에 정의해줍니다.
- **gatsby-config.js** : 개츠비의 설정 파일입니다. 개츠비 빌드 시 플러그인을 추가하고 설정할 수 있으며, 사이트 제목, 설명, URL 등 사이트의 메타 정보 역시 여기에 정의합니다.
- **package.json** : 개츠비 프로젝트 또한 노드JS 패키지 매니저를 사용하고 있기 때문에 이 파일이 존재합니다. 일반적인 노드JS 프로젝트와 동일하게 원하는 의존성을 추가 또는 삭제하면 이 파일이 업데이트됩니다. 이 파일 내용을 살펴보면 개츠비 템플릿을 통해 생성된 프로젝트가 어떤 버전의 개츠비와 리액트를 의존성으로 사용하는지 확인할 수 있습니다.

5.2.3 프리 티어 설정하기

프리 티어^Prettier는 자바스크립트 코드를 자동으로 포매팅해주는 도구입니다. 개츠비와는 무관하지만 프로그래밍할 때 자동 포매팅을 사용하면 스타일이 일관된 코드를 작성할 수 있어서 매우 편리합니다. 특히 팀으로 여러 사람과 함께 작업할 때 큰 도움을 줍니다.

프리 티어는 npm run format 명령으로 실행하며, 프로젝트에 속한 자바스크립트 코드 전체를 설정 파일에 정의된 스타일에 맞게 포매팅합니다.

개츠비 템플릿으로 생성한 프로젝트의 .prettierrc 파일을 열어보면 기본적으로 다음 그림의 왼쪽처럼 설정되어 있을 텐데, 책의 예제 코드 스타일에 맞게 오른쪽처럼 변경해줍니다.

▼ 변경 전

```
{
  "arrowParens": "avoid",
  "semi": false
}
```

▼ 변경 후

```
{
  "singleQuote": true,
  "trailingComma": "all"
}
```

- **arrowParens** : 화살표 함수에서 괄호 사용 여부를 지정합니다(기본값은 "always"). "avoid"로 설정하면 (x) => x와 같이 인수가 하나인 화살표 함수를 x => x 형태로 바꿔줍니다. 저는 항상 괄호를 표시하는 편이 일관되고 실수도 줄여준다고 생각합니다. 그래서 항목 자체를 삭제해 기본값이 적용되도록 했습니다.

- **semi** : 줄 끝에 세미콜론 ;을 붙일지 여부를 지정합니다(기본값은 true). false로 설정하면 코드 끝에 있는 세미콜론을 제거합니다. 이 책에서는 기본값인 true가 적용되도록 항목 자체를 삭제했습니다.

- **singleQuote** : 문자열을 감싸는 따옴표의 모양을 지정합니다(기본값은 false). true로 설정하면 작은따옴표를, false로 설정하면 큰따옴표를 사용합니다.

- **trailingComma** : 객체, 배열, 함수 인수 등을 여러 줄로 표현할 때 마지막 항목에도 쉼표를 붙일지를 지정합니다(기본값 : "es5"). 마지막 항목에 붙이는 쉼표를 '후행 쉼표(콤마)' 혹은 '마지막 쉼표(콤마)'라 하며, 이 쉼표가 붙어 있으면 새로운 항목을 추가하거나 삭제할 때 실수를 줄일 수 있습니다. 기본값인 "es5"에서는 ES5가 허용하는 경우에만 쉼표를 붙이고, "none"으로 설정하면 모든 경우에 쉼표를 붙이지 않습니다.

> **Note** 이번 설정 변경은 실습하면서 만들어지는 코드와 책의 예제가 일관되도록 한 것일뿐이므로, 나중에 새로운 프로젝트를 진행할 때는 여러분이 원하는 스타일로 변경해도 무방합니다. 프리 티어는 이 외에도 매우 다양한 옵션을 제공합니다. https://prettier.io/docs/en/options.html 페이지를 참고하여 원하는 형태의 스타일을 적용해보세요.

이상으로 기본적인 개발 환경이 모두 갖춰졌습니다. 다음 절부터는 실제 웹사이트 제작 시 코드를 어떤 식으로 작성하는지 더 자세히 알아보겠습니다.

5.3 리액트 컴포넌트 만들기

리액트는 웹페이지를 UI 컴포넌트 단위로 개발해주는 라이브러리입니다. 화면에 그려지는 UI 요소 전부를 하나의 파일에 담으면 너무 거대한 파일이 만들어져서 코드를 알아보기가 쉽지 않습니다. 특히 화면에 반복되는 요소들이 존재하면 비슷한 코드가 여러 번 중복되어 DRY 원칙에 어긋나서 버그가 생기기 쉽습니다. 리액트는 바로 이 문제를 해결하고자 개발을 컴포넌트 단위로 하는 환경을 제공합니다. UI 요소들을 관리하기 적당한 컴포넌트들로 잘게 쪼개서 개발하면 코드 가독성이 좋아집니다. 또한 여러 명이 함께 개발할 때는 업무를 컴포넌트별로 분배할 수 있기 때문에 업무 효율 향상에도 도움됩니다.

> **DRY 원칙**
>
> Don't Repeat Yourself의 약어로 동일한 코드를 반복하지 말라는 원칙입니다. 소스에 중복되는 코드가 있다면 나중에 코드를 수정할 때 중복되는 부분을 모두 찾아서 동일하게 수정해야 합니다. 실수로 한 곳이라도 수정하지 않으면 버그로 이어지며, 중복이 많을수록 그 가능성이 커집니다.

이번 절에서는 제목과 내용을 [그림 5-5]처럼 슬라이드 형태로 보여주는 Slide 컴포넌트를 만들면서 실제 컴포넌트를 어떤 식으로 작성하고 활용하는지 알아보겠습니다.

알려드려요_ 슬라이드
코로나보드에서는 '슬라이드'라는 용어로 페이지에서 제공하는 콘텐츠를 묶어 구분합니다. 이러한 형태의 UI에 대한 표준 용어가 없어서 이 책에서는 이 용어를 사용합니다.

그림 5-5 이번 장에서 만들 슬라이드로 구성된 페이지 예시

코로나보드

국가별 현황

국가별 현황을 보여줍니다.

대한민국 지역별 현황

대한민국 지역별 현황을 보여줍니다.

예방 행동 수칙

예방 행동 수칙을 보여줍니다.

5.3.1 리액트 컴포넌트 기본

[src] 디렉터리에 [components] 디렉터리를 생성한 후 slide.js 파일을 만들고 다음 내용을 입력합니다.

```
                                                          coronboard-web/src/components/slide.js
import React from 'react';   // ❶ react 임포트

export function Slide(props) {          // ❷ Slide라는 이름의 함수형 컴포넌트 선언
  const { title, children } = props;   // ❸ 부모 컴포넌트에서 전달받은 속성값 추출
  return (   // ❹ 이 컴포넌트가 렌더링될 형태 반환
    <div>
      <h2>{title}</h2>
      <div>{children}</div>
    </div>
  );
}
```

Slide는 슬라이드 제목과 내용을 보여주는 아주 간단한 컴포넌트입니다. 이 함수 컴포넌트가 어떻게 구성되어 있는지 한 줄씩 자세히 살펴보겠습니다.

❶ 먼저 리액트를 임포트했습니다. 리액트는 자바스크립트와 HTML을 섞어서 사용할 수 있도록 JSX^JavaScript XML라는 자바스크립트 확장 문법을 사용합니다. 리액트에서 JSX 사용이 필수는 아니지만, 사용하는 편이 훨씬 편리합니다. 그래서 특별한 이유가 없다면 대부분 개발자가 JSX를 사용합니다. JSX 문법을 사용하려면 리액트를 반드시 임포트해야 합니다. 만약 임포트 구문이 없다면 개츠비가 다음과 같은 오류를 일으킵니다.

> **JSX(JavaScript Extension)**
> 자바스크립트와 HTML 태그를 함께 사용하는 확장 문법. 리액트에서 UI를 표현할 때 사용합니다.

```
error  'React' must be in scope when using JSX
```

❷는 함수 정의입니다. export 키워드는 이 함수를 다른 파일에서 임포트해서 사용할 수 있도록 해줍니다. export 키워드가 없다면 다른 파일에서 slide.js를 임포트하더라도 이 함수를 이용할 수 없습니다.

Slide( ) 함수의 매개변수를 살펴봅시다. 리액트 컴포넌트는 props라는 매개변수 하나를 받도록 정해져 있습니다. 'props'는 'properties'를 줄인 단어로, 프로퍼티들이라는 뜻입니다. 이 매개

변수를 통해서 해당 컴포넌트를 렌더링하는 데 필요한 값들을 부모 컴포넌트로부터 전달받습니다. ❸ Slide 컴포넌트도 props를 통해서 title과 children값을 전달받아서 사용하고 있습니다.

❹ 마지막으로 반환값을 살펴보겠습니다. 컴포넌트가 렌더링할 HTML 요소와 자바스크립트 코드가 섞인 표현식을 반환하고 있습니다. 앞서 언급한 JSX 문법으로 작성된 코드입니다.

```
export function Slide(props) {
  const { title, children } = props;
  return (
    <div>
      <h2>{title}</h2>
      <div>{children}</div>
    </div>
  );
}
```

HTML 코드

자바스크립트 코드

자바스크립트 변수와 바인딩

보다시피 JSX 문법을 이용하면 컴포넌트를 구성하는 HTML 요소를 자바스크립트 코드 내에서 쉽게 작성할 수 있습니다. 더욱이 HTML 요소의 태그 속성이나 콘텐츠 내용을 자바스크립트 변수와 바인딩할 수 있어서 매우 편리합니다. 이번 예에서는 title과 children 변수를 각각 〈h2〉와 〈div〉 요소의 내용에 바인딩했습니다(자바스크립트 변수를 HTML 코드에 삽입할 때는 { } 중괄호로 감싸줍니다). 이렇게 하면 title과 children값이 변경될 때마다 Slide 컴포넌트가 자동으로 다시 렌더링되며, 나아가 변경된 값이 UI에 즉시 반영됩니다. 이처럼 특정 변수의 값을 연결된 UI와 동기화시키는 작업을 바인딩binding이라고 합니다.

이렇게 반환된 JSX 표현식은 자바스크립트 코드가 아니기 때문에 웹브라우저에서 바로 실행하면 오류가 납니다. 그래서 빌드 과정에서 바벨 컴파일러가 JSX 표현식을 자바스크립트 코드로 컴파일하며, 웹브라우저는 정상적인 자바스크립트 코드를 받게 됩니다.

바벨(Babel)
ECMAScript 2015+ 코드를 브라우저에서 호환 가능한 자바스크립트 버전으로 변환해주는 자바스크립트 컴파일러

이상으로 리액트 컴포넌트를 정의하는 방법을 알아보았습니다. 다음 절에서는 이렇게 정의한 컴포넌트를 다른 컴포넌트에서 불러와 사용하는 방법을 살펴보겠습니다.

5.3.2 리액트 컴포넌트 조합하기

src/pages/index.js 파일을 열어 다음 내용과 같이 수정하고 저장합시다.

coronboard-web/src/pages/index.js

```
import React from 'react';  // ❶ 리액트 임포트
import { Slide } from '../components/slide';  // ❷ Slide 컴포넌트 임포트

export default function Home() {
  const thirdSlideTitle = '예방 행동 수칙';
  return (  // ❸ 이 컴포넌트가 렌더링될 형태 반환
    <div>
      <h1>코로나보드</h1>
      {/* ❹ 문자열로 속성 지정 */}
      <Slide title="국가별 현황">국가별 현황을 보여줍니다.</Slide>

      {/* ❺ 자바스크립트 문자열로 속성 지정 */}
      <Slide title={'대한민국 지역별 현황'}>
        대한민국 지역별 현황을 보여줍니다.
      </Slide>
      {/* ❻ 자바스크립트 변수로 속성 지정 */}
      <Slide title={thirdSlideTitle}>예방 행동 수칙을 보여줍니다.</Slide>
    </div>
  );
}
```

❶ JSX 문법을 쓰기 위해 리액트를 임포트하고, ❷ 바로 이어서 앞 절에서 만든 slide.js 파일로부터 Slide 함수 컴포넌트를 임포트했습니다. 이렇게 임포트한 함수 컴포넌트는 다른 JSX 표현식 안에서 〈Slide〉...〈/Slide〉 형태로 이용할 수 있습니다. 마치 HTML 태그와 비슷하죠. 그래서 이를 JSX 태그라고 부릅니다.

❸ 이번에도 반환값을 JSX 표현식으로 만들었고, 그 안에서 Slide 태그를 총 3번 사용했습니다 (❹~❻). 이때 Slide 태그가 Slide 함수 컴포넌트를 거쳐 HTML로 컴파일되는 과정을 단순화해 보면 대략 다음 그림과 같습니다.

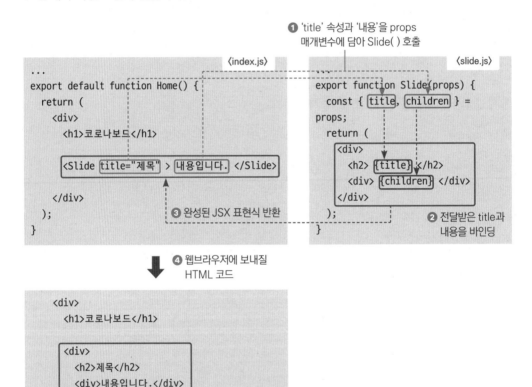

다시 코드를 잘 보면 3개의 Slide 태그가 모두 title 속성값을 다른 방식으로 지정하고 있습니다. 간소화한 다음 코드와 같이 ❹ 첫 번째 슬라이드는 직접 문자열로, ❺ 두 번째 Slide는 자바스크립트 문자열을 중괄호로 감싸서, ❻ 세 번째 Slide는 자바스크립트 변수를 역시 중괄호로 감싸 지정

했습니다.

```
<Slide title="국가별 현황">...</Slide>  {/* ❹ */}
<Slide title={'대한민국 지역별 현황'}>...<Slide>  {/* ❺ */}
<Slide title={thirdSlideTitle}>...</Slide>  {/* ❻ */}
```

하지만 방식만 다를 뿐, 결국 셋 모두 문자열을 props.title 필드에 담아 Slide 컴포넌트에 전달할 것이고, Slide 컴포넌트가 해당 값을 이용하여 렌더링을 진행합니다.

한편 Slide 태그의 내용(콘텐츠)은 props.children 필드에 담겨 전달됩니다. children 필드는 태그의 콘텐츠를 위해 리액트에서 미리 정의해둔 필드입니다. 예제에서는 단순히 문자열을 이용했지만, 일반적인 HTML 태그나 JSX 태그도 자유롭게 넣을 수 있습니다.

이제 [coronaboard-web] 디렉터리에서 gatsby develop 명령으로 개발 서버를 다시 띄운 후, 웹 브라우저로 http://localhost:8000 주소를 열어 봅시다. 페이지가 다음처럼 렌더링되는지 확인해보세요.

그런데 잠깐! 분명히 슬라이드를 만든다고 했는데 제목과 내용 텍스트로 구성된 단순한 페이지로 보입니다. 이유는 아직 디자인을 입히지 않았기 때문입니다. CSS로 각 HTML 요소에 스타일을 적용하면 진짜 슬라이드처럼 보이게 할 수 있습니다. 다음 절에서는 리액트에서 컴포넌트별로 CSS를 적용하는 방법을 알아보겠습니다.

5.3.3 CSS로 리액트 컴포넌트에 디자인 입히기

고전적인 웹 개발 방식에서는 페이지의 뼈대를 담당하는 HTML과 스타일을 담당하는 CSS, 그리고 로직을 담당하는 자바스크립트를 분리하여 각각 다른 파일에 정의하는 것이 일반적이었습니다. 즉 별도의 .css 파일에 모든 스타일을 정의한 후 HTML 요소에 적용하고, 필요한 경우 .js 파일에 작성된 자바스크립트 코드를 불러와서 실행했습니다. 이렇게 하면 CSS가 중앙집중적으로 관리되기 때문에 사이트의 전체적인 디자인 일관성이 향상됩니다. 하지만 반대로 특정 부분의 스타일만 변경하려다가 의도치 않은 부분까지 변경하는 실수가 일어나기 쉽다는 단점이 공존합니다.

이러한 단점을 보완하기 위해 리액트에서는 CSS를 리액트 컴포넌트 내부에 바로 정의하는 CSS-in-JS 방식을 많이 사용합니다. 그 결과 .css 파일과 .js 파일을 반복해 오가며 작업할 필요도 없어지고, 특정 컴포넌트에서 변경한 스타일이 다른 컴포넌트에 영향을 주는 일도 사라집니다. 컴포넌트 단위로 개발하는 리액트에 매우 적합한 모델이라 할 수 있습니다.

나아가 CSS-in-JS를 더 편리하게 사용하도록 도와주는 다양한 오픈 소스 라이브러리가 만들어졌는데, 그중 emotion 라이브러리를 사용할 겁니다. emotion은 개츠비 플러그인 또한 지원하기 때문에 개츠비에서 아주 편리하게 사용할 수 있습니다.

> **CSS-in-JS 방식**
> CSS를 리액트 컴포넌트 내부에 바로 정의해서 사용하는 방식입니다.

emotion 라이브러리 설치

[coronaboard-web] 디렉터리에서 emotion과 emotion 개츠비 플러그인을 설치해봅시다.

```
$ npm install gatsby-plugin-emotion@6.3.0 @emotion/react@11.1.5 @emotion/styled@11.3.0
```

개츠비 플러그인을 사용하려면 npm을 통해 플러그인을 설치한 다음 별도의 플러그인 등록 절차를 거쳐야 합니다. gatsby-config.js 파일을 열어서 다음처럼 설치된 플러그인의 이름을 입력해주기만 하면 됩니다.

coronaboard-web/gatsby-config.js
```
module.exports = {
  plugins: ['gatsby-plugin-emotion'],
};
```

gatsby develop 명령이 실행 중인 상태였다면 gatsby-config.js 파일이 변경되자마자 다음 경고 메시지가 출력되었을 겁니다.

```
warn develop process needs to be restarted to apply the changes to gatsby-
config.js
```

gatsby-config.js 변경 사항을 적용하려면 develop 프로세스를 다시 실행해야 한다는 뜻입니다. 개츠비의 HMR 기능은 페이지의 내용 변경을 감지하면 자동으로 다시 컴파일하여 브라우저까지 새로고침해줍니다. 하지만 설정 파일(gatsby-config.js)이 변경되면 서버 프로세스를 다시 실행해야 반영되니 주의해주세요.

Slide에 CSS 입히기

이제 실제로 emotion을 이용하여 Slide 컴포넌트에 CSS를 적용해볼 차례입니다. slide.js 파일을 열어 다음과 같이 수정해주세요(수정할 부분은 음영으로 표시).

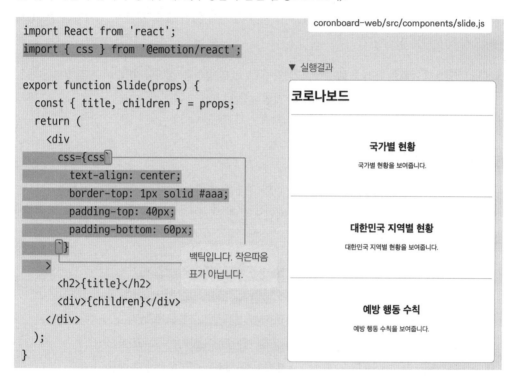

파일을 저장한 후 웹브라우저에서 확인하면 다음과 같이 달라진 모습을 확인할 수 있습니다. 여전히 디자인이 허전하긴 하지만 CSS를 적용하기 전보다는 훨씬 나아 보입니다.

아쉬움이 남지만 이번 장에서는 여기까지만 하고 더 제대로된 디자인은 10장 '슬라이드 만들기'에서 진행할 예정입니다.

5.4 정적 웹페이지 추가하기

개츠비는 정적 웹사이트 생성기이므로 몇 개의 페이지가 생성될지가 빌드 시점에 미리 정해집니다. 생성될 페이지를 추가하는 방법은 두 가지입니다.

첫 번째는 파일 기반으로 추가하는 방법입니다. 리액트 컴포넌트 형식을 따르면서, 원하는 내용으로 채워둔 파일을 수동으로 하나씩 만들어서 [src/pages] 디렉터리에 넣어둡니다. 그러면 개츠비 빌드 과정에서 이 파일들이 정적 웹페이지로 만들어집니다. 두 번째는 데이터베이스와 같은 콘텐츠 관리 시스템에서 동적으로 원하는 데이터를 불러온 후, 불러온 데이터 수만큼 정적 페이지를 생성하는 방법입니다. 예를 들어 데이터베이스에 저장되어 있는 블로그 글이 20개라면 총 20개 페이지를 생성하는 식입니다.

코로나보드는 데이터를 동적으로 불러오기 위해 두 번째 방법을 채택했지만, 이번 절에서는 개츠비 이해 차원에서 두 방식 모두를 더 자세히 설명하겠습니다.

5.4.1 파일 기반 페이지 정의하기

개츠비는 [src/pages] 하위의 디렉터리와 파일 구조를 그대로 정적 웹페이지로 바꿔줍니다. 예를 들어 서비스를 goldenrabbit.co.kr 도메인으로 배포할 경우의 빌드된 결과물을 접근하는 주소의 예입니다.

- src/pages/index.js   → https://goldenrabbit.co.kr/
- src/pages/first-example.js → https://goldenrabbit.co.kr/first-example
- src/pages/secondExample.js → https://goldenrabbit.co.kr/secondExample
- src/pages/nested/index.js → https://goldenrabbit.co.kr/nested/
- src/pages/nested/title.js → https://goldenrabbit.co.kr/nested/title

보다시피 src/pages/가 도메인 루트에 해당하며, 이후 구조가 그대로 URL로 매핑됩니다. 즉 정적 페이지를 만들고 싶다면 src/pages 하부에 파일을 추가하되, 디렉터리 이름과 파일 이름을 적절히 정하면 됩니다.

> **Note** 파일 이름에 특별한 규칙은 없으나 일반인에게 가독성이 좋은 케밥케이스(kebab-case)를 권장합니다. 케밥케이스란 first-example처럼 단어와 단어 사이를 -로 구분하는 방식을 말합니다. 구글도 케밥케이스 형태의 URL을 추천합니다.

5.4.2 Node API 기반 페이지 추가하기

두 번째 방법은 외부에서 데이터를 불러와 페이지를 생성하는 방법입니다. 이때 개츠비가 제공하는 API를 이용해야 하는데, 이번 절에서는 그중 createPages 후크를 이용하는 법을 알아보겠습니다.

> **후크(Hook)**
> 컴퓨터 프로그래밍에서 후크란 운영체제나 다른 소프트웨어의 동작을 가로채서 원래 기능을 덧붙이거나 완전히 교체하는 행위. 여기서는 개츠비의 빌드 과정 중 페이지를 생성하는 동작을 가로채서 우리가 원하는 페이지를 추가하도록 기능을 덧붙이는 데 사용했습니다.

개츠비 프레임워크는 아주 다양한 API를 제공하며 종류별로 구분해 Link API, Config API, Node API 같은 이름을 붙여놓았습니다. 우리는 이 중 Node API에서 createPages( )라는 후크 함수를 이용할 겁니다. 개츠비는 빌드 과정에서 이 후크 함수를 호출해주는데, 개발자에게 개츠비의 특정 기능을 사용자화^{customize}할 기회를 주는 함수라고 생각하면 쉽습니다. 우리는 이 후크 함수 안에 코드를 작성하여 원하는 형태로 페이지를 정의할 겁니다. 예를 들어 후크 함수에서 데이터베이스에서 블로그 글들을 불러온 후 그 개수만큼 createPage( ) 함수를 호출하면 호출 횟수만큼 정적 페이지가 생성됩니다.

> `warning` 개츠비 Node API는 프로젝트 루트 디렉터리의 gatsby-node.js 파일 안에서만 사용할 수 있습니다.

createPages 후크 함수 사용자화

프로젝트 루트 디렉터리에 gatsby-node.js 파일을 생성하여 코드를 작성하겠습니다.

```
coronaboard-web/gatsby-node.js
exports.createPages = async ({ actions }) => {  // ❶
  const { createPage } = actions;  // ❷
  const dataSource = { thirdSlideTitle: '예방 행동 수칙' };

  createPage({  // ❸
    path: '/',  // ❹
    component: require.resolve('./src/templates/single-page.js'),  // ❺
    context: { dataSource },  // ❻
  });
};
```

이야기했듯이 createPages 후크는 개츠비 빌드 과정에서 자동으로 호출되며, ❶ 이때 첫 번째 인수로 개츠비와 관련된 여러 기능과 정보를 담은 객체를 넣어줍니다. ❷ 페이지를 생성해주는 createPage( ) 함수는 이 객체의 actions 필드를 통해 접근할 수 있습니다. createPages 후크와 createPage( ) 함수는 개츠비에서 정해둔 이름이기 때문에 주어진 이름 그대로 사용하셔야 합니다.

createPage( ) 함수를 호출하는 ❸을 보면 생성할 페이지의 경로, 템플릿 컴포넌트, 컴포넌트 렌더링에 필요한 정보를 넣어주고 있습니다. ❹ path를 '/'로 지정하면 사이트의 루트에 페이지를 만듭니다. ❺ component 필드에는 페이지 렌더링에 사용할 기반 컴포넌트를 지정합니다. ❻ 마지막 context 필드에 컴포넌트 렌더링 시 사용할 데이터를 넣어줍니다.

> **Note** [src/components] 디렉터리와 [src/templates] 디렉터리 모두 리액트 컴포넌트를 정의한 파일을 담아두는 용도입니다. 단, '컴포넌트'와 '템플릿'이라는 이름에서 떠올릴 수 있듯이 [src/components]에는 작은 단위의 UI 요소를 구성하는 컴포넌트 파일을 넣어두는 것이 자연스럽고, [src/templates]에는 여러 컴포넌트를 조합해서 하나의 페이지를 구성하는 템플릿 역할의 컴포넌트 파일만 넣어두는 것이 자연스럽습니다.

아직은 ❺에서 지정한 single-page.js 파일이 없어서 웹사이트가 제대로 동작하지 않습니다.

페이지 템플릿 작성

[src/templates]에 single-page.js 파일을 만들어서 다음 내용을 입력합니다.

```
                                          coronaboard-web/src/templates/single-page.js
import React from 'react';
import { Slide } from '../components/slide';

export default function SinglePage({ pageContext }) {  // ❶
  const { dataSource } = pageContext;  // ❷
  const { thirdSlideTitle } = dataSource;  // ❸

  return (
    <div>
      <h1>코로나보드</h1>
      <p>createPage로 만들어진 페이지입니다.</p>  {/* ❹ */}
      <Slide title="국가별 현황">국가별 현황을 보여줍니다.</Slide>
      <Slide title={'대한민국 지역별 현황'}>
        대한민국 지역별 현황을 보여줍니다.
      </Slide>
```

```
    <Slide title={thirdSlideTitle}>예방 행동 수칙을 보여줍니다.</Slide>
  </div>
 );
}
```

src/pages/index.js와 비슷하나 두 가지가 다릅니다. ❹ 첫 번째로 기존 페이지와 구분하려고 "createPage로 만들어진 페이지입니다."라는 내용을 추가했습니다. ❸ 두 번째는 thirdSlideTitle을 외부에서 가져온 부분입니다.

두 번째 차이를 자세히 보겠습니다. ❶ 입력 매개변수 pageContext로는 앞서 createPage( ) 함수를 호출할 때 context 필드에 넣었던 dataSource 객체가 전달됩니다. ❷ pageContext로부터 dataSource를 꺼내고, ❸ 다시 그 안의 thirdSlideTitle 필드의 값을 가져오고 있습니다.

> **Note** 나중에 백엔드에서 불러온 코로나 통계나 공지사항 같은 데이터를 컴포넌트로 전달할 때 사용할 방법이니 잘 기억해두세요.

마지막으로 기존의 src/pages/index.js 파일을 삭제해야 합니다. createPage( ) 호출 시 루트 경로에 페이지를 만들기로 했는데, src/pages/index.js도 파일 기반 페이지 정의 방식에 의해 사이트 루트에 페이지를 생성할 겁니다. 결국 같은 경로에 페이지가 두 번 만들어지니 둘 중 어느 것이 남을지 모호해집니다. 따라서 더는 사용하지 않을 src/pages/index.js를 삭제해주는 게 명확합니다.

동작 확인

이상의 작업이 모두 완료되었으면 다시 gatsby develop 명령을 실행하여 사이트 결과를 확인해봅니다. 파일 기반으로 정의한 기존 페이지와 거의 같아 보이지만 내용이 살짝 다릅니다.

지금까지 정적 웹사이트가 빌드될 때 생성될 페이지를 정의하는 방법을 알아보았습니다. 이제 해당 페이지에 사용자에게 보여줄 데이터를 어떻게 전달하는지만 알아보면 우리가 원하는 정적 웹사이트에 한걸음 더 다가갈 수 있습니다.

5.5 백엔드 데이터 불러오기

이번 절에서는 국가별 코로나19 통계와 국가 정보 데이터를 불러와보겠습니다. 국가별 통계는 자주 변하는 데이터라 데이터베이스로 관리하므로 2장에서 만든 API 서버를 통해 가져옵니다. 국가 정보는 크게 변하지 않는 데이터라서 구글 시트에 저장해놓고 필요한 경우에 수동으로 편집하되 3장 '저장소 구축하기 : 구글 시트'에서 만든 시트 다운로더로 전체 데이터를 가져옵니다.

이렇게 불러온 데이터를 적절히 가공한 다음, 5.6절에서 리액트 컴포넌트에 주입해 정적 웹페이지로 빌드할 계획입니다.

그림 5-6 여러 소스로부터 데이터를 로드한 후 페이지에 데이터를 주입하는 과정

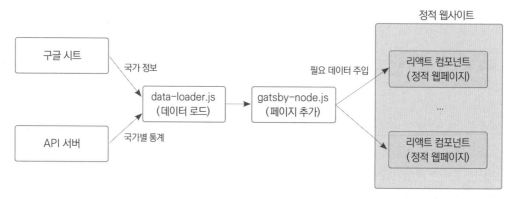

코드 작성에 앞서 데이터를 불러오는 데 사용할 라이브러리들을 추가로 설치합니다. 아래 명령어는 coronaboard-web 디렉터리에서 실행해야 합니다.

```
$ npm install axios@0.21.1 date-fns@2.21.1 date-fns-tz@1.1.4 lodash@4.17.20
```

- **axios** : HTTP API 호출을 더 편리하게 해주는 HTTP 클라이언트 라이브러리입니다.
- **date-fns, date-fns-tz** : 자바스크립트에서 기본적으로 제공하는 Date 객체는 날짜/시간의 타임존 변환이나 포매팅이 어렵습니다. 이를 해결해주는 라이브러리입니다.
- **lodash** : isEmpty, keyBy, groupBy, zip, pick, omit 등 자바스크립트가 제공하지 않는 유용한 유틸리티 함수를 제공하는 라이브러리입니다.

5.5.1 구글 시트에서 불러오기

먼저 구글 시트에 작성해둔 국가 정보 데이터를 불러오겠습니다. 3.3절 '구글 시트 API로 데이터 읽기'에서 살펴본 다음과 같은 시트입니다.

그림 5-7 '코로나보드 데이터 예제' 스프레드시트에 저장되어 있는 국가 정보[3]

3장을 잘 따라왔다면 이 데이터는 이미 다운로드가 완료되어 **[프로젝트_루트]/tools/ downloaded/** 경로에 countryInfo.json 파일로 존재할 겁니다.

coronaboard-web/src 디렉터리에 data-loader.js 파일을 생성하고 다음 코드를 작성해봅시다.

```
                                                      coronaboard-web/src/data-loader.js
const _ = require('lodash');
const countryInfo = require('../tools/downloaded/countryInfo.json'); // ❶

async function getDataSource() {
  const countryByCc = _.keyBy(countryInfo, 'cc'); // ❷

  return {  // ❸
    countryByCc,
  };
}

module.exports = {
  getDataSource,
};
```

❶ 먼저 countryInfo.json 파일을 읽어 countryInfo 변수에 담았습니다. countryInfo는 각 국가의 정보를 담은 객체들의 배열입니다. 각 국가는 고유한 값인 국가 코드로 구분됩니다. 앞으

---

3 국기는 이모지로 되어 있어서 운영체제에 따라 다르게 보일 수 있습니다. 특히 윈도우에서는 제대로 국기 모양이 보이지 않을 수 있습니다.

로 이 국가 코드를 이용하여 해당 국가의 상세 정보를 찾아야 할 일이 많을 겁니다.

하지만 매번 countryInfo 배열을 순회하는 건 비효율적이고 코드도 간결하지 않습니다. ❷ 그래서 국가 코드를 키^{key}로, 상세 정보를 값^{value}으로 갖는 맵으로 가공하겠습니다. lodash의 keyBy( ) 함수를 이용하여 countryInfo에서 cc 필드를 키로 사용하는 맵을 만든 겁니다. 이 결과 countryByCc에 담긴 객체를 살펴보면 다음과 같습니다.

▼ countryInfo

```
[
  {
    "cc": "CN",
    "flag": "🇨🇳",
    "title_en": "China",
    "title_ko": "중국",
    "title_ja": "中国",
    "population": "1439323776"
  },
  {
    "cc": "KR",
    "flag": "🇰🇷",
    "title_en": "South Korea",
    "title_ko": "대한민국",
    "title_ja": "韓国",
    "population": "51269185"
  },
  ... 생략 ...
]
```

▼ countryByCc

```
{
  "CN": {
    "cc": "CN",
    "flag": "🇨🇳",
    "title_en": "China",
    "title_ko": "중국",
    "title_ja": "中国",
    "population": "1439323776"
  },
  "KR": {
    "cc": "KR",
    "flag": "🇰🇷",
    "title_en": "South Korea",
    "title_ko": "대한민국",
    "title_ja": "韓国",
    "population": "51269185"
  },
  ... 생략 ...
}
```

키

값

마지막으로 ❸에서는 countryByCc를 새로운 객체에 담아서 반환합니다. 당장은 반환하는 데이터가 countryByCc밖에 없지만, 앞으로 코로나19 국가별 통계와 공지사항 등 다양한 데이터를 이 객체에 추가해 반환할 겁니다. 그리고 반환 객체에서 필요한 값만 리액트 컴포넌트에 주입할 겁니다.

5.5.2 API 서버에서 불러오기

이번에는 코로나보드 API를 호출하여 국가별 확진자 데이터를 불러올 차례입니다. 아직 크롤러로 데이터를 수집하여 저장하는 코드(이 부분은 8장 '실전 크롤러 만들기'에서 진행됩니다)를 작성하지 않았기 때문에 국가별 확진자 데이터를 불러올 수 없습니다. 그래서 깃허브로 제공한 예제 코드에 포함된 코로나19 데이터를 다운받아서 MySQL 데이터베이스에 로드한 후 실습을 진행하겠습니다.

데이터 로드하기

먼저 코로나19 데이터가 SQL 형태로 담긴 파일을 내려받습니다. 이미 예제 코드를 로컬 PC에 저장했다면 coronaboard_dump.sql 파일을 사용하면 됩니다.

- https://raw.githubusercontent.com/yjiq150/coronaboard-book-code/main/coronaboard_dump.sql

이 파일 안에는 코로나 발생 시작인 2020년 1월 20일부터 2021년 6월 5일까지의 국가별 코로나19 통계가 들어 있습니다. coronaboard_dump.sql 파일은 텍스트 형식으로 저장되어 있습니다. GlobalStat, KeyValue 테이블이 존재하면 삭제^{drop}한 후 다시 생성하여 데이터를 처음부터 채워넣도록 되어 있습니다.

터미널을 열고 해당 파일이 존재하는 위치로 이동한 후 다음 명령어로 SQL 파일을 로드합니다.

```
$ mysql -u coronaboard_admin -p coronaboard < coronaboard_dump.sql
```

coronaboard 데이터베이스에 coronaboard_dump.sql 파일을 전달하여 실행하라는 의미입니다.

명령어 입력 후 enter 를 치면 비밀번호 입력창이 나타납니다. 여기에 2.4.1절 '코로나보드용 데이터베이스와 계정 만들기'에서 사용한 coronaboard_admin 계정의 암호를 입력해주면 됩니다.

이제 데이터는 모두 준비되었으니, 데이터를 불러와서 가공하는 코드를 살펴볼 차례입니다. 코드가 길어서 세 부분으로 나눠 설명하겠습니다.

getDataSource() 수정

getDataSource( ) 함수를 다음처럼 수정합니다.

```js
// ❶ 각종 라이브러리 가져오기                    coronaboard-web/src/data-loader.js
const axios = require('axios');
const { subDays } = require('date-fns');
const { format, utcToZonedTime } = require('date-fns-tz');
const _ = require('lodash');

const countryInfo = require('../../tools/downloaded/countryInfo.json');

async function getDataSource() {
  const countryByCc = _.keyBy(countryInfo, 'cc');
  const globalStats = await generateGlobalStats();  // ❷

  return {
    globalStats,  // ❸
    countryByCc,
  };
}
```

❶ 먼저 앞서 설치한 라이브러리들을 가져왔습니다. axios는 HTTP 클라이언트, date-fns와 date-fns-tz는 날짜/시간 포매팅, lodash는 여러 편의 기능을 제공하는 라이브러리라고 했습니다.

다음으로 getDataSource( ) 함수에는 ❷ 곧이어 구현할 generateGlobalStats( ) 함수를 호출하여 globalStats 데이터를 만드는 코드가 추가되었습니다. 그러면 globalStats에는 국가별 코로나19 현황 정보가 저장됩니다. generateGlobalStats( ) 함수는 비동기 API 요청을 포함합니다. 따라서 결과가 준비될 때까지 기다렸다가 다음 코드를 실행할 수 있도록 함수 호출 시 await 키워드를 추가했습니다.

❸ 마지막으로 이렇게 얻은 globalStats를 반환 객체에 추가합니다.

generateGlobalStats() 구현

앞 코드에서 호출한 generateGlobalStats( ) 함수를 구현할 차례입니다. 이 함수는 코로나보드

API를 호출하여 데이터를 불러온 후 프론트엔드에서 사용하기 좋은 형태로 변환하는 역할을 합니다.

참고로 코로나보드는 확진자 수 등의 항목별 정보의 '오늘' 수치뿐 아니라 '어제' 대비 증감량도 보여줍니다. 따라서 오늘 날짜의 데이터와 어제 날짜의 데이터를 모두 불러와야 하는 점을 염두에 두고 코드를 살펴봅시다.

```
coronaboard-web/src/data-loader.js
··· 생략 ···

async function generateGlobalStats() {
  // ❹ HTTP 클라이언트 생성
  const apiClient = axios.create({
    baseURL: process.env.CORONABOARD_API_BASE_URL || 'http://localhost:8080',
  });

  // ❺ GET /global-stats API 호출
  const response = await apiClient.get('global-stats');

  // ❻ 날짜 기준 그룹핑
  const groupedByDate = _.groupBy(response.data.result, 'date');

  // ❼ 오늘/어제 날짜 생성
  // 데이터가 제공되는 마지막 날짜로 Date 객체 생성
  // const now = new Date(); // 현재 시각의 Date 객체 생성
  const now = new Date('2021-06-05');
  const timeZone = 'Asia/Seoul';   // 시간대 = 한국(서울)
  const today = format(utcToZonedTime(now, timeZone), 'yyyy-MM-dd');  // ❽
  const yesterday = format(
    utcToZonedTime(subDays(now, 1), timeZone),
    'yyyy-MM-dd',
  );

  // ❾ 오늘 날짜에 대한 데이터가 존재하지 않는 경우 오류 발생시키기
  if (!groupedByDate[today]) {
    throw new Error('Data for today is missing');
  }

  // ⓫ 오늘, 어제 데이터를 모두 가진 객체를 생성해 반환
  return createGlobalStatWithPrevField(
```

```
    groupedByDate[today],
    groupedByDate[yesterday],        ⑩
  );
}
```

❹ 먼저 axios 라이브러리를 이용하여 API 호출을 처리해줄 HTTP 클라이언트를 생성했습니다. 이처럼 create( ) 함수에 baseURL 필드를 지정해두면 ❺에서처럼 HTTP 요청 시에는 서버 상의 경로만 지정하면 됩니다. 전체 주소를 입력하지 않아도 되어 편리하죠.

> **Note** 이 외에도 headers 필드에는 HTTP 요청의 공통 헤더 항목을 추가할 수 있습니다. 지원하는 전체 필드 목록은 https://github.com/axios/axios#request-config 문서를 참고하세요.

❺는 apiClient를 이용해서 API를 호출하는 코드로, 앞서 설정한 baseURL과 합쳐져서 http://localhost:8080/global-stats 주소를 HTTP GET 방식으로 호출한 겁니다. global-stats는 국가별 코로나19 데이터를 모두 불러오는 API입니다(2.6.3절 '코로나19 통계 API 구현하기' 참고).

요청이 성공하면 response 객체에 응답 헤더(headers 필드)와 응답 내용(data 필드)이 담겨 반환됩니다. 이때 응답 헤더에서 content-type값이 application/json이면 axios가 자동으로 응답 내용에 포함된 JSON 문자열을 파싱하여 자바스크립트 객체로 만들어줍니다. 마침 코로나보드 API는 모두 JSON을 사용하도록 작성했습니다. 따라서 data 필드에는 이미 객체화된 데이터가 담겨 있게 됩니다.

❻ 그런데 우리에게는 오늘 정보와 어제 정보가 필요하니 데이터를 날짜별로 묶으려 합니다. groupBy( ) 함수에 정렬 기준을 'date' 필드로 지정하여 호출하면 됩니다. 이렇게 생성한 groupedByDate 객체를 이용하면 모든 국가별 데이터를 특정 날짜별로 가져오기가 아주 쉬워집니다.

❼ 한국(서울) 시간을 기준으로 오늘과 어제 날짜를 생성합니다. 실제 코로나보드는 매일 데이터를 수집하므로 현재 날짜 및 시각 기준으로 데이터를 표시하는 데 문제가 없습니다. 하지만 지금은 실제 데이터를 크롤링하여 API 서버에 저장하지 않기 때문에 최신 데이터가 존재하지 않습니다. 대신 예제 프로젝트와 같이 제공되는 코로나19 데이터가 2021년 6월 5일까지 존재하기 때문에 여기서는 현재 날짜를 '오늘'로 사용하는 대신 제공된 데이터가 존재하는 마지막 날짜인

2021년 6월 5일을 '오늘'로 사용합니다.

데이터를 보여줄 날짜 및 시간이 정해지면 ❽ 코드가 실행되는 환경과 상관없이 항상 한국 시간 기준으로 날짜 및 시간을 표현하고자 date-fns-tz 라이브러리의 utcToZonedTime( ) 함수를 이용했습니다. 이렇게 생성한 날짜를 ❾ 또는 ❿에서처럼 groupedByDate 객체의 인덱스로 사용하면 원하는 날짜의 국가별 데이터를 쉽게 가져올 수 있습니다.

❾ 코로나보드 웹사이트를 보여주는 데 필수인 오늘 날짜의 데이터가 존재하지 않으면 데이터가 없다는 오류 메시지를 출력합니다. 만약 이 오류가 발생한다면 제공된 코로나19 데이터가 데이터 베이스에 제대로 로드되었는지 확인해야 합니다.

⓫ 마지막으로 오늘과 어제의 국가별 데이터를 입력으로 마지막 함수인 createGlobalStat WithPrevField( )를 호출해 결과를 반환합니다.

createGlobalStatWithPrevField() 구현

마지막 함수입니다. createGlobalStatWithPrevField( ) 함수의 구현은 다음과 같습니다.

```
... 생략 ...

// ❶ 오늘, 어제 데이터를 모두 가진 객체 생성
function createGlobalStatWithPrevField(todayStats, yesterdayStats) {
  // ❷ 어제 데이터를 국가 코드 기준으로 찾을 수 있게 변환
  const yesterdayStatsByCc = _.keyBy(yesterdayStats, 'cc');

  // ❸ 국가별로 오늘 데이터와 어제 데이터를 한 번에 가질 수 있게 데이터 변환
  const globalStatWithPrev = todayStats.map((todayStat) => {
    const cc = todayStat.cc;
    const yesterdayStat = yesterdayStatsByCc[cc];
    // ❹ 어제 데이터가 존재하면 오늘 데이터 필드 외에 xxxxPrev 형태로
    // 어제 데이터 필드 추가
    if (yesterdayStat) {
      return {
        ...todayStat,
        confirmedPrev: yesterdayStat.confirmed || 0,
        deathPrev: yesterdayStat.death || 0,
        negativePrev: yesterdayStat.negative || 0,
        releasedPrev: yesterdayStat.released || 0,
```

```
        testedPrev: yesterdayStat.tested || 0,
      };
    }

    return todayStat;
  });

  return globalStatWithPrev;
}

module.exports = {
  getDataSource,
};
```

createGlobalStatWithPrevField( ) 함수는 국가별로 오늘 데이터와 어제 데이터를 모두 가진 하나의 객체를 만들어내는 역할을 합니다. 하나의 객체에 오늘/어제 데이터를 모두 담아두면 나중에 전일 대비 증감량을 손쉽게 계산할 수 있습니다.

이상으로 데이터를 불러오는 코드가 준비되었습니다. 이제 실제로 데이터를 불러와서 리액트 컴포넌트에 주입해 정적 웹페이지를 빌드해봅시다.

5.6 정적 웹사이트 빌드하기

앞 절에서 만든 데이터로더를 데이터 소스로 사용하기 위해 gatsby-node.js 파일을 다음과 같이 수정합니다. 수정된 부분은 음영으로 표시했습니다.

coronaboard-web/gatsby-node.js

```
const { getDataSource } = require('./src/data-loader');

exports.createPages = async ({ actions }) => {  // ❶
  const { createPage } = actions;
  const dataSource = await getDataSource();  // ❷

  createPage({  // ❸
    path: '/',  // ❹
```

```
    component: require.resolve('./src/templates/single-page.js'),  // ❺
    context: { dataSource },  // ❻
  });
};
```

기존에는 하드코딩했던 dataSource의 값을, 이번에는 앞 절에서 작성한 data-loader.js의 getDataSource( ) 함수를 호출해 채워넣도록 바꾼 겁니다.

이렇게 하면 개츠비 빌드 과정에서 ❶ createPages 후크가 실행될 때 ❷ getDataSource( )가 실행되며, 결국 코로나보드 API로 불러온 데이터가 dataSource에 저장됩니다. 이 데이터는 ❻ context 필드에 담겨 ❸ createPage( ) 함수에 전달됩니다. 그리고 createPage( )는 이 데이터로 ❺ 템플릿인 single-page.js를 완성시켜 ❹ 루트 디렉터리에 HTML 파일 형태로 저장해줍니다.

입력 데이터가 달라졌으니 single-page.js 파일도 살짝 수정합니다.

```
                                                              src/templates/single-page.js
import React from 'react';
import { Slide } from '../components/slide';

export default function SinglePage({ pageContext }) {
  const { dataSource } = pageContext;
  // 데이터 소스에서 원하는 필드 추출 ❶
  const { countryByCc, globalStats } = dataSource;
  // 각 필드를 로그로 출력 ❷
  console.log(countryByCc);
  console.log(globalStats);

  return (  // ❸
    <div>
      <h1>코로나보드</h1>
      <Slide title="국가별 현황">국가별 현황을 보여줍니다.</Slide>
    </div>
  );
}
```

❶ 입력받은 데이터 소스로부터 필드 2개를 추출하여 ❷ 각각을 로그로 출력했습니다. 편의상 ❸ 화면 출력 결과도 간소화했습니다.

마지막으로 의도대로 잘 동작하는지 결과를 확인해보겠습니다.

개츠비 개발 서버를 실행하기 전에 2장 'API 서버 만들기'에서 작업한 API 서버를 미리 실행해야합니다. 그래야 정적인 웹사이트를 빌드하는 데 필요한 데이터를 API 서버로부터 불러올 수 있습니다. 새로운 터미널 창을 열어서 [coronaboard-api] 디렉터리로 이동한 후 node index.js 명령을 실행해 API 서버를 실행합니다. 그 후 다른 터미널창을 열어서 gatsby develop 명령을 실행하고, 웹브라우저로 http://localhost:8000/에 방문합니다. 출력된 로그를 확인하려면 웹브라우저에서 [개발자 도구]를 열어야 합니다([개발자 도구] 사용법은 4.2절 '크롬 [개발자 도구] 사용하기'에서 자세히 설명했습니다).

그림 5-8 '개발자 도구'에서 출력된 콘솔 로그 확인

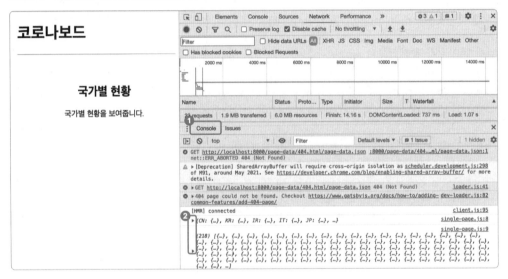

개발자 도구를 켜면 ❶ [Console] 화면에 countryByCc와 globalStats가 출력됩니다. 처음에는 요약 형태로 보여줍니다. ❷ 각 로그의 왼쪽 ▶ 아이콘을 클릭하면 객체에 담겨 있는 데이터를 더 자세히 살펴볼 수 있습니다.

> **Note** 개발자 도구에서 ❶ [Console] 영역이 보이지 않으면 **ESC** 키를 누르면 나타날 겁니다(반대로 보이는 상태에서 **ESC** 를 한 번 더 누르면 숨겨집니다).

개츠비에서 데이터를 불러와 원하는 페이지로 전달하는 데 집중하려고 단순히 로그를 출력했습니다. 대시보드나 표와 같이 보기 좋은 UI로 구성하는 일은 다음 장에서 진행하겠습니다.

복습 차원에서 정리해보겠습니다. gatsby develop 명령을 실행하면 개츠비가 다음 과정을 거쳐 정적 웹사이트를 만들어줍니다.

1 정적 웹사이트 빌드
- createPages 후크 호출(in gatsby-node.js)
  ◦ getDataSource( ) 호출(in data-loader.js)
    - 국가 정보 로드 및 가공(from 파일)
    - 국가별 코로나19 통계 정보 로드(from API 서버)
  ◦ dataSource를 인수로 건네 createPage( ) 호출
    - 템플릿(single-page.js)과 데이터(dataSource)를 조합해 정적 웹페이지(.html 파일) 생성
2 웹 서버 구동

데이터를 불러오는 시점 : 빌드타임 vs. 런타임

웹 프론트엔드에서 런타임이란 웹페이지를 구성하는 HTML, CSS, 자바스크립트가 사용자의 웹브라우저에서 실행되고 있는 시점을 의미합니다. SPA로 개발된 웹사이트는 보통 런타임에 자바스크립트를 통해 API 등을 호출하여 필요한 데이터를 불러와 가공하여 사용자에게 보여줍니다. 따라서 웹사이트 이용자가 많아질수록 API 호출 횟수가 늘어나고 그만큼 API 서버의 부담이 커집니다. 대신 항상 최신 데이터를 보여준다는 장점이 있습니다.

한편 빌드타임은 HTML, CSS, 자바스크립트 파일을 배포에 적합한 형태로 패키징packaging 또는 번들링bundling하는 시점을 의미합니다. 개츠비에서는 이 시점에 API를 통해 필요한 데이터를 불러와 정적 웹페이지 생성에 사용합니다. 빌드 시점에만 API를 호출하기 때문에 웹사이트 이용자가 아무리 많아져도 API 서버의 부담은 증가하지 않습니다.

데이터를 얻는 시점을 꼭 런타임과 빌드타임 중 택일할 필요는 없습니다. 오히려 두 가지를 적절히 섞어 사용하면 더 효율적인 웹사이트를 만들 수 있습니다. 잘 변하지 않는 데이터는 빌드타임에 불러와서 페이지에 미리 포함시키고 자주 변경되는 데이터는 런타임에 불러오는 식이죠. 예를 들어 블로그 글은 빌드타임에 정적 페이지로 빌드해두고, 그 글에 달린 댓글들은 런타임에 불러올 수 있습니다.

학습 마무리

이번 장에서는 개츠비를 이용하여 정적 웹사이트 개발 환경을 구축했습니다. 이 개발 환경 위에서 리액트 기반의 컴포넌트를 만들고 컴포넌트들을 조합하여 간단한 정적 웹페이지를 구성했습니다. 또한 개츠비 빌드 시점에 외부 데이터 소스에서 데이터를 불러와서 정적 웹페이지에 주입할 수 있도록 기반 코드를 만들어보았습니다. 다음 장에서는 이러한 기반을 이용하여 상황에 맞게 컴포넌트를 추가하고, 디자인도 더 다듬어보겠습니다.

핵심 요약

1 개츠비를 이용하면 구조화된 정적 웹사이트 개발 환경을 빠르게 구축할 수 있습니다.
2 개츠비의 웹페이지는 컴포넌트 단위로 개발되는 리액트로 만들어지기 때문에 확장성 높고 재사용 가능한 효율적인 프론트엔드를 개발할 수 있습니다.
3 개츠비에서 정적 웹페이지 빌드에 사용할 데이터를 불러오는 방법은 크게 데이터 레이어 방식과 Node API 방식이 있습니다.
4 코로나보드는 Node API 방식을 이용합니다.

반응형 웹 디자인하기
부트스트랩

☐ **학습 목표**   부트스트랩이 무엇인지 알아보고 자주 사용하는 부트스트랩 컴포넌트들을 살펴봅시다. 부트스트랩의 그리드 시스템을 이용하여 반응형 디자인의 웹페이지를 만드는 방법을 이해합니다.

☐ **학습 순서**

코로나보드와 부트스트랩 → 부트스트랩 UI 컴포넌트 익히기 → 그리드 시스템으로 반응형 현황판 만들기

☐ **부트스트랩**   부트스트랩Bootstrap은 프론트엔드 개발을 쉽고 빠르게 하는 프레임워크입니다. 각종 레이아웃, 입력창, 버튼 같은 HTML UI 컴포넌트를 CSS와 자바스크립트를 이용해 쓰기 편하게 제공합니다. 이를 잘 활용하면 개발 시간을 단축하고 디자이너가 없더라도 깔끔하고 보기 좋은 웹페이지를 개발할 수 있습니다.

부트스트랩은 원래 트위터 블루프린트Twitter Blueprint라는 트위터 사내 프로젝트로 시작했습니다. 트위터의 수많은 직원이 각자 맡은 부분 개발하다 보니 디자인 일관성이 깨지고 관리하기가 점점 어려워졌죠. 이 문제를 심각하게 느낀 트위터의 디자이너인 마크 오토Mark Otto와 개발자인 제이콥 쏜튼Jacob Thornton이 1여 년 동안 업무 외 시간에 함께 프로젝트를 진행했습니다.

초기 버전을 사내 개발자들에게 공개하자 폭발적인 반응을 얻었고 이후 많은 사람이 프로젝트에 참가하게 되어, 2011년 마침내 깃허브에 부트스트랩이라는 이름으로 공개했습니다.

장점   • HTML, CSS, 자바스크립트 지식만으로 쉽게 사용할 수 있습니다.

• 반응형 CSS로, 부트스트랩에서 제공하는 그리드 시스템을 이용하면 다양한 디바이스 크기에 쉽게 대응할 수 있습니다.

• 최신 웹브라우저뿐만 아니라 오래된 브라우저들과도 호환성이 좋습니다.

• MIT 라이선스라서 상업적으로 이용할 수도 있습니다.

단점	• 디자인을 커스터마이즈하지 않으면 웹사이트가 특색이 없고 다른 부트스트랩 기반 웹사이트와 비슷하게 보일 수 있습니다. • 이미 정의된 부트스트랩 스타일을 오버라이드하려면 많은 CSS를 새롭게 정의해야 하기 때문에 새로운 스타일 적용이 간단하지 않습니다. • 부트스트랩 4.x 버전까지는 일부 UI 컴포넌트를 실행하는 데 제이쿼리 의존성이 필요했습니다. 다행히 React-Bootstrap을 사용하거나 최근 릴리즈된 5.x 버전을 사용하면 이 문제가 해결됩니다.
활용 사례	집필 시점 기준으로 부트스트랩은 트위터, 스포티파이Spotify, 유데미Udemy, 리프트Lyft, 링크드인 등 4만 개가 넘는 기업에서 사용 중이며, 스프링 MVC를 포함해 D3.js, Ember.js, Ant Design, Font Awesome 등 50여 개 도구에서 부트스트랩을 지원합니다. 리액트에서도 React-Bootstrap 라이브러리를 사용하면 편리하게 이용할 수 있습니다.

6.1 코로나보드와 부트스트랩

부트스트랩은 코로나보드에서 크게 두 가지 역할을 담당합니다. 첫 번째는 화면 구성에 필요한 각종 요소를 손쉽게 활용해주는 CSS와 자바스크립트 라이브러리 역할을, 두 번째는 다양한 디바이스의 화면 크기에 맞춰 항상 최적의 화면을 보여주는 반응형 디자인 역할을 담당합니다.

> **Note** 이 책은 부트스트랩 4.6를 기준으로 작성되었습니다.

CSS, 자바스크립트 라이브러리

웹사이트 화면은 다양한 UI 요소가 섞여 구성됩니다. 시각적인 면뿐 아니라 동작 방식까지 세련되고 일관되게 꾸미려면 상당량의 코드와 우수한 디자인이 동시에 필요합니다. 그래서 빠르게 개발하려면 이미 검증된 UI 컴포넌트 CSS 라이브러리를 활용하는 게 좋습니다. 코로나보드는 버튼, 버튼 그룹, 드롭다운, 내비게이션바에 부트스트랩을 이용합니다.

그림 6-1 코로나보드에서 사용한 부트스트랩 UI 컴포넌트들

반응형 디자인(그리드 시스템)

PC와 스마트폰 각각에서 코로나보드 사이트를 방문하면 다음 그림처럼 레이아웃이 다르게 보입니다.

그림 6-2 코로나보드의 PC 화면(왼쪽)과 모바일 화면(오른쪽)

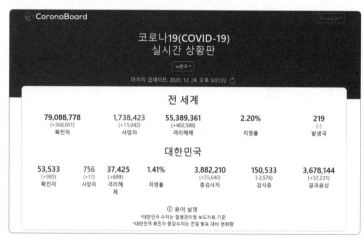

PC에서 마우스로 웹브라우저 창의 너비를 줄이고 늘려보세요. 그러면 특정 너비를 기준으로 더 줄어들거나 늘어나면 화면 구성요소 크기가 일제히 바뀌거나 행과 열의 수가 재배치됩니다.

그림 6-3 웹브라우저의 너비가 충분히 넓을 때의 구성요소 배치

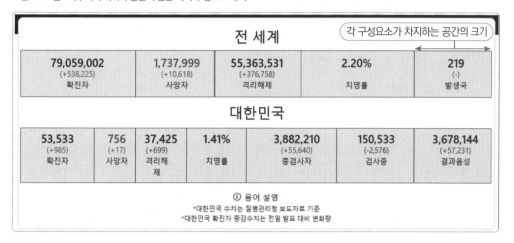

그림 6-4 웹브라우저의 너비를 줄였을 때(왼쪽)와 더 줄였을 때(오른쪽)의 구성요소 배치

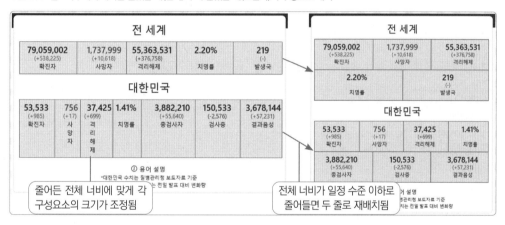

이처럼 창(화면) 크기가 달라져도 항상 최적의 모습을 보여주는 기법을 반응형 디자인^{responsive design}이라 하며, 부트스트랩 자체적인 그리드 시스템^{Grid System} 방식으로 반응형 디자인을 지원해 줍니다. 그리드 시스템이라는 이름에서 알 수 있듯이 구성요소들을 격자^{grid} 형태로 관리해줍니다.

이제부터 부트스트랩 기능을 기초부터 살펴보겠습니다.

6.2 부트스트랩 UI 컴포넌트 익히기

이번 절에서는 부트스트랩 CSS가 어떻게 UI 컴포넌트에 적용되어 동작하는지 알아보고 코로나 보드에 많이 사용된 UI 컴포넌트들을 구현하겠습니다.

6.2.1 부트스트랩 CSS 기초

부트스트랩과 같은 프레임워크의 도움 없이 웹페이지를 개발하면 HTML, CSS, 자바스크립트 파일을 모두 직접 작성해야 합니다. 그러면 작성에 시간도 오래 걸리고 반응형 크기나 디자인 등 신경 쓸 것이 많습니다.

웹페이지에 버튼을 하나 추가하는 간단한 예를 이용해서 직접 HTML과 CSS로 작성하는 경우와, 부트스트랩을 이용하는 경우를 비교하겠습니다.

To Do HTML과 CSS로 직접 버튼 만들기

01 텍스트 편집기를 열어 다음과 같이 작성한 후 .html 확장자로 저장해줍니다.

```
                                                    example/ch06/plain_button.html
<html>
<body>
<button type="button"> 버튼 </button>
</body>
</html>
```

02 작성한 .html 파일을 웹브라우저에 드래그 앤 드롭하면 화면에 버튼 하나가 나타납니다.

버튼

버튼이 생성되긴 했지만 뭔가 허전하기도 하고 텍스트 주위에 여백도 더 있으면 좋을 것 같습니다.

03 CSS를 코드를 추가해서 버튼을 꾸며봅시다. 달라진 부분을 음영으로 구분했습니다.

```
                                                    example/ch06/css_button.html
<html>
<head>
  <style>
    button {
      color: #fff;
```

```
        font-weight: bold;
        padding: 10px 20px;
        background: #1167b1;
      }
    </style>
  </head>
  <body>
  <button type="button"> 버튼</button>
  </body>
  </html>
```

04 웹브라우저로 다시 확인하면 버튼 모양이 다음과 같이 바뀌어 있을 겁니다.

버튼

조금 개선되었지만 여전히 예쁘지는 않네요. 마우스 오버나 클릭 시 하이라이트 효과를 주려면 더 많은 CSS 스타일을 지정해줘야 합니다. 너무 일이 커지니까 이쯤에서 마무리하고 부트스트랩을 이용하는 경우를 살펴보겠습니다.

To Do **부트스트랩으로 버튼 만들기**

01 부트스트랩을 이용해 버튼을 만들어보겠습니다(추가/수정한 코드 배경을 진하게 처리했습니다).

example/ch06/bootstrap_button.html

```
<html>
<head>
<link rel="stylesheet" href="https://cdn.jsdelivr.net/npm/bootstrap@4.5.3/dist/
css/bootstrap.min.css" integrity="sha384-TX8t27EcRE3e/ihU7zmQxVncDAy5uIKz4rEkgIX
eMed4M0jlfIDPvg6uqKI2xXr2" crossorigin="anonymous"> <!-- ① CSS 링크 추가 -->
</head>

<body>
<button type="button" class="btn btn-info"> 버튼 </button> <!-- ② 클래스 추가 -->
</body>
</html>
```

얼핏 복잡해보이지만 ❶ jsdelivr라는 CDN에서 제공하는 부트스트랩의 CSS 링크를 추가하고 ❷ 부트스트랩에 미리 정의된 클래스를 버튼에 지정한 것이 전부입니다(참고로 부트스트랩에서 제공하는 CSS를 적용하는 방법은 이 외에도 몇 가지가 더 있습니다. 다음 절에서 마저 설명하겠습니다).

> **CDN(Content Delivery Network)**
> 사용자와 가까운 위치의 분산된 캐시 서버로부터 사진, 비디오 등의 콘텐츠를 내려받아 대기 시간을 최소화하는 콘텐츠 전송 기술

02 작성한 .html 파일을 웹브라우저에 드래그 앤 드롭하면 화면에 버튼 하나가 나타납니다. 부트스트랩을 이용하면 이렇게 간단하게 요즘 많이 쓰이는 플랫한 느낌의 버튼을 추가할 수 있습니다.

버튼

6.2.2 부트스트랩 프로젝트에 추가하기

부트스트랩을 프로젝트에 추가해서 사용하는 방법은 크게 3가지입니다.

1 CDN에서 제공하는 부트스트랩 CSS와 자바스크립트 링크를 이용하기
2 컴파일된 부트스트랩이나 소스 파일을 https://getbootstrap.com에서 내려받은 후 프로젝트에 직접 추가하기
3 npm과 같은 패키지 매니저를 이용하기

프로젝트 형태에 맞게 위 방법 중 적합한 방법을 골라서 사용하면 됩니다. 이 책에서는 개츠비 기반으로 개발 환경을 구축할 때부터 npm을 사용하고 있으므로 3번 방법을 채택하겠습니다.

`To Do` **01** 5장에서 작업한 개츠비 개발 환경을 그대로 이용하겠습니다. [coronaboard-web] 디렉터리로 이동한 후 다음 명령어를 실행하여 필요한 라이브러리(bootstrap, bootstrap, react-select)를 설치합니다.

```
$ npm install bootstrap@4.6.0 react-bootstrap@1.6.1 react-select@4.3.1
```

- **bootstrap** : 부트스트랩 라이브러리입니다.
- **react-bootstrap** : 부트스트랩은 정적인 HTML 페이지에 적용하기 좋도록 개발되어 있어서 리액트로 웹페이지를 만들 때 적용하기가 까다롭습니다. react-bootstrap은 부트스트랩

에서 제공하는 UI 컴포넌트와 기능을 리액트에서 쓰기 편하도록 리액트 컴포넌트 형태로 감싸주는 라이브러리입니다. 또한 부트스트랩 4에 포함되어 있는 jQuery 라이브러리에 대한 의존성을 제거했기 때문에 리액트 환경에 불필요한 jQuery가 코드에 포함되는 것을 막아줍니다.

- **react-select** : 부트스트랩에서 많은 UI 컴포넌트를 제공하지만 아쉽게도 기본 제공되는 선택 상자(셀렉트 혹은 콤보 박스^{combo box}라고 부르기도 합니다) 기능이 매우 제한적입니다. 예를 들어 선택 가능한 목록 중에서 원하는 항목을 검색해서 선택한다거나, 하나의 선택 상자에서 항목 여러 개를 동시에 선택하는 기능을 제공하지 않습니다. react-select를 사용하면 이런 기능을 가진 선택 상자를 쉽게 구현할 수 있습니다.

라이브러리 설치가 완료되고 난 후 부트스트랩이 제공하는 컴포넌트별로 테스트하는 페이지를 추가해봅시다. 5.4.1절에서 개츠비의 [pages] 디렉터리를 이용하여 파일 기반으로 페이지를 추가하는 방법을 알아보았는데요, 이 방법을 이용하여 부트스트랩 컴포넌트별로 페이지를 추가하겠습니다.

02 먼저 [coronaboard-web/src/pages/bootstrap] 디렉터리를 만든 후 index.js 파일에 다음처럼 코드를 추가합니다.

```
                                                    coronaboard-web/src/pages/bootstrap/index.js
import React from 'react';
// ❶ 부트스트랩에서 제공하는 CSS를 이 페이지에 적용
import 'bootstrap/dist/css/bootstrap.min.css';

export default function BootstrapPage() {
  return <div>코로나보드!</div>;
}
```

❶ 부트스트랩에서 제공하는 CSS를 임포트합니다. 이 CSS에는 UI 컴포넌트들을 표시하는 스타일과, 패딩^{padding}, 마진^{margin} 등의 스타일이 정의되어 있습니다.

03 gatsby develop 명령어로 개발 서버를 실행합니다.

```
$ gatsby develop
```

04 웹브라우저로 http://localhost:8000/bootstrap 주소에 접속합니다. 그러면 '코로나보드!' 텍스트가 보일 겁니다.

05 이렇게 개츠비 개발 서버가 실행되어 있는 상태에서 [coronaboard-web/src/pages/bootstrap] 디렉터리 안에 js 파일을 추가하고 리액트 컴포넌트를 작성하면, 개발 서버가 자동으로 다시 재시작되면서 해당 파일명과 동일한 경로에 웹페이지가 생성됩니다. 예를 들어 coronaboard-web/src/pages/bootstrap/test.js라는 파일을 생성하고 그 안에 컴포넌트를 작성하면 그에 해당하는 페이지를 http://localhost:8000/bootstrap/test라는 주소를 통해 확인할 수 있습니다. 따라서 http://localhost:8000으로 시작하는 주소를 테스트할 때는 꼭 개발 서버를 실행해 둔 상태에서 진행해야 합니다.

이로써 부트스트랩 사용 준비가 모두 끝났습니다. 다음 절에서는 부트스트랩에서 제공하는 디자인 컴포넌트들을 알아보겠습니다.

> **부트스트랩 관련 추가 정보는 어디서 참고해야 하나요?**
>
> 부트스트랩 문서를 참고해야 합니다. 리액트 환경에 부트스트랩을 사용하려면 react-bootstrap에서 제공하는 https://react-bootstrap.github.io를, 정적인 HTML 페이지에 적용하려면 https://getbootstrap.com/docs/4.6/getting-started/introduction을 참고하세요. 두 문서는 용어와 구성은 비슷하고 컴포넌트가 대부분 1:1로 매칭되지만, 같은 기능임에도 사용 방식이 상당히 다릅니다. 그래서 이 책에서처럼 리액트와 부트스트랩을 함께 사용할 때는 부트스트랩 공식 문서가 아닌 react-bootstrap에서 제공하는 문서가 더 적합합니다.

6.2.3 부트스트랩 UI 컴포넌트 소개

코로나보드는 부트스트랩이 제공하는 UI 컴포넌트를 카드, 버튼, 얼러트alert, 드롭다운Dropdown, 모달modal에 적극 사용했습니다. 대부분 요소는 부트스트랩 CSS를 적용하는 것만으로도 동작하지만 드롭다운, 얼러트, 모달처럼 사용자 인터렉션을 제공하는 UI 컴포넌트는 필요에 따라 자바스크립트 코드를 추가로 작성해주어야 합니다. 코로나보드에서 사용된 주요 컴포넌트의 사용법을 알아보겠습니다.

리액트를 사용하는 환경에서 버튼을 만들어보겠습니다.

01 버튼을 출력하는 코드를 작성합니다.

```js
                                        coronaboard-web/src/pages/bootstrap/button.js
import React from 'react';
import 'bootstrap/dist/css/bootstrap.min.css';

// ❶ 사용할 컴포넌트들을 임포트
import { Container, Button, ButtonGroup } from 'react-bootstrap';

export default function ButtonPage() {
  return (
    <Container>
      <div>
        {/* ❷ 버튼 종류를 variant 속성으로 표현 */}
        <Button variant="primary">Primary</Button>
        <Button variant="secondary">Secondary</Button>
        <Button variant="success">Success</Button>
        <Button variant="danger">Danger</Button>
        <Button variant="warning">Warning</Button>
        <Button variant="info">Info</Button>
        <Button variant="light">Light</Button>
        <Button variant="dark">Dark</Button>
      </div>
      <hr /> {/* 구분선 */}
      {/* ❸ 버튼 그룹으로 묶어서 두 버튼이 이어진 것처럼 표현 */}
      <ButtonGroup size="md">
        <Button variant="primary">오늘</Button>
        <Button variant="outline-primary">어제</Button>
      </ButtonGroup>
    </Container>
  );
}
```

❶ Container, Button, ButtonGroup 컴포넌트를 임포트합니다. 리액트 환경에서 부트스트
랩 컴포넌트를 사용하려면 react-bootstrap 라이브러리로부터 사용할 UI 컴포넌트를 먼저 임
포트해야 합니다. 이렇게 react-bootstrap으로부터 임포트된 UI 컴포넌트는 리액트 컴포넌트

이기 때문에 바로 JSX 문법을 이용하여 사용할 수 있습니다.

Container는 웹페이지의 가장 기본적인 레이아웃을 잡아주는 역할을 합니다. 더 자세한 내용은 나중에 설명할 예정이라 여기서는 웹페이지의 메인 콘텐츠 좌/우로 패딩^{padding}을 적당히 잡아줘서 웹페이지 레이아웃을 보기 좋게 만들어준다고만 이해하고 넘어가겠습니다.

❷ Button 컴포넌트의 variant 속성을 변경해 버튼 스타일을 바꿉니다.

❸ ButtonGroup을 이용하여 두 버튼을 그룹으로 묶었습니다. ButtonGroup으로 감싸진 버튼 사이의 border-radius 속성이 초기화되어 이어진 형태로 보이게 됩니다. 참고로 버튼의 size 속성에 sm(small), md(medium), lg(large)를 주어 크기를 지정할 수 있습니다.

02 웹브라우저로 http://localhost:8000/bootstrap/button 페이지에 접속해 출력 결과를 확인합니다.

03 이번에는 react-bootstrap이 제공하는 Button 컴포넌트를 사용했을 때, 실제로 어떻게 부트스트랩의 CSS 스타일이 적용되는지 ❶ 크롬 개발자 도구로 진입해 → ❷ DOM 엘리먼트를 확인해봅시다.

```
▼<div class="container">
   <hr>
   ▼<div>
      <button type="button" class="btn btn-primary">Primary</button>
      <button type="button" class="btn btn-secondary">Secondary</button>
      <button type="button" class="btn btn-success">Success</button>
      <button type="button" class="btn btn-danger">Dagner</button>
      <button type="button" class="btn btn-warning">Warning</button>
      <button type="button" class="btn btn-info">Info</button>
      <button type="button" class="btn btn-light">Light</button>
      <button type="button" class="btn btn-dark">Dark</button>
   </div>
   <hr>
   ▼<div role="group" class="btn-group btn-group-md"> flex
      <button type="button" class="btn btn-primary">오늘</button>
      <button type="button" class="btn btn-outline-primary">어제</button>
   </div>
</div>
</div>
```

〈Button variant="primary"〉Primary〈/Button〉 리액트 컴포넌트 코드가 DOM에서 〈button type="button" class="btn btn-primary"〉Primary〈/button〉으로 변환되었습니다. react-bootstrap 라이브러리가 리액트 코드를 HTML 엘리먼트로 만들어준 겁니다.

To Do 부트스트랩 카드 컴포넌트

카드 컴포넌트는 얇은 직사각형에 콘텐츠를 담습니다. 헤더와 푸터 등을 추가할 수 있습니다. 코로나보드에서는 입국 제한 조치별로 국가를 모아서 보여주는 데 사용했습니다. 카드 컴포넌트에 아코디언^{accordion} 컴포넌트를 섞어서 사용하면 헤더 영역을 클릭할 때 콘텐츠 부분을 접었다 폈다 할 수 있습니다.

그림 6-5 카드 컴포넌트로 구현한 코로나보드의 입국 제한 조치별 국가 목록

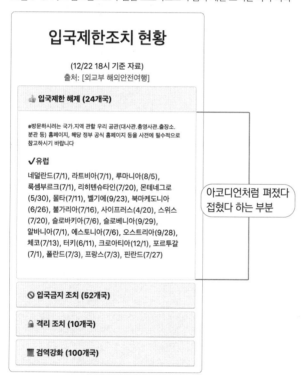

01 카드 컴포넌트 코드를 작성해봅시다.

coronaboard-web/src/pages/bootstrap/card.js
```
import React from 'react';
import 'bootstrap/dist/css/bootstrap.min.css';
```

```
import { Container, Card } from 'react-bootstrap';

export default function CardPage() {
  return (
    <Container className="pt-3"> {/* ❶ */}
      <Card>
        <Card.Header>카드의 헤더</Card.Header>
        <Card.Body>
          <Card.Title>카드의 타이틀</Card.Title>
          <Card.Subtitle className="text-muted mb-3"> {/* ❷ */}
            카드의 서브타이틀
          </Card.Subtitle>
          <Card.Text>카드의 텍스트</Card.Text>
        </Card.Body>
      </Card>
    </Container>
  );
}
```

카드 컴포넌트는 헤더 영역(Card.Header)과 콘텐츠 영역(Card.Body)으로 나뉩니다. 여기서는 다루지 않았지만 푸터 영역(Card.Footer)도 있습니다. 콘텐츠 영역 안에 원하는 내용을 자유롭게 입력할 수 있습니다. 미리 정의된 Card.Title, Card.Subtitle, Card.Text 같은 스타일을 이용하면 깔끔한 디자인의 컴포넌트를 구성할 수 있습니다.

제공되는 기본 스타일을 사용하면서도 다른 스타일을 추가 적용하고 싶을 때는 ❶과 ❷에서처럼 className에 pt-3, mb-3, text-muted와 같은 속성을 추가하면 됩니다. pt-3, mb-3과 같은 속성은 여백과 관련된 스타일이며 text-muted는 텍스트 컬러 스타일입니다. className에 대한 추가적인 설명은 아래 상자글을 참고해주세요.

▼ className 적용 전   ▼ className 적용 후

02 웹브라우저로 http://localhost:8000/ bootstrap/card 페이지에 접속하면 다음과 같이 카드가 보일 겁니다.

> 카드의 헤더
>
> **카드의 타이틀**
> 카드의 서브타이틀
>
> **카드의 텍스트**

className에 지정한 값은 어디서 온 것이고 어떻게 동작하는 걸까?

부트스트랩에서 제공하는 CSS 파일을 열어보면 다음처럼 클래스 이름을 사용해서 스타일을 정의했습니다. 즉 앞의 코드 **2**에서처럼 어떤 리액트 컴포넌트의 className에 text-muted라는 클래스 이름을 지정하는 것은 해당 엘리먼트에 **color: #6c757d !important;** 라는 스타일을 직접 지정한 것과 동일한 효과를 냅니다.

```
// text-muted 클래스를 가진 엘리먼트에 color 적용
.text-muted {
  color: #6c757d !important;
}
```

따라서 부트스트랩 CSS에 정의된 클래스 스타일만 잘 파악하면, 클래스 이름만 간단하게 넣어서 스타일을 변경할 수 있습니다. **1**과 **2**에서 사용한 pt-3, mb-3은 여백^{spacing}과 관련된 유틸리티 클래스인데요 p로 시작하면 padding, m으로 시작하면 margin을 의미합니다. 두 번째 글자에서 t는 top, b는 bottom, l은 left, r은 right를 의미합니다. 2개를 조합하여 padding-top, margin-bottom 등의 스타일 속성을 지정한 후, 마지막에 붙은 숫자 0~5를 지정하여 미리 부트스트랩에 정의된 대로 여백 크기를 조절할 수 있습니다. 이렇게 정의된 클래스를 잘 조합하여 사용하면 간편하게 디자인 일관성을 적용할 수 있습니다. 이 외에도 부트스트랩은 테두리^{border}, 그림자^{shadow} 지정 등 매우 다양한 유틸리티 클래스들을 제공합니다. 더 자세한 사항은 공식 문서를 참고하세요.

• https://getbootstrap.com/docs/4.6/utilities/borders/

카드의 내용 부분을 열고 닫으려면 아코디언 컴포넌트를 조합하여 사용하면 됩니다.

01 아코디언 컴포넌트를 사용해 카드 내용을 여닫는 기능을 구현합시다.

```
                                            coronaboard-web/src/pages/bootstrap/card-accordion.js
import React from 'react';
import 'bootstrap/dist/css/bootstrap.min.css';
import { Card, Container, Accordion, Button } from 'react-bootstrap';

export default function CardAccordionPage() {
  return (
    <Container className="pt-3">
      {/* ❶ 아코디언 컴포넌트 */}
      <Accordion defaultActiveKey="0"> {/* ❷ 열린 상태를 초기 상태로 지정 */}
        <Card>
          <Card.Header>
            {/* ❸ 아코디언을 여닫을 수 있는 버튼을 지정 */}
            <Accordion.Toggle
              className="p-0"
              as={Button}
              variant="link"
              eventKey="0"
            >
              카드의 헤더
            </Accordion.Toggle>
          </Card.Header>
          {/* ❹ 아코디언 토글 버튼이 눌렸을 때 이부분이 열리고 닫힘 */}
          <Accordion.Collapse eventKey="0">
            <Card.Body>카드 콘텐츠</Card.Body>
          </Accordion.Collapse>
        </Card>
      </Accordion>
    </Container>
  );
}
```

❶ Card 컴포넌트 전체를 Accordion 컴포넌트로 감싼 후 ❷ 초기 상태를 열림 (defaultActiveKey="0")으로 설정합니다. ❸ 카드의 헤더 영역을 Accordion.Toggle 컴포넌

트로 감싸 여닫을 수 있는 버튼으로 지정합니다. ❹ 열리고 닫힐 영역을 Accordion.Collapse 태그로 감싸주고 Toggle과 같은 eventKey로 지정합니다. 이제 Accordion.Toggle 컴포넌트를 클릭하면 동일한 eventKey를 가진 Accordion.Collapse 영역을 여닫을 수 있게 되었습니다.

02 웹브라우저로 http://localhost:8000/bootstrap/card-accordion 페이지에 접속합니다. ❶ '카드의 헤더' 부분을 클릭하면 카드 콘텐츠 영역이 열리고 닫힙니다.

❶
| 카드의 헤더 |
| 카드 컨텐츠 |

To Do **부트스트랩 얼러트 컴포넌트**

Alert 컴포넌트는 경고창을 띄웁니다. 주로 사용자에게 주의를 끌고 싶은 정보를 표현할 때 사용합니다.

01 Alert 컴포넌트를 스타일로 만들어봅시다.

```
                                        coronaboard-web/src/pages/bootstrap/alert.js
import React from 'react';
import 'bootstrap/dist/css/bootstrap.min.css';
import { Alert, Container } from 'react-bootstrap'; // 임포트

export default function AlertPage() { // 페이지 생성
 return (
   <Container className="pt-3">
     {/* ❶ 다양한 스타일 적용 */}
     <Alert variant="primary">Primary</Alert>
     <Alert variant="secondary">Secondary</Alert>
     <Alert variant="success">Success</Alert>
     <Alert variant="danger">Dagner</Alert>
     <Alert variant="warning">Warning</Alert>
     <Alert variant="info">Info</Alert>
   </Container>
 );
}
```

❶ variant 속성값만 바꿔 스타일을 바꾸었습니다.

02 웹브라우저로 http://localhost:8000/bootstrap/alert 페이지에 접속합니다.

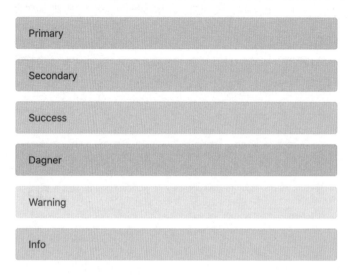

To Do 부트스트랩 드롭다운 컴포넌트

드롭다운은 클릭하면 옵션이 펼쳐지는 컴포넌트입니다. 코로나보드에서는 다른 국가 사이트로 이동하고 언어를 설정하는 데 사용했습니다.

그림 6-6 국가별 사이트 이동용 드롭다운(왼쪽), 언어 설정용 드롭다운(오른쪽)

01 국가별 사이트로 이동하는 드롭다운 코드를 구현합시다.

```
                                           coronaboard-web/src/pages/bootstrap/dropdown.js
import React from 'react';
import 'bootstrap/dist/css/bootstrap.min.css';
import { Container, Dropdown } from 'react-bootstrap'; // 임포트
```

```
export default function DropdownPage() { // 페이지 생성
  return (
    <Container className="pt-3">
      <Dropdown>
        <Dropdown.Toggle>국가 선택</Dropdown.Toggle> // ❶
        <Dropdown.Menu> // ❷
          <Dropdown.Item href="https://coronaboard.kr">한국</Dropdown.Item> ┐
          <Dropdown.Item href="https://coronaboard.fr">프랑스</Dropdown.Item> │
          <Dropdown.Item href="https://coronaboard.nl">네덜란드</Dropdown.Item> ├❸
          <Dropdown.Item href="https://coronaboard.com">미국</Dropdown.Item> ┘
        </Dropdown.Menu>
      </Dropdown>
    </Container>
  );
}
```

드롭다운을 위한 코드는 클릭하는 버튼 영역을 나타내는 ❶ Dropdown.Toggle 컴포넌트와
버튼이 클릭되었을 때 나타나는 ❷ Dropdown.Menu 컴포넌트로 나뉩니다. ❸ Dropdown.
Menu에 항목(Dropdown.Item)을 추가합니다. Dropdown.Item의 href 속성에 주소를 설정
하면 클릭되었을 때 해당 주소로 이동합니다.

02 브라우저로 http://localhost:8000/bootstrap/dropdown 페이지에 접속해보세요.

6.2.4 선택 상자 컴포넌트 소개

선택 상자 컴포넌트는 목록을 보여주고 검색하고 선택하는 용도로 사용됩니다. 단일 선택, 다중
선택 모드를 지원합니다. 코로나보드에서는 전 세계 코로나 추이 차트에서 차트에 표시할 국가를
선택할 때 사용했습니다.

부트스트랩에서 제공하는 선택 상자는 기능이 매우 제한적입니다. 단일 선택은 부트스트랩 CSS 에서 제공하는 custom-select 클래스를 select 태그에 적용해 왼쪽처럼 일관성 있게 부트스트랩 스타일로 보여지게 할 수 있습니다. 하지만 다중 선택 상자는 우측처럼 부트스트랩 스타일을 적용하더라도 웹브라우저에서 기본 제공하는 다중 선택 UI의 사용성 자체가 매우 불편한 문제가 여전히 남아 있습니다.

▼ 부트스트랩 단일 선택 상자 예시   ▼ 부트스트랩 다중 선택 상자 예시

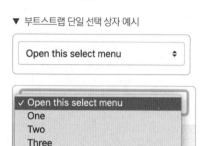

따라서 복잡한 기능을 제공하는 선택 상자가 필요하면 직접 구현하거나, react-select 라이브러리를 사용해야 합니다. 이 책은 react-select를 사용합니다. react-select는 부트스트랩과 무관한 라이브러리이기 때문에 react-select를 통해 제공되는 선택 상자의 디자인이 부트스트랩 UI 컴포넌트와 조금 다를 수 있지만, 디자인 사용자화가 가능하기 때문에 큰 문제는 아닙니다

`To Do` **01** react-select를 이용하여 국가를 선택하는 단일 선택 상자와 다중 선택 상자를 만들어보겠습니다.

```
                                      coronaboard-web/src/pages/bootstrap/select.js
import React, { useState } from 'react';
import 'bootstrap/dist/css/bootstrap.min.css';
import { Container } from 'react-bootstrap';
import Select from 'react-select'; // 임포트

// ❶ 선택 상자에 사용할 국가 목록
const options = [
  { value: 'KR', label: '한국' },
  { value: 'JP', label: '일본' },
  { value: 'US', label: '미국' },
  { value: 'CN', label: '중국' },
];

export default function SelectPage() {
  // ❷ 단일 선택 상자의 선택 내역을 저장할 상태 변수 정의
```

```
  const [selectedOptionSingle, setSelectedOptionSingle] = useState();
  // ❸ 다중 선택 상자의 선택 내역을 저장할 상태 변수 정의
  const [selectedOptionMulti, setSelectedOptionMulti] = useState();
  return (
    <Container className="pt-3">
      <h5>단일 선택 상자</h5>
      <Select
        value={selectedOptionSingle}
        onChange={(selectedOption) => {
          console.log('Single options selected', selectedOption);
          setSelectedOptionSingle(selectedOption);
        }}
        options={options}
      />

      <hr />
      <h5>다중 선택 상자</h5>
      <Select
        isMulti={true}
        isSearchable={true}
        placeholder="국가 선택..."
        value={selectedOptionMulti}
        onChange={(selectedOptions) => {
          console.log('Multiple options selected', selectedOptions);
          setSelectedOptionMulti(selectedOptions);
        }}
        options={options}
      />
    </Container>
  );
}
```

❶ 선택 상자에 사용할 국가 목록 모델을 정의합니다. value 필드는 해당 값이 선택되었을 때 내부적으로 사용할 값이고 label 필드는 사용자에 보여줄 값입니다.

❷와 ❸에서는 useState 리액트 후크를 이용하여 상태 변수를 정의합니다. 5장에서 한 차례 언급한 바와 같이 리액트가 제공하는 기능을 쉽게 연결하여 사용할 수 있도록 해주는 특별한 함수를 리액트에서 후크라고 부릅니다. 리액트 컴포넌트는 상태 변수를 정의해두고 해당 상태 변수를

JSX 안에서 참조하여 사용하면, 상태 변수의 값이 바뀔 때마다 자동으로 렌더링을 새로 해줍니다. 이러한 상태 변수를 쉽게 정의해 사용할 수 있게 해주기 때문에 상태 후크state hook라고도 부릅니다. useState를 호출할 때 반환되는 배열의 첫 번째 요소는 새롭게 정의된 상태 변수이고, 두 번째 요소는 해당 상태 변수의 값을 변경하는 데 사용하는 함수입니다.

단일 선택 상자는 react-select에서 임포트한 Select 컴포넌트를 사용합니다. 이 컴포넌트의 value 속성은 selectedOptionSingle 상태 변수를 참조하는데요, 이렇게 해두면 앞서 설명한 대로 selectedOptionSingle 상태 변수의 값이 변경될 때 선택 상자가 다시 렌더링되면서 변경된 값에 해당하는 항목이 선택됩니다. onChange 속성은 사용자가 선택 항목을 변경할 때마다 호출되는 함수인데요, 해당 함수의 인수로 사용자가 선택한 항목이 전달되어 들어오기 때문에 선택된 값에 따라서 원하는 동작을 추가적으로 구현할 때 사용합니다. 여기서는 단순히 선택된 항목을 로그로 출력하고, 상태 변수를 선택된 항목으로 변경합니다.

그림 6-7 react-select의 단일 선택 상자 예시

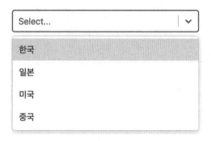

다중 선택 상자는 Select 컴포넌트에 isMulti={true} 속성만 추가로 명시해주면 됩니다. 다중 선택 상자는 selectedOptionMulti 상태 변수를 정의하여 참조하는데, 이 상태 변수에는 단일 선택 상자 때와는 달리 선택된 항목들이 배열 형태로 저장되니 주의합시다.

그림 6-8 react-select의 다중 선택 상자 예시

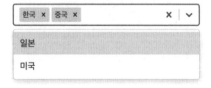

단일/다중 선택 상자 종류와 무관하게 선택 가능한 항목의 검색을 지원하고 싶다면 isSearchable ={true} 속성을 명시해줍니다.

이제까지 선택 상자를 사용하는 기본 방법을 알아보았습니다. 더 자세한 내용은 10.2.2절 '전 세계 코로나 추이 차트 컴포넌트 만들기'에서 실제로 만들어보면서 설명하겠습니다.

6.3 그리드 시스템으로 반응형 현황판 만들기

부트스트랩의 그리드 시스템을 이용해서 코로나보드의 상단에 있는 상황판을 반응형으로 디자인하는 방법을 살펴봅시다. 그리드 시스템을 설명하기 전에 먼저 부트스트랩의 가장 기본적인 레이아웃 구성요소인 컨테이너가 무엇인지부터 알아보겠습니다.

6.3.1 컨테이너, 콘텐츠를 담는 그릇

부트스트랩의 그리드 기능은 컨테이너 안에서 동작합니다. 컨테이너container란 부트스트랩의 가장 기본적인 레이아웃 구성요소로써 콘텐츠 영역의 크기를 정하고, 해당 영역을 화면 중앙으로 정렬하여, 남는 영역을 여백으로 유지하는 역할을 합니다.

부트스트랩에서는 화면 너비를 extra small(xs), small(sm), medium(md), large(lg), extra large(xl) 5가지 이름으로 지칭하는데요, [그림 6-9]에서처럼 이 5가지 이름의 각 경계 지점에 브레이크포인트 4개가 존재합니다. 이 브레이크포인트를 기준으로 보여줄 콘텐츠 영역의 너비를 다르게 설정합니다. 따라서 컨테이너 안에 콘텐츠를 넣어두기만 해도 다양한 화면 크기에 맞게 콘텐츠 영역의 너비가 적절하게 늘어났다 줄었다 하는 기본적인 반응형 웹을 개발할 수 있습니다.

컨테이너의 최대 가로 길이는 화면 크기가 바뀐다고 항상 바뀌는 것은 아니고, 특정 브레이크포인트를 지나치는 시점에 급격히 바뀝니다. 데스크톱에서 반응형 웹사이트를 열어놓고 창 크기를 자유롭게 변경하면 동작 방식을 더 쉽게 알아 챌 수 있습니다. 다음 웹페이지를 데스크톱 브라우저로 열어서 창의 가로 크기를 늘렸다 줄였다 해보세요.

- https://getbootstrap.com/docs/4.6/layout/overview/

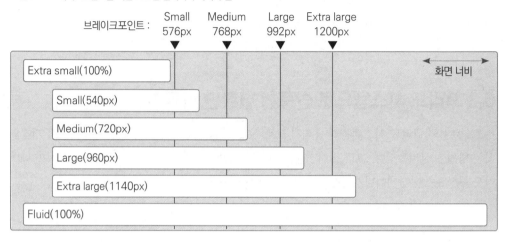
그림 6-9 브레이크포인트를 기준으로 한 컨테이너 너비 구분

가장 기본적인 컨테이너의 클래스 이름은 .container이고, 576px 미만일 때만 컨테이너의 너비가 화면의 100%를 차지합니다. 화면 너비가 576px보다 크거나 같고 768px보다 작을 때는 540px의 고정 너비를, 화면 너비가 768px보다 크거나 같고 992px보다 작을 때는 720px의 고정 너비를 가집니다. 화면 가로 길이를 늘였다 줄였다 해도 브레이크포인트를 넘어가지 않으면 컨테이너 너비가 고정되기 때문에 안정적으로 콘텐츠를 담아낼 수 있습니다.

위에 설명한 기본 컨테이너 외에 sm, md, lg, xl, fluid 접미사가 붙은 컨테이너 종류가 추가로 제공됩니다. 다음 표에서 화면 크기에 따라 컨테이너 종류별로 너비가 어떻게 변화하는지를 확인할 수 있습니다. 예를 들어 container-fluid는 화면 너비에 상관없이 항상 너비의 100%를 차지합니다.

표 6-1 컨테이너 종류와 화면 너비에 따른 컨테이너 너비

	Extra small <576px	Small ≥576px	Medium ≥768px	Large ≥992px	Extra large ≥1200px
.container	100%	540px	720px	960px	1140px
.container-sm	100%	540px	720px	960px	1140px
.container-md	100%	100%	720px	960px	1140px
.container-lg	100%	100%	100%	960px	1140px
.container-xl	100%	100%	100%	100%	1140px
.container-fluid	100%	100%	100%	100%	100%

To Do **01** 설명이 좀 어려워보이지만 실제로 코드로 작성해보고 직접 웹브라우저 화면 크기를 늘였다 줄였다 하면 쉽게 이해할 수 있는 부분이라 바로 코드를 작성하겠습니다.

```
                                            coronaboard-web/src/pages/bootstrap/container.js
import React from 'react';
import 'bootstrap/dist/css/bootstrap.min.css';
import { Container } from 'react-bootstrap';
import { css } from '@emotion/react';

// 컨테이너가 눈에 잘보이도록 배경색, 테두리 스타일 지정
const borderedGrid = css`
  text-align: center;
  div {
    background-color: rgba(39, 41, 43, 0.03);
    border: 1px solid rgba(39, 41, 43, 0.1);
    padding: 10px;
    margin-bottom: 20px;
  }
`;

export default function ContainerPage() {
  return (
    <div className="pt-3" css={borderedGrid}>
      <h2>화면 너비에 따른 컨테이너 너비 비교</h2>
      // ❶ 앞으로 사용할 제일 기본적인 컨테이너 컴포넌트
      <Container>.container</Container>
      // ❷ 화면에 너비에 따라 다르게 반응하도록 설계된 다양한 fluid 타입
      <Container fluid="sm">.container-sm</Container>
      <Container fluid="md">.container-md</Container>
      <Container fluid="lg">.container-lg</Container>
      <Container fluid="xl">.container-xl</Container>
      <Container fluid="fluid">.container-fluid</Container>
    </div>
  );
}
```

❶ 은 fluid 속성을 따로 지정하지 않은 가장 기본적인 Container 컴포넌트입니다. ❷ 부터는 화면 너비에 따라서 다르게 반응하도록 설계된 fluid 속성이 지정되어 있습니다.

02 웹브라우저로 http://localhost:8000/bootstrap/container 페이지에 접속합니다.

붉은색으로 표시된 테두리는 현재 사용자가 보고 있는 웹브라우저의 화면 크기입니다. **576px ≤**

화면 너비 < 768px일 때는 container-md 너비가 100%로 설정되어 화면 너비에 꽉 찹니다. 브레이크포인트인 768px를 넘어서는 순간 너비가 720px로 고정이 되고, 화면 크기를 아무리 늘려도 720px로 유지됩니다.

▼ **576px ≤ 화면 너비 < 768px**인 경우 컨테이너의 형태

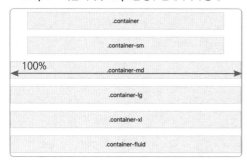

▼ **768px ≤ 화면 너비 < 992px**인 경우 컨테이너의 형태

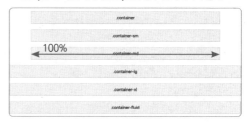

코로나보드에서는 .container를 사용합니다. fluid 속성 설정이 필요 없는 기본값이기도 하고, 컨테이너가 너비에 따라 가장 다양하게 변화하기 때문에 다양한 화면 크기에 더 세세하게 대응을 할 수 있어 선택했습니다. 앞으로는 이 컨테이너를 사용해 그리드 시스템을 설명하겠습니다.

6.3.2 그리드 시스템 기초

부트스트랩의 그리드 시스템은 행^{row}과 열^{column}을 조합하여 콘텐츠를 보여주는 레이아웃을 만드는 방식으로 CSS의 플렉스박스^{Flexbox} 레이아웃 기능을 이용하여 구현되어 있습니다. 이 기능은 주어진 화면 공간 안에서 엘리먼트들을 정해진 비율에 따라 분배하거나 정렬합니다. 또한 대부분 최신 브라우저에서 잘 동작합니다. 부트스트랩에서 그리드 시스템을 통해 플렉스박스를 추상화시켜 두었기 때문에 그리드 시스템을 잘 사용하면 플렉스박스 관련 CSS 속성들을 직접 정의해 사용할 일이 거의 없습니다.

다음 예제 코드를 실행하면 화면 크기를 변경해도 항상 각 행에 존재하는 모든 열이 같은 너비를 유지하면서 늘어났다 줄어들었다 하는 것을 확인할 수 있습니다. 한 행에 열이 2개인 경우와 3개인 경우를 코드로 구현하겠습니다.

coronaboard-web/src/pages/bootstrap/grid.js

```
... 생략 ...
<Container>
  <Row>
    <Col>.col 1/2</Col>
```

```
    <Col>.col 2/2</Col>
  </Row>
  <Row>
    <Col>.col 1/3</Col>
    <Col>.col 2/3</Col>
    <Col>.col 3/3</Col>
  </Row>
</Container>
```

▼ 출력 결과

.col 1 / 2	.col 2 / 2

.col 1 / 3	.col 2 / 3	.col 3 / 3

열의 속성에 브레이크포인트 접미사(xs[1], sm, md, lg, xl)를 이용하면 화면의 너비에 따라 열의 너비를 등분해서 사용할지 아니면 열 하나가 화면 너비를 전부를 차지할지 조정할 수 있습니다. 예를 들어 lg 속성으로 명시하면 992px 이상인 화면 너비에서는 열 형태를 유지하고, 그 미만인 화면 너비에서는 각 열이 화면 너비의 100%를 차지합니다(sm 속성도 동일한 방식이지만 기준 화면 너비가 576px). 다음 예제의 출력 결과를 보면 화면 너비가 600px이기 때문에 lg로 설정된 열 3개가 있어도 각 열의 너비가 100%가 되면서 화면을 가득 채웁니다. 이러한 속성이 바로 화면 너비에 따라 레이아웃이 자동으로 바뀌도록 하는 반응형 디자인의 기반 기술입니다.

coronaboard-web/src/pages/bootstrap/grid.js
```
... 생략 ...
<Container>
  <Row>
    <Col lg>.col-lg 1/3</Col>
    <Col lg>.col-lg 2/3</Col>
    <Col lg>.col-lg 3/3</Col>
  </Row>
  <Row>
    <Col sm>.col-sm 1/3</Col>
```

---

1 Col 컴포넌트에 아무런 브레이크포인트 접미사 속성을 입력하지 않았을 때와 xs만 입력한 때의 결과는 완전히 같습니다(기본값이 xs라고 생각하면 됩니다).

```
      <Col sm>.col-sm 2/3</Col>
      <Col sm>.col-sm 3/3</Col>
    </Row>
</Container>
```

화면 너비가 600px일 때의 레이아웃은 다음과 같습니다.

▼ 출력 결과

이번에는 모든 콘텐츠를 항상 같은 길이로 배치하기보다는 특정 열이 다른 열보다 길거나 짧도록 설정하는 방법을 알아보겠습니다. 부트스트랩 그리드 시스템은 기본적으로 화면 너비를 12등분하여 사용합니다. 이때 하나의 열이 등분된 12칸 중 몇 칸을 차지할지를 지정할 수 있습니다. 다음과 같이 브레이크포인트 접미사 속성값에 1~12까지의 숫자 중 원하는 값을 지정하면 됩니다.

예를 들어 다음 예제에서 첫 번째 열은 전체 너비의 3/12만큼, 두 번째 열은 전체 너비의 6/12만큼, 세 번째 열은 전체 너비의 3/12 만큼을 차지합니다.

coronaboard-web/src/pages/bootstrap/grid.js
```
... 생략 ...
<Row>
  <Col xs={3}>.col-3 1/3</Col>
  <Col xs={6}>.col-6 2/3</Col>
  <Col xs={3}>.col-3 3/3</Col>
</Row>
```

▼ 출력 결과

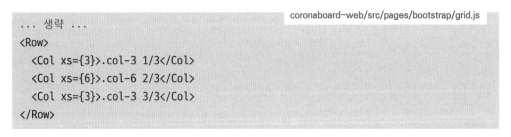

조금 더 나아가 화면 너비 조건에 따라 몇 칸을 할당할지 각각 다르게 설정할 수도 있습니다. 예를 들어 바로 앞에서 살펴본 예시를 약간 변형하여 xs 속성은 그대로 유지하고 추가로 sm 속성에 각각 2, 8, 2칸을 지정하겠습니다.

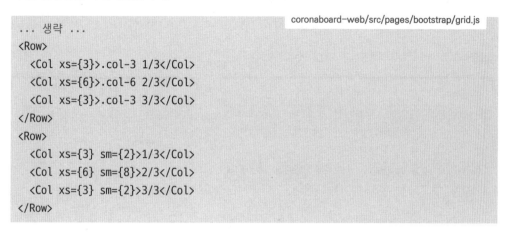

```
··· 생략 ···
<Row>
  <Col xs={3}>.col-3 1/3</Col>
  <Col xs={6}>.col-6 2/3</Col>
  <Col xs={3}>.col-3 3/3</Col>
</Row>
<Row>
  <Col xs={3} sm={2}>1/3</Col>
  <Col xs={6} sm={8}>2/3</Col>
  <Col xs={3} sm={2}>3/3</Col>
</Row>
```

▼ 출력 결과

• 화면 너비가 600px일 때

.col-3 1/3	.col-6 2/3	.col-3 3/3
1/3	2/3	3/3

• 화면 너비가 400px일 때

.col-3 1/3	.col-6 2/3	.col-3 3/3
1/3	2/3	3/3

출력 결과를 살펴보면 화면 너비가 600px일 때와 400px일 때 아래쪽 행에서 각 열이 차지하는 비율이 달라집니다.

이어서 실제 코로나보드의 상단에 위치한 현황판을 예시로 활용하여 그리드 시스템을 조금 더 깊이 살펴보겠습니다.

6.3.3 코로나보드와 그리드 시스템

코로나보드에서 그리드 시스템을 어떻게 사용했는지 상단 대시보드 화면을 예시로 알아보겠습니다. 큰 화면에서 전 세계와 대한민국 현황이 한 줄에 다 보이고, 작은 화면에서는 전 세계는 3개와 2개, 대한민국은 4개와 3개로 줄바꿈되어 있습니다.

그림 6-10 코로나보드의 PC 화면(왼쪽)과 모바일 화면(오른쪽)

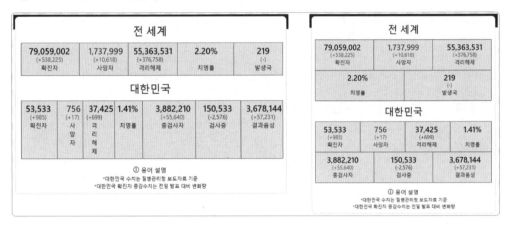

이제부터 차근 차근 만들어봅시다.

To Do **01** 먼저 다음처럼 모든 열이 화면 너비와 무관하게 같은 너비를 가질 수 있도록 배열하겠습니다.

coronaboard-web/src/pages/bootstrap/grid-dashboard.js

```
<Container>
  <h2>전 세계</h2>
  <Row>
    <Col>확진자</Col>
    <Col>사망자</Col>
    <Col>격리해제</Col>
    <Col>치명률</Col>
    <Col>발생국</Col>
  </Row>

  <h2>대한민국</h2>
  <Row>
    <Col>확진자</Col>
    <Col>사망자</Col>
    <Col>격리해제</Col>
    <Col>치명률</Col>
```

```
      <Col>총검사자</Col>
      <Col>검사중</Col>
      <Col>결과음성</Col>
   </Row>
</Container>
```

웹브라우저로 방금 만든 페이지에 접속하면 화면 너비에 상관없이 항상 같은 너비를 유지할 겁니다. [그림 6-11]과 같이 화면 너비가 800px일 때는 공간이 충분해서 텍스트가 줄바꿈되지 않아 보기가 좋은데 만약 너비를 [그림 6-12]처럼 가장 작은 스마트폰에 해당하는 320px 정도로 줄이면 공간이 좁아서 텍스트가 의도치 않게 줄바꿈이 일어나는 문제가 나타납니다.

그림 6-11 화면 너비가 800px일 때 레이아웃

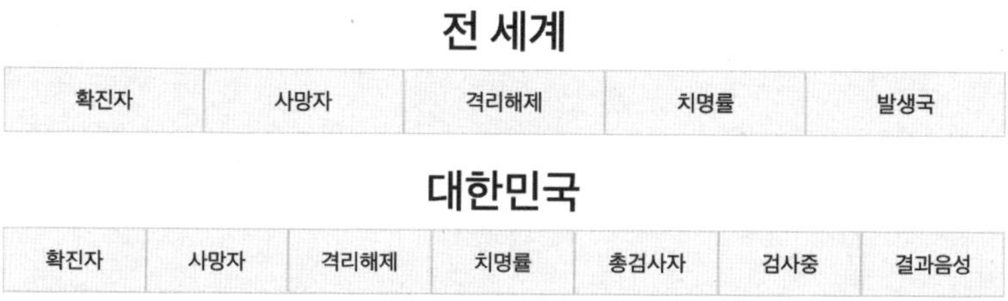

전 세계

확진자	사망자	격리해제	치명률	발생국

대한민국

확진자	사망자	격리해제	치명률	총검사자	검사중	결과음성

그림 6-12 화면 너비가 320px일 때 레이아웃

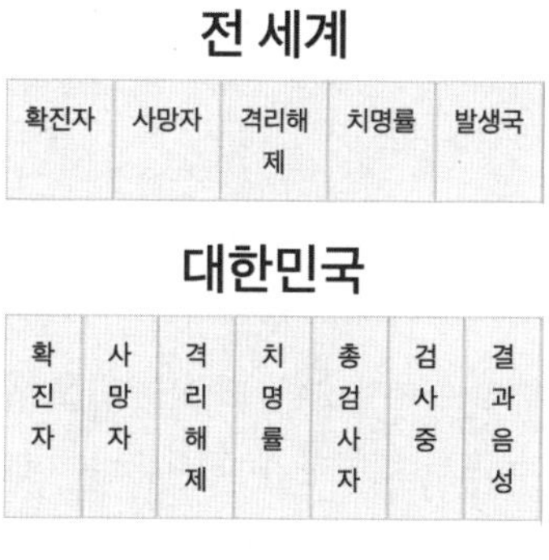

전 세계

확진자	사망자	격리해제	치명률	발생국

대한민국

확진자	사망자	격리해제	치명률	총검사자	검사중	결과음성

이 문제를 해결하려면 줄어든 화면 너비일 때 각 열이 차지하는 너비가 더 클 수 있도록 지정해야 합니다.

02 우리가 목표로 하는 화면 너비가 320px이니 화면 너비 576px 미만에 해당하는 xs 조건에 대해서 열의 너비에 큰 값을 할당해주도록 구현합시다.

```
<Container>
  // ❶
  <h2>전 세계</h2>
  <Row>
    <Col xs={4}>확진자</Col>
    <Col xs={4}>사망자</Col>
    <Col xs={4}>격리해제</Col>
    <Col xs={6}>치명률</Col>
    <Col xs={6}>발생국</Col>
  </Row>

  // ❷
  <h2>대한민국</h2>
  <Row>
    <Col xs={3}>확진자</Col>
    <Col xs={3}>사망자</Col>
    <Col xs={3}>격리해제</Col>
    <Col xs={3}>치명률</Col>
    <Col xs={4}>총검사자</Col>
    <Col xs={4}>검사중</Col>
    <Col xs={4}>결과음성</Col>
  </Row>
</Container>
```

부트스트랩 그리드 시스템은 화면 너비를 12칸으로 등분하여 사용한다고 했습니다. 하지만 ❶ [전 세계] 섹션을 보면 하나의 행에 존재하는 열의 너비가 4+4+4+6+6 = 24칸으로 12칸을 훨씬 넘어섭니다. 12칸을 넘어간 열은 자연스럽게 줄바꿈이 되어 아래로 내려가기 때문에 다음 그림처럼 보이게 됩니다. ❷ [대한민국] 섹션도 열의 너비가 조금씩 다르지만 동일한 방식이 적용되어 화면 너비가 작을 때 두 행으로 보이게 됩니다.

▼ 각 열에 열 너비를 지정한 후 화면 너비가 320px일 때 레이아웃

전 세계

확진자	사망자	격리해제

치명률	발생국

대한민국

확진자	사망자	격리해제	치명률

총검사자	검사중	결과음성

하지만 이렇게 하고 보니 다음 그림처럼 화면 너비를 아무리 늘려도 각 섹션이 2개 행으로 보이는 문제가 발생하고 말았습니다.

▼ 각 열에 열 너비를 직접 지정한 상태로 너비가 800px일 때 레이아웃

전 세계

확진자	사망자	격리해제

치명률	발생국

대한민국

확진자	사망자	격리해제	치명률

총검사자	검사중	결과음성

이 문제는 어떻게 해결하면 좋을까요? 이전 절에서 하나의 열에 두 가지 이상의 브레이크포인트 접미사를 조합해서 사용이 가능하다고 배웠는데 이를 이용하여 해결하겠습니다.

03 앞서 작성한 코드에서 xs 속성은 그대로 유지한 채 md 속성을 모든 열에 명시해봅시다.

```
<Container>
  <h2>전 세계</h2>
  <Row>
    <Col xs={4} md>확진자</Col>
    <Col xs={4} md>사망자</Col>
```

```
    <Col xs={4} md>격리해제</Col>
    <Col xs={6} md>치명률</Col>
    <Col xs={6} md>발생국</Col>
  </Row>

  <h2>대한민국</h2>
  <Row>
    <Col xs={3} md>확진자</Col>
    <Col xs={3} md>사망자</Col>
    <Col xs={3} md>격리해제</Col>
    <Col xs={3} md>치명률</Col>
    <Col xs={4} md>총검사자</Col>
    <Col xs={4} md>검사중</Col>
    <Col xs={4} md>결과음성</Col>
  </Row>
</Container>
```

이렇게 하면 가로 길이가 768px보다 작으면 각 열이 xs로 지정한 크기만큼으로 유지되다가 768px보다 크거나 같아지는 순간부터 행 가로 너비를 열 개수 만큼으로 등분하게 됩니다. 결국 너비가 작은 화면에서는 열이 줄바꿈되어 여러 행으로 보이고 큰 화면에서는 한 행에 모든 열이 표시되는 반응형 대시보드의 레이아웃을 만드는 데 성공했습니다.

이제 그리드 시스템을 이용하여 웹페이지 레이아웃의 큰 틀을 잡는 대부분의 방법을 익혔습니다. 실제로 코로나보드 화면을 따라 만들며 여기서 잡아둔 틀을 기반으로 더 세세한 부분을 잡아가겠습니다.

학습 마무리

이번 장에서는 부트스트랩에서 제공하는 다양한 컴포넌트를 소개하고 코로나보드에 쓰인 컴포넌트들을 직접 사용했습니다. 또한 반응형 웹사이트를 구현할 때 필수 요소인 부트스트랩 그리드 시스템도 알아보았습니다. 부트스트랩을 사용하면 CSS를 작성하는 시간을 획기적으로 줄일 수 있어 빠른 개발에 도움이 됩니다.

핵심 요약

1 부트스트랩은 빠른 프론트엔드 개발을 위해 고안된 프레임워크로 다양한 UI 요소를 제공합니다. 또한 반응형 웹을 쉽게 구현하는 그리드 시스템을 제공합니다.

2 순수 부트스트랩 대신 배운 리액트 기반의 개츠비 개발 환경(5장)을 활용하고자 react-bootstrap 라이브러리를 사용했습니다.

3 코로나보드에 쓰인 부트스트랩 요소에는 버튼, 카드, 아코디언, 얼러트, 드롭 다운 등이 있습니다.

4 부트스트랩에서 제공하는 선택 상자를 알아보고 다중 선택 기능을 제공하는 react-select 라이브러리도 적용했습니다.

5 컨테이너는 반응형 웹페이지를 만드는 기본 요소로서 바뀌는 화면 크기에 따라 콘텐츠 영역을 어떤 크기로 보여줄지 결정합니다.

6 그리드 시스템은 열과 행으로 이루어져 있으며 사용자가 지정하는 옵션에 맞춰 화면 너비에 따라 화면을 분할해서 콘텐츠를 보여줍니다.

시각화로 핵심 정보 전달하기

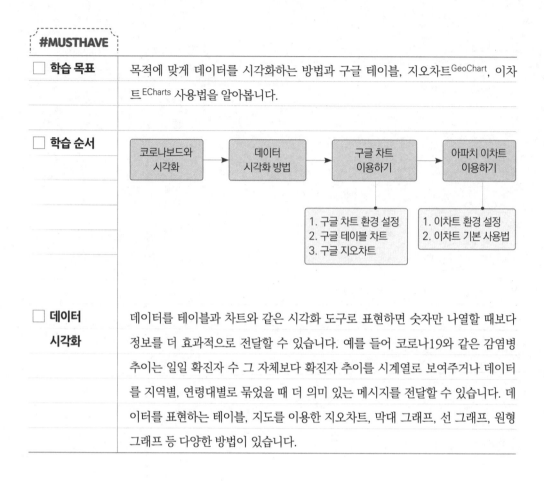

☐ **학습 순서**

| 코로나보드와 시각화 | → | 데이터 시각화 방법 | → | 구글 차트 이용하기 | → | 아파치 이차트 이용하기 |

| 1. 구글 차트 환경 설정
2. 구글 테이블 차트
3. 구글 지오차트 | 1. 이차트 환경 설정
2. 이차트 기본 사용법 |

☐ **데이터 시각화**

데이터를 테이블과 차트와 같은 시각화 도구로 표현하면 숫자만 나열할 때보다 정보를 더 효과적으로 전달할 수 있습니다. 예를 들어 코로나19와 같은 감염병 추이는 일일 확진자 수 그 자체보다 확진자 추이를 시계열로 보여주거나 데이터를 지역별, 연령대별로 묶었을 때 더 의미 있는 메시지를 전달할 수 있습니다. 데이터를 표현하는 테이블, 지도를 이용한 지오차트, 막대 그래프, 선 그래프, 원형 그래프 등 다양한 방법이 있습니다.

7.1 코로나보드와 시각화

코로나보드는 단순히 시계열로 표현하는 그래프에 그치지 않고 전 세계 확진자와 사망자의 로그 스케일 그래프, 한국 코로나 검사 현황 그래프와 같은 다양한 차트를 제공했습니다. 이러한 차트들 덕분에 코로나보드가 다른 사이트들과 차별화될 수 있었습니다.

코로나보드는 테이블과 지도를 보여줄 때는 구글 차트를 사용하고 그 외 막대, 선, 원형 그래프를 그릴 때는 이차트라는 오픈 소스 라이브러리를 사용합니다. 이번 장에서는 데이터의 성격과 보여주고자 하는 의미에 맞게 차트 종류를 결정하고 구글 차트와 이차트 등 라이브러리를 사용해 실제로 그래프를 그려보겠습니다.

그림 7-1 대한민국 검사현황 그래프(왼쪽), 글로벌 트렌드 로그스케일 그래프(오른쪽)

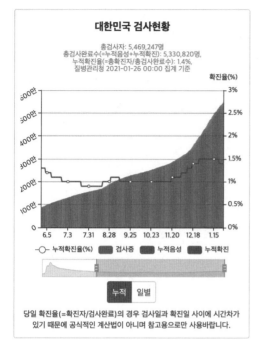

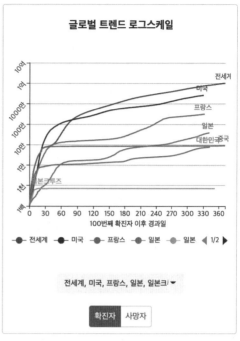

7.2 데이터 시각화 방법

데이터를 시각화할 때는 사용자에게 어떤 메시지를 전달하고 싶은지를 먼저 파악해야 합니다. 테이블, 지도, 그래프를 알아보고 코로나보드에서 어떤 목적으로 어떻게 사용했는지 알아보겠습니다.

7.2.1 테이블

테이블은 데이터를 표로 정리해 보여주는 시각화 방법입니다. 코로나19 감염 현황의 확진자, 사망자, 격리해제를 최신 수치만 간결하게 보여주되 지역별로 따로 보여주고 싶다면 테이블만으로도 충분합니다. 전날과의 차이를 ❶ (+101)처럼 표시할 수도 있고, ❷ 상단 헤더(확진자 , 사망자, 격리해제)를 클릭해서 오름차순, 내림차순으로 정렬할 수도 있습니다. 현재 상황을 정확하게 전달하고 어느 지역의 확진자가 제일 많은지 표현하는 용도로 적합합니다.

그림 7-2 코로나보드에 사용된 테이블

	지역	확진자	사망자	격리해제
1	서울	22,717 (+101)	277 (+6)	17,487 (+276)
2	경기	18,378 (+139)	393 (+4)	14,538 (+163)
3	대구	8,176 (+16)	206 (+1)	7,787 (+24)
4	인천	3,580 (+19)	44 (+2)	3,011 (+67)
5	경북	2,803 (+9)	64	2,489 (+44)
6	검역	2,618 (+8)	2	1,892 (+5)
7	부산	2,442 (+17)	85 (+1)	1,894 (+30)
8	충남	1,918 (+8)	30	1,667 (+16)

하지만 시간이 흘러 코로나19 감염 국가가 늘고 국가별 확진자도 늘어나자 단순히 테이블에 당일 수치를 보여주는 것만으로는 데이터가 한눈에 들어오지 않게 되었습니다.

7.2.2 지도

지역별로 데이터를 시각화하여 비교하는 데는 지도가 가장 효과적입니다.

그림 7-3 코로나보드에 사용된 지도

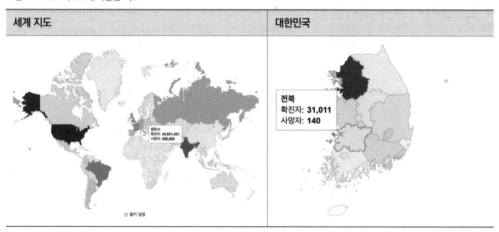

코로나19 같은 감염병에는 감염자와 사망자 수에 비례하는 컬러를 지정해서 심각도를 시각화할 수 있습니다. 이때 인구수를 고려하지 않고 단순히 확진자 수만으로 색을 지정하면 실제보다 과

소, 혹은 과대 평가될 가능성도 있습니다. 시각화에는 정답이 없기 때문에 상황에 맞게 데이터를 잘 표현할 수 있는 기준을 세워야 합니다.

7.2.2 그래프

그래프는 데이터를 시각화하는 방법입니다. 그래프는 표와 비교해서 직관적이고 가독성이 높아 전체적인 추이를 파악하기 좋은 도구입니다. 코로나보드에서는 선 그래프, 막대 그래프, 원 그래 프를 이용해 데이터를 시각화합니다.

표 7-1 코로나보드에서 사용하는 그래프 종류   출처: 이차트 홈페이지

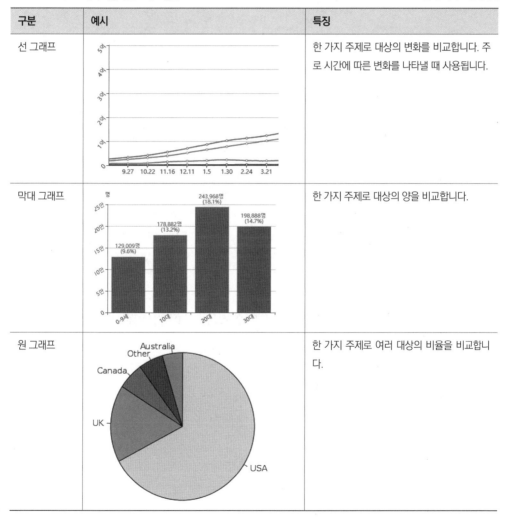

구분	예시	특징
선 그래프		한 가지 주제로 대상의 변화를 비교합니다. 주로 시간에 따른 변화를 나타낼 때 사용됩니다.
막대 그래프		한 가지 주제로 대상의 양을 비교합니다.
원 그래프		한 가지 주제로 여러 대상의 비율을 비교합니다.

코로나보드에는 x축이 시간이고 y축이 누적 수치인 시계열 선 그래프가 제일 많이 등장합니다. 일반적으로 선 그래프는 시간의 흐름에 따라 변화하는 수치의 추이를 관찰하는 데 사용되기 때문에 확진자, 사망자, 격리해제의 누적 수치를 보여줄 때 주로 이용했습니다. 그래프의 기울기로 증가세가 얼마나 가파른지 등도 확인할 수 있습니다.

선 그래프를 시간에 따라 변화하는 수치의 추이를 관찰하는 데 사용한다면, 막대 그래프는 절대적인 양의 많고 적음을 비교할 때 주로 사용합니다. 그래서 누적이 아닌 일일 확진자, 사망자, 격리해제 현황을 표시할 때는 주로 막대 그래프를 사용했습니다. 막대 그래프를 보면 어제의 확진자 대비 오늘 신규 확진자 수가 더 많은지 적은지 한 눈에 알 수 있습니다.

그림 7-4 선 그래프 예시 (왼쪽), 막대 그래프 예시(오른쪽)

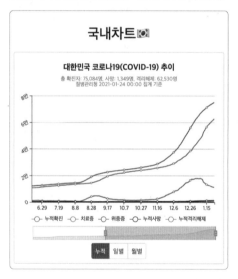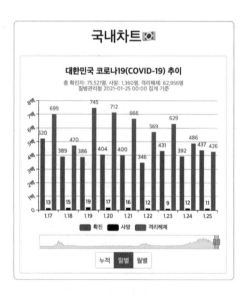

상황에 따라서 원 그래프가 제일 효과적인 경우도 있고, 선 그래프와 막대 그래프를 함께 써야 하는 경우도 있습니다. 주어진 데이터셋을 분석하고 전달할 메시지, 혹은 유저가 궁금해할 만한 포인트를 정리한 후 목적에 맞는 시각화 방법을 결정합시다.

7.3 구글 차트 이용하기

구글 차트[1]는 구글에서 다양한 차트를 그릴 수 있도록 제공하는 라이브러리입니다. 이 라이브러리를 사용하면 매우 다양한 차트를 손쉽게 그릴 수 있습니다. 구글 차트에서는 그림에 보이는 차트 외에도 훨씬 많은 종류의 차트를 제공합니다. 코로나보드에서는 특히 국가별 또는 지역별 지도에 데이터를 표기하는 지오차트와, 전일 대비 코로나19 통계 항목들의 증감량을 보여주는 데 테이블 차트를 두 가지만 사용했습니다. 코로나보드에서 막대 그래프, 선 그래프, 원 그래프 등도 많이 사용했지만 이러한 차트들은 구글 차트 대신 기본 디자인이 더 깔끔하고 사용하기 쉬운 이차트를 이용했습니다(이차트의 사용법은 7.3절에서 다룰 예정입니다).

그림 7-5 구글 차트에서 제공하는 다양한 차트의 종류

7.3.1 구글 차트 환경 설정

구글 차트는 원래 일반적인 HTML 페이지에 구글 차트 자바스크립트 라이브러리 링크를 등록하여 차트를 그리는 기능을 호출하는 방식을 사용합니다. 따라서 리액트 환경에서 바로 해당 라이브

---

1 https://developers.google.com/chart/interactive/docs/quick_start

러리를 사용하기에 간단한 구조가 아닙니다.

하지만 다행히도 구글 차트 기능을 리액트 환경에서도 손쉽게 사용할 수 있도록 감싸둔 react-google-charts라는 래퍼^{wrapper} 라이브러리가 존재합니다. 이 책에서는 다음과 같이 해당 라이브러리를 설치해서 구글 차트를 사용할 예정입니다. 이번 장에서 작성되는 코드들은 앞 장에서 사용한 [coronaboard-web] 디렉터리에서 계속해서 작성됩니다. 따라서 아래 명령어도 [coronaboard-web] 디렉터리에서 수행하면 됩니다.

```
$ npm install react-google-charts@3.0.15
```

설치가 완료되면 이제 리액트 컴포넌트 형태로 구글 차트를 언제든지 불러다 쓸 준비가 된 겁니다.

7.3.2 구글 테이블 차트

HTML에서 기본적으로 제공하는 table 태그를 이용하면 직접 태그를 사용해 테이블을 그려야 하므로 번거롭습니다. 구글 테이블 차트는 정해진 형식대로 데이터만 넣어주면 추가적인 개발 없이 데이터가 채워진 테이블이 자동으로 완성됩니다. 별다른 설정이나 개발 없이도 테이블 헤더 영역을 클릭해 데이터를 오름차순/내림차순으로 정렬할 수 있어 매우 편리합니다.

기본적인 테이블 차트

각 지역별 확진자 데이터가 존재할 때, 해당 데이터를 [그림 7-6]에 보이는 것처럼 테이블에 표시하는 방법을 알아보겠습니다.

그림 7-6 기본적인 테이블

	지역	확진자	사망자	격리해제
1	서울	22,717	277	17,487
2	경기	18,378	393	14,538
3	대구	8,176	206	7,787

코드는 다음과 같습니다. 참고로 이번 장에서 사용하는 코드에는 5장과 6장에서 배운 내용이 포함되어 있습니다. 이미 배운 코드는 설명을 생략하오니 잘 이해가 안 가는 부분이 있다면 이전 장들을 복습하기 바랍니다.

```
                              coronaboard-web/src/pages/chart/google-table-chart.js
import React from 'react';
import 'bootstrap/dist/css/bootstrap.min.css';
import { Container } from 'react-bootstrap';
import { Chart } from 'react-google-charts'; // ❶ 임포트

export default function GoogleTableChart() {
  // ❷ 각 열에 표시되는 자료형, 제목 명시
  const header = [
    { type: 'string', label: '지역' },
    { type: 'number', label: '확진자' },
    { type: 'number', label: '사망자' },
    { type: 'number', label: '격리해제' },
  ];

  const rows = [
    ['서울', 22717, 277, 17487],
    ['경기', 18378, 393, 14538],
    ['대구', 8176, 206, 7787],
  ];

  const data = [
    header, // ❸ 데이터의 첫 번째 요소는 헤더 정보
    ...rows,
  ];

  return (
    <Container>
      <Chart
        chartType="Table"
        loader={<div>로딩 중</div>} // ❹ 테이블이 로딩되는 동안 보여줄 요소
        data={data}
        options={{
          showRowNumber: true, // 행 번호를 표시하는 열 추가
          allowHtml: true, // 데이터에 HTML 태그가 존재하는 것을 허용
          width: '100%',
          height: '100%',
        }}
      />
    </Container>
```

```
  );
}
```

❶ react-google-charts 라이브러리를 통해서 Chart 컴포넌트를 임포트합니다. ❷ 테이블의 헤더 영역에 관련된 정보를 정의합니다(지역, 확진자, 사망자, 격리해제). 각 항목의 type 필드는 string, number, boolean 등의 값이 존재합니다. 각 행이 string인지 number인지에 따라서 동일한 값들이 정렬되는 순서도 다르고, 표시되는 기본 형식도 달라집니다(number는 3자리마다 쉼표를 자동으로 넣어주며, 오른쪽 정렬을 해줍니다).

Chart 컴포넌트에 넣어줄 실제 데이터를 의미하는 data 변수를 만들 때 ❸처럼 첫 번째 항목에는 헤더 정보를 넣어주는 것이 규칙입니다. 그리고 이 헤더 정보가 가진 항목의 개수는 항상 data 변수에 포함된 각 행이 가진 항목 수와 일치해야 합니다. 만약 개수가 일치하지 않으면 다음 그림과 같은 오류가 발생하면서 테이블이 렌더링되지 않으니 주의해주세요.

그림 7-7 헤더에 설정된 항목 개수와, 각 데이터 행이 가진 항목 수가 다를 때 에러 메시지

```
⊗ ▶Uncaught (in promise) Error: Row 3 has 3 columns,  jsapi compiled default module.js:300
  but must have 4
      at Object.gvjs_9k [as arrayToDataTable] (jsapi compiled default module.js:300)
      at GoogleChartDataTableInner.eval (index.esm.js:306)
      at step (index.esm.js:75)
      at Object.eval [as next] (index.esm.js:56)
      at eval (index.esm.js:49)
      at new Promise (<anonymous>)
      at __awaiter (index.esm.js:45)
      at GoogleChartDataTableInner._this.draw (index.esm.js:292)
      at GoogleChartDataTableInner.componentDidUpdate (index.esm.js:418)
      at commitLifeCycles (react-dom.development.js:20684)
```

구글 테이블은 라이브러리를 로딩하고 초기화하는 데 시간이 소요됩니다. 따라서 ❹ 로딩하는 동안 보여줄 요소를 미리 등록해두면 구글 테이블의 초기화가 완료될 때까지 해당 요소가 대신 렌더링됩니다.

마지막으로 구글 테이블 차트 옵션에 showRowNumber: true를 지정하면 첫 번째 줄에 행 번호를 표시하는 열이 추가됩니다. 행번호가 있으면 테이블에 표시되는 데이터를 더 쉽게 인지할 수 있습니다. allowHtml: true 옵션을 사용하면, 데이터에 HTML 태그가 들어 있는 경우 테이블에 해당 태그들이 그대로 정상 출력됩니다. 만약 이 옵션이 비활성화된 경우에는 HTML 태그가 자동 이스케이프 처리가 되기 때문에 태그로서의 효력이 없는 단순 텍스트 형태로 출력됩니다.

포매터를 통해 데이터 보여주기

기본적인 형태의 테이블을 만드는 것은 성공했으니, 이번에는 포매터^{Formatter}를 활용하는 방법을 알아보겠습니다. 포매터는 테이블에 제공되는 데이터는 그대로이지만, 해당 데이터를 다르게 포매팅해서 보여주고 싶을 때 사용합니다. 포매터가 적용되더라도 해당 열을 정렬할 때는 포매팅된 값이 아닌 원래 데이터 기준으로 정렬됩니다. 이번 예제에서는 치명률을 추가하고, 이 치명률 값이 원하는 형태로 표시되게 포매터를 적용하겠습니다.

치명률은 확진자 대비 사망자 수를 뜻하는 값으로 다음 공식으로 정의합니다.

$$치명률 = 사망자 / 확진자 \times 100$$

치명률은 공식에 의해 계산되는 값이기 때문에 기존 rows 변수에 담긴 데이터에 위 공식을 적용하여 치명률 데이터를 만들 수 있습니다. 마지막 열에 치명률이 표시되게 열을 추가하고 각 행의 마지막에도 계산된 치명률 값을 추가해줍니다.

```
const header = [
  { type: 'string', label: '지역' },
  { type: 'number', label: '확진자' },
  { type: 'number', label: '사망자' },
  { type: 'number', label: '격리해제' },
  { type: 'number', label: '치명률' }, // 치명률 열 추가됨
];

... 생략 ...

const fatalityRateAddedRows = rows.map((row) => {
  const [region, confirmed, death, released] = row;
  const fatalityRate = (death / confirmed) * 100;
  return [region, confirmed, death, released, fatalityRate];
});

const data = [
  header,
  ...fatalityRateAddedRows
];
```

위처럼 코드를 수정한 후 웹페이지를 새로고침해보면 [그림 7-8]처럼 치명률 열이 추가된 것을

볼 수 있습니다. 치명률 데이터가 잘 출력되었지만, 소수점 자릿수도 통일이 되어 있지 않고 퍼센트 단위 기호도 없어서 눈에 잘 들어오지 않습니다. 포매터를 적용해 이 문제를 해결하겠습니다.

그림 7-8 치명률이 추가된 테이블

	지역	확진자	사망자	격리해제	치명률
1	서울	22,717	277	17,487	1.219
2	경기	18,378	393	14,538	2.138
3	대구	8,176	206	7,787	2.52

다음 코드를 통해 치명률 값을 소수점 아래 한 자리로 통일하면서 % 기호를 추가하겠습니다. 포매터는 {v: value, f: formatString} 형식으로 구성되어 있고, 원래 값만 넣어주던 위치에 값(v 필드)과 포매팅된 값(f 필드)을 각각 가진 객체를 넣어주면 됩니다.

```
const fatalityRateAddedRows = rows.map((row) => {
  const [region, confirmed, death, released] = row;
  const fatalityRate = (death / confirmed) * 100;
  const fatalityRateFormatted = {
    v: fatalityRate,
    f: `${fatalityRate.toFixed(1)}%`,
  };
  return [region, confirmed, death, released, fatalityRateFormatted];
});
```

그림 7-9 치명률에 포매터 적용

	지역	확진자	사망자	격리해제	치명률
1	서울	22,717	277	17,487	1.2%
2	경기	18,378	393	14,538	2.1%
3	대구	8,176	206	7,787	2.5%

toFixed(n) 함수는 소수점 n번째 자리까지 출력해주는 함수입니다(n+1번째 자리에서 반올림을 수행합니다). 위 코드에서는 toFixed(1)을 사용하여 소수점 두 번째 자리에서 반올림하여 첫 번째 자리까지 출력했습니다.

앞서 설명했듯이 차트 옵션에 allowHtml: true로 설정된 경우 포매터 자리에 HTML이 들어갈 수도 있습니다. 다음 예제를 보면 포매터 f의 자리에 HTML 태그와 데이터를 섞어서 사용했는데요, ⟨br⟩ 태그는 줄바꿈 용도로, ⟨span⟩ 태그는 그 자체로서는 특별한 기능이 없지만 여기에서는 텍스트의 일부분에 클래스 속성을 적용하여 스타일을 바꾸는 용도로 사용했습니다.

```
const fatalityRateAddedRows = rows.map((row) => {
  ... 생략 ...
  const confirmedFormatted = {
    v: confirmed,
    f: `${confirmed}<br><span class="text-danger">(+101)</span>`,
  };

  const releasedFormatted = {
    v: released,
    f: `${released}<br><span class="text-success">(+30)</span>`,
  };

  return [region, confirmedFormatted, death, releasedFormatted,
fatalityRateFormatted];
});
```

HTML 태그를 포함한 포매터를 적용해 [그림 7-10]과 같은 결과를 얻었습니다. 포매터에 대한 예시이므로 확진자 증감량을 하드코딩했습니다. 하지만 차후에는 전일 대비 증감량을 계산하는 코드로 변경할 예정입니다.

그림 7-10 HTML 태그와 CSS가 적용된 표

	지역	확진자	사망자	격리해제	치명률
1	서울	22717 (+101)	277	17487 (+30)	1.2%
2	경기	18378 (+101)	393	14538 (+30)	2.1%
3	대구	8176 (+101)	206	7787 (+30)	2.5%

만약 여기서 설명된 기능 외에도 추가적인 기능이나 커스터마이즈가 필요한 경우 구글 테이블 차트 공식 문서[2]를 참고하면 됩니다.

---

2 https://developers.google.com/chart/interactive/docs/gallery/table

7.3.3 구글 지오차트

구글에서는 지도에 데이터를 시각화하여 표현하는 지오차트를 제공합니다. 지오차트의 기능을 이용해서 국가별 감염 심각도를 컬러로 표현하는 히트맵을 그릴 수 있습니다.

> **Note** 히트맵(heat map)이란 데이터를 컬러에 매핑해서 시각적인 분석을 도와주는 데이터 시각화 기법입니다. 지도와 같은 이미지 위에 데이터를 분포 형태로 출력하는 것으로 미세먼지 분포, 웹페이지에서 사용자의 클릭 패턴 등을 표현할 때 등 활용할 수 있습니다.

기본적인 히트맵 그리기

미국, 인도, 브라질, 프랑스, 터키에 대한 확진자 데이터를 구글 지오차트를 이용해 하늘색 ~ 보라색 컬러로 지도 위에 표시하겠습니다.

그림 7-11 히트맵을 적용한 구글 지오차트

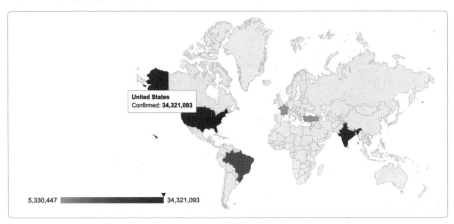

코드는 다음과 같습니다.

coronaboard-web/src/pages/chart/google-geo-chart-global.js

```
import React from 'react';
import 'bootstrap/dist/css/bootstrap.min.css';
import { Container } from 'react-bootstrap';
import { Chart } from 'react-google-charts';

export default function GoogleGeoChart() {
  const data = [
  ["Country", "Confirmed"], // ❶ 데이터의 첫 번째 요소는 헤더 정보
```

```
    ["United States", 34321093],
    ["India", 29506328],
    ["Brazil", 17413996],
    ["France", 5740665],
    ["Turkey", 5330447]
];

const options = {
    colorAxis: { colors: ['skyblue', 'purple'] }, // ❷ 시작 컬러와 끝 컬러
}
  return (
    <Container>
      <Chart
          chartType="GeoChart"
          width="100%"
          height="100%"
          data={data}
          options={options}
        />
    </Container>
  );
}
```

일단 google-geo-chart.js 파일을 생성하고 이전 예제의 테이블 차트와 동일하게 react-google-charts를 임포트해줍니다.

❶ data에는 국가 이름 (Country)과 매핑하고 싶은 데이터(이번 예제에서는 Confirmed)를 넣습니다.

❷ options의 colorAxis에서는 시작 컬러인 skyblue와 마지막 컬러인 purple을 넣어주었습니다. Data에 들어간 데이터 중 가장 적은 수인 터키의 5,330,447이 skyblue 컬러, 가장 큰 수인 34,321,093이 purple 컬러에 할당되었습니다. 그 사이 숫자들은 하늘색과 보라색의 중간값을 갖게 됩니다.

구글 지오차트를 이용해서 코드 몇 줄로 세계 지도를 그리고 그 위에 컬러를 올려보는 가장 기본적인 형태를 구현했습니다. 이번에는 세계 지도가 아닌, 한국만 보이도록 포커스해보고 코로나보드에서 표시하는 지오차트와 비슷해지도록 옵션을 추가하겠습니다.

한국 히트맵 그리기

옵션을 추가해서 다음과 같이 변경하겠습니다.

1 한국으로 지도 포커싱하기
2 컬러에 대해서 명시적으로 minValue, maxValue 선언하기
3 확진자, 사망자 이렇게 데이터를 2개로 표현하기

그림 7-12 한국으로 포커싱한 지오차트

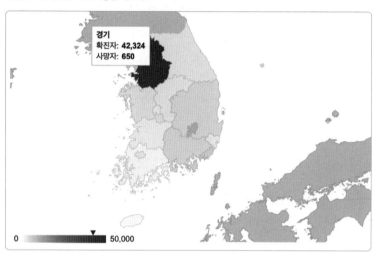

첫 번째로 구글 지오차트의 options에서 'region'이라는 필드에 국가 코드를 추가해서 원하는 위치만 보여주도록 지도를 확대할 수 있습니다. 'resolution' 필드는 기본값이 'country'이며 'provinces'로 설정할 경우 위와 같이 특별시, 광역시, 도별로 표시할 수 있습니다. 'provinces' 옵션은 모든 국가에 대해서 지원하지는 않으니 다른 국가에 적용할 때는 미리 테스트해보기 바랍니다.

```
const options = {
    colorAxis: { colors: ['skyblue', 'purple'] },
    region: 'KR',
    resolution: 'provinces',
}
```

'KR'과 같은 국가 코드 말고도 세 자리 숫자로 이루어진 코드로 대륙을 표현할 수도 있습니다. 예를 들어 한국 중국 일본을 포함한 동아시아는 region: '030'과 같이 표현할 수 있습니다.

그외 세 자리 숫자 코드는 아래 페이지에서 확인할 수 있습니다.

- https://developers.google.com/chart/interactive/docs/gallery/geochart#Continent_Hierarchy

그림 7-13 세 자리 숫자로 이루어진 대륙 코드

019 - Americas	021 - Northern America	BM, CA, GL, PM, US
	029 - Caribbean	AG, AI, AN, AW, BB, BL, BS, CU, DM, DO, GD, GP, HT, JM, KN, KY, LC, MF, MQ, MS, PR, TC, TT, VC, VG, VI
	013 - Central America	BZ, CR, GT, HN, MX, NI, PA, SV
	005 - South America	AR, BO, BR, CL, CO, EC, FK, GF, GY, PE, PY, SR, UY, VE
142 - Asia	143 - Central Asia	TM, TJ, KG, KZ, UZ
	030 - Eastern Asia	CN, HK, JP, KP, KR, MN, MO, TW

두 번째로 컬러 그라데이션에 값을 설정해봅시다. 기본값은 주어진 데이터 중 가장 작은 값과 가장 큰 값이 컬러에 매핑되는 식으로 되어 있습니다. 그러나 주어진 데이터에 상관없이 아래 코드와 같이 minValue, maxValue를 명시하여 범위를 강제로 고정시키는 것도 가능합니다.

```
const options = {
    colorAxis: { colors: ['skyblue', 'purple'] },
}


const options = {
    colorAxis: { minValue: 0, maxValue: 50000, colors: ['#ffffff', '#710000'] },
```

세 번째로 데이터가 표시되는 방법을 바꿔봅시다. 이번 예제는 'resolution'을 'province'로 바꿔주었으니 데이터 이름도 'Country' 대신 'City'로 바꿉니다. 첫 번째 'City' 열에는 각 지역에 대한 ISO-3166-2에 정의된 지역 코드를, 두 번째 'City' 열에는 실제로 표시될 지역 이름을 넣어주면 됩니다. 그 후 확진자, 사망자와 같은 데이터를 입력해주면 되는데 컬러는 첫 번째 입력된 데이터 기준으로 결정되고, 데이터는 최대 두 종류까지 넣을 수 있습니다.

```
const data = [
    ["City", "City", "확진자", "사망자"],
    ["KR-11", "서울", 47695, 507],
    ["KR-26", "부산", 6034, 124],
```

```
    ["KR-27", "대구", 10517, 222],
    ... 생략 ...
]
```

ISO-3166이란

국제표준화기구(ISO, International Organization for Standardization)에서 정한 각 국가의 영토, 구성 단위에 부여한 코드의 집합입니다. ISO-3166-1은 국가, ISO-3166-2는 국가의 주요구성단위(우리나라에서는 특별시, 광역시, 도) 코드입니다. 아래 위키백과 링크에서 확인할 수 있습니다.

- https://ko.wikipedia.org/wiki/ISO_3166-2:KR

전체 코드는 다음과 같습니다.

coronaboard-web/src/pages/chart/google-geo-chart-korea.js

```javascript
import React from 'react';
import 'bootstrap/dist/css/bootstrap.min.css';
import { Container } from 'react-bootstrap';
import { Chart } from 'react-google-charts';

export default function GoogleGeoChart() {

  const data = [
    ["City", "City", "확진자", "사망자"],
    ["KR-11", "서울", 47695, 507],
    ["KR-26", "부산", 6034, 124],
    ["KR-27", "대구", 10517, 222],
    ["KR-28", "인천", 6553, 61],
    ["KR-29", "광주", 2888, 23],
    ["KR-30", "대전", 2437, 27],
    ["KR-31", "울산", 2732, 40],
    ["KR-50", "세종", 525, 1],
    ["KR-41", "경기", 42324, 650],
    ["KR-42", "강원", 3411, 52],
    ["KR-43", "충북", 3232, 69],
```

```
      ["KR-44", "충남", 3703, 41],
      ["KR-45", "전북", 2319, 58],
      ["KR-46", "전남", 1582, 15],
      ["KR-47", "경북", 4849, 86],
      ["KR-48", "경남", 5097, 20],
      ["KR-49", "제주", 1230, 1],
    ];


  const options = {
    colorAxis: { minValue: 0, maxValue: 50000, colors: ['#ffffff', '#710000'] },
    region: 'KR',
    resolution: 'provinces',
  }
  return (
    <Container>
      <Chart
        chartType="GeoChart"
        width="100%"
        height="100%"
        data={data}
        options={options}
      />
    </Container>
  );
}
```

7.4 아파치 이차트 이용하기

코로나보드에서 사용한 막대 그래프, 선 그래프, 원 그래프는 구글 차트보다 더 인터랙티브하고 기능이 많은 이차트를 사용해 작성했습니다. 이차트는 아파치 소프트웨어 재단에서 2018년부터 인큐베이팅 지원을 받다가 2021년 1월 최상위 프로젝트^{Top-Level Project, TLP}로 승격되어 현재도 활발하게 업데이트되는 오픈 소스 프로젝트입니다.

이차트의 예제 페이지[3]에 가보면 [그림 7-14]처럼 구글 차트에 비해 더 다양한 차트들을 제공하고 있고, 잘 정리된 예제 코드도 제공해주어서 훨씬 편리하게 차트를 만들 수 있습니다. 예제를 선택하면 예제 코드 편집기와 차트 미리보기창이 같이 나타나는데, 편집기에서 코드를 수정할 때마다 미리보기창에서 라이브로 결과를 확인할 수 있습니다. 이 기능을 이용하면 결과를 보면서 차트의 여러 기능을 사용해볼 수 있기 때문에 훨씬 더 빠르게 원하는 차트를 만들 수 있습니다.

그림 7-14 이차트 예시 화면

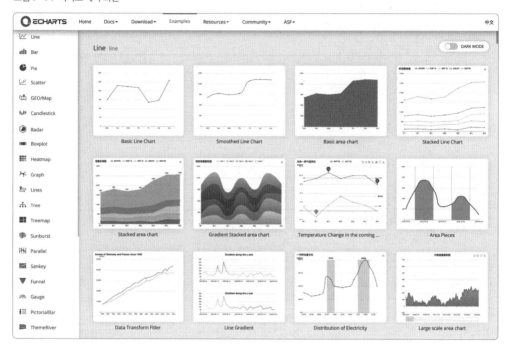

이차트에서 제공하는 강력한 기능으로 데이터 줌data zoom이 있습니다. 코로나보드에서처럼 날짜 기반의 시계열 데이터를 다루다 보면 하루 하루 데이터가 계속 쌓이기 때문에 데이터양이 많아지게 됩니다. 전체 날짜의 데이터를 한 화면에 표시하면 트렌드는 알 수 있지만, 일부 기간을 자세히 볼 방법이 없고, 일부만 확대해서 자세히 보여주자니 그래프에서 전체적인 트렌드를 놓치게 됩니다. 데이터 줌은 이런 문제를 해결할 수 있도록 [그림 7-15]에서처럼 그래프 아래쪽에 슬라이더 UI를 제공합니다. 이 슬라이더의 범위를 전체로 잡으면 전체 데이터가 보여지고, 일부만 잡으면 선택된 범위의 데이터만 보여지게 되며, 선택된 범위를 옮겨가면서 데이터를 보는 것도 가능합니다.

---

3 https://echarts.apache.org/examples/en/index.html

이 기능을 통하여 전체적인 트렌드를 볼 수 있어야 하고, 동시에 특정 기간을 자세히 볼 수 있어야 하는 두 가지 요구 사항을 완벽하게 만족하는 차트를 만들 수 있습니다.

그림 7-15 데이터 줌 기능이 사용된 그래프 예시

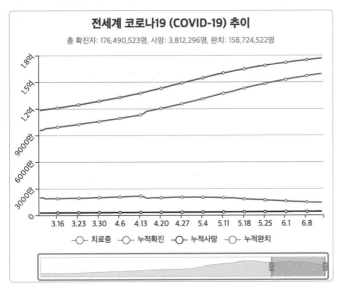

7.4.1 이차트 환경 설정

[coronaboard-web] 디렉터리에서 다음 명령어를 수행하여 이차트를 설치합니다.

```
$ npm install echarts@5.1.2
```

이차트는 리액트 기반으로 만들어진 라이브러리가 아니며, 리액트에서 쓰기 편하도록 리액트 컴포넌트 형태로 감싸둔 라이브러리도 제공하지 않습니다. 따라서 구글 차트 때와는 달리 이번에는 이차트 라이브러리를 이용하여 이를 감싸고 있는 이차트 리액트 컴포넌트를 직접 만들겠습니다.

개츠비에서 공용으로 사용할 리액트 컴포넌트는 [src/components] 디렉터리에 두는 것이 규칙이기 때문에 해당 디렉터리에 echart.js를 다음처럼 생성합니다.

coronaboard-web/src/components/echart.js

```
import React, { useEffect, useRef } from 'react';
import * as echarts from 'echarts';
```

```
export function Echart(props) {
  const { wrapperCss, option } = props;
  // ❶ 차트가 그려질 DOM 엘리먼트를 참조할 레퍼런스 생성
  const chartRef = useRef(null);

  // ❷ 의존하는 상태 변수(props 포함)가 변경될 때마다 호출됨
  useEffect(() => {
    // ❸ echarts를 초기화(❺에서 정의한 DOM 엘리먼트에 차트를 그리도록 설정)
    const chartInstance = echarts.init(chartRef.current);
    chartInstance.setOption(option);

    // ❹ 의존하는 상태 변수가 바뀌거나 현재 컴포넌트가 DOM에서 제거될 때(unmount)
    // 사용 중인 리소스를 정리하기 위한 클린업 함수를 정의하여 반환
    return () => {
      chartInstance.dispose();
    };
  }, [option]);

  // ❺ 실제 차트가 그려질 리액트 엘리먼트
  return <div css={wrapperCss} ref={chartRef} />;
}
```

코드는 짧고 간단하지만 처음 보는 리액트 후크인 useEffect와 useRef를 사용했기 때문에 각각
에 대해서 조금 자세히 설명하겠습니다.

useRef 후크 이용하기

❶ useRef라는 리액트에서 제공하는 후크를 사용합니다. 이 후크는 DOM으로 구성된 일반적인
HTML 환경과 리액트 엘리먼트 구성된 JSX 환경을 연결해주는 중간자 역할을 합니다.

조금 다르게 말해서 현재 리액트 환경에서 코드를 작성하고 있음에도, 리액트 코드가 렌더링될 때
생성되는 실제 DOM 엘리먼트에도 접근하는 방법을 제공합니다.

원래 이차트 라이브러리는 차트를 초기화하는 init( ) 함수를 호출할 때 해당 차트가 그려지길 원
하는 특정 DOM 엘리먼트를 인수로 전달받고, 해당 엘리먼트 안에 캔버스canvas를 생성하고 그 위
에 차트를 그립니다. 하지만 이차트는 리액트와 무관하기 때문에 JSX 문법으로 표현된 리액트 엘

리먼트를 전혀 알지 못하고, 차트가 그려지길 원하는 리액트 엘리먼트를 인수로 넣어줄 수 없습니다.

이러한 문제를 해결하려면 결국 리액트 컴포넌트 내부에서 나중에 렌더링될 DOM 엘리먼트에 접근이 가능해야 합니다. 리액트에서는 useRef 후크를 사용해 참조자를 생성하고, 이 참조자를 ➎에서처럼 JSX로 표현된 리액트 엘리먼트에 연결하는 방식을 사용합니다. 이렇게 해두면 이 리액트 엘리먼트가 실제 DOM으로 렌더링되고 난 후에 참조자의 current 속성에 리액트 엘리먼트가 렌더링되면서 생성된 DOM 엘리먼트에 대한 참조 정보가 들어 있습니다. 결국에는 이 참조 정보를 ➌ echarts.init( ) 함수에 넣어줄 수 있기 때문에 리액트 환경에서도 문제 없이 echarts를 초기화할 수 있게 되었습니다.

useEffect 후크 이용하기

➋ useEffect라는 새로운 후크를 사용합니다. 리액트 컴포넌트는 해당 컴포넌트를 렌더링하는 데 필요한 상태 변수나 props가 변화할 때 자동으로 다시 렌더링을 수행하는 특징을 가지고 있습니다. 이와 비슷하게 상태 변수나 props가 변화 직후에 다른 코드를 실행하고 싶을 때는 useEffect 후크를 사용하면 됩니다.

> **Note** 어떤 상태 변수가 변화할 때 그 변화로 인해 다른 변화들을 일으키는 것을 사이드 이펙트(side effect)라고 볼 수 있습니다. useEffect 후크의 effect라는 용어가 여기에서 유래했다고 보면 됩니다.

useEffect 후크는 첫 번째 인수로 렌더링 직후 실행될 함수를 받고, 두 번째 인수로 의존하는 상태 변수 목록을 받습니다. 만약 두 번째 인수를 생략하면 렌더링될 때마다 첫 번째 인수로 받은 함수가 실행됩니다. ➋에서처럼 두 번째 인수로 의존성을 가진 상태 변수(props 포함)의 목록을 배열로 받을 수도 있습니다. 이렇게 의존성 목록을 별도로 명시해주면 이 목록에 존재하는 상태 변수가 변화하여 렌더링이 수행된 경우에만 함수가 실행됩니다. 따라서 필요할 때만 함수가 실행되어 더 효율적입니다. 여기서는 props에서 가져온 option 상태 변수가 useEffect의 의존성 목록에 명시되었기 때문에 이 리액트 컴포넌트 밖에서 option의 내용이 변경되는 경우에 등록해둔 함수가 실행되면서 차트를 다시 초기화합니다. option 변수에는 차트를 그릴 데이터뿐만 아니라 차트에 대한 설정 정보가 들어 있습니다. 그래서 이 변수가 변경될 때 차트를 다시 초기화하여 새롭게 그려지도록 하는 것은 매우 당연한 일입니다. 참고로 useEffect의 두 번째 인수로 비어 있는 배열

> **마운트(mount)**
> 실제 컴포넌트가 생성되어 DOM에 추가되는 것

을 넣어주는 것도 가능한데요, 이 경우 컴포넌트가 마운트되는 시점에 1회만 useEffect에 등록된 함수가 실행되는 특성을 가지게 됩니다.

마지막으로 ❹를 살펴보면 코드를 다 수행하고 난 후에 익명 함수를 반환합니다. 이렇게 반환된 함수는 아래 2가지 시점에 리액트에 의해 자동으로 호출되어 기존에 useEffect에 등록된 함수에서 사용하거나 할당했던 리소스 해제합니다.

> 1 리액트 컴포넌트에 렌더링이 다시 발생하여 useEffect에 등록된 함수를 호출하기 직전 시점
> 2 리액트 컴포넌트가 언마운트되어 더는 사용되지 않는 시점

언마운트(unmount)
DOM 상에 존재하던 컴포넌트가 DOM에서 제거되는 것

별도로 해제할 리소스가 없는 경우에는 아무것도 반환하지 않아도 됩니다. 하지만 위 예시에서처럼 별도의 라이브러리를 이용하여 차트를 만들었는데 해당 차트를 감싸둔 리액트 컴포넌트가 언마운트될 때 차트가 사용 중인 리소스를 해제하지 않는다면 리액트 컴포넌트는 없어지겠지만 연결되어 있던 차트 리소스는 계속 사용 중인 상태로 남게 됩니다. 이렇게 되면 메모리 공간을 낭비하고 성능을 저하시키는 요인이 될 수 있으니 사용한 리소스를 해제해야 합니다.

새로운 개념을 이용하여 컴포넌트를 만드느라 설명도 좀 길어지고 어려웠지만 이렇게 만들어진 이차트 리액트 컴포넌트를 사용하는 방법은 매우 간단합니다. 다음 절에서는 방금 만들어낸 이차트 컴포넌트에 실제로 여러 프로퍼티를 외부로부터 전달하여 원하는 차트 크기, 설정, 데이터를 만드는 방법을 살펴봅시다.

7.4.2 이차트 기본 사용법

이번 절에서는 막대 차트와 파이 차트를 실제로 따라 만들면서 이차트에서 제공하는 다양한 차트 설정 옵션을 살펴봅니다. 여기서 미처 다루지 못한 옵션은 공식 문서에서 확인해주세요.

- https://echarts.apache.org/en/option.html#title

막대 차트 그리기

[그림 7-16]에서는 막대 차트로 코로나19 일별 확진자 숫자, 격리 해제 숫자를 표시합니다. 이 차트를 보면 데이터를 색상별로 표현하는 막대 그래프뿐만 아니라 ❶ 타이틀, ❷ 레이블, ❸ 툴팁, ❹ 범례 등 차트를 구성하는 다양한 요소가 함께 존재합니다. 마우스 커서를 차트 위로 위치시키

면 ❸ 툴팁이 나타나서 더 자세한 데이터를 볼 수 있습니다. 범례 영역에 존재하는 '확진' 또는 '격리해제' 부분을 클릭하면 해당 데이터 항목을 차트에서 추가/제거할 수 있어서 많은 항목의 데이터가 공존하고 있을 때 특정 항목만 선택적으로 볼 수 있습니다.

그림 7-16 이차트 막대 차트 예제

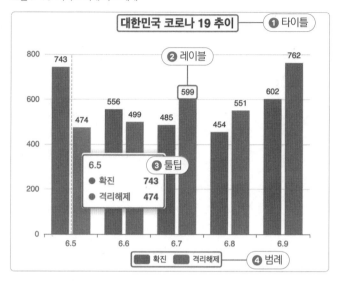

이러한 차트를 코드로 작성해봅시다.

```
                                              coronaboard-web/src/pages/chart/bar.js
import React from 'react';
import 'bootstrap/dist/css/bootstrap.min.css';
import { Container } from 'react-bootstrap';
import { Echart } from '../../components/echart'; // ❶
import { css } from '@emotion/react';

export default function BarChart() {
  // ❷ 레이블 표시 여부, 위치 설정
  const labelOptions = {
    show: true,
    position: 'top',
  };

  // ❸ 데이터의 이름, 차트 타입, 색상, 레이블, 실제 데이터 제공
  const series = [
    {
```

```
      name: '확진',
      type: 'bar',
      color: '#e2431e',
      label: labelOptions,
      data: [743, 556, 485, 454, 602],
    },
    {
      name: '격리해제',
      type: 'bar',
      color: '#6f9654',
      label: labelOptions,
      data: [474, 499, 599, 551, 762],
    },
];

// ❹ 차트를 그리는 데 필요한 모든 옵션을 하나의 객체에 모아서 정의
const chartOption = {
  title: {
    text: '대한민국 코로나 19 추이',
    left: 'center',
  },
  legend: {
    data: series.map((x) => x.name),
    bottom: 20,
  },
  xAxis: {
    data: ['6.5', '6.6', '6.7', '6.8', '6.9'],
  },
  yAxis: {},
  tooltip: {
    trigger: 'axis',
  },
  series,
  animation: false,
};

return (
  <Container>
    {/* ❺ 차트가 그려질 영역의 크기와 정의해둔 차트 옵션을 컴포넌트에 전달 */}
    <Echart
```

```
      wrapperCss={css`
        width: 100%;
        height: 400px;
      `}
      option={chartOption}
    />
  </Container>
);
}
```

앞서 만든 ❶ 이차트 리액트 컴포넌트를 임포트했습니다. 이렇게 임포트한 컴포넌트는 ❺에서처럼 바로 사용할 수 있습니다.

❷ 데이터 레이블을 차트 상에 직접 표시할지 여부를 결정하는 옵션을 정의합니다. 예시에서처럼 show: true, position: 'top'으로 되어 있으면 [그림 7-16]에서처럼 막대 바로 위쪽에 수치가 레이블로 표시됩니다.

❸ 표시할 데이터와 형태를 정의하여 series 변수에 저장합니다. 여기서는 날짜별 '확진', '격리해제' 데이터를 한 번에 보여주는 두 종류의 데이터를 정의했습니다. 만약 다른 종류의 데이터를 더 보여주고 싶다면 이곳에 항목을 추가하면 됩니다. 각 항목별로 어떤 데이터를 나타내는 것인지 구분하기 위해 이름, 색상을 지정했습니다. 여기서는 막대 차트를 그리기 위하여 type: 'bar'를 입력했습니다. type에 따라 그려지는 차트의 모양은 다음과 같습니다.

그림 7-17 type에 따른 차트 모양

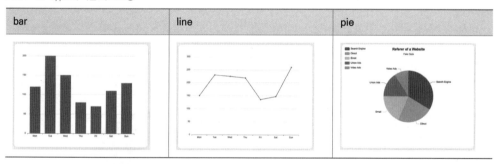

마지막으로 각 항목별 실제 데이터를 나타내는 data 필드에는 5일치 데이터를 하드코딩했습니다 (추후에 API로부터 조회한 데이터를 가공하여 이곳에 넣어줄 겁니다).

❹ 실제 Echart 컴포넌트를 초기화하는 데 필요한 기본 옵션을 모두 정의하고, 추가로 ❸에서 만든 series 객체까지 연결합니다. 각 옵션은 다음과 같습니다.

- **title** : 차트 내에 표시되는 차트 제목의 텍스트와 정렬 방법을 설정합니다.
- **legend** : 차트에 표시된 데이터의 색상이 어떤 의미인지 설명하는 범례를 설정합니다. left, right, top, bottom 등의 속성을 추가하면 범례를 해당 기준점으로부터 몇 px 위치에 표시할지를 지정할 수 있습니다. 예시에서는 bottom: 20으로 설정하여 범례를 차트 아래쪽으로부터 위로 20px 부분에 위치시키고 있습니다.
- **xAxis** : 차트의 x축에 표시될 날짜 정보를 설정합니다. xAxis.data의 길이와 series 변수의 data 길이를 동일하게 해야 의도대로 차트가 표시됩니다.
- **yAxis** : 별다른 설정을 해주지 않았습니다.
- **tooltip** : 마우스를 그래프 위에 올렸을 때 커서 위치에 해당하는 데이터를 더 자세히 보여줄 툴팁을 활성화합니다.
- **animation** : 기본적으로 활성화되어 있기 때문에 여기서는 false로 지정하여 비활성화했습니다. 차트가 초기화될 때 애니메이션이 있으면 자연스러운 경우도 있으니 이 부분은 취향에 따라 활성화/비활성화하여 사용하면 됩니다.

❺ 이차트 컴포넌트를 만들고 정의해둔 chartOption을 option 속성을 통해 전달했습니다. 이외에 별도로 wrapperCss 속성을 통해 차트가 그려질 엘리먼트의 너비와 높이를 지정했습니다. 7.4.1절에서는 echarts 객체를 초기화할 때 실제 차트가 그려질 DOM 엘리먼트의 참조를 넣어주었습니다. 이때 해당 DOM 엘리먼트의 너비/높이가 확정되어 있어야 해당 영역 크기에 맞춰서 차트가 제대로 그려지게 됩니다. 따라서 wrapperCss 속성을 통해 차트가 그려질 DOM 엘리먼트의 너비/높이 관련 속성을 명확히 지정해줘야만 차트가 제대로 보인다는 사실을 알고 있어야 합니다.

파이 차트 그리기

막대 차트에 이어서 파이 차트도 한 번 그려보겠습니다. 파이 차트는 각 항목이 전체에서 차지하는 비율을 시각적으로 표현할 때 유용합니다. 예를 들어 전체 확진자 수를 성별로 보여준다거나, 전 세계 확진자 수를 각 나라별로 나누어 파이

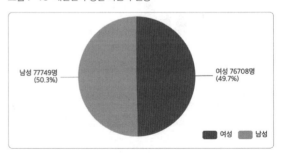

그림 7-18 대한민국 성별 확진자 현황

차트로 표현한다면 그 비율을 한눈에 파악할 수 있습니다. 위 파이 차트는 국내 확진자 수를 여성과 남성 비율로 보여줍니다. [그림 7-18]과 같은 그래프를 그리는 코드를 작성하겠습니다.

coronaboard–web/src/pages/chart/pie.js

```javascript
import React from 'react';
import 'bootstrap/dist/css/bootstrap.min.css';
import { Container } from 'react-bootstrap';
import { Echart } from '../../components/echart'; // ❶
import { css } from '@emotion/react';

export default function PieChart() {

  // ❷ 파이 차트를 그리는 데 사용할 데이터
  const pieChartData = [
    { name: "여성", value: 76708},
    { name: "남성", value: 77749},
  ];

  // 각 데이터로부터 총 합을 계산
  const total = pieChartData.reduce((acc, x) => acc + x.value, 0);

  // ❸ 차트 타입, 레이블, 실제 데이터 제공
  const series = [
    {
      label: {
        position: 'outer',
        formatter: (obj) => {
          const percent = ((obj.value / total) * 100).toFixed(1);
          return `${obj.name} ${obj.value}명\n(${percent}%)`;
        }
      },
      type: 'pie',
      radius: '50%',
      data: pieChartData,
    }
  ];

  // ❹ 차트를 그리는 데 필요한 모든 옵션을 하나의 객체에 모아서 정의
  const chartOption = {
    animation: true,
    title: {
```

```
      text: '대한민국 성별 확진자 현황',
      left: 'center',
      top: 30,
    },
    legend: {
      data: pieChartData.map((x) => x.name),
      bottom: 20,
    },
    series,
  };

  return (
    <Container>
      {/* ❺ 차트가 그려질 영역의 크기와 정의해둔 차트 옵션을 컴포넌트에 전달 */}
      <Echart
        wrapperCss={css`
          width: 100%;
          height: 400px;
        `}
        option={chartOption}
      />
    </Container>
  );
}
```

이차트에서 파이 차트 작성은 막대 차트와 크게 다르지 않습니다. 달라지는 부분만 간단하게 설명하겠습니다.

❶ 이차트 리액트 컴포넌트를 임포트했습니다.

❷ 파이 차트로 표현할 데이터를 준비했습니다. name에 데이터 이름을, value에 실젯값을 넣었습니다. 추후 데이터에 전체 확진자 수에 대한 각 성별 확진자 비율을 표시할 예정이기 때문에 reduce( ) 함수를 이용해 total값을 만들었습니다.

❸에서는 막대 차트와 마찬가지로 실제 표시할 데이터와 형태를 정의해서 series 변수에 저장했습니다. label에 데이터 이름, 데이터 값에 %로 비율까지 표시할 예정이기 때문에 label 변수에 formatter를 정의했습니다.

일단 성별 확진자의 비율(percent)을 구합니다. Obj 변수 안에는 위 pieChartData에서 정의한 name과 value가 들어 있습니다. 각 데이터의 value를 total로 나눈 후 100을 곱하고 toFixed(1) 함수를 이용, 소수점 한 자리까지 표현하면 원하는 비율을 구할 수 있습니다.

```
const percent = ((obj.value / total) * 100).toFixed(1);
```

그럼 이렇게 구한 percent값을 아래 formatter에 넣어보겠습니다.

```
`${obj.name} ${obj.value}명\n(${percent}%)`
```

위 값은 { name: "여성", value: 76708} 데이터를 '여성 76708명 (49.7%)'와 같은 형태로 보여집니다. 파이 차트이기 때문에 type: 'pie'를 입력해주었고, radius: '50%'는 파이 차트의 크기를 전체 차트 캔버스 면적의 50%로 설정하겠다는 의미입니다. ❹, ❺는 막대 차트와 동일하기 때문에 설명을 생략하겠습니다.

학습 마무리

데이터 시각화를 알아보았습니다. 데이터마다 어떤 형식의 시각화 방법이 가장 적절한지 결정하는 기준을 소개했습니다. 코로나보드에서는 테이블과 지도를 그리는 데 구글 차트를 활용했고 막대 그래프, 선 그래프, 그리고 파이 차트를 그리는 데 이차트 라이브러리를 사용했습니다.

핵심 요약

1 테이블, 지도, 그래프 등을 이용하여 데이터를 시각화할 수 있습니다. 같은 데이터라도 목적에 맞게 시각화 방법을 선택한 후 데이터를 가공해야 합니다.

2 코로나보드는 당일 수치의 스냅샷을 보여주는 데 구글 테이블 차트를 사용합니다. 데이터를 컬럼별로 쉽게 정렬하는 기능이 기본 제공되기 때문입니다.

3 리액트가 아닌 환경에 맞게 만들어진 이차트를 리액트 컴포넌트 형태로 감싸서 사용하는 데 후크(useRef와 useEffect)를 사용했습니다.

4 이차트에서 제공하는 다양한 차트 중 막대 차트와 파이 차트를 그려보았습니다.

앞서 배운 내용을 바탕으로 코로나보드와 거의 동일한 기능을 하는 클론 웹사이트를 컴포넌트 단위로 구현합니다. API와 구글 시트 등의 데이터 저장소로부터 웹사이트에 필요한 데이터를 불러와서 UI 컴포넌트에 전달하고, 부트스트랩과 CSS를 이용하여 UI 컴포넌트에 디자인을 적용합니다. 이렇게 만들어진 컴포넌트들을 조합하여 최종적으로 하나의 웹사이트를 완성합니다.

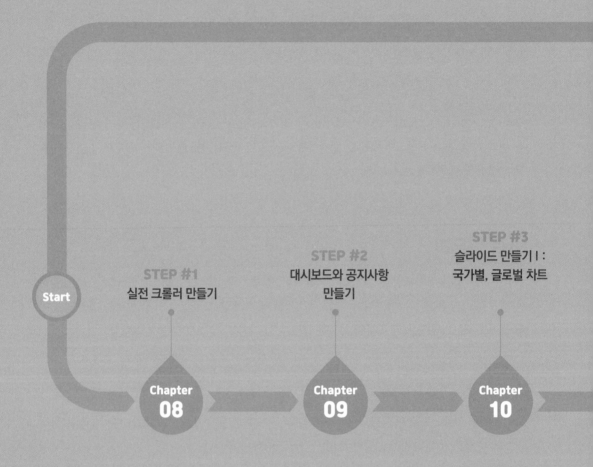

Start

STEP #1
실전 크롤러 만들기

Chapter
08

STEP #2
대시보드와 공지사항
만들기

Chapter
09

STEP #3
슬라이드 만들기Ⅰ:
국가별, 글로벌 차트

Chapter
10

PROJECT # 구현 목표 한눈에 보기

대시보드 (9.2절)

10장

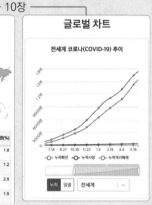

공지사항 (9.3절)

메뉴바 (12.2절)

상단 고정 메뉴바 (12.3절)

국내 차트(11.1절)

| 국가별현황 | 글로벌차트 | 국내차트 | 유튜브 |

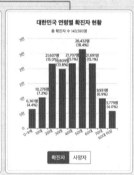

관련 유튜브 영상

유튜브 영상 (11.2절)

이름	코로나보드 클론 웹사이트 만들기	
기능	• 대시보드 • 페이지 내 메뉴바 • 글로벌 차트 • 스크롤 시 상단 고정 메뉴바	• 공지사항 • 국가별 현황(지오차트 및 테이블) • 국내 차트 • 유튜브 영상
구성 요소	• 구글 지오차트, 구글 테이블 • 유튜브 API • react-scroll의 Link 컴포넌트	• 아파치 이차트 컴포넌트 • 부트스트랩의 Nav, Navbar 컴포넌트

STEP #1
실전 크롤러 만들기

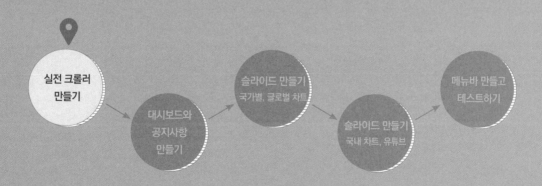

실전 크롤러
만들기

대시보드와
공지사항
만들기

슬라이드 만들기
국가별, 글로벌 차트

슬라이드 만들기
국내 차트, 유튜브

메뉴바 만들고
테스트하기

#MUSTHAVE

☐ **학습 목표** 질병관리청의 코로나19 클론 사이트와 월드오미터 클론 사이트에서 각각 국내

코로나 통계와 세계 각국의 통계를 크롤링^{crawling}하는 크롤러를 만들어봅시다.

☐ **학습 순서**

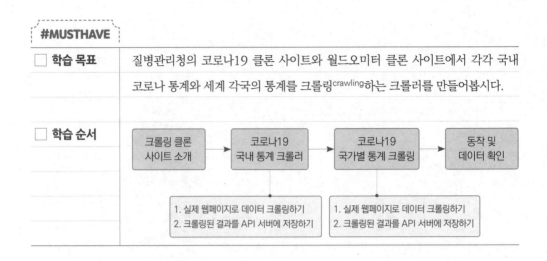

8.1 크롤링 클론 사이트 소개

현업에서는 아마존이나 위키백과 같은 실제 웹사이트를 크롤링하겠지만 해당 사이트가 업데이트 되면 크롤링하는 코드도 그에 맞춰 업데이트되어야 합니다. 이러한 문제를 피하기 위해 이 책은 다음과 같이 크롤링용 클론 웹 사이트를 제공합니다(클론 웹 사이트는 항상 동일한 내용으로 유지 됩니다).

- **질병관리청 코로나19[1] 클론 사이트** :

  https://yjiq150.github.io/coronaboard-crawling-sample/clone/ncov/
- **월드오미터[2] 클론 사이트** :

  https://yjiq150.github.io/coronaboard-crawling-sample/clone/worldometer/

질병관리청 코로나19 사이트에서는 국내 데이터, 월드오미터에서는 해외 데이터를 얻을 수 있습 니다.

---

1 질병관리청 코로나19 실제 사이트 : http://ncov.mohw.go.kr
2 월드오미터 실제 사이트 : https://www.worldometers.info/coronavirus/#countries

8.2 코로나19 국내 통계 크롤러

코로나19 관련 국내 통계들을 질병관리청 코로나19 클론 사이트로부터 크롤링하겠습니다. 크롤링할 항목은 다음과 같습니다.

- 확진자, 사망자, 격리해제, 검사중, 결과음성, 총 검사자 수
- 성별에 따른 확진자, 사망자 수
- 연령에 따른 확진자, 사망자 수

크롬 [개발자 도구]에서 페이지를 살펴보면 우리가 크롤링하고자 하는 데이터 항목들이 모두 메인 HTML 소스에 존재합니다.[3] HTML 소스로부터 데이터를 추출하는 크롤러를 만듭시다. 이번에 만들 크롤러 구성은 다음과 같습니다.

그림 8-1 이 장에서 만들 크롤러 구성

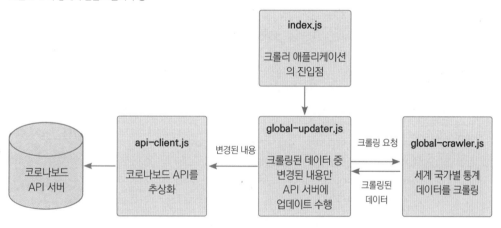

To Do 실제 웹페이지 데이터 크롤링하기

01 페이지를 크롤링하는 DomesticCrawler 클래스의 기본 구성을 구현합니다.

crawler/domestic-crawler.js

```
const _ = require('lodash');        // 다양한 유틸리티 함수 제공
const axios = require('axios');     // HTTP 클라이언트 모듈
const cheerio = require('cheerio'); // HTML 파싱 및 DOM 생성
```

---

3   4.4.2절 '웹페이지 종류별 크롤링 방식 결정 방법'의 1번 방식입니다.

```javascript
class DomesticCrawler {
  constructor() {
    this.client = axios.create({
      // ❶ 실제 크롬 웹브라우저에서 보내는 값과 동일하게 넣기
      headers: {
        'User-Agent':
          'Mozilla/5.0 (Macintosh; Intel Mac OS X 10_15_7) AppleWebKit/537.36
(KHTML, like Gecko) Chrome/90.0.4430.93 Safari/537.36',
      },
    });
  }

  // ❷ 크롤링 수행
  async crawlStat() {
    // '발생동향 > 국내 발생 현황' 페이지의 주소
    const url = 'https://yjiq150.github.io/coronaboard-crawling-sample/clone/
ncov/';
    const resp = await this.client.get(url);
    const $ = cheerio.load(resp.data);

    return {
      // 확진자, 사망자, 격리해제, 검사중, 결과음성, 총 검사자 수
      basicStats: this._extractBasicStats($),
      byAge: this._extractByAge($), // 나이에 따른 확진자, 사망자 수
      bySex: this._extractBySex($), // 성별에 따른 확진자, 사망자 수
    };
  }

  _extractBasicStats() { ... 생략 ... }
  _extractByAge() { ... 생략 ... }
  _extractBySex() { ... 생략 ... }

  // ❸ 텍스트로된 숫자를 실제 수치로 변환
  _normalize(numberText) {
    // 아래 형태로 들어올 때 괄호 없는 앞쪽 숫자만 추출
    // ex) 8,757(45.14)
    const matches = /[0-9,]+/.exec(numberText);
    const absValue = matches[0];
```

```
      return parseInt(absValue.replace(/[\s,]*/g, ''));
   }
}


module.exports = DomesticCrawler;
```

먼저 axios.create() 함수를 실행해 HTTP 클라이언트를 생성합니다. ❶ User-Agent 헤더 정보를 바꿉니다. 실제 맥OS에서 동작하는 크롬 웹브라우저에서 복사해온 겁니다.[4] 웹 서버에 따라서는 일반적인 웹브라우저가 아니면 접근을 허용하지 않거나 아예 다른 응답을 하는 경우가 종종 있기 때문에 최대한 일반적인 웹브라우저에서 요청한 것처럼 보일 목적으로 이 값을 사용합니다. 여기에서처럼 User-Agent 헤더를 명시하지 않은 경우에는 'axios/0.21.1' 형태가 기본값입니다.

❷ crawlStat() 함수는 메인 HTML 페이지를 로드하여 원하는 데이터를 추출합니다. 각 데이터별로 추출 함수를 만들었습니다. ❸ _normalize() 함수는 정규표현식을 이용하여 텍스트로부터 숫자만 추출합니다.

> **Note** 정규표현식은 패턴 매칭을 이용하여 문자열에서 원하는 값만 추출하거나 삭제할 때 매우 유용한 도구입니다. 정규표현식을 만들어 결과를 바로 확인하는 https://regex101.com 같은 웹사이트도 있으니 유용하게 활용하길 빕니다.

02 통계 데이터를 추출하는 함수를 구현합시다.

_extractBasicStats() 함수 상세 내용

```
_extractBasicStats($) {
  let result = null;
  const titles = $('h5.s_title_in3');
  titles.each((i, el) => {
    // h5 태그 안에 텍스트(제목)와 span 태그(업데이트 날짜)가 섞여 있는 경우가 존재
    // ❶ 여기서 태그를 제외하고 순수 텍스트만 분리
    const titleTextEl = $(el)
      .contents() // 요소 서브의 텍스트 노드를 포함한 모든 노드 반환
      .toArray()
      .filter((x) => x.type === 'text');
```

---

4 이 값은 크롬 [개발자 도구]의 [Network] 탭을 열고 기록된 HTTP 요청을 클릭하여 요청 헤더 영역을 살펴봐서 확인할 수 있습니다.

```javascript
      // 제목 '누적 검사현황' 다음에 나오는 테이블 찾기
      if ($(titleTextEl).text().trim() === '누적 검사현황') {
        const tableEl = $(el).next();
        if (!tableEl) {
          throw new Error('table not found.');
        }
        // ❷ 테이블 내의 셀을 모두 찾아서 가져옴
        const cellEls = tableEl.find('tbody tr td');

        // 찾아진 셀에 있는 텍스트를 읽어서 숫자로 변환
        const values = cellEls
          .toArray()
          .map((node) => this._normalize($(node).text()));

        result = {
          confirmed: values[3],
          released: values[1],
          death: values[2],
          tested: values[5],
          testing: values[6],
          negative: values[4],
        };
      }
    });

    if (result == null) {
      throw new Error('Data not found');
    }

    return result;
  }
```

국내 발생 현황 페이지에서 '확진자, 사망자, 격리해제, 검사중, 결과음성, 총 검사자 수' 데이터는 '누적 검사현황' 제목 바로 아래에 있는 테이블에 들어 있습니다. 안타깝게도 이 페이지의 DOM 을 자세히 살펴봐도 이 테이블만 정확히 특정하는 id값이나 class 속성 설정이 되어 있지 않습니다. 이런 경우에는 '누적 검사현황' 제목을 가진 요소를 찾고, 해당 요소 다음에 존재하는 테이블 요소를 찾아나가는 식으로 코드를 작성해야 합니다.

목표로 한 테이블을 찾고 나서 ❷ 해당 테이블 요소를 기준으로 다시 한번 CSS 셀렉터를 이용하여 찾습니다. 크롤링할 모든 데이터가 td 태그 안에 모두 있기 때문에 'tbody tr td' 셀렉터를 사용했습니다. 찾은 모든 셀에서 텍스트를 추출하고 해당 텍스트에 _normalize() 함수를 적용하여 정수 타입으로 변환합니다. 추출된 값들은 결과 객체에 필드별로 할당되어 반환됩니다.

03 성별, 연령별 확진자, 사망자 수를 추출하겠습니다. ❶ '확진자 성별 현황', ❷ '확진자 연령별 현황'은 첫 번째 컬럼에 위치합니다. 두 테이블 모두에서 ❸ 두 번째 컬럼에 확진자, ❹ 네 번째 컬럼에 사망자 수가 위치합니다.

이 두 가지 테이블은 구조가 동일하기 때문에 '구분' 컬럼을 기준으로 해당 행에 있는 데이터를 정확히 판단할 수 있습니다. 코드로 작성하면 다음과 같습니다.

```javascript
_extractByAge($) {
  // '구분' 컬럼의 텍스트를 필드 이름으로 매핑
  const mapping = {
    '80 이상': '80',
    '70-79': '70',
    '60-69': '60',
    '50-59': '50',
    '40-49': '40',
    '30-39': '30',
    '20-29': '20',
    '10-19': '10',
    '0-9': '0',
  };

  return this._extractDataWithMapping(mapping, $);
}

_extractBySex($) {
  const mapping = {
    남성: 'male',
    여성: 'female',
  };

  return this._extractDataWithMapping(mapping, $);
}

_extractDataWithMapping(mapping, $) {
  const result = {};

  $('.data_table table').each((i, el) => {
    $(el)
      .find('tbody tr')
      .each((j, row) => {
        const cols = $(row).children(); // 서브 요소를 모두 가져옴
        _.forEach(mapping, (fieldName, firstColumnText) => {
          // 현재 행의 첫 번째 컬럼값이 mapping에 정의된 이름과
          // 동일한 경우에만 데이터 추출
          if ($(cols.get(0)).text() === firstColumnText) {
            result[fieldName] = {
```

```
                confirmed: this._normalize($(cols.get(1)).text()),
                death: this._normalize($(cols.get(2)).text()),
              };
            }
          });
        });
    });

    if (_.isEmpty(result)) {
      throw new Error('data not found');
    }

    return result;
  }
```

위 코드는 모든 테이블을 순회하면서, 각 테이블의 행을 의미하는 tr 태그를 또 순회합니다. 각 행
의 첫 번째 컬럼값이 찾고자 하는 컬럼값과 동일하면 해당 행의 첫 번째 컬럼을 확진자 수로, 두
번째 컬럼을 사망자 수로 결과 객체의 필드에 저장합니다.

`To Do` **크롤링된 결과를 API 서버에 저장하기**

01 크롤링된 결과를 저장하려면 2.6절 'API 만들기'에서 만든 API를 호출해야 합니다. API 호
출할 클래스를 구현합니다.

crawler/api-client.js
```
const axios = require('axios');

class ApiClient {
  constructor() {

    // ❶ HTTP 클라이언트
    const client = axios.create({
      baseURL: process.env.CB_API_BASE_URL || 'http://localhost:8080',
    });

    // 응답에 대한 인터셉터를 등록하면 모든 응답에 대해 여기 등록된 함수 수행
    // (매번 응답 객체의 data 필드에 접근하는 것이 번거롭다면 아래 코드를 통해
    // 응답 객체 대신 실제 응답 바디에 해당하는 객체를 바로 반환)
    client.interceptors.response.use((resp) => {
```

```
      return resp.data;
    });

    this.client = client;
  }


  // ❷ 국가별 통계를 Upsert(Update 또는 insert)하는 global-stats API 호출
  async upsertGlobalStat(data) {
    return await this.client.post('global-stats', data);
  }

  // ❸ 키-값 쌍을 Upsert하는 key-value API 호출
  async upsertKeyValue(key, value) {
    return await this.client.post('key-value', {
      key,
      value,
    });
  }
}

module.exports = ApiClient;
```

❶ axios.create() 함수를 사용해 API 서버의 기본 주소가 지정된 HTTP 클라이언트를 생성합니다. 실제 제공되는 API와 1:1로 매칭되도록 ApiClient 클래스에 함수를 생성해둡니다. 여기서는 크롤링된 데이터를 저장하기 위해 ❷ upsertGlobalStat() 함수와 ❸ upsertKeyValue() 함수를 추가했습니다. 필요에 따라 함수를 더 추가하면 됩니다. 이런 방식으로 만들면 나중에 API 호출을 쉽게 할 수 있을 뿐만 아니라, API 스펙 변경 또는 API 서버 주소 변경 등이 발생할 때 다른 코드 변경 없이 ApiClient 클래스의 내용만 변경하면 되기 때문에 현업에서 많이 사용하는 유용한 패턴입니다.

02 이제 크롤링된 데이터를 ApiClient를 이용하여 API 서버에 업데이트하는 코드를 구현합니다.

crawler/domestic-updater.js

```
const _ = require('lodash');
const fs = require('fs');
const path = require('path');
const { format, utcToZonedTime } = require('date-fns-tz');
```

```javascript
const DomesticCrawler = require('./domestic-crawler');

async function crawlAndUpdateDomestic(outputPath, apiClient) {
  let prevData = {};
  const domesticStatPath = path.join(outputPath, 'domestic-stat.json');
  try {
    // ❶ 기존 크롤링한 값이 있으면 불러오기
    prevData = JSON.parse(fs.readFileSync(domesticStatPath, 'utf-8'));
  } catch (e) {
    console.log('previous domesticStat not found');
  }

  const domesticCrawler = new DomesticCrawler();

  // ❷ 한국 시간대 기준으로 현재 시점의 날짜 생성
  const now = new Date();
  const timeZone = 'Asia/Seoul';
  const crawledDate = format(utcToZonedTime(now, timeZone), 'yyyy-MM-dd');

  const newData = {
    crawledDate,
    domesticStat: await domesticCrawler.crawlStat(),
  };

  // ❸ 변경된 값이 없으면 아무것도 하지 않음
  if (_.isEqual(newData, prevData)) {
    console.log('domesticStat has not been changed');
    return;
  }

  // 크롤링된 최신 값을 파일에 저장
  fs.writeFileSync(domesticStatPath, JSON.stringify(newData));

  const newDomesticStat = newData.domesticStat
  const {
    confirmed,
    released,
    death,
    tested,
```

```
    testing,
    negative,
  } = newDomesticStat.basicStats;

  // ❹ global-stat API를 호출하여 크롤링된 값을 서버에 저장
  await apiClient.upsertGlobalStat({
    cc: 'KR',
    date: crawledDate,
    confirmed,
    released,
    death,
    tested,
    testing,
    negative,
  });

  // ❺ 성별, 나이별 데이터는 현재 날짜에 대한 데이터만 수집하기 때문에
  // 간단하게 키값을 저장하는 API를 사용해 저장
  const { byAge, bySex } = newDomesticStat;
  const value = JSON.stringify({ byAge, bySex })
  await apiClient.upsertKeyValue('byAgeAndSex', value);

  console.log('domesticStat updated successfully');
}

module.exports = { crawlAndUpdateDomestic };
```

크롤러는 보통 주기적으로 반복 수행됩니다. 자주 수행되기 때문에 데이터가 바뀌지 않으면 업데이트 API를 호출할 필요가 없습니다. 데이터의 변경 여부를 확인하려면 마지막으로 크롤링한 데이터를 [output] 디렉터리에 파일로 저장해두고 다음 번 크롤링 시 ❶ 기존 내용을 불러온 후 ❸에서 새롭게 크롤링한 내용과 비교합니다. 자바스크립트에서는 값을 비교하는 == 연산자나, 값과 타입을 모두 비교하는 === 연산자로는 서로 다른 객체나 배열의 세부 내용이 같은지를 비교하지 못합니다. 이러한 비교 방법을 얕은 비교shallow comparison라고 부릅니다. 여기서는 객체의 세부 내용까지 비교하고자 lodash에서 제공하는 isEqual() 함수를 사용했습니다. 이 함수는 객체 내의 모든 필드를 재귀적으로 순회하면서 세부 내용을 모두 비교합니다. 이러한 비교 방법을 깊은 비교deep comparison라고 부릅니다.

여기서 비교할 때 사용되는 객체는 크롤링된 데이터와 크롤링된 날짜가 포함되어 있습니다. 이렇게 하는 이유는 날짜가 변경된 직후 크롤링이 수행될 때 모든 통계 데이터가 동일할지라도 날짜가 변경되면 다른 데이터로 인식하여 새로운 날짜에 대한 통계 데이터가 새롭게 데이터베이스에 저장되도록 하기 위함입니다. 코로나보드 웹사이트는 오늘(현재) 날짜의 데이터가 꼭 존재한다고 가정하고 만들어졌습니다. 그래서 날짜가 변경되었지만 변경된 날짜의 데이터가 존재하지 않으면 정적 웹사이트 빌드에 필요한 통계 데이터를 불러오는 과정에서 'Data for today is missing' 오류가 발생하도록 코드를 작성했습니다(5.5.2절 'API 서버에서 불러오기' 참고). 그래서 이러한 오류를 만나면 크롤러를 한 번 실행해줘야 합니다.

❷ 크롤링된 날짜를 만들려면 현재 시간을 획득하고 난 후 'Asia/Seoul' 기준으로 변경합니다. 국내 데이터는 한국 시간대 기준으로 제공되므로 날짜를 포매팅할 때 한국 시간대를 명시하여 진행해야 합니다. 만약 자바스크립트 코드가 기본 시간대가 한국이 아닌 컴퓨터에서 실행되면 잘못된 날짜가 입력될 가능성이 큽니다. 예를 들어 UTC+9인 한국 시간 기준으로 5월 10일 아침 8시는 UTC+0 기준으로 5월 9일 23시입니다.

❹ global-stat API를 호출하여 크롤링된 값을 서버에 저장합니다.

❺ 성별, 나이별 데이터를 저장합니다. key-value API에서 value의 값은 문자열 형식이어야 합니다. { byAge, bySex } 객체를 JSON 형식의 문자열로 직렬화하는 데 JSON.stringify() 함수를 사용합니다.

03 마지막으로 해당 컴포넌트들을 조합하여 실제 동작하는 크롤러를 완성합시다.

crawler/index.js

```javascript
const path = require('path');
const fs = require('fs');
const ApiClient = require('./api-client');
const { crawlAndUpdateDomestic } = require('./domestic-updater');

async function main() {
  // ❶ 마지막으로 크롤링한 데이터를 파일로 저장하는 디렉터리
  const outputPath = path.join(process.cwd(), 'output');
  // 폴더가 없다면 생성
  if (!fs.existsSync(outputPath)) {
    fs.mkdirSync(outputPath);
  }

  const apiClient = new ApiClient(); // ❷
  // ❸
```

```
  try {
    console.log('crawlAndUpdateDomestic started');
    await crawlAndUpdateDomestic(outputPath, apiClient);
  } catch (e) {
    console.error('crawlAndUpdateDomestic failed', e);
  }
}

main();
```

❶ 크롤러에서 사용할 디렉터리의 경로를 만듭니다. ❷ ApiClient 객체를 생성합니다. 국내 데이터뿐만 아니라 국가별 데이터를 업데이트할 때도 이 객체를 사용합니다.

❸ 데이터를 크롤링하고 API 서버에 업데이트하는 crawlAndUpdateDomestic() 함수를 호출합니다. 크롤링 과정에서 오류가 발생했을 때 오류 메시지를 출력하고자 try-catch 구문으로 감쌌습니다.

04 코로나19 국내 통계를 수집하고 저장하는 크롤러가 완성되었습니다. [crawler] 디렉터리 안에서 node index.js 명령어를 사용하여 크롤러를 실행하면 크롤러가 웹페이지로부터 데이터를 추출하고 해당 데이터가 API 서버를 통해 데이터베이스에 저장될 겁니다.

> **Warning** 크롤러를 실행하기 전에 2장 'API 서버 만들기'에서 만든 API 서버가 실행된 상태여야 합니다. 그렇지 않으면 크롤러가 수집한 데이터를 API 서버에 저장하다가 다음과 같은 오류가 발생할 겁니다.
>
> ```
> Error: connect ECONNREFUSED 127.0.0.1:8080
> ```

```
$ node index.js
```

▼ 실행 결과

크롤링된 데이터가 존재하지 않는 경우	이미 크롤링했던 데이터가 존재하고, 새롭게 크롤링한 데이터가 기존 데이터와 동일한 경우
crawlAndUpdateDomestic started previous domesticStat not found domesticStat updated successfully	crawlAndUpdateDomestic started domesticStat has not been changed

8.3 코로나19 국가별 통계 크롤링

국가별 코로나19 데이터는 월드오미터 클론 사이트에서 크롤링하겠습니다. 크롤링할 데이터 항목은 다음과 같습니다.

- 국가별 확진자
- 사망자
- 격리해제
- 총 검사자 수

이 클론 사이트에서는 다음과 같이 테이블 형태로 국가별 통계 수치를 제공합니다.

그림 8-2 클론 사이트에서 제공하는 국가별 통계

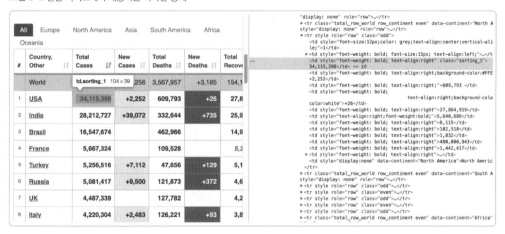

이 웹페이지도 크롬 [개발자 도구]를 열고 살펴보면 모든 데이터가 메인 HTML 소스에 존재한다는 사실을 확인할 수 있습니다. 이제 이 HTML 소스로부터 원하는 데이터를 추출하는 크롤러를 만들어보겠습니다.

이번에 만들 크롤러 구조는 국내용 크롤러와 같습니다. 변경/수정해야 할 곳을 다음 그림에서 확인하세요.

그림 8-3 국내용 크롤러 구조

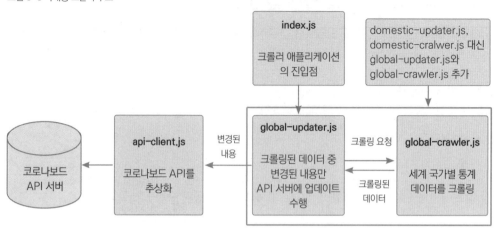

To Do 실제 웹페이지로 데이터 크롤링하기

01 월드오미터를 크롤링하는 GlobalCrawler 클래스의 기본 구성 국내 데이터를 크롤링한 DomesticCrawler 클래스와 같습니다. 다른 부분만 설명하겠습니다.

crawler/global-crawler.js

```javascript
const _ = require('lodash');
const axios = require('axios');
const cheerio = require('cheerio');

// ❶ 6장에서 구글 시트에서 내려받은 countryInfo 데이터 사용
const countryInfo = require('../tools/downloaded/countryInfo.json');

class GlobalCrawler {
  constructor() {
    ... 생략 ...
    // client 생성 부분은 DomesticCrawler와 동일

    // ❷ countryInfo로부터 '월드오미터의 국가 이름' -> '국가 코드' 매핑 생성
    this.countryMapping = _.chain(countryInfo)
      .keyBy('worldometer_title')
      .mapValues('cc')
      .value();
  }
  async crawlStat() {
    const url = 'https://yjiq150.github.io/coronaboard-crawling-sample/clone/
```

```
worldometer/';
    const resp = await this.client.get(url);
    const $ = cheerio.load(resp.data);

    return this._extractStatByCountry($);
  }

  _extractStatByCountry($) { ... 생략 ... }

  _normalize(numberText) {
    // 문자열 형태의 숫자에서 공백, 쉼표를 제거한 후 숫자 형태로 변환
    return parseInt(numberText.replace(/[\s,]*/g, '')) || 0;
  }
}

module.exports = GlobalCrawler;
```

코로나보드 API의 국가별 통계 데이터를 저장할 때 두 자리 국가 코드를 기준으로 사용합니다. 하지만 월드오미터의에서는 영문으로 국가 이름이 제공되지만 국가 코드 정보는 없습니다. 6장에서 살펴보았던 '코로나보드 데이터 예제' 스프레드시트의 countryInfo 시트를 보면 미리 만들어둔 worldometer_title이라는 컬럼이 있습니다. 이것을 이용하여 월드오미터의 국가 이름과 국가 코드를 매핑하겠습니다.

❶ 6장에서 만든 코드로 구글 시트의 countryInfo 데이터를 받아서 countryInfo.json 파일로 저장합니다. 참고로 JSON 형식으로 된 파일을 require() 함수를 통해 불러오면 해당 JSON 내용이 자동으로 자바스크립트 객체로 역직렬화되어 바로 사용할 수 있습니다.

❷ 데이터 구조를 원하는 형태로 변경하는 코드입니다. chain() 함수는 여러 변환 함수를 플루언트 스타일[5]로 이어붙입니다. 여기서는 데이터 변환을 위해 keyBy(), mapValues() 함수를 연속으로 사용했습니다. chain() 함수로 엮인 함수들은 마지막으로 value() 함수가 호출되기 전까지는 아무런 동작도 수행되지 않습니다. value() 함수가 호출되어야 연결된 모든 함수들이 실행되면서 최종적으로 원하는 값이 반환됩니다.

---

5 fluent style. 특정 객체의 멤버 함수를 호출하면 항상 자기 자신을 반환하는 스타일입니다. 이를 이용하면 동일한 객체에 연속적으로 이어서 함수를 호출할 수 있어 편리합니다.

02 크롤링을 수행하는 crawlStat() 함수 내부는 크롤링할 주소와 데이터를 추출해서 가공하여 돌려주는 _extractStatByCountry() 함수를 제외하면 완전히 동일합니다. _extractStatBy Country() 함수를 구현합시다.

```js
... 생략 ...
_extractStatByCountry($) {
    // 테이블 컬럼 이름 추출
    const colNames = $('#main_table_countries_today thead tr th')
      .map((i, th) => {
        return $(th).text().trim();
      })
      .toArray();

    // 테이블의 모든 행 추출
    const rows = [];
    $('#main_table_countries_today tbody tr').each((i, tr) => {
      const row = $(tr)
        .find('td')
        .map((j, td) => {
          return $(td).text().trim();
        })
        .toArray();
      rows.push(row);
    });

    if (rows.length === 0) {
      throw new Error(
        'Country rows not found. Site layout may have been changed.',
      );
    }

    // 월드오미터의 컬럼 이름을 API에서 사용하는 필드 이름으로 매핑
    const colNameToFieldMapping = {
      'Country,Other': 'title',
      TotalCases: 'confirmed',
      TotalDeaths: 'death',
      TotalRecovered: 'released',
      TotalTests: 'tested',
    };
```

crawler/global-crawler.js

```javascript
// ❶ 코로나보드 API에 맞는 형태로 데이터 변환
const normalizedData = rows
  .map((row) => {
    const countryStat = {};
    for (let i = 0; i < colNames.length; i++) {
      const colName = colNames[i];
      const fieldName = colNameToFieldMapping[colName];
      // 컬럼 이름에 대한 필드 매핑이 정해지지 않은 경우 무시
      if (!fieldName) {
        continue;
      }
      const numberFields = ['confirmed', 'death', 'released', 'tested'];

      if (numberFields.includes(fieldName)) {
        countryStat[fieldName] = this._normalize(row[i]);
      } else {
        countryStat[fieldName] = row[i];
      }
    }
    return countryStat;
  })
  .filter((countryStat) => this.countryMapping[countryStat.title])
  .map((countryStat) => ({
    ...countryStat,
    cc: this.countryMapping[countryStat.title],
  }));

  return _.keyBy(normalizedData, 'cc');
}
... 생략 ...
```

❶ 순회하면서 원하는 값들만 추출해 코로나보드 API에서 사용하는 형식으로 변경합니다. 이외 DOM에서 원하는 요소를 찾는 방법은 기존과 완전히 동일하므로 설명을 생략하겠습니다.

01 이제 크롤링된 데이터를 저장하는 업데이터를 만들어보겠습니다.

```
crawler/global-updater.js
const _ = require('lodash');
const fs = require('fs');
const path = require('path');
const { format, utcToZonedTime } = require('date-fns-tz');
const GlobalCrawler = require('./global-crawler');

async function crawlAndUpdateGlobal(outputPath, apiClient) {
  ... 생략 ...
  // 데이터 변경 여부 확인 부분은 DomesticCrawler와 동일

  // ❶ API 서버에서 모든 데이터를 조회한 후 현재 날짜의 데이터만 필터링
  const resp = await apiClient.findAllGlobalStat();
  const oldRows = resp.result.filter((x) => x.date === crawledDate);
  const oldGlobalStat = _.keyBy(oldRows, 'cc');

  // ❷ 크롤링한 데이터와 API 서버의 데이터를 비교하여 변경 부분만 추출
  const updatedRows = findUpdatedRows(newGlobalStat, oldGlobalStat);
  if (_.isEmpty(updatedRows)) {
    console.log('No updated globalStat rows');
    return;
  }

  // ❸ 변경 부분을 API 서버에 업데이트
  for (const row of updatedRows) {
    await apiClient.upsertGlobalStat({
      date: crawledDate,
      ...row,
    });
  }

  console.log('globalStat updated successfully');
}

function findUpdatedRows(newRowsByCc, oldRowsByCc) {
  const updatedRows = [];
  for (const cc of Object.keys(newRowsByCc)) {
```

```
    const newRow = newRowsByCc[cc];
    const oldRow = oldRowsByCc[cc];
    // 한국 데이터는 DomesticCrawler를 사용하여 업데이트를 진행하기 때문에
    // 기존 데이터가 있다면 업데이트 생략
    if (cc === 'KR' && oldRow) {
      continue;
    }

    if (isRowEqual(newRow, oldRow)) {
      continue;
    }

    updatedRows.push(newRow);
  }

  return updatedRows;
}

function isRowEqual(newRow, prevRow) {
  const colsToCompare = [
    'confirmed',
    'death',
    'released',
    'critical',
    'tested',
  ];
  // 서버에 데이터가 없으면 다른 것으로 취급
  if (!prevRow) {
    return false;
  }
  return colsToCompare.every((col) => newRow[col] === prevRow[col]);
}

module.exports = { crawlAndUpdateGlobal };
```

❶ API 서버에 저장된 모든 날짜, 모든 국가의 데이터를 불러와 현재 한국 날짜와 일치하는 데이터만 골라냅니다. 이 데이터를 ❷ 새롭게 크롤링된 데이터와 비교하여 어떤 부분이 변경되었는지를 찾아냅니다.

❸ 변경 부분을 API 서버에 업데이트합니다.

> **Note** 참고로 특정 날짜를 지정하여 모든 국가 데이터를 받아오는 API가 있다면 크롤러에서 데이터 전송량도 줄이고 모든 데이터를 다 받아온 후 크롤러에서 따로 필터링하는 작업을 해주지 않아도 되기 때문에 더 효율적입니다. 하지만 이 크롤러는 5분 단위로 수행되기 때문에 성능 최적화를 하지는 않았습니다. 그래서 여기서는 해당 API 구현을 생략했으니, 필요하시다면 별도 API를 만들어서 성능을 최적화하기 바랍니다.

02 마지막으로 해당 컴포넌트들을 조합하여 실제 동작하는 크롤러를 완성합시다.

```
                                                               crawler/index.js
... 생략 ...
const { crawlAndUpdateGlobal } = require('./global-updater');

async function main() {
  ... 생략 ...
  try {
    console.log('crawlAndUpdateGlobal started');
    await crawlAndUpdateGlobal(outputPath, apiClient);
  } catch (e) {
    console.error('crawlAndUpdateGlobal failed', e);
  }
}
```

기존에 코로나19 국내 통계를 수집하는 코드 아래쪽에 ❶ 국가별 통계를 수집하고 저장하는 crawlAndUpdateGlobal() 함수도 추가합니다.

03 [crawler] 디렉터리 안에서 node index.js 명령어를 사용하여 크롤러를 실행했을 때 기존 국내 통계를 수집하여 저장한 후 순차적으로 국가별 통계도 수집되어 서버에 저장됩니다.

```
$ node index.js
```

▼ 실행 결과

크롤링된 데이터가 존재하지 않는 경우	이미 크롤링했던 데이터가 존재하고, 새롭게 크롤링한 데이터가 기존 데이터와 동일한 경우
... 생략 ... crawlAndUpdateGlobal started previous globalStat not found globalStat updated successfully	... 생략 ... crawlAndUpdateGlobal started globalStat has not been changed

8.4 동작 및 데이터 확인

8.2절에서 크롤러가 정상적으로 수행되면 수집된 데이터들이 API 서버를 통해서 MySQL 데이터베이스의 GlobalStat 테이블과 KeyValue 테이블에 저장될 겁니다. MySQL 클라이언트를 이용하여 MySQL 서버에 접속한 후 데이터베이스 테이블에 저장된 데이터를 직접 조회하면 데이터들이 잘 저장되었는지 확인해볼 수 있습니다.

이 외에도 2.6.3절 '코로나19 통계 API 구현하기'에서 배운 방식을 이용하여 직접 API 서버에 아래처럼 HTTP 요청을 해서 받은 응답을 보고 데이터가 잘 저장되어 있는지 확인할 수 있습니다.

▼ 국가별 데이터 전체 받아오기

```
$ curl --request GET 'http://localhost:8080/global-stats'

{
  "result": [
    {
      "id": 1,
      "cc": "KR",
      "date": "2021-07-18",
      "confirmed": 177951,
      "death": 2057,
      "released": 158953,
      "tested": 10940543,
      "testing": 235438,
      "negative": 10762592
    },
    ... 생략 ...
  ]
}
```

▼ 국내 연령대별/성별 데이터 받아오기

```
$ curl --request GET 'http://localhost:8080/key-value/byAgeAndSex'
```

```
{
  "result": {
    "id": 1,
    "key": "byAgeAndSex",
    "value": "... 생략 ..."
  }
}
```

학습 마무리

이번 장에서는 실제 존재하는 웹사이트의 클론 사이트를 대상으로 크롤러를 만드는 방법을 알아봤습니다. 크롤러는 주기적으로 자동 실행될 때 더 큰 효용성을 가질 수 있는데 이렇게 스케줄링하는 방법은 14.6.2절 '크롤러 스케줄링하기'에서 다루겠습니다.

핵심 요약

1 크롤러를 이용하여 목표로 한 웹페이지에서 원하는 데이터를 추출한 후 API 서버를 통해 데이터베이스에 저장할 수 있습니다.

2 실제 웹사이트의 경우 콘텐츠나 페이지 구성이 업데이트되면 그에 맞게 크롤러 코드 또한 같이 업데이트해줘야 합니다.

STEP #2
대시보드와 공지사항 만들기

실전 크롤러
만들기

대시보드와
공지사항
만들기

슬라이드 만들기
국가별, 글로벌 차트

슬라이드 만들기
국내 차트, 유튜브

메뉴바 만들고
테스트하기

STEP #2 구현 목표 한눈에 보기

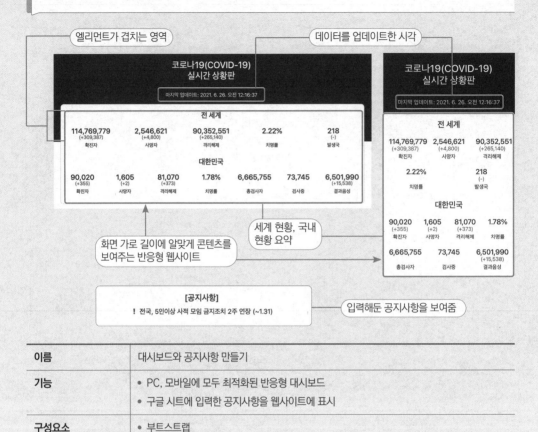

엘리먼트가 겹치는 영역

데이터를 업데이트한 시각

화면 가로 길이에 알맞게 콘텐츠를 보여주는 반응형 웹사이트

세계 현황, 국내 현황 요약

입력해둔 공지사항을 보여줌

이름	대시보드와 공지사항 만들기
기능	• PC, 모바일에 모두 최적화된 반응형 대시보드 • 구글 시트에 입력한 공지사항을 웹사이트에 표시
구성요소	• 부트스트랩 • 구글 시트 다운로더

☐ 학습 목표	전 세계 및 대한민국의 코로나19 관련 현황을 한눈에 요약하여 볼 수 있는 대시보드와 공지사항 기능을 구현합니다.
☐ 학습 순서	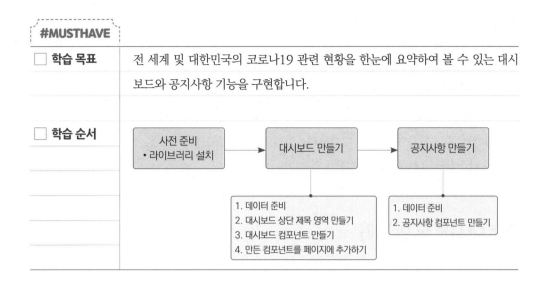

9.1 사전 준비 : 라이브러리 설치

이번 장에서 사용할 라이브러리들을 모두 설치하고 어디에 사용하는지 간단히 소개하겠습니다. 기존에 coronaboard-web에 설치해 사용하던 라이브러리들은 생략하고 새롭게 필요한 라이브러리만 명시했습니다.

01 [coronaboard-web] 디렉터리에서 다음 명령어를 수행해주세요.

```
$ npm install react-scroll@1.8.2 javascript-time-ago@2.3.7 fs-extra@10.0.0
```

- **react-scroll** : 리액트용 스크롤 라이브러리입니다. 코로나보드는 단일 페이지에 모든 콘텐츠를 담아두고 앵커^anchor를 이용하여 사용자가 페이지 내의 앵커가 지정된 특정 위치로 빠르게 이동할 수 있게 합니다. 이 라이브러리를 이용하면 이러한 이동이 일어날 때 애니메이션 형태로 부드럽게 스크롤할 수 있습니다. 현재 스크롤의 위치에 가장 가까운 앵커를 가리키는 링크를 하이라이트하는 기능도 제공합니다(9장에서 사용).
- **javascript-time-ago** : 지역 및 언어 설정을 의미하는 로케일^locale에 따라서 특정 시간이 현재 시간으로부터 얼마 전인지를 여러 가지 적합한 단위를 이용하여 표현해줍니다. 예를 들어 언어가 한국어로 설정된 경우 5초 전, 20분 전, 1시간 전, 3일 전 등으로 표현된 문자열을 손쉽게 만들어낼 수 있습니다(11장에서 사용).

- **fs-extra** : 노드에서 기본 제공하는 fs 라이브러리의 기능을 확장한 라이브러리입니다. 예를 들어 노드의 fs.outputFileSync( ) 함수는 파일을 쓸 때 해당 파일 경로에 포함된 디렉터리들이 존재하지 않으면 에러를 발생시킵니다. 그래서 일일이 fs.existsSync( ) 함수를 이용하여 해당 디렉터리들의 존재 여부를 미리 확인하고, 디렉터리가 없으면 미리 생성해둬야 하는 번거로움이 있습니다. 하지만 fs-extra에서 제공하는 outputFileSync( ) 함수를 사용하면 알아서 파일 경로에 포함된 디렉터리들을 확인하여 없으면 자동으로 생성해주기 때문에 매우 편리합니다(10장에서 사용).

9.2 대시보드 만들기

코로나보드의 최상단 대시보드를 구현합시다. 반응형 레이아웃을 적용해 화면 크기에 맞혀 자동으로 레이아웃이 변경되도록 만들 겁니다. 6.3절 '그리드 시스템으로 반응형 현황판 만들기'에서 반응형 레이아웃 원리를 자세히 설명했습니다. 이번에는 코로나보드와 비슷하게 디자인을 입히고 실제 데이터를 채워넣는 과정을 중점적으로 다루겠습니다.

그림 9-1 가로 폭이 넓을 때

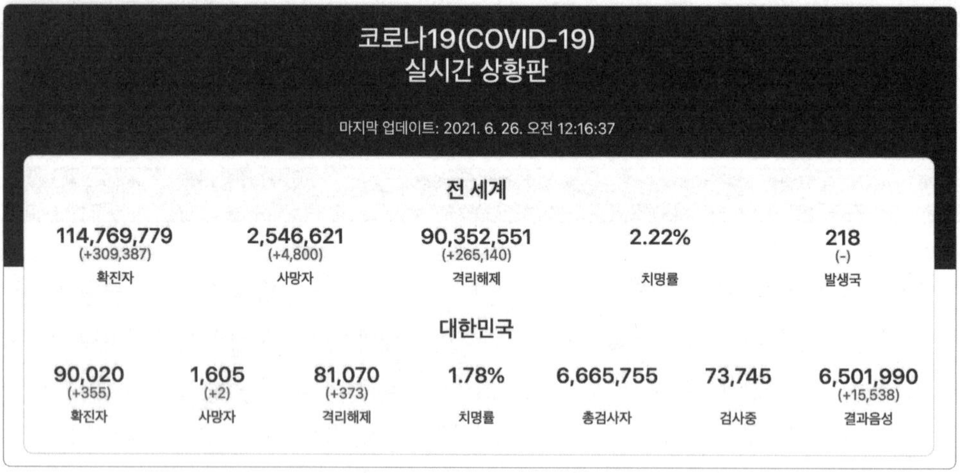

그림 9-2 가로 폭이 좁을 때

To Do 데이터 준비

5.5.2절 'API 서버에서 불러오기'에서 코로나보드 API 서버로부터 국가별 확진자 데이터를 불러오는 코드를 작성하면서 대시보드에 필요한 데이터를 이미 다 만들어두었습니다. 기존에는 global-stats API를 호출하는 부분이 generateGlobalStats() 함수 내부에 있었습니다. 이번 장에서는 이 API 호출 결과를 다른 곳에서도 사용하게 됩니다. global-stats API를 호출하는 부분을 해당 함수 바깥으로 빼내서 조금 더 범용적으로 사용할 수 있게 고쳐보겠습니다.

01 먼저 API를 호출하는 부분을 ApiClient라는 별도 클래스 형태로 만들겠습니다.

coronaboard-web/src/api-client.js

```
const axios = require('axios');

class ApiClient {
  constructor() {
    const client = axios.create({
      baseURL: process.env.CB_API_BASE_URL || 'http://localhost:8080',
    });
```

```
    client.interceptors.response.use((resp) => {
      return resp.data;
    });

    this.client = client;
  }

  async getAllGlobalStats() {
    const response = await this.client.get('global-stats');
    return response.result;
  }                                                                     ❶
}

module.exports = ApiClient;
```

8.2절 '코로나19 국내 통계 크롤링'에서 이미 크롤러가 크롤링한 결과를 저장하는 API를 호출할 때 위와 비슷한 형태의 ApiClient 클래스를 사용했던 적이 있습니다. 원리는 동일하고, 대신 실제 사용할 API 종류가 달라서 global-stats API를 호출하여 그 결과를 반환하는 ❶ getAllGlobalStats() 함수를 추가했습니다.

02 기존 data-loader.js의 getDataSource() 함수를 다음과 같이 수정해봅시다.

coronaboard-web/src/data-loader.js

```
... 생략 ...
const ApiClient = require('./api-client');

async function getDataSource() {
  const countryByCc = _.keyBy(countryInfo, 'cc');
  const apiClient = new ApiClient();

  // ❶ 국가별 데이터 로드
  const allGlobalStats = await apiClient.getAllGlobalStats();
  // ❷ 날짜별로 데이터를 묶는 부분을 기존 generateGlobalStats() 함수에서 추출
  const groupedByDate = _.groupBy(allGlobalStats, 'date');
  const globalStats = generateGlobalStats(groupedByDate);

  return {
    lastUpdated: Date.now(), // ❸ 데이터를 만든 현재 시간 기록
```

```
    globalStats,
    countryByCc,
  };
}

function generateGlobalStats(groupedByDate) {                    여기를 삭제하세요.
  const apiClient = axios.create({
    baseURL: process.env.CORONABOARD_API_BASE_URL || 'http://localhost:8080',
  });

  const response = await apiClient.get('global-stats');
  const groupedByDate = _.groupBy(response.data.result, 'date');
  ... 생략 ...
}
```

❶ 새로 만든 ApiClient를 사용해 데이터를 로드하고 ❷ 기존 generateGlobalStats() 함수 안에 있던 데이터를 날짜 기준으로 묶는 코드를 함수 밖으로 빼냈습니다. 나중에 날짜 기준으로 묶어둔 groupedByDate 변수를 변환하여 국가별 차트를 그리는 데 필요한 데이터를 추가로 만들어낼 예정이라 이렇게 미리 밖으로 빼두었습니다.

❸ 현재 시간을 밀리세컨드 단위의 유닉스 타임스탬프Unix timestamp 형태로 반환하는 Date.now() 함수를 이용하여 lastUpdated 필드에 현재 시간을 저장합니다. 개츠비에서 웹사이트가 빌드되는 시점에 getDataSource() 함수가 호출되기 때문에 이 필드에는 이 페이지가 빌드된 시각이 저장될 겁니다. 이 값은 대시보드 위에 있는 '마지막 업데이트' 시간을 표시하는 데 사용합니다.

> **유닉스 타임스탬프**
> 현재 시간과 1970년 1월 1일 0시 (UTC 기준) 사이의 차이를 초 단위로 나타낸 절대적인 시간 값. 이 값만 있으면 손쉽게 변환하여 시간대(예를 들어 한국 표준시)에 맞게 시간을 출력할 수 있습니다.

이제 대시보드에 사용할 데이터를 불러오는 코드를 모두 준비했으니 테스트 방법을 다시 한번 복습해봅시다. gatsby develop 명령어를 실행하면 createPages 후크가 호출되면서 그 안에 포함된 getDataSource() 함수가 실행됩니다(5.2.1절 '개츠비 설치 및 동작 확인' 참조). 이 코드들이 완전히 실행된 후에 개발용 웹 서버가 완전히 실행되면 웹브라우저에서 http://localhost:8000 주소에 접속해서 결과를 확인하면 됩니다.

위 과정에서 getDataSource()를 수행하다가 발생할 수 있는 대표적인 오류가 두 가지 있습니다. 각각의 원인과 해결책을 살펴보고 넘어가겠습니다.

첫 번째로 gatsby develop 명령어를 실행하기 전에 2장 'API 서버 만들기'에서 만들어둔 API 서버가 같은 컴퓨터에서(로컬 호스트) 실행 중이어야 정상적으로 데이터를 불러올 수 있습니다. 그렇지 않으면 개츠비 빌드 과정에서 출력되는 로그 메시지에 다음과 같이 'failed createPages'라는 로그가 포함됩니다.

```
... 생략 ...
info Total nodes: 20, SitePage nodes: 1 (use --verbose for breakdown)
failed createPages - 0.037s
success Checking for changed pages - 0.001s
... 생략 ...
```

createPages 후크가 실패하면 개츠비 빌드 시스템에서 특정 경로에 특정 페이지를 만들어서 연결해주지 못합니다. 5.4.2절 'Node API 기반 페이지 추가하기'에서는 웹사이트의 루트 경로에 single-page.js라는 페이지 템플릿을 이용하여 페이지를 생성 및 연결해줬습니다. 이 과정이 실패하면 개발용 웹 서버는 정상 실행되지만, 브라우저로 http://localhost:8000에 접속하면 404 오류가 발생합니다. 이는 빌드 과정에서 오류가 발생하여 제대로 페이지가 만들어지지 않은 경우이므로 오류를 해결하려면 기존에 실행 중인 gatsby develop 명령어를 먼저 종료해야 합니다. 그 후 API 서버를 다시 실행하여 정상적으로 API 서버가 동작하는지 확인한 후에, 다시 gatsby develop 명령어로 개발용 서버를 실행해야 createPages 후크가 성공합니다.

두 번째로 다음과 같이 countryInfo.json을 찾지 못하는 오류가 발생할 수 있습니다.

```
Error: Cannot find module '../../tools/downloaded/countryInfo.json'
```

이 문제는 구글 시트로부터 국가 정보를 내려받지 않아서 countryInfo.json 파일이 없을 때 발생합니다. [tools] 디렉터리로 이동한 후 node main.js 명령어를 수행하여 해당 데이터를 내려받고 나서 다시 gatsby develop을 수행하면 됩니다(3.3.3절 '실제 데이터에 적용해보기' 참조).

이제 대시보드 컴포넌트를 만들어서 준비된 데이터를 주입하고 디자인을 입혀보겠습니다.

9.2.1 대시보드 만들기

코로나보드는 단일 페이지로 구성됩니다. 5.4.2절 'Node API 기반 페이지 추가하기'에서 개츠비의 createPages 후크를 사용해서 single-page.js 템플릿 기반의 웹페이지를 추가했습니다. 이제 이 템플릿 파일 안에 코로나보드에서 제공할 컴포넌트를 추가하면 사용자에게 콘텐츠를 보여줄 수 있습니다. 웹페이지 상단부터 순서대로 하나씩 컴포넌트를 만들어서 추가해나가겠습니다.

To Do 대시보드 상단 제목 영역 만들기

01 앞서 설명한 대로 single-page.js 파일을 수정하여 상단 영역의 검은색 배경과 제목, 그리고 마지막 업데이트 날짜를 보여주는 코드를 추가합니다.

coronaboard-web/src/templates/single-page.js

```
import 'bootstrap/dist/css/bootstrap.min.css';
import React from 'react';
import { css } from '@emotion/react';

export default function SinglePage({ pageContext }) {
  // ❶ pageContext를 통해 전달된 데이터를 추출해서 사용
  const { dataSource } = pageContext;
  const { lastUpdated, globalStats } = dataSource;
  // ❷ 사용자의 언어/지역 설정에 맞는 날짜 형태로 표시
  const lastUpdatedFormatted = new Date(lastUpdated).toLocaleString();

  return (
    <div id="top">
      {/* ❸ 상단 검은색 배경 만들기 */}
      <div
        css={css`
          position: absolute;
          background-color: black;
          width: 100%;
          height: 300px;
          z-index: -99;
        `}
      />
      {/* ❹ 제목 표시 */}
      <h1
```

```
        css={css`
          padding-top: 48px;
          padding-bottom: 24px;
          color: white;
          text-align: center;
          font-size: 28px;
        `}
      >
        코로나19(COVID-19)
        <br />
        실시간 상황판
      </h1>
      {/* ❺ 마지막 업데이트 정보 표시 */}
      <p className="text-center text-white">
        마지막 업데이트: {lastUpdatedFormatted}
      </p>
    </div>
  );
}
```

❶ data-loader.js에 정의된 getDataSource() 함수의 반환값은 pageContext 매개변수를 통해 이쪽으로 전달됩니다(5.4.2절 'Node API 기반 페이지 추가하기' 참조). 이렇게 전달된 데이터 중에서 필요한 값을 추출해서 사용합니다.

❷ lastUpdated에 들어 있는 타임스탬프를 생성자에 인수로 넣어 해당 시간을 나타내는 Date 객체를 새로 생성했습니다(생성자에 인수를 넣지 않으면 현재 시간에 해당하는 Date 객체가 생성됩니다). 이렇게 생성한 Date 객체에 toLocaleString() 함수를 호출하면 현재 웹브라우저에서 사용하는 로케일^{Locale}(언어 및 지역 설정을 의미)에 맞게 포매팅된 날짜/시간 문자열을 반환합니다. 언어를 한국어, 지역을 대한민국으로 설정하면 [그림 9-1]에서처럼 '2020. 6. 26. 오전 12:16:37' 형태로 출력됩니다. 이 결과는 운영체제에 따라서 달라질 수 있습니다.

❸ 상단 검은색 배경 영역을 만드는 엘리먼트입니다. [그림 9-1]을 보면 검은색 배경이 숫자가 표시된 대시보드 영역까지 확장됩니다. 이처럼 다른 엘리먼트의 영역과 무관하게 크기와 위치를 부여하려고 position: absolute 속성을 지정했습니다. 겹치는 영역을 다른 엘리먼트보다 아래쪽에 깔리게 하려고 z-index: -99를 지정했습니다(일반적인 엘리먼트들의 z-index의 기본값은 0).

❹ 제목 엘리먼트를 추가하고 패딩과 폰트 크기 및 정렬을 직접 지정합니다.

❺ 부트스트랩에 미리 정의된 클래스를 이용해 스타일을 지정합니다. 글자 그대로 text-center는 텍스트를 중앙 정렬해주고, text-white는 텍스트 색상을 흰색으로 지정합니다. 간단하게 많이 쓰이는 속성들을 지정할 때는 이처럼 부트스트랩에 있는 클래스를 직접 나열해 사용하는 방식이 간편합니다.

노드 런타임 vs. 웹브라우저 런타임

[coronaboard-web] 디렉터리 안에는 다양한 자바스크립트 파일이 있지만 다 똑같은 환경에서 실행되는 건 아닙니다. 노드 런타임 위에서 실행되는 코드와 웹브라우저 위에서 실행되는 코드로 나눌 수 있습니다. 이 둘을 정확히 구분해야 환경을 헷갈려서 실수하는 일이 발생하지 않습니다.

빌드 과정에서 개츠비 페이지를 새롭게 정의하는 데 사용된 gatsby-node.js 파일, 여러 데이터 소스로부터 데이터를 로드하는 data-loader.js, api-client.js 파일은 노드 런타임 위에서 수행되는 자바스크립트 코드입니다. 이렇게 노드 런타임 위에서 수행되는 코드는 노드 런타임에서 제공하는 다양한 라이브러리들을 사용할 수 있습니다. 노드 런타임을 통해서 컴퓨터의 파일 시스템에 액세스할 수 있게 해주는 fs 같은 라이브러리가 대표적인 예입니다.[1] 이 코드들은 정적 웹사이트를 빌드하는 시점에 1회만 호출되기 때문에 성능 최적화에 신경을 조금 덜 써도 사용자가 웹사이트를 이용할 때 느리다고 느낄 가능성은 없습니다(물론 빌드 속도를 더 빠르게 하고 싶다면 신경 써야 합니다).

반면 single-page.js에 정의된 리액트 컴포넌트, [src/pages] 디렉터리 안에 정의된 리액트 컴포넌트들은 전부 나중에 웹브라우저에서 실행되는 자바스크립트 코드입니다. 노드 런타임에서 제공하는 라이브러리를 사용할 수 없고, 그 대신 웹브라우저에 내장된 window, document 등의 전역 객체에 접근할 수 있습니다. 사용자의 웹브라우저에서 실행되는 코드이다 보니 크롬, 인터넷 익스플로러, 사파리 등 다양한 웹브라우저 환경에서 모두 잘 동작할 수 있도록 신경 써서 코드를 작성해야 합니다.

---

1 https://nodejs.org/docs/latest-v14.x/api/fs.html#fs_file_system

또한 웹페이지가 느리게 렌더링되면 사용자는 웹사이트가 버벅인다고 생각할 수 있기 때문에 성능 최적화에도 신경을 많이 써야 합니다.

	빌드 서버에서 웹사이트 빌드 시점에 실행되는 코드	사용자 웹브라우저에서 실행되는 코드
파일	• gatsby-node.js • data-loader.js • api-client.js	• single-page.js에 정의된 리액트 컴포넌트 • [src/pages] 디렉터리 안에 정의된 리액트 컴포넌트
사용 가능한 기능	노드 런타임 라이브러리 사용 가능	웹브라우저에 내장된 전역 객체 사용 가능
주의점	로직만 잘 동작하면 큰 문제 없음	웹브라우저 환경과 성능 최적화를 고려해야 함

To Do **대시보드 컴포넌트 만들기**

이번에는 전 세계 및 국내 통계 데이터의 항목별 숫자, 증감량을 보여주는 대시보드 컴포넌트를 만들겠습니다.

01 대시보드에 ❶ 통계 항목별로 수치와, ❷ 증감량, ❸ 항목 이름이 여러 번 반복됩니다. 이렇게 반복되는 사항을 컴포넌트로 만들어서 사용하면 효과적으로 구현할 수 있습니다. 이 부분을 DashboardItem이라는 이름을 가진 컴포넌트를 만들어서 표현해봅시다.

그림 9-3 대시보드 내의 여러 항목 중 하나

90,020
(+355)
확진자

coronaboard-web/src/components/dashboard-item.js

```
import React from 'react';
import { css } from '@emotion/react';
// ❶ 증감량을 표현하는 함수, 숫자에 천 단위 구분 기호를 추가하여 표현하는 함수
import { formatDiff, numberWithCommas } from '../utils/formatter';

export function DashboardItem(props) {
```

```jsx
const { text, current, prev, diffColor, unit } = props;
// ❷ diffColor 속성이 존재하면 해당 값을 사용하고, 없다면 red값을 사용
const finalDiffColor = diffColor ? diffColor : 'red';
// ❸ unit 속성이 percent일 때는 소수점 두 자릿수까지 표기
const formattedNumber =
  unit === 'percent' ? `${current.toFixed(2)}%` : numberWithCommas(current);

return (
  <div
    css={css`
      font-size: 15px;
      position: relative;
    `}
  >
    <p
      css={css`
        font-size: 22px;
        font-weight: 500;
        // ❹ 화면 가로 길이가 576px보다 작거나 같으면 폰트 크기를 더 작게 지정
        @media (max-width: 576px) {
          font-size: 20px;
        }
      `}
    >
      {formattedNumber}
    </p>
    {/* ❺ prev 속성의 존재 여부에 따라 증감을 보여주는 엘리먼트를 보여줄지를 결정 */}
    {prev ? (
      <p
        css={css`
          // ❻ diff에 해당하는 엘리먼트가 끼어들어도 레이아웃이 그대로 유지되게 처리
          position: absolute;
          top: 24px;
          width: 100%;
          color: ${finalDiffColor};
        `}
      >
        {formatDiff(current, prev)}
      </p>
```

```
      ) : null}
      <p>{text}</p>
    </div>
  );
}
```

❶ 현재 값과 이전 값을 넣으면 증감량을 표현하는 formatDiff() 함수와, 숫자에 천 단위 쉼표 구분자를 넣어주는 numberWithCommas() 함수를 임포트합니다. 이 함수들의 세부 구현에 관한 설명은 formatter.js 파일을 살펴볼 때 별도로 하겠습니다.

❷ diffColor 속성에 따라 어떤 색상값을 지정할지 결정하는 코드입니다. 코로나보드에서는 확진자나 사망자 등 부정적인 수치의 증가량을 빨간색으로, 격리 해제, 결과 음성 등의 긍정적인 수치의 증가량을 초록색으로 표시합니다.

> **Note** 삼항연산자는 조건식의 결과에 따라 물음표 뒤쪽의 표현식을 사용할지, 콜론 뒤쪽의 표현식을 사용할지 결정합니다.
>
> (조건식) ? (조건식이 참일 때 사용될 표현) : (조건식이 거짓일 때 사용될 표현)

❸ unit 속성 여부에 따라 숫자를 다른 형식으로 출력합니다. 치명률 같은 퍼센트 기반 수치는 unit 속성에 percent값을 지정하면 소수점 둘째 자리까지 표시하고 % 기호를 뒤에 붙여줍니다. unit 속성이 지정되지 않으면 천 단위 쉼표 구분자만 적용합니다.

❹ CSS 속성을 지정할 때 @media라는 미디어 쿼리^{media query}를 사용했습니다. 미디어 쿼리는 사용자의 디바이스 특성에 따라 다른 CSS 속성을 적용할 때 사용할 수 있습니다. 좁은 너비의 화면에서는 대시보드의 글자 크기가 너무 커서 각 항목 간에 간섭이 일어나기 때문에 화면 너비가 좁으면 글자를 더 작게 보여 주고자 사용했습니다. 즉 사용자가 보고 있는 화면의 가로 길이가 576px보다 작거나 같으면 원래 적용된 폰트 크기인 22px보다 작은 20px로 변경합니다.

❺ 현재 수치와 비교를 할 이전 값인 prev가 존재하면 증감을 보여줄 수 있는 리액트 엘리먼트를 보여주고, 존재하지 않으면 아무것도 보여주지 않습니다.

❻ 증감량을 보여주는 텍스트 엘리먼트에 position: absolute 속성을 설정합니다. 이렇게 하면 해당 엘리먼트가 더 이상 상대적 레이아웃에 영향을 미치지 않게 됩니다. 때문에 이 엘리먼트의 보여짐/숨김 여부와 관계없이 위쪽의 '항목별 수치' 엘리먼트와 아래쪽 '항목 이름' 엘리먼트의 위치가 그대로 유지됩니다(이렇게 해두지 않으면 증감량 엘리먼트가 없을 때 '항목 이름' 엘리먼트

가 자신의 위치를 유지하지 않고 증감량 엘리먼트가 있던 위치로 올라가서 붙게 됩니다).

90,020 ——— 항목별 수치
(+355) ——— 증감량
확진자 ——— 항목 이름

증감량을 항상 보여주지 않는 치명률 같은 항목과, 증감량이 항상 존재하는 확진자 같은 항목의
레이아웃을 최대한 같게 유지하는 데 사용했습니다. 참고로 absolute 속성이 설정된 엘리먼트
는 해당 엘리먼트의 부모 엘리먼트 중 position: relative가 설정된 엘리먼트 영역의 좌상단 기
준으로 위치가 결정됩니다. DashboardItem 컴포넌트 기준으로 이 텍스트가 중앙 정렬되도록
width: 100%를 지정하고, 추가로 이 컴포넌트의 최상위 엘리먼트에 position: relative 속성을
설정했습니다.

02 이번에는 포매팅 관련 코드를 formatter.js 파일에 작성합시다. 이 파일은 대시보드뿐만 아
니라 다른 컴포넌트에서도 공용으로 사용되는 유틸리티성 코드이기 때문에 [utils] 디렉터리를 생
성해서 그 안에 넣어줍니다.

```
                                                      coronaboard-web/src/utils/formatter.js
import format from 'date-fns/format';
import parseISO from 'date-fns/parseISO';

// ❶ Intl 네임스페이스의 NumberFormat을 이용하여 한국에서 사용하는 숫자 포매터 생성
const numberFormatter = new Intl.NumberFormat('ko-KR');

export function numberWithCommas(x) {
  return numberFormatter.format(x);
}

export function formatDiff(cur, prev) {
  const diff = cur - prev;
  // ❷ prev가 존재하지 않을 때 발생할 수 있는 다양한 경우 처리
  if (diff === undefined || isNaN(diff) || diff === 0) {
    return '(-)';
  }

  if (diff > 0) {
    return `(+${numberWithCommas(diff)})`;
```

```
  } else {
    return `(${numberWithCommas(diff)})`;
  }
}

// ❸ formatDiff() 함수와 거의 비슷하지만 증감량이 0일 때 빈 문자열 반환
export function formatDiffForTable(cur, prevOptional) {
  const prev = prevOptional || 0;
  const diff = cur - prev;

  if (diff === 0) {
    return '';
  }

  return formatDiff(cur, prev);
}

// ❹ yyyy-MM-dd 형식을 간결하게 M.d로 변환
export function convertToMonthDay(dateString) {
  return format(parseISO(dateString), 'M.d');
}

// ❺
export function numberWithUnitFormatter(value) {
  if (value >= 100000000) {
    return (value / 100000000).toFixed(1) + '억';
  } else if (value >= 10000) {
    return (value / 10000).toFixed(0) + '만';
  } else if (value >= 1000) {
    return (value / 1000).toFixed(0) + '천';
  } else if (value >= 100) {
    return (value / 100).toFixed(0) + '백';
  } else {
    return value;
  }
}
```

❶ 한국어(ko)와 대한민국(KR)에 맞는 숫자 포매터를 생성합니다. Intl은 ECMAScript의 국제

화^{Internationalization} API를 제공하는 네임스페이스로 숫자 외에도 날짜, 시간 등 로케일에 따라 다르게 보여주는 데 필요한 포매터를 제공합니다. 이렇게 만든 포매터를 이용하여 숫자를 포매팅 하면 숫자를 표기할 때 천 단위마다 쉼표를 추가합니다. 소수점으로는 마침표가 사용됩니다. 생성자에 특정 로케일을 입력하지 않았다면 브라우저에 설정된 기본값으로 동작합니다. 따라서 고정된 형식으로 보여야 하는 상황이 아니라면 로케일을 입력하지 않는 것도 방법입니다.

❷ formatDiff() 함수는 현재 수치와 이전 수치를 인수로 받아서 그 차이를 계산 한 후 증가이면 (+증가량), 감소이면 (-감소량) 형태의 문자열을 반환합니다. 증감량 0이거나 이전 수치가 존재하지 않아 증감량이 정의되지 않은 때는 (-) 문자열을 반환합니다. ❸ formatDiffForTable() 함수는 formatDiff() 함수와 거의 같습니다. 증감량이 0일 때 (-) 문자열 대신 빈 문자열을 반환하는 것만 다릅니다.

❹ convertToMonthDay() 함수는 ISO 표준에 정의된 날짜 중 하나인 yyyy-MM-dd 형식으로 문자열을 파싱하여 날짜 객체를 만들고 원하는 형식(M.d)으로 변환하여 반환합니다. 코로나보드에서 차트의 x 축이 날짜인 경우가 많은데 매번 2021-06-01과 같이 연도, 월, 일을 길게 표시하면 차트의 x 축에 날짜를 표기할 공간이 부족하다 보니 공간을 절약하고자 짧은 월/일 형태로 변환하여 사용합니다.

❺ 억, 만, 천, 백 등의 한글 단위를 이용하여 큰 숫자를 짧게 변형합니다.

03 DashboardItem 컴포넌트와 이를 만드는 데 필요한 포매터를 모두 준비했으니, 조합하여 Dashboard 컴포넌트를 만들어봅시다. 코드가 길어서 두 단계로 나누어 살펴보겠습니다. 먼저 대시보드에 표기하기 좋게 데이터를 가공하는 코드를 구현하겠습니다. 그 후에 실제 렌더링하는 데 사용할 리액트 엘리먼트 구성을 구현합니다.

coronaboard-web/src/components/dashboard.js

```
import React from 'react';
import { Col, Container, Row } from 'react-bootstrap';
import { css } from '@emotion/react';
import { DashboardItem } from './dashboard-item';

export function Dashboard(props) {
  const { globalStats } = props;
  // ❶ 국가별 데이터의 각 필드별 합 계산
  const {
    worldConfirmed,
    worldConfirmedPrev,
    worldDeath,
```

```
    worldDeathPrev,
    worldReleased,
    worldReleasedPrev,
  } = globalStats.reduce((acc, x) => {
    return {
      worldConfirmed: (acc.worldConfirmed || 0) + x.confirmed,
      worldConfirmedPrev: (acc.worldConfirmedPrev || 0) + x.confirmedPrev,
      worldDeath: (acc.worldDeath || 0) + x.death,
      worldDeathPrev: (acc.worldDeathPrev || 0) + x.deathPrev,
      worldReleased: (acc.worldReleased || 0) + x.released,
      worldReleasedPrev: (acc.worldReleasedPrev || 0) + x.releasedPrev,
    };
  }, {});

  // ❷ 치명률, 발생국 수 계산
  const worldFatality = (worldDeath / worldConfirmed) * 100;
  const worldCountry = globalStats.filter((x) => x.confirmed > 0).length;
  const worldCountryPrev = globalStats.filter(
    (x) => (x.confirmedPrev || 0) === 0,
  ).length;

  // ❸ 대한민국 데이터를 별도 추출해서 사용
  const krData = globalStats.find((x) => x.cc === 'KR');
  const {
    confirmed,
    confirmedPrev,
    testing,
    testingPrev,
    death,
    deathPrev,
    released,
    releasedPrev,
    negative,
    negativePrev,
  } = krData;

  // ❹ 대한민국 치명률, 총검사자 수 계산
  const fatality = (death / confirmed) * 100;
  const tested = confirmed + testing + negative;
```

```
    const testedPrev = confirmedPrev + testingPrev + negativePrev;
    ... 생략 ...
}
```

컴포넌트로 전달받은 globalStats에는 각 국가에 대해 통계 항목별로 오늘 및 어제 값이 있습니다. 국가별 데이터로부터 대시보드에 표시할 전 세계 합산 데이터를 얻으려면 배열을 순회하면서 항목별로 합산해야 합니다. 이러한 작업을 ❶ reduce() 함수로 수행합니다. 이 예제 코드에서는 reduce() 함수를 수행할 때 빈 객체인 '{}'을 초깃값으로 넣어주었습니다. 빈 객체의 경우 아무런 필드가 정의되어 있지 않습니다. 그래서 **(acc.XXX || 0)**처럼 작성해 해당 필드가 정의되지 않은 경우에 0을 사용하도록 필드별 초깃값을 제공할 수 있습니다.

❷ 치명률과 발생국 수를 계산합니다. 치명률은 확진자 수 대비 사망자 수를 퍼센트로 나타낸 값이고, 발생국 수는 확진자 수가 0보다 큰 국가 수를 센 결과입니다.

❸ find() 함수를 이용하여 한국 데이터만 별도로 추출했습니다. 국가별 데이터와는 달리 한국에는 ❹ 치명률 외에도 확진자 수, 현재 검사 진행 중인 수, 검사 결과가 음성인 수를 합산하여 총 검사자 수를 계산했습니다.

reduce() 함수

reduce() 함수는 배열을 순회하면서 첫 번째 인수로 주어진 익명 함수를 실행합니다. 간단한 예시를 살펴봅시다.

익명 함수　　　초깃값

```
    const result = [1,2,3].reduce((acc, x) => acc + x, 0)
```

이 익명 함수는 두 인수를 받게 됩니다. 첫 번째는 앞선 순회를 통해 누적된 값인 acc이고, 두 번째는 현재 요소의 값인 x입니다. 인수의 순서가 중요하고, 인수의 이름은 원하는 대로 정해도 무관합니다. 이 익명 함수에서 기존 누적된 값에 현재 요소의 값을 더한 후 이 값을 반환하면, 이 반환값이 다음 번 순회 시 호출되는 익명 함수의 acc로 다시 들어오기 때문에 이 과정을 반복하면 모든 배열을 순회하면서 합산한 결과가 나오게 됩니다.

그렇다면 배열의 첫 번째 요소를 순회할 때는 acc에 어떤 값이 들어올까요? 바로 reduce() 함수의 두 번째 인수로 넣어주는 초깃값(앞의 예제 코드에서는 0)이 들어오게 됩니다.

따라서 앞의 함수를 실행하면 (((0 + 1) + 2) + 3)이 되어 result 변수에 6이 저장됩니다.

04 이제 리액트 엘리먼트를 잘 배치해서 데이터를 표시해봅시다.

```
... 생략 ...                          coronaboard-web/src/components/dashboard.js
export function Dashboard(props) {
  ... 생략 ...
  return (
    <Container
      css={css`
        text-align: center;
        background-color: white;
        border-radius: 10px;
        padding-top: 10px;
        padding-bottom: 10px;
        border: 1px solid #dee2e6;
        // ❶ Container 서브의 h2 엘리먼트에 대해 스타일 지정
        h2 {
          padding-top: 10px;
          padding-bottom: 10px;
          font-size: 23px;
        }
      `}
    >
      <h2>전 세계</h2>
      <Row>
        <Col xs={4} md>
          {/* 미리 만들어둔 DashboardItem 컴포넌트 사용 */}
          <DashboardItem
            text="확진자"
            current={worldConfirmed}
            prev={worldConfirmedPrev}
          />
        </Col>
```

```
    <Col xs={4} md>
      <DashboardItem
        text="사망자"
        current={worldDeath}
        prev={worldDeathPrev}
      />
    </Col>
    <Col xs={4} md>
      <DashboardItem
        text="격리해제"
        current={worldReleased}
        prev={worldReleasedPrev}
        diffColor="green"
      />
    </Col>
    <Col xs={6} md>
      <DashboardItem
        text="치명률"
        current={worldFatality}
        unit="percent"
      />
    </Col>
    <Col xs={6} md>
      <DashboardItem
        text="발생국"
        current={worldCountry}
        prev={worldCountryPrev}
      />
    </Col>
  </Row>

  <h2>대한민국</h2>
  <Row>
  {/* 나머지 코드는 https://github.com/yjiq150/coronaboard-book-code를
  참고해주세요 */}
  </Row>
  </Container>
);
}
```

앞의 코드는 6.3절 '그리드 시스템으로 반응형 현황판 만들기'에서 한 번 설명했던 내용이고 CSS 속성과 DashboardItem 컴포넌트가 추가된 것을 제외하면 거의 달라진 부분이 없습니다. DashboardItem 컴포넌트에 미리 만들어둔 대로 text, current, prev, diffColor, unit 등의 속성을 필요에 따라 명시하고, 원하는 값을 넣어서 사용하면 되기 때문에 매우 편리합니다.

To Do 만든 컴포넌트를 페이지에 추가하기

01 자 이제 Dashboard 컴포넌트도 완성이 되었으니 마지막으로 이 컴포넌트를 single-page. js에 추가해주면 모든 작업이 완료됩니다.

```
... 생략 ...                                    coronaboard-web/src/templates/single-page.js
import { Dashboard } from '../components/dashboard';

export default function SinglePage({ pageContext }) {
  ... 생략 ...
  return (
    <div id="top">
      ... 생략 ...
      <p className="text-center text-white">
        마지막 업데이트: {lastUpdatedFormatted}
      </p>

      <Dashboard globalStats={globalStats} />
    </div>
  );
}
```

만들어둔 대시보드 상단 영역 바로 아래에 Dashboard 컴포넌트를 추가하고 globalStats 속성으로 필요한 데이터만 컴포넌트로 전달해주면 됩니다. 이제 이 상태로 페이지를 새로고침하면 처음 목표한 [그림 9-1]과 같은 대시보드가 보입니다.

9.3 공지사항 만들기

공지사항 영역은 데이터의 형태도 매우 간단하고 UI 구성도 다음 그림처럼 매우 간단합니다.

그림 9-4 공지사항 영역의 화면 구성

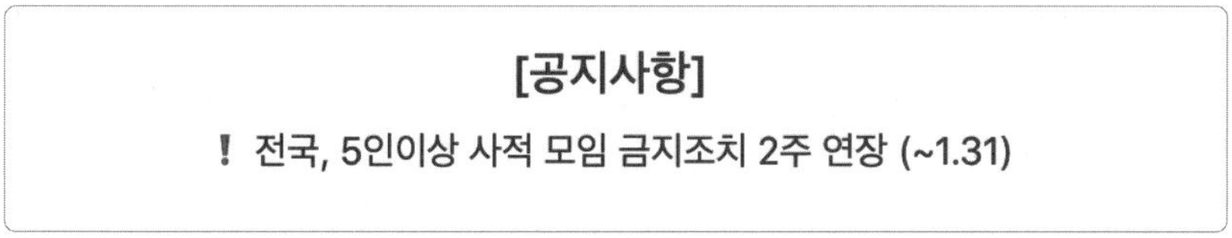

> ### [공지사항]
> ❗ 전국, 5인이상 사적 모임 금지조치 2주 연장 (~1.31)

구글 시트에서 공지사항을 편집한 후에 웹사이트를 새로 빌드하면 새롭게 빌드된 웹사이트의 공지사항에는 구글 시트에서 수정한 내용이 반영됩니다. 이렇게 하면 매번 웹사이트 코드를 수정할 필요 없이 구글 시트만 수정 후에 웹사이트를 빌드/배포하면 돼서 편리합니다.

그림 9-5 공지사항 업데이트 흐름

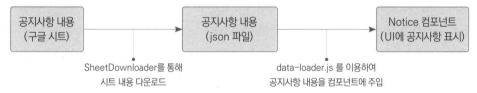

To Do 데이터 준비

01 먼저 공지사항 데이터를 준비해봅시다. 공지사항 데이터는 3.3.3절 '실제 데이터에 적용해보기'에서 만든 SheetDownloader 클래스를 사용해 구글 시트로부터 내려받습니다. 3.3.3절에서 작성했던 코드를 실행한 적이 있다면 이미 tools/downloaded/notice.json 경로에 공지사항 데이터가 준비되어 있을 겁니다. 만약 구글 시트에서 공지사항을 추가/수정했거나, 해당 데이터를 한 번도 내려받은 적이 없다면 3.3.3절 내용을 참고하여 공지사항 데이터를 다시 한번 내려받아주세요.

02 공지사항 코드를 작성합니다.

coronaboard-web/data-loader.js

```
... 생략 ...
// ❶ 구글 시트로부터 내려받은 공지사항 목록 로드
const notice = require('../../tools/downloaded/notice.json');

async function getDataSource() {
```

```
     ··· 생략 ···

 return {
   lastUpdated: Date.now(),
   globalStats,
   countryByCc,
   // ❷ 공지사항 목록 중 hidden 필드가 false인 항목만 필터하여 전달
   notice: notice.filter((x) => !x.hidden),
 };
}
```

❶ require() 함수로 json 파일에 저장된 공지사항 데이터를 로드합니다. JSON 형식의 문자열을 노드에서 자동으로 자바스크립트 객체로 변환하여 반환해줍니다.

❷ 공지사항 객체의 hidden 필드가 false인 항목만 필터하여 notice 필드에 전달해줍니다. 이렇게 해두면 나중에 코드 변경 없이도 공지사항이 입력된 구글 시트에서 hidden 컬럼값을 변경하여 해당 공지사항을 숨기거나 보여줄 수 있어 편리합니다.

언제 개발용 서버를 재시작해야 할까요?

gatsby develop 명령어를 이용하여 개발 서버를 띄운 후 웹브라우저에서 해당 개발 서버에 접속하여 개발하게 됩니다. 이때 웹브라우저 런타임에서 실행되는 리액트로 작성된 프론트엔드 코드는 수정 내용이 저장되는 즉시 HMR 기능(5.2.1절 '개츠비 설치 및 동작 확인' 참조)이 적용되어 보고 있는 웹페이지에서 수정된 부분만을 새로고침해주게 됩니다.

하지만 gatsby-node.js나 gatsby-config.js 같은 개츠비 빌드 설정과 관련된 코드들은 웹브라우저 런타임이 아닌 노드 런타임에서 수행되기 때문에 HMR 기능을 사용할 수 있는 환경이 아닙니다. 우리가 웹사이트에 주입할 데이터를 준비하는 data-loader.js 또한 gatsby-node.js에서 호출되는 코드입니다. 그러므로 gatsby develop이 실행 중인 상태에서 data-loader.js에 있는 코드를 수정하더라도 변경된 내용이 자동으로 반영되지 않습니다. 또한 data-loader.js에서 [coronaboard-web] 디렉터리와 같은 레벨에 존재하는 [tools] 디렉터리 내부의 notice.json, countryInfo.json도 참조하고 있는데 이 파일들의 변경된 내용을 읽어들이려면 개발용 서버를 재시작해야 합니다.

따라서 프론트엔드 코드 외에 빌드 관련 설정이나 데이터를 준비하는 코드를 수정하고 나서는 gatsby develop 명령어로 개발용 서버를 종료한 후 재시작해야 합니다.

다음 파일들은 개발용 서버를 재시작해야 수정 내용이 반영됩니다.

- coronaboard-web/gatsby-config.js
- coronaboard-web/gatsby-node.js
- coronaboard-web/src/data-loader.js
- coronaboard-web/src/api-client.js
- tools/downloaded/notice.json
- tools/downloaded/countryInfo.json

참고로 웹페이지가 열려 있는 상태에서 gatsby-node.js 파일 수정이 인식되면 다음과 같은 얼러트가 뜨면서 재시작할지 물어봅니다. 여기서 ❶ [OK]를 선택하면 gatsby develop 명령어를 재시작한 것과 같은 효과를 냅니다. data-loader.js 파일을 수정할 때는 이렇게 재시작을 물어보는 얼러트가 뜨지 않기 때문에 앞서 말한 대로 수동으로 재시작해야 합니다.

To Do 공지사항 컴포넌트 만들기

01 공지사항 영역에 해당하는 Notice 컴포넌트를 구현합시다.

coronaboard-web/src/components/notice.js
```
import React from 'react';
import { css } from '@emotion/react';

export function Notice(props) {
  const { notice } = props;
```

```
  return (
    <div
      css={css`
        padding-top: 20px;
        text-align: center;
      `}
    >
      <h2
        css={css`
          font-size: 20px;
        `}
      >
        [공지사항]
      </h2>
      {/* ❶ */}
      {notice.map((x, idx) => (
        <p key={idx}>{x.message}</p>
      ))}
    </div>
  );
}
```

notice에는 배열 안에 공지사항 메시지들이 들어 있습니다. ❶ map() 함수를 이용하여 해당 메시지를 내용이 채워진 p 엘리먼트로 변환하여 공지사항 목록을 손쉽게 만들어낼 수 있습니다. 리액트에서는 목록을 만들 때 해당 목록 내에서 특정 엘리먼트를 안정적으로 구분할 수 있도록 목록에 포함된 각 엘리먼트에 key 속성값을 지정하도록 되어 있습니다. 리액트에서는 내부적으로 key값을 이용하여 특정 엘리먼트가 수정 또는 추가/제거된 것을 인지하고 목록 전체가 아닌 변경된 부분만을 다시 렌더링하여 성능을 향상시킵니다. 따라서 고유한 값을 key로 사용하는 것이 좋습니다.

02 이제 single-page.js에 있는 Dashboard 컴포넌트 아래에 ❶ Notice 컴포넌트를 추가해주면 완성입니다.

coronaboard-web/src/templates/single-page.js

```
... 생략 ...
import { Notice } from '../components/notice';
```

```
export default function SinglePage({ pageContext }) {
  const { dataSource } = pageContext;
  const { lastUpdated, globalStats, notice } = dataSource;
  ... 생략 ...
  return (
    <div id="top">
      ... 생략 ...
      <Dashboard globalStats={globalStats} />
      <Notice notice={notice} /> {/* ❶ */}
    </div>
  );
}
```

data-loader.js의 getDataSource() 함수에서 반환된 객체의 notice 필드에 담긴 공지사항 목록이 pageContext를 통해서 전달됩니다.

데이터를 변경했는데 변경된 데이터가 웹페이지에 반영이 되지 않는다면?

개츠비는 빌드 속도를 빠르게 유지하기 위해 빌드 과정에서 생성된 파일들을 [.cache] 디렉터리와 [public] 디렉터리에 보관합니다. 그래서 gatsby develop 명령어를 재시작해도 변경된 데이터가 웹페이지에 반영이 되지 않는 경우가 있습니다. 빌드 과정에서 생성된 파일들을 계속 재사용하기 때문인데요, 해결 방법은 두 가지입니다.

첫 번째로 gatsby clean 명령어를 수행해서 빌드 과정에서 생긴 디렉터리들을 모두 삭제한 후 다시 gatsby develop 명령어를 재실행하는 방법입니다. 이 방법은 깔끔하기는 하지만 빌드 캐시가 모두 날아가기 때문에 gatsby develop 명령어를 재실행 시 모든 빌드 과정을 처음부터 다시 수행합니다. 빌드 시간이 길다는 단점이 있습니다.

두 번째로 gatsby develop 명령어를 수행할 때 ENABLE_GATSBY_REFRESH_ENDPOINT=true 환경 변수를 설정해 실행하는 방법입니다. 셸^{shell}에 미리 환경 변수를 추가해놓고 사용하는 방법도 있고 다음과 같이 명령어 실행 시 앞에 환경 변수를 명시하여 실행하는 방법도 가능합니다.

```
ENABLE_GATSBY_REFRESH_ENDPOINT=true gatsby develop
```

이렇게 실행하면 개발 서버에 새로고침을 요청을 할 수 있는 __refresh라는 API가 활성화됩니다. 이 API에 다음과 같이 HTTP로 POST 요청을 실행하면 빌드 과정 중 데이터를 불러오는 부분만 재실행하여 빠르게 데이터만 새로고침할 수 있습니다.

```
curl -X POST http://localhost:8000/__refresh
```

학습 마무리

PC, 모바일 환경에 모두 최적화된 반응형 대시 보드와 공지사항 컴포넌트를 만들었습니다. 공지사항 컴포넌트의 방식을 잘 응용하면 자주 변경되지만 코드 변경 없이 데이터만 수정하여 배포하기 좋으니 실제로 활용해보세요.

핵심 요약

1 부트스트랩의 그리드 시스템을 이용하면 디바이스 화면 너비에 따라 레이아웃이 적절하게 바뀌는 반응형 웹사이트를 빠르게 만들 수 있습니다.

2 구글 시트에서 공지사항을 입력하고 이 내용을 다운로드하여 웹사이트를 빌드할 때 사용하면 코드 수정 없이 구글 시트의 공지사항만 수정하여 배포할 수 있습니다.

슬라이드 만들기 I : 국가별, 글로벌 차트

구현 목표 한눈에 보기

국가별 현황

	국가	확진자	사망자	격리해제	치명(%)
1	미국	29,257,069 (+54,103)	525,780 (+146)	19,694,342 (+17,270)	1.8
2	인도	11,114,511 (+17,377)	157,212 (+120)	10,788,522 (+13,353)	1.4
3	브라질	10,551,259 (+34,027)	255,018 (+755)	9,411,033 (+24,593)	2.4
4	러시아	4,257,650 (+11,571)	86,455 (+333)	3,823,074 (+11,277)	2.0
5	영국	4,176,554 (+6,035)	122,849 (+144)	2,905,317 (+59,109)	2.9
18	인도네시아	1,341,314 (+6,680)	36,325 (+159)	1,151,915 (+9,212)	2.7
19	페루	1,329,805 (+5,942)	46,494 (+195)	1,232,528 (+6,534)	3.5
20	체코	1,240,051 (+4,571)	20,469 (+130)	1,070,622 (+3,065)	1.7

전체 보기

구글 지오차트를 사용하여 지도에 색과 확진자 숫자 표시

국가별 통계를 구글 테이블을 이용하여 표시

테이블의 내용이 너무 많으면 일부만 표시하고 [전체 보기] 버튼을 클릭하면 나머지 내용을 보여줌

이름	슬라이드 만들기 I : 국가별, 글로벌 차트
기능	• 국가별 통계 데이터를 적절히 가공하여 다양한 형태의 차트로 표현
구성요소	• 구글 지오차트, 구글 테이블 • 아파치 이차트 컴포넌트

☐ **학습 목표**　국가별 통계 데이터를 세계 지도와 표 형식으로 볼 수 있는 국가별 현황 슬라이드를 구현하고, 일별/누적 차트 형식으로 날짜별 추이를 볼 수 있는 글로벌 차트 슬라이드를 구현합니다.

☐ **학습 순서**

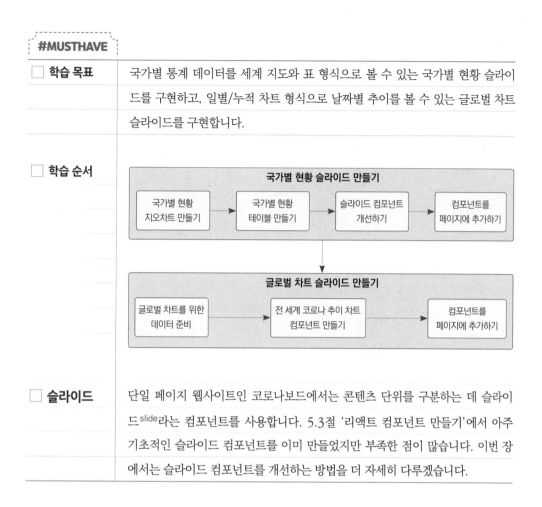

☐ **슬라이드**　단일 페이지 웹사이트인 코로나보드에서는 콘텐츠 단위를 구분하는 데 슬라이드 slide라는 컴포넌트를 사용합니다. 5.3절 '리액트 컴포넌트 만들기'에서 아주 기초적인 슬라이드 컴포넌트를 이미 만들었지만 부족한 점이 많습니다. 이번 장에서는 슬라이드 컴포넌트를 개선하는 방법을 더 자세히 다루겠습니다.

10.1 국가별 현황 슬라이드 만들기

지도(지오차트)를 이용하는 컴포넌트와 테이블을 이용하는 컴포넌트로 국가별 현황 슬라이드 컴포넌트를 만들겠습니다.

그림 10-1 국가별 현황 슬라이드의 화면 구성

모든 국가의 데이터를 한 번에 테이블 형태로 보여주면 200개가 넘는 행이 생기기 때문에 웹페이지의 스크롤이 너무 늘어나는 문제가 있습니다. 그래서 처음에는 상위 20개 국가의 통계만 보여줍니다. 상위 20개 국가 외에 나머지 국가의 통계를 모두 보고 싶을 때는 ❶ [전체 보기] 버튼을 클릭하면 됩니다.

국가별 현황 슬라이드에서 사용하는 데이터는 대시보드를 만들 때 사용한 데이터와 같습니다. 이미 데이터가 준비되어 있으니 바로 컴포넌트를 만들겠습니다.

10.1.1 국가별 현황 지오차트 만들기

To Do **01** 지오차트를 만드는 방법은 이미 7.3.3절 '구글 지오차트'에서 설명했습니다. 곧바로 세계 지오차트 컴포넌트를 구현하겠습니다.

```
                                          coronaboard-web/src/components/global-geo-chart.js
import React from 'react';
import { Chart } from 'react-google-charts';

export function GlobalGeoChart(props) {
  const { countryByCc, globalStats } = props;

  const header = ['국가', '국가', '확진자', '사망자'];
  // ❶ 국가별 데이터를 지오차트에 적합하게 변환
  const rows = globalStats.map((x) => {
    const country = countryByCc[x.cc];
    const countryTitle = country.title_ko + country.flag;
    return [x.cc, countryTitle, x.confirmed, x.death];
  });

  const geoChartData = [header, ...rows];

  return (
    <div>
      <Chart
        chartType="GeoChart"
        width="100%"
        height="100%"
        data={geoChartData}
        options={{
          colorAxis: { colors: ['#fff2f2', '#710000'] },
          legend: 'none', // 범례 숨김
        }}
      />
    </div>
  );
}
```

7.3.3절의 예시에서는 하드코딩된 데이터를 사용했습니다. 여기서는 ❶ 컴포넌트 외부에서 제공받은 국가별 데이터(globalStats)를 지오차트에 적합한 형태로 변환해 사용하는 점만 다릅니다.

10.1.2 국가별 현황 테이블 만들기

To Do **01** 테이블 만드는 방법도 7.3.2절 '구글 테이블 차트'에서 설명했습니다. 곧바로 GlobalTable 컴포넌트를 만듭시다.

```javascript
                                    coronaboard-web/src/components/global-table.js
import React, { useState } from 'react';
import { css } from '@emotion/react';
import { Chart } from 'react-google-charts';
import { formatDiffForTable, numberWithCommas } from '../utils/formatter';
import { Button } from 'react-bootstrap';

// ❶ 자바스크립트에서 커스텀 객체를 정렬할 때 정렬 기준을 제공하는 함수
function compareConfirmed(x, y) {
  if (x.confirmed > y.confirmed) {
    return -1;
  } else if (x.confirmed < y.confirmed) {
    return 1;
  }
  return 0;
}

// ❷ 테이블에 표시되는 데이터를 만들어내는 공통 함수
function generateDiffText(value, valuePrev, colorClassName) {
  return {
    v: value,
    f: `${numberWithCommas(value)}
      <br>
      <span class="diff ${colorClassName}">
      ${formatDiffForTable(value, valuePrev)}
      </span>
      `,
  };
}

export function GlobalTable(props) {
  const { countryByCc, globalStats } = props;

  // ❸ 모든 국가 데이터를 보여줄지 상위 20개만 노출할지 결정하는 상태 변수
  const [isShowAll, setIsShowAll] = useState(false);
```

```
// ❹ 확진자 많은 순으로 데이터 정렬
const globalStatsSorted = globalStats.sort(compareConfirmed);
```

코드가 좀 길긴 하지만 크게 어려운 내용은 없으니 하나씩 차근차근 설명하겠습니다.

❶ compareConfirmed() 함수는 globalStats를 확진자 많은 순으로 내림차순 정렬하는 데 필요한 정렬 기준을 제공하는 함수입니다. 이 함수에서는 인수로 전달받은 x, y 중 어떤 객체가 순서상 먼저 나와야 할지를 반환값으로 알려줍니다. -1을 반환하면 x가 y보다 먼저 나와야 한다는 의미이고, 1을 반환하면 y가 x보다 먼저 나와야 한다는 의미입니다. 마지막으로 0을 반환하면 굳이 순서를 변경하지 않아도 된다는 의미입니다. 이렇게 작성된 함수는 ❹ sort() 함수의 인자로 전달되고, sort() 함수 내부적으로 정렬을 위해 배열의 각 요소들을 비교할 때마다 인자로 전달된 이 함수가 호출됩니다. 이러한 동작 방식 때문에 여기서는 compareConfirmed() 함수를 직접 호출하는 게 아니라 해당 함수의 참조만 인자로 넣어 전달합니다.

❷ 확진자, 사망자, 격리해제 등 테이블 내에서 수치와 증감량을 표시하는 데 사용하는 공통 함수를 정의합니다. 반환 객체의 v 필드는 테이블 내부적으로 데이터 정렬에 사용하는 실제 수치를 의미하며, f 필드는 사용자가 실제로 보는 포매팅된 문자열입니다.

❸ 모든 국가 데이터를 보여줄지 상위 20개만 노출할지를 결정하는 상태 변수인 isShowAll을 정의합니다. 사용자가 명시적으로 전체 보기 버튼을 클릭하여 상태를 바꾸지 않는 이상 상위 20개만 노출하면 되기 때문에 초깃값을 false로 지정했습니다(useState() 함수의 첫 번째 인수로 넣어주는 값이 해당 상태 변수의 초깃값이 됩니다).

```
// ❺ 구글 테이블 차트에서 요구하는 자료 형식으로 변형
const rows = globalStatsSorted.map((x) => {
  const country = countryByCc[x.cc];
  const countryName = country.title_ko + country.flag;
  const deathRateText =
    x.death === 0 ? '-' : ((x.death / x.confirmed) * 100).toFixed(1);

  return [
    {
      v: x.cc,
      f: countryName,
    },
```

```
      generateDiffText(x.confirmed, x.confirmedPrev, 'red'),
      generateDiffText(x.death, x.deathPrev, 'red'),
      generateDiffText(x.released, x.releasedPrev, 'green'),
      {
        v: x.death / x.confirmed,
        f: deathRateText,
      },
    ];
  });

  const header = [
    { type: 'string', label: '국가' },
    { type: 'number', label: '확진자' },
    { type: 'number', label: '사망자' },
    { type: 'number', label: '격리해제' },
    { type: 'number', label: '치명(%)' },
  ];

  // ❻ 기본적으로 200개가 넘는 국가 중 상위 20개만 노출
  // 사용자가 [전체 보기] 버튼을 클릭하면 전체 국가를 모두 보여줌
  const tableData = [header, ...(isShowAll ? rows : rows.slice(0, 20))];

  return (
    <div
      css={{css`
        // ❼ PC에서 테이블이 불필요하게 크게 보이지 않게 제한
        max-width: 640px;
        margin: 20px auto;

        .diff.green {
          color: green;
        }

        .diff.red {
          color: red;
        }

        // ❽ 구글 테이블 차트의 기본 스타일 변경
        .google-visualization-table-tr-head th {
```

```
          background-image: none;
          background-color: #f8f9fa;
          padding: 14px 4px;
          border-bottom: 2px solid #dee2e6;
        }

        .google-visualization-table-td {
          vertical-align: top;
        }

        button {
          display: block;
          width: 100%;
          margin-top: 8px;
          border-radius: 0;
        }
      `}
    >
      <Chart
        chartType="Table"
        loader={<div>로딩 중</div>}
        data={tableData}
        options={{
          showRowNumber: true,
          width: '100%',
          height: '100%',
          allowHtml: true,
          cssClassNames: {},
        }}
      />
      {!isShowAll ? (
        // ❾ [전체 보기] 버튼을 클릭하면 isShowAll 상태 변수의 값을 true로 변경
        <Button variant="secondary" onClick={() => setIsShowAll(true)}>
          전체 보기
        </Button>
      ) : null}
    </div>
  );
}
```

❺ map() 함수를 이용하여 데이터를 구글 테이블 차트에서 요구하는 형식으로 변형합니다. 데이터를 변형해서 구글 테이블 차트 컴포넌트에 전달해야 테이블이 제대로 생성됩니다.

❻ isShowAll 상태 변수에 따라 전체를 보여줄지 전체에서 상위 20개만 잘라서 보여줄지를 결정합니다. useEffect() 함수에서 의존하는 상태 변수 목록을 의미하는 두 번째 인수에 isShowAll과 rows를 넣어줬기 때문에 이 두 변수 중 하나라도 값이 변경되면 이 함수가 호출됩니다. 이 함수가 호출되면 또 다른 상태 변수인 tableData를 변경하고, 이 상태 변수를 참조하는 Chart 컴포넌트 또한 다시 렌더링되면서 변경된 데이터로 테이블이 다시 그려집니다.

❼ 테이블이 일정 너비 이상 늘어나지 않도록 max-width 속성으로 제한했습니다. 화면 너비가 너무 넓으면 테이블 너비가 너무 늘어나 보기 불편해지기 때문입니다. 참고로 이렇게 고정 크기의 너비를 가지고 display: block 속성이 지정된 엘리먼트(div 엘리먼트는 기본적으로 display: block 속성을 가집니다)를 상위 엘리먼트 기준으로 중앙 정렬하려면 좌우 margin을 auto로 지정하면 됩니다.

❽ 구글 테이블 차트에서 기본으로 제공하는 스타일 대신 새로운 코로나보드에 맞는 스타일을 지정합니다.

> **Note** google-visualization-table-tr-head와 같은 클래스 이름은 코로나보드에서 작성한 HTML에는 존재하지 않지만, 구글 테이블 차트가 렌더링되고 난 후에 크롬 개발자 도구를 이용하여 해당 테이블이 가진 엘리먼트를 조사하면 해당 테이블의 헤더 영역에서 발견할 수 있습니다. 이렇게 알아낸 클래스 이름과 태그를 이용하여 CSS 셀렉터에 속성을 지정하면 해당 엘리먼트에 지정된 CSS를 오버라이드(override)할 수 있습니다. 이러한 방식으로 코로나보드에서 원하는 방식으로 구글 테이블의 디자인을 바꿀 수 있습니다.

❾ [전체 보기] 버튼을 만들고 해당 버튼을 클릭했을 때 isShowAll 상태 변수의 값을 true로 바꾸도록 onClick 속성에 클릭했을 때 수행될 함수를 등록합니다.

10.1.3 슬라이드 컴포넌트 개선하기

To Do **01** 5.3절 '리액트 컴포넌트 만들기'에서 만든 Slide 컴포넌트에는 부트스트랩과 코로나보드에 맞는 디자인을 적용하지 않았습니다. Slide 컴포넌트를 개선해서 사용하겠습니다.

coronaboard-web/src/components/slide.js

```
import React from 'react';
import { css } from '@emotion/react';
import { Container } from 'react-bootstrap';
```

```
export function Slide(props) {
  const { title, children, id } = props;
  return (
    <div
      id={id}  // ❶ id 추가
      css={css`
        text-align: center;
        border-bottom: 1px solid #aaa; // ❷ 속성 변경
        padding-top: 40px;
        padding-bottom: 60px;
        h2 {
          margin-bottom: 24px;
        }
      `}
    >
      {/* ❸ 컴포넌트 추가 */}
      <Container>
        <h2>{title}</h2>
        <div>{children}</div>
      </Container>
    </div>
  );
}
```

❶ id값을 속성으로 받을 수 있게 했습니다. 나중에 12.2절 '내부 메뉴바 만들기'에서 이 id값을 앵커로 이용하여 페이지 내에서 특정 슬라이드의 위치로 스크롤할 수 있게 만들 예정입니다. ❷ border-top 속성을 border-bottom 속성으로 변경하고 ❸ Container 컴포넌트를 추가했습니다.

10.1.4 만든 컴포넌트를 페이지에 추가하기

GlobalGeoChart와 GlobalTable 컴포넌트를 GlobalSlide 컴포넌트에 추가하고 → GlobalSlide 컴포넌트를 최종적으로 single-page.js에 추가해주면 모든 작업이 완료됩니다.

To Do **01** 먼저 GlobalGeoChart와 GlobalTable 컴포넌트가 포함된 GlobalSlide 컴포넌트를 새롭게 만듭시다.

```
                                              coronaboard-web/src/components/global-slide.js
import React from 'react';
import { GlobalTable } from './global-table';
import { Slide } from './slide';
import { GlobalGeoChart } from './global-geo-chart';

export function GlobalSlide(props) {
  const { id, dataSource } = props;
  const { countryByCc, globalStats } = dataSource;
  return (
    <Slide id={id} title="국가별 현황">
      <GlobalGeoChart countryByCc={countryByCc} globalStats={globalStats} />
      <GlobalTable countryByCc={countryByCc} globalStats={globalStats} />
    </Slide>
  );
}
```

02 GlobalSlide 컴포넌트를 single-page.js에 추가합시다. 변경된 코드의 배경색을 짙게 처리해두었습니다.

```
... 생략 ...                                 coronaboard-web/src/templates/single-page.js
import { GlobalSlide } from '../components/global-slide';

export default function SinglePage({ pageContext }) {
  ... 생략 ...
  return (
    <div id="top">
      ... 생략 ...
      <GlobalSlide id="global-slide" dataSource={dataSource} />
    </div>
  );
}
```

위와 같이 GlobalSlide 컴포넌트를 추가한 후 이제 이 상태로 페이지를 새로고침하여 확인하면 처음 목표한 [그림 10-1]과 동일한 국가별 현황 슬라이드가 보입니다.

10.2 글로벌 차트 슬라이드 만들기

이번 절에서는 [그림 10-2]에 나오는 글로벌 차트 슬라이드를 만들어봅시다. 서비스 중인 코로나 보드는 전 세계 코로나 추이 차트, 여러 국가를 선택하여 국가별로 비교하는 차트, 로그스케일 그래프 등을 제공합니다. 이 책에서는 가장 메인 차트인 전 세계 코로나 추이 차트만을 만들겠습니다. 이 차트를 만드는 방법을 익히신다면 다른 차트는 응용해서 만들 수 있을 겁니다.

전 세계 코로나 추이 차트 만들기를 시작하기 전에 기능부터 파악해봅시다.

그림 10-2 글로벌 차트 슬라이드와 전 세계 코로나 추이 차트

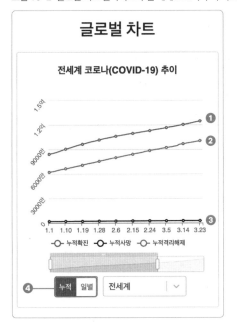

전 세계 코로나 추이 차트는 ❹ 누적/일별 관점에서 살펴볼 수 있습니다. [누적]을 선택하면 [그림 10-2]에서처럼 해당 날짜까지의 누적된 수치를 꺾은선 차트로 표현합니다. 위에서부터 아래로 ❶ 확진자, ❷ 격리해제자, ❸ 사망자 수입니다.

그림 10-3 전 세계 코로나 추이 차트 일별 보기

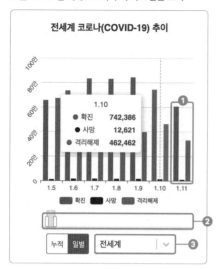

일별 차트는 막대 차트로 표현합니다. ❶ 날짜마다 확진자, 격리해제자, 사망자 수를 각각 다른 색의 막대로 표현했습니다. 일별 차트에서는 x축에 날짜당 3개 막대를 그리기 때문에 자리를 많이 차지합니다. 날짜 범위가 너무 넓어지면 막대 하나의 폭이 너무 좁아져서 보기에 좋지 않기 때문에 ❷ 데이터 줌 기능을 사용하여 적당히 좁은 범위를 잡아줘야 합니다.

'누적', '일별' 선택 버튼 옆에는 ❸ 국가를 선택하는 선택 상자가 제공됩니다. 이 선택 상자에서 '전 세계'를 선택하면 모든 국가 통계의 합산된 값을 볼 수 있고, 그 외에 국가 이름을 선택하면 해당 국가에 대한 통계를 볼 수 있습니다.

국가별 누적값은 일자별로 데이터베이스에 저장이 되어 있어 코로나보드 API를 통해 불러와서 사용할 수 있습니다. 이 데이터와 7.4절 '아파치 이차트' 이용하기에서 만든 Echart 컴포넌트를 잘 응용하여 그래프를 그려보겠습니다.

10.2.1 글로벌 차트를 위한 데이터 준비

To Do **01** 전 세계 코로나 추이 차트를 그리려면 전체 기간에 대한 국가별로 통계 데이터가 필요합니다. 이는 이미 대시보드에서 쓸 데이터를 만들 때 코로나보드 API에서 모든 통계 데이터를 한 번에 다 불러왔으므로 날짜별로 묶은 groupedByDate 변수를 사용하기만 하면 됩니다. 이제 데이터를 차트에 맞게 가공하여 차트를 그릴 때 쓸 최종적인 데이터를 만들기만 하면 됩니다. getData Source() 함수에 구현해봅시다.

```
                                                          coronaboard-web/src/data-loader.js
... 생략 ...
const path = require('path');
const fs = require('fs-extra');

async function getDataSource() {
  ... 생략 ...
  // ❶
  const globalChartDataByCc = generateGlobalChartDataByCc(groupedByDate);

  // ❷
  Object.keys(globalChartDataByCc).forEach((cc) => {
    const genPath = path.join(process.cwd(), `static/generated/${cc}.json`);
    fs.outputFileSync(genPath, JSON.stringify(globalChartDataByCc[cc]));
  });

  // ❸ 생성된 차트 데이터를 빌드 시점에 주입할 필요가 없어서 반환값에 추가되는 것이 없음
  return {
    lastUpdated: Date.now(),
    globalStats,
    countryByCc,
    notice: notice.filter((x) => !x.hidden),
  };
}
```

❶ 전체 기간에 대한 국가별 데이터를 입력으로 받아 차트를 그리는 데 적합한 형태로 변환하여
반환합니다. 세부 내용은 잠시 후에 따로 설명하겠습니다.

❷에서는 ❶에서 만든 국가별 차트 데이터를 국가별로 순회하면서 국가 하나당 1개의 JSON
파일을 [coronaboard-web/static/generated] 디렉터리 안에 생성하고 있습니다. 여기
서 process.cwd()는 현재 작업 디렉터리(cwd, current working directory)를 가져오
는 함수입니다. 코로나보드 개발 환경에서는 gatsby develop 명령어를 실행한 디렉터리인
[coronaboard-web] 디렉터리를 의미합니다.

[coronaboard-web] 안의 [static] 디렉터리에는 웹페이지에서 사용할 이미지, 폰트 등의 정적
인 리소스 파일들을 저장합니다(5.2.2절 '개츠비 프로젝트 구조' 참고). 이곳에 저장된 파일들은
정적 웹사이트를 빌드하여 배포할 때 포함되어 웹 서버에 업로드됩니다.

```
coronaboard-web
├── static/
│   └── generated/
│       └── KR.js
│       └── JP.js
│       └── US.js
│       └── ...
├── ...
```

예를 들어 [static] 디렉터리 안에 example.png라는 이미지 파일이 있다고 합시다. 개발 서버라면 http://localhost:8000/example.png로 접근할 수 있고, 추후 실제 서버에 배포되면 **http://{도메인 네임}/example.png** 형식으로 접근할 수 있습니다. 그렇다면 이렇게 [static] 디렉터리에 차트 데이터를 국가별로 json 파일로 저장해두는 이유는 무엇일까요?

국가별 1년치 코로나 통계 데이터를 JSON 형식의 문자열로 표현했을 때 파일 크기가 약 3MB 정도입니다. 이 데이터를 모두 정적 웹페이지에 주입해버리면 해당 웹페이지의 초기 로딩 속도가 느려집니다. 웹페이지에 이미 주입해버린 데이터는 당장 사용되지 않더라도 초기 페이지 로드 시에 한꺼번에 로드되기 때문입니다.

이 문제를 해결하고자 코로나보드에서는 차트 데이터를 미리 국가 코드별로 나누어서 json 확장자를 가진 파일로 만들어 [static/generated] 디렉터리에 저장합니다. 이렇게 하면 차트 데이터가 페이지로 빌드 시점에 주입되지 않고 별도의 파일로 쓰여지기 때문에 데이터양이 많아진다 하더라도 웹페이지의 초기 로딩 속도에 영향을 미치지 않습니다(차트 데이터를 페이지에 직접 주입하지 않기 때문에 다른 데이터와 달리 생성해둔 차트 데이터를 파일로 쓰기만 하고 ❸에서처럼 차트 데이터를 따로 반환하지도 않았습니다). 게다가 차트 데이터가 별도의 정적 파일로 저장되어 있어서 사용자가 차트를 보다가 특정 국가를 선택하기 전까지는 해당 국가의 차트 데이터 파일을 요청하지 않습니다. 그래서 불필요한 트래픽도 줄일 수 있습니다. 다만 사용자가 특정 국가를 선택한 순간에 API를 호출해 해당 국가의 json 파일을 동적으로 요청해서 받아오기 때문에 차트를 보여주기까지 약간의 지연이 있을 수 있습니다.

> **Note** 빌드 시점에 모든 데이터를 정적 웹페이지에 주입하는 방식은 아니다 보니 엄밀히 말하면 정적 웹페이지라고 할 수 없긴 합니다. 결국 사용자의 선택에 따라 데이터를 API 서버에서 동적으로 불러오지 않고, 정적인 json 파일을 불러오므로 하이브리드 방식이라고 보면 됩니다.

02 이번에는 실제로 차트에 사용하기 적합한 형태로 groupedByDate 데이터를 변형하는 generateGlobalChartDataByCc() 함수를 작성합시다.

coronaboard-web/src/data-loader.js

```
... 생략 ...
function generateGlobalChartDataByCc(groupedByDate) {
  // ❶ 국가 코드를 필드 이름으로 하여 차트 데이터를 저장할 객체 선언
  const chartDataByCc = {};
  // 모든 키값(날짜)를 불러와서 날짜순으로 정렬
  const dates = Object.keys(groupedByDate).sort();
  for (const date of dates) {
    const countriesDataForOneDay = groupedByDate[date];
    for (const countryData of countriesDataForOneDay) {
      const cc = countryData.cc;
      // ❷ 특정 국가의 차트 데이터 객체가 아직 정의되지 않았다면 기본값으로 생성
      if (!chartDataByCc[cc]) {
        chartDataByCc[cc] = {
          date: [],
          confirmed: [],    // 해당 날짜의 확진자 수
          confirmedAcc: [], // 해당 날짜까지의 누적 확진자 수
          death: [],        // 사망자 수
          deathAcc: [],
          released: [],     // 격리해제자 수
          releasedAcc: [],
        };
      }
      // ❸ 특정 국가의 차트 데이터에 특정 국가의 현재 날짜의 데이터 추가
      appendToChartData(chartDataByCc[cc], countryData, date);
    }

    // ❹ 날짜별로 모든 국가에 대한 합산 데이터를 global이라는 임의의 국가 코드에 저장
    if (!chartDataByCc['global']) {
      chartDataByCc['global'] = {
        date: [],
        confirmed: [],
        confirmedAcc: [],
```

```
        death: [],
        deathAcc: [],
        released: [],
        releasedAcc: [],
      };
    }

    const countryDataSum = countriesDataForOneDay.reduce(
      (sum, x) => ({
        confirmed: sum.confirmed + x.confirmed,
        death: sum.death + x.death,
        // release 데이터가 없는 국가들이 존재하여 별도 처리
        released: sum.released + (x.released || 0),
      }),
      { confirmed: 0, death: 0, released: 0 },
    );

    appendToChartData(chartDataByCc['global'], countryDataSum, date);
  }

  return chartDataByCc;
}

function appendToChartData(chartData, countryData, date) {
  // 전일 데이터가 없는 경우 현재 날짜 데이터를 그대로 사용
  if (chartData.date.length === 0) {
    chartData.confirmed.push(countryData.confirmed);
    chartData.death.push(countryData.death);
    chartData.released.push(countryData.released);
  } else {
    // 전일 대비 증가량 저장
    const confirmedIncrement =
      countryData.confirmed - _.last(chartData.confirmedAcc) || 0;
    chartData.confirmed.push(confirmedIncrement);

    const deathIncrement = countryData.death - _.last(chartData.deathAcc) || 0;
    chartData.death.push(deathIncrement);

    const releasedIncrement =
```

```
        countryData.released - _.last(chartData.releasedAcc) || 0;
    chartData.released.push(releasedIncrement);
  }

  chartData.confirmedAcc.push(countryData.confirmed);
  chartData.deathAcc.push(countryData.death);
  chartData.releasedAcc.push(countryData.released);

  chartData.date.push(date);
}
```

generateGlobalChartDataByCc() 함수는 날짜 기준으로 정리된 국가별 통계 데이터를 국가 기준으로 정리하고, 국가별 통계를 차트에 표시하기 좋게 배열 형태로 변환해줍니다. 입력값 형태와 함수가 반환값의 형태는 다음과 같습니다.

▼ groupedByDate

```
{
  "2021-01-01": [
    {cc: 'KR', confirmed: 1000, death: 2},
    {cc: 'US', confirmed: 10000, death: 20}
    ...
  ],
  "2021-01-02": [
    {cc: 'KR', confirmed: 1200, death: 2},
    {cc: 'US', confirmed: 12000, death: 20}
    ...
  ]
}
```

변환 →

▼ generateGlobalChartDataByCc 반환값

```
{
  "KR": {
    date: ["2021-01-01", "2021-01-02",
...],
    confirmedAcc: [1000, 1200, ...],
    confirmed: [1000, 200, ...],
    deathAcc: [2, 2, ...],
    death: [2, 0, ...]
  },
  "US": {
    date: ["2021-01-01", "2021-01-02",
...],
    confirmedAcc: [30000, 65000, ...],
    confirmed: [30000, 35000, ...],
    deathAcc: [20, 30, ...],
    death: [20, 10, ...]
  }
}
```

데이터 변환 과정을 하나씩 살펴봅시다. ❶ 빈 객체를 생성했습니다. 처음에는 국가별로 객체가 생성되어 있지 않기 때문에 ❷에서 생성하고 기본값을 넣어줍니다. date 필드에는 날짜, confirmed, death, released 필드에는 해당 날짜의 확진자, 사망자, 격리해제자 수가 배열로 들어갑니다. 그리고 confirmedAcc, deathAcc, releasedAcc에는 확진자, 사망자, 격리해제

자의 누적 수치가 배열로 들어갑니다. 앞서 설명했듯이 '누적'과 '일별'로 나누어서 차트를 보여주려고 이렇게 데이터를 미리 계산해두는 겁니다. 마지막으로 ❸ appendToChartData() 함수를 호출해 특정 국가의 특정 항목에 데이터를 덧붙이는 작업을 수행합니다.

10.2.2 전 세계 코로나 추이 차트 컴포넌트 만들기

To Do **01** 이제 준비된 데이터를 불러와서 사용자에게 보여주는 GlobalTrendChart 차트 컴포넌트를 만들겠습니다.

coronaboard-web/src/components/chart/global-trend-chart.js

```
import React, { useEffect, useState } from 'react';
import { css } from '@emotion/react';
import {
  convertToMonthDay,
  numberWithUnitFormatter,
} from '../../utils/formatter';
import { Echart } from '../echart';
import { Button, ButtonGroup, Card } from 'react-bootstrap';
import Select from 'react-select';
import axios from 'axios';
import { colors } from '../../config';

export function GlobalTrendChart(props) {
  const { countryByCc } = props;
  // ❶ 선택 상자의 기본값
  const defaultSelectedItem = {
    value: 'global',
    label: '전 세계',
  };
  // ❷ 상태 변수 정의
  // 실제 차트를 그리는 데 필요한 데이터
  const [chartData, setChartData] = useState(null);
  // 누적(acc), 일별(daily) 선택 여부
  const [dataType, setDataType] = useState('acc');
  // 선택 상자에서 현재 선택된 항목
  const [selectedItem, setSelectedItem] = useState(defaultSelectedItem);
  const countryCodes = Object.keys(countryByCc);
```

```
  useEffect(() => {
    // ❸ 선택된 국가가 변경될 때 해당 국가에 대한 차트 데이터를 동적으로 로드
    async function fetchDataWithCc(cc) {
      const response = await axios.get(`/generated/${cc}.json`);
      setChartData(response.data);
    }
    fetchDataWithCc(selectedItem.value);
  }, [selectedItem]);
  // ❹ 데이터가 아직 준비되지 않은 때는 로딩 화면 노출
  if (!chartData) {
    return <div>Loading</div>;
  }
  // ❺ 차트 데이터와 자료형에 맞는 차트 옵션 생성
  const chartOption = generateChartOption(chartData, dataType);
  // ❻ 선택 상자에 사용할 국가 코드와 국가 이름 데이터 생성
  const selectOption = [
    defaultSelectedItem,
    ...countryCodes.map((cc) => ({
      value: cc,
      label: countryByCc[cc].title_ko,
    })),
  ];

  ... 생략 ...
}
```

코드가 좀 길어서 일단 렌더링 코드를 제외한 컴포넌트의 동작을 정의하는 코드부터 살펴봅시다.

❶ 선택 상자에 들어갈 '전 세계' 선택지를 정의합니다. '전 세계' 선택지는 국가 선택 상자의 기본 값으로도 사용됩니다.

❷ 컴포넌트 내부에서 필요한 여러 상태 변수들을 정의합니다.

- chartData : 실제 차트를 그릴 데이터 저장
- dataType : 누적/일별 선택 상태 저장
- selectedItem : 선택 상자에서 현재 선택된 항목이 무엇인지 저장

❸ 선택된 국가의 차트 데이터를 동적으로 로드합니다. 이 코드는 selectedItem을 의존성으로 가진 useEffect() 함수 안에 존재하기 때문에 selectedItem이 변할 때마다 호출됩니다. selectedItem의 초깃값은 defaultSelectedItem으로 설정했기 때문에 최초에 컴포넌트가 마운트될 때 전 세계 차트 데이터가 합산되어서 만든 /generated/global.json 파일을 요청하여 차트로 보여줍니다. 그 후에도 선택 국가가 바뀔 때마다 선택된 국가에 맞는 데이터를 로드하여 보여줍니다. 여기에서 사용하는 [generated] 디렉터리 밑의 json 파일들은 data-loader.js에서 국가별 차트 데이터를 파일로 만들어서 [static/generated] 디렉터리에 저장했던 파일입니다.

❹ 데이터가 아직 준비되지 않은 동안에 보여줄 로딩 화면을 만들어서 반환합니다.

❺ 차트 데이터와 '누적' 또는 '일별' 선택지에 따라서 차트를 그릴 최종 차트 옵션을 생성합니다. generateChartOption 관련된 자세한 내용은 **03**에서 설명할 예정입니다.

❻ 국가 정보를 이용하여 선택 상자에 사용할 국가 코드 및 국가 이름 데이터를 생성합니다. 선택 상자의 첫 번째 항목이 '전 세계'가 되게 리스트의 가장 앞에 defaultSelectedItem을 넣었습니다.

02 이제 실제 렌더링 코드를 마저 구현합시다.

coronaboard-web/src/components/chart/global-trend-chart.js

```
export function GlobalTrendChart(props) {
  ... 생략 ...
  return (
    <Card>
      <Card.Body>
        <Echart
          wrapperCss={css`
            width: 100%;
            height: 400px;
          `}
          option={chartOption}
        />
        {/* ❶ ButtonGroup과 Select 컴포넌트를 한 줄에 나란히 놓는 작업 */}
        <div className="d-flex justify-content-center">
          <ButtonGroup
            size="sm"
            css={css`
              padding: 0 10px;
            `}
          >
```

```
        <Button
          variant="outline-primary"
          // ❷ 상태 변수의 값에 따라 버튼의 액티브 상태 결정
          active={dataType === 'acc'}
          onClick={() => setDataType('acc')}
        >
          누적
        </Button>
        <Button
          variant="outline-primary"
          active={dataType === 'daily'}
          onClick={() => setDataType('daily')}
        >
          일별
        </Button>
      </ButtonGroup>
      <Select
        styles={{
          // ❸ 선택 상자 UI 커스터마이즈
          container: (provided) => ({
            ...provided,
            width: '160px',
          }),
          menu: (provided) => ({
            ...provided,
            width: '160px',
          }),
        }}
        value={selectedItem}
        onChange={(selected) => {
          setSelectedItem(selected);
        }}
        options={selectOption}
      />
    </div>
  </Card.Body>
</Card>
  );
}
```

부트스트랩의 카드 컴포넌트를 이용하여 자연스럽게 차트 주변에 테두리를 넣었습니다. 그리고 7.4절 '아파치 이차트 : 이용하기'에서 만들어둔 EChart 컴포넌트와 chartOption 객체를 이용하여 실제로 차트를 그리게 됩니다.

차트 아래쪽에 위치한 ❶ ButtonGroup과 Select 컴포넌트를 자식 엘리먼트로 가지는 div 컴포넌트를 만들고, 부트스트랩에서 제공하는 d-flex 클래스와 justify-content-center 클래스를 적용했습니다. d-flex 클래스는 display: flex 속성을 적용하게 되는데, 이 속성을 지정하면 해당 엘리먼트의 자식 엘리먼트들을 flex라는 레이아웃 방식을 이용해 배치합니다. flex 레이아웃을 사용하면 ButtonGroup과 Select 컴포넌트를 손쉽게 한 줄에 나란히 놓을 수 있습니다. 하지만 배치된 엘리먼트들이 왼쪽으로 쏠려 있습니다. 그래서 justify-content-center 클래스를 추가해 자식 엘리먼트들을 중앙 정렬하는 justify-content: center 속성을 적용합니다.

사용자가 [누적] 버튼 또는 [일별] 버튼을 클릭하면 dataType 상태가 변경되는데요, 이렇게 변화하는 상태에 따라 ❷ 버튼의 active 속성이 true 또는 false로 결정되어 버튼 배경색을 결정합니다.

❸ 선택 상자의 UI를 최적화합니다. 여기서 container는 평소에 보이는 선택 상자 엘리먼트를 의미하고 menu는 선택 상자를 클릭했을 때 나오는 선택 목록 엘리먼트를 의미합니다. 여기서는 둘 다 기본적으로 제공되는 속성을 그대로 사용하면서 width만 적당한 값으로 별도 지정해 사용했습니다. 이곳에 속성을 추가하면 선택 상자의 UI를 변경할 수 있습니다.

03 마지막으로 설명을 생략한 generateChartOption() 함수를 자세히 살펴봅시다.

coronaboard-web/src/components/chart/global-trend-chart.js

```
function generateChartOption(data, dataType) {
  const seriesAccList = [
    {
      name: '누적확진',
      type: 'line',
      data: data.confirmedAcc,
      color: colors.confirmed, // ❶
    },
    {
      name: '누적사망',
      type: 'line',
      data: data.deathAcc,
      color: colors.death,
    },
```

```
  {
    name: '누적격리해제',
    type: 'line',
    data: data.releasedAcc,
    color: colors.released,
  },
];

const seriesDailyList = [
  {
    name: '확진',
    type: 'bar',
    data: data.confirmed,
    color: colors.confirmed,
  },
  {
    name: '사망',
    type: 'bar',
    data: data.death,
    color: colors.death,
  },
  {
    name: '격리해제',
    type: 'bar',
    data: data.released,
    color: colors.released,
  },
];

let legendData;
let series;
let dataZoomStart;

// ❷ '누적' 또는 '일별'에 따라서 어떤 데이터를 어떻게 보여줄지 결정
if (dataType === 'acc') {
  legendData = seriesAccList.map((x) => x.name);
  series = seriesAccList;
  dataZoomStart = 30;
} else if (dataType === 'daily') {
```

```
      legendData = seriesDailyList.map((x) => x.name);
      series = seriesDailyList;
      dataZoomStart = 85;
  } else {
    throw new Error(`Not supported dataType: ${dataType}`);
  }

  return {
    animation: false,
    title: {
      text: '전 세계 코로나(COVID-19) 추이',
      left: 'center',
    },
    tooltip: {
      trigger: 'axis',
    },
    legend: {
      data: legendData,
      bottom: 50,
    },
    // ❸ 전체 캔버스 영역에서 상하좌우 얼마나 떨어진 곳에 차트를 그릴지 결정
    grid: {
      top: 70,
      left: 40,
      right: 10,
      bottom: 100,
    },
    dataZoom: [
      {
        type: 'slider',
        show: true,
        // ❹ 데이터 줌 슬라이더의 초기 선택 범위 결정
        start: dataZoomStart,
        end: 100,
      },
    ],
    xAxis: {
      // ❺ 날짜를 yyyy-MM-dd에서 M.d 형식으로 최대한 짧게 변환
      data: data.date.map(convertToMonthDay),
```

```
    },
  yAxis: {
    axisLabel: {
      rotate: 50, // ❻ 긴 텍스트가 잘리지 않도록 비스듬하게 회전시켜서 보여줌
      formatter: numberWithUnitFormatter,
    },
  },
  series,
  };
}
```

❶ 차트에서 항목의 색상을 설정합니다. 색상은 colors라는 객체에서 가져오게 해두었는데요, [src] 디렉터리에 config.js 파일을 추가하고 아래와 같이 작성합니다.

coronaboard-web/src/config.js

```
export const colors = {
  confirmed: '# e2431e',
  death: '# 000000',
  released: '# 6f9654',
  negative: '# 6984ac',
  testing: '# 8a9093',
};
```

❷ '누적' 또는 '일별'에 따라서 어떤 데이터를 어떻게 보여줄지 결정해줍니다. 누적을 선택하면 꺾은선 그래프와 필드 이름에 Acc가 붙은 누적 값을 사용하고 이름과 범례에도 '누적'이 붙어 있는 값을 사용합니다. '일별'을 선택하면 막대 그래프와 이름에 Acc가 붙지 않은 해당 날짜의 값을 사용하고 범례에도 '누적'이 붙어 있지 않은 값을 사용합니다.

▼ 누적일 때

▼ 누적일 때

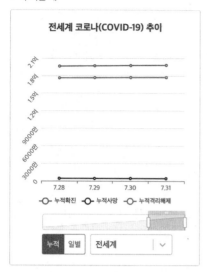

▼ 일별일 때

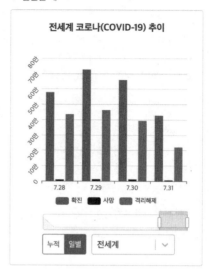

❸ grid 속성은 전체 캔버스 영역에서 상하좌우 얼마나 떨어진 곳에 차트를 그릴지 결정하는 설정입니다. 차트에 제목, 범례, x/y축 레이블 등을 추가하다 보면 각 항목이 차트 영역과 겹쳐 보이는 경우가 발생하는데 이때 grid 속성을 이용하여 top, left, right, bottom값을 설정해주면 겹침 문제를 해결할 수 있습니다.

❹ 데이터 줌 슬라이더의 범위를 설정합니다. start, end값을 각각 0~100 사이의 백분율 값으로 설정하면 전체 데이터를 백분율로 나누었다고 가정하고, 해당 백분율의 범위에 해당하는 영역만큼을 선택하여 보여줍니다. 예를 들어 start가 30이고 end가 100이면 전체 1000개의 데이터 값이 있을 때 300~1000개 사이의 데이터를 초기 범위로 선택하여 보여줍니다.

❺ xAxis에 표시될 값을 yyyy-MM-dd에서 M.d 형식으로 최대한 짧게 변환합니다. 데이터 특성상 x축의 하나하나가 날짜값이기 때문에 날짜 길이가 너무 길면 표시할 수 있는 x축 레이블의 숫자가 적어집니다. 그래서 최대한 길이를 짧게 표시하고자 이런 식으로 처리했습니다.

❻ y축 레이블에 rotate 속성을 지정했습니다. rotate 속성은 0~360 사이의 각도 값을 갖습니다. 이 각도만큼 레이블을 회전시켜서 보여줍니다. 이 속성을 잘 이용하면 레이블 길이가 길어지더라도 레이블이 표시되는 공간을 더 효율적으로 사용하여 레이블이 잘리거나 다른 영역과 겹치지 않게 할 수 있습니다.

10.2.3 만든 컴포넌트를 페이지에 추가하기

To Do **01** 자 이제 완성된 GlobalTrendChart 컴포넌트를 다음처럼 GlobalChartSlide 컴포넌트에 추가합니다.

```
                                      coronaboard-web/src/components/global-chart-slide.js
import React from 'react';
import { css } from '@emotion/react';
import { Slide } from './slide';
import { GlobalTrendChart } from './chart/global-trend-chart';

export function GlobalChartSlide(props) {
  const { id, dataSource } = props;
  const { countryByCc } = dataSource;

  return (
    <Slide id={id} title="글로벌 차트">
      <div
        css={css`
          .card {
            margin-top: 20px;
          }
        `}
      >
        {/* 단일 국가 선택, 누적/일별 차트 */}
        <GlobalTrendChart countryByCc={countryByCc} />
      </div>
    </Slide>
  );
}
```

02 그다음에 GlobalChartSlide 컴포넌트를 최종적으로 single-page.js에 추가해주면 모든 작업이 완료됩니다.

```
                                      coronaboard-web/src/templates/single-page.js
... 생략 ...
import { GlobalChartSlide } from '../components/global-chart-slide';

export default function SinglePage({ pageContext }) {
  ... 생략 ...
  return (
```

```
  <div id="top">
     ... 생략 ...
     <GlobalChartSlide id="global-chart-slide" dataSource={dataSource} />
   </div>
 );
}
```

03 페이지를 새로고침하여 확인하면 처음 목표했던 [그림 10-2]와 같은 글로벌 차트 슬라이드를 확인할 수 있습니다.

학습 마무리

이번 장에서는 구글 지오차트와 테이블을 이용하여 지도와 표 형식으로 국가별 현황 슬라이드를 구현해보았고, 아파치 이차트를 이용하여 전 세계 코로나 추이를 보여주는 글로벌 차트 슬라이드를 구현해보았습니다.

핵심 요약

1 구글 지오차트를 이용하여 지도 위에 데이터를 시각적으로 표현할 수 있습니다.
2 구글 테이블을 이용하여 주어진 데이터를 표 형태로 쉽게 만들어 낼 수 있습니다.
3 아파치 이차트를 이용하여 원하는 형태의 차트를 쉽게 만들 수 있습니다.

STEP #4

슬라이드 만들기 II : 국내 차트, 유튜브

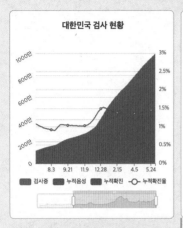

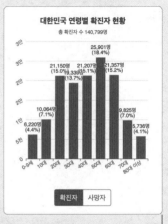

global-stats API로부터 대한민국 확진자 수, 검사 횟수 데이터를 불러온 후 추가로 누적 확진율을 계산하여 막대, 선 그래프를 같이 표시

key-value API로부터 성별/연령별 데이터를 불러오고 이를 이용하여 각각 원 그래프와 막대 차트로 표시

관련 유튜브 영상

코로나19 신규 환자 5만4,941명...역대 최대 / YTN

YTN news· 조회수9천· 1일 전
[앵커] 코로나19 일일 확진자가 또 5만 명을 넘기며 또 역대최다를 기록했습니다. 오미크론 변이 확산이 빠르게 진행되는 셈입니다. 취재기자...

코로나19 신규 확진 3만 8천691명...국내 누적 100만 명 넘어 / YTN

유튜브 API를 이용하여 원하는 검색어로 유튜브 영상을 검색 후 해당 영상의 정보 표시

이름	슬라이드 만들기 II : 국내 차트, 유튜브
기능	• 국내 통계 데이터를 적절히 가공하여 다양한 형태의 차트로 표현 • 유튜브 API를 이용하여 원하는 주제의 영상 불러오기
구성요소	• 아파치 이차트 컴포넌트 • 유튜브 API

☐ **학습 목표**   국내 통계 데이터를 가공하여 다양한 차트 형태로, 유튜브 API를 통해 관련 영상을 검색하여 웹사이트에 원하는 형태로 보여주는 기능을 구현합니다.

☐ **학습 순서**

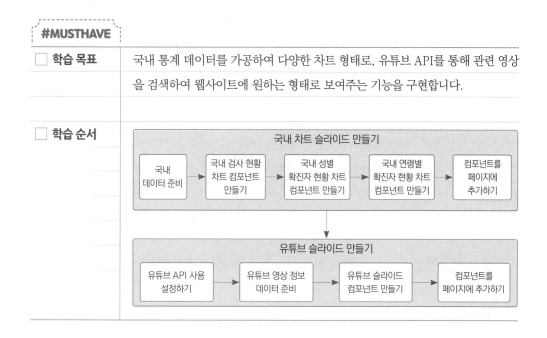

11.1 국내 차트 슬라이드 만들기

[그림 11-1]처럼 검사 현황 차트, 성별 확진자 현황 차트, 연령별 확진자 현황 차트가 포함된 국내 차트 슬라이드를 만들어봅시다.

그림 11-1 국내 차트

▼ 검사 현황 차트

▼ 성별 확진자 현황 차트

▼ 연령별 확진자 현황 차트

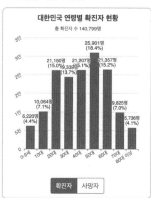

이번 절에서도 각 차트에 필요한 데이터를 준비한 후 → 각 컴포넌트를 만들고 → 해당 컴포넌트
들을 슬라이드 컴포넌트에 추가해 개발합니다.

11.1.1 국내 데이터 준비

대한민국 검사 현황 차트를 그리려면 전체 기간에 대한 국내 통계 데이터가 필요합니다. 국내 데
이터는 코로나보드 API를 통해 불러왔던 국가별 데이터에서 국가 코드가 KR인 데이터만 필
터링해 가공하면 쉽게 얻을 수 있습니다. 성별, 연령별 확진자 현황 데이터는 시계열로 보여주
는 데이터가 아니고 가장 최신 데이터 하나만 보여주면 되기 때문에 데이터양이 많지 않습니
다. 이 데이터는 8장에서 크롤링한 데이터를 저장할 때 코로나보드의 key-value API를 사용해
byAgeAndSex라는 키값에 저장해두었습니다. 해당 키값을 이용해 데이터를 조회하면 바로 사
용할 수 있습니다.

To Do **01** 다음처럼 ApiClient 클래스에 getByAgeAndBySex() 함수를 추가합니다.

coronaboard-web/src/api-client.js

```
class ApiClient {
  ... 생략 ...
  async getByAgeAndBySex() {
    const response = await this.client.get(`key-value/byAgeAndSex`);
    // ❶ byAgeAndSex값이 직렬화된 JSON 형태로 되어 있기 때문에
    // JSON.parse를 이용하여 객체로 변환
    return JSON.parse(response.result.value);
  }
}
```

❶ byAgeAndSex 키값으로 key-value API를 조회하고 해당 키에 대한 응답이 result.value
필드로 받아집니다. 이 필드에는 JSON 형식으로 직렬화된 문자열이 담겨있기 때문에 JSON.
parse를 사용하여 해당 문자열을 다시 자바스크립트 객체 형식으로 역직렬화해줍니다.

02 이제 데이터를 불러올 준비를 완료했고 불러온 데이터를 적당히 가공하여 컴포넌트로 주입할
수 있도록 data-loader.js의 getDataSource() 함수에 다음 코드를 추가합니다.

coronaboard-web/data-loader.js

```
... 생략 ...
const path = require('path');
const fs = require('fs-extra');
```

```javascript
async function getDataSource() {
  ... 생략 ...
  // ❶ 검사 현황 차트 데이터 생성
  const koreaTestChartData = generateKoreaTestChartData(allGlobalStats);

  // ❷ 7장에서 수집해서 저장해둔 연령대별, 성별 통계 로드
  const { byAge, bySex } = await apiClient.getByAgeAndBySex();

  return {
    ... 생략 ...
    koreaTestChartData,
    koreaBySexChartData: bySex,
    koreaByAgeChartData: byAge,
  };
}

function generateKoreaTestChartData(allGlobalStats) {
  // ❸ 전체 국가 데이터 중 한국만 추출
  const krData = allGlobalStats.filter((x) => x.cc === 'KR');

  return {
    date: krData.map((x) => x.date),
    // ❹ 확진율 계산
    confirmedRate: krData.map((x) => x.confirmed / (x.confirmed + x.negative)),
    confirmed: krData.map((x) => x.confirmed),
    negative: krData.map((x) => x.negative),
    testing: krData.map((x) => x.testing),
  };
}
```

❶ 국가별 전체 통계 데이터 중 한국의 검사 현황 결과만 추출하는 generateKoreaTest ChartData() 함수를 수행하고, ❷ 연령대별, 성별 통계를 API 서버에서 불러와서 getDataSource() 함수의 반환값에 각 데이터를 추가합니다.

generateKoreaTestChartData() 함수는 ❸ 한국 데이터만 먼저 추출한 후 → ❹ 확진율을 의미하는 confirmedRate 필드를 새롭게 추가하고 → 차트를 그리는 데 적합한 형식으로 나머지 필드들도 모두 변경합니다.

11.1.2 국내 검사 현황 차트 컴포넌트 만들기

To Do 01 KoreaTestChart 컴포넌트를 구현합시다. 대부분의 코드가 전 세계 코로나 추이 차트 컴포넌트를 만들 때 한 번씩 설명했습니다. 사용하는 데이터만 koreaTestChartData로 변경되었으니 별다른 설명 없이 넘어가겠습니다.

```
                                    coronaboard-web/src/components/chart/korea-test-chart.js
import React from 'react';
import { css } from '@emotion/react';
import {
  convertToMonthDay,
  numberWithUnitFormatter,
} from '../../utils/formatter';
import { Echart } from '../echart';
import { Card } from 'react-bootstrap';
import { colors } from '../../config';

... 생략 ...

export function KoreaTestChart(props) {
  const { koreaTestChartData } = props;
  const chartOption = generateChartOption(koreaTestChartData);

  return (
    <Card>
      <Card.Body>
        <Echart
          wrapperCss={css`
            width: 100%;
            height: 400px;
          `}
          option={chartOption}
        />
      </Card.Body>
    </Card>
  );
}
```

02 generateChartOption() 함수에서는 몇몇 새로운 기능을 사용합니다. 해당 부분을 살펴봅시다.

```javascript
function generateChartOption(data) {
  const series = [
    {
      name: '검사중',
      type: 'bar',
      data: data.testing,
      color: colors.testing,
      stack: 'barData', // ❶ series 안의 데이터 중
                        // stack 속성이 같은 데이터를 한 막대 그래프에 쌓아 올림
    },
    {
      name: '누적음성',
      type: 'bar',
      data: data.negative,
      color: colors.negative,
      stack: 'barData',
    },
    {
      name: '누적확진',
      type: 'bar',
      data: data.confirmed,
      color: colors.confirmed,
      stack: 'barData',
    },
    {
      name: '누적확진율',
      type: 'line',
      data: data.confirmedRate.map((x) => (x * 100).toFixed(2)),
      color: colors.confirmed,
      yAxisIndex: 1, // ❷ 이 데이터와 연결된 yAxis 설정의 인덱스 지정
    },
  ];

  return {
    animation: false,
    title: {
      text: '대한민국 검사 현황',
      left: 'center',
```

```
    },
    tooltip: {
      trigger: 'axis',
    },
    grid: {
      top: 70,
      left: 45,
      right: 35,
      bottom: 100,
    },
    legend: {
      data: series.map((x) => x.name),
      bottom: 50,
    },
    xAxis: {
      data: data.date.map(convertToMonthDay),
    },
    yAxis: [
      {
        type: 'value',
        axisLabel: {
          rotate: 30,
          formatter: numberWithUnitFormatter,
        },
      },
      // ❸ yAxisIndex == 1에 해당하는 설정
      {
        right: 10,
        type: 'value',
        max: (value) => {
          return Math.round(value.max) + 1;
        },
        axisLabel: {
          formatter: (value) => {
            return value + '%';
          },
        },
      },
    ],
```

```
    dataZoom: [
      {
        type: 'slider',
        show: true,
        start: 30,
        end: 100,
      },
    ],
    series,
  };
}
```

❶ series 데이터를 만들 때 데이터 항목별로 넣는 설정값에 stack이라는 필드가 추가되어 있는 것을 볼 수 있습니다. 이것은 막대 차트를 쌓아올린 스택^{stack} 형태로 구성하기 위한 속성입니다. 검사중, 누적음성, 누적확진 각 항목의 stack 속성에 'barData'값이 설정되어 있습니다(임의의 값입니다). stack 속성에서는 값이 같으면 같은 항목으로 보아 한데 쌓아올립니다.

검사 현황 차트에서는 왼쪽(누적 검사수) y축과 오른쪽(누적 확진율) y축에 각각 다른 단위를 적용하여 범위가 다른 데이터 항목을 동시에 표시해 항목 간의 변화 추세를 비교합니다. **❷** yAxisIndex 필드의 값이 1로 설정되어 있습니다. 왼쪽 y축(인덱스 0), 오른쪽 y축(인덱스1) 정보 중 인덱스 1에 해당하는 오른쪽 y축 정보에 연결하겠다는 것을 나타냅니다. 인덱스는 0부터 시작하는 값이고, 여기서 인덱스 1은 **❸** 부분을 가리킵니다. 이렇게 함으로써 누적 확진율 항목은 **❸**에 설정된 축 레이블과 값 범위를 이용해서 차트 위에 그려집니다.

이 부분 외에는 기존에 설명했던 차트들과 별다른 차이가 없어서 추가 설명 없이 넘어갑니다.

11.1.3 국내 성별 확진자 현황 차트 컴포넌트 만들기

To Do **01** KoreaBySexChart의 코드는 다음과 같습니다. 역시나 기존에 설명했던 내용에서 응용된 부분이라 새로운 부분만 설명합니다.

coronaboard-web/src/components/chart/korea-by-sex-chart.js

```
import React, { useState } from 'react';
import { css } from '@emotion/react';
import { numberWithCommas } from '../../utils/formatter';
```

```
import { Echart } from '../echart';
import { Button, ButtonGroup, Card } from 'react-bootstrap';

function generateChartOption(data, dataType) {
  const textByDataType = { confirmed: '확진자', death: '사망자' };
  const textBySex = {
    male: '남성',
    female: '여성',
  };

  const pieChartData = Object.keys(data).map((sexKey) => ({
    name: textBySex[sexKey],
    value: data[sexKey][dataType],
  }));

  // 각 데이터로부터 총 합 계산
  const total = pieChartData.reduce((acc, x) => acc + x.value, 0);

  // ❶ 파이 차트에 사용될 컬러 목록
  const colorPalette = ['#2f4554', '#c23531'];
  const series = [
    {
      label: {
        position: 'inner',
        formatter: (obj) => {
          const percent = ((obj.value / total) * 100).toFixed(1);
          return `${obj.name} ${numberWithCommas(obj.value)}명\n(${percent}%)`;
        },
      },
      type: 'pie',
      // ❷ 차트 영역 내에서 원형 파이의 크기 조절
      radius: '56%',
      data: pieChartData,
    },
  ];

  return {
    animation: true,
    title: {
```

```
      text: '대한민국 성별 확진자 현황',
      subtext: `총 ${textByDataType[dataType]} 수 ${numberWithCommas(total)}명`,
      left: 'center',
    },
    legend: {
      data: pieChartData.map((x) => x.name),
      bottom: 20,
    },
    color: colorPalette,
    series,
  };
}


export function KoreaBySexChart(props) {
  const { koreaBySexChartData } = props;
  const [dataType, setDataType] = useState('confirmed');
  const chartOption = generateChartOption(koreaBySexChartData, dataType);

  return (
    <Card>
      <Card.Body>
        <Echart
          wrapperCss={css`
            width: 100%;
            height: 400px;
          `}
          option={chartOption}
        />
        <ButtonGroup size="md">
          <Button
            variant="outline-primary"
            active={dataType === 'confirmed'}
            onClick={() => setDataType('confirmed')}
          >
            확진자
          </Button>
          <Button
            variant="outline-primary"
            active={dataType === 'death'}
```

```
            onClick={() => setDataType('death')}
          >
            사망자
          </Button>
        </ButtonGroup>
      </Card.Body>
    </Card>
  );
}
```

❶ 파이 차트에 사용될 컬러 목록을 정의했습니다. 이 차트에서는 남성/여성 두 항목만 존재하기 때문에 두 가지의 색상만 넣어주었지만, 데이터 항목 개수가 n개라면 n개의 색상을 넣어줘서 각 데이터 항목에 컬러를 매핑할 수 있습니다. ❷ radius 필드는 차트 영역 내에서 원형 파이의 크기를 결정하는 역할을 합니다. 여기서는 56%로 설정했습니다.

11.1.4 국내 연령별 확진자 현황 차트 컴포넌트 만들기

To Do **01** KoreaByAgeChart의 코드 역시 차트 종류만 다르고 대부분 기존에 설명했던 내용과 비슷하여 간략히 설명합니다.

coronaboard-web/src/components/chart/korea-by-age-chart.js

```
import React, { useState } from 'react';
import { css } from '@emotion/react';
import {
  numberWithCommas,
  numberWithUnitFormatter,
} from '../../utils/formatter';
import { Echart } from '../echart';
import { colors } from '../../config';
import { Button, ButtonGroup, Card } from 'react-bootstrap';

function generateChartOption(data, dataType) {
  const textByDataType = { confirmed: '확진자', death: '사망자' };

  const textByAge = {
    0: '0-9세',
    10: '10대',
```

```
    20: '20대',
    30: '30대',
    40: '40대',
    50: '50대',
    60: '60대',
    70: '70대',
    80: '80대 이상',
};

const ageKeys = Object.keys(data);
const ageChartData = ageKeys.map((ageKey) => data[ageKey][dataType]);
const total = ageChartData.reduce((acc, x) => acc + x, 0);

const series = [
  {
    color: colors[dataType],
    type: 'bar',
    label: {
      show: true,
      position: 'top',
      formatter: (obj) => {
        const percent = ((obj.value / total) * 100).toFixed(1);
        return `${numberWithCommas(obj.value)}명\n(${percent}%)`;
      },
    },
    data: ageChartData,
  },
];

return {
  animation: true,
  title: {
    text: '대한민국 연령별 확진자 현황',
    subtext: `총 ${textByDataType[dataType]} 수 ${numberWithCommas(total)}명`,
    left: 'center',
  },
  grid: {
    left: 40,
    right: 20,
```

```
    },
    yAxis: {
      type: 'value',
      axisLabel: {
        rotate: 30,
        formatter: numberWithUnitFormatter,
      },
    },
    xAxis: {
      type: 'category',
      data: ageKeys.map((ageKey) => textByAge[ageKey]),
      axisLabel: {
        interval: 0, // ❶ x축에 눈금마다 표시되는 레이블이 생략되지 않도록 설정
        rotate: 30,
      },
    },
    series,
  };
}

export function KoreaByAgeChart(props) {
  const { koreaByAgeChartData } = props;
  const [dataType, setDataType] = useState('confirmed');
  const chartOption = generateChartOption(koreaByAgeChartData, dataType);

  return (
    <Card>
      <Card.Body>
        <Echart
          wrapperCss={css`
            width: 100%;
            height: 400px;
          `}
          option={chartOption}
        />
        <ButtonGroup size="md">
          <Button
            variant="outline-primary"
            active={dataType === 'confirmed'}
```

```
            onClick={() => setDataType('confirmed')}
          >
            확진자
          </Button>
          <Button
            variant="outline-primary"
            active={dataType === 'death'}
            onClick={() => setDataType('death')}
          >
            사망자
          </Button>
        </ButtonGroup>
      </Card.Body>
    </Card>
  );
}
```

❶ xAxis.axisLabel.interval 필드에 명시적으로 0을 설정합니다. 이는 연령별 확진자 현황 그래프에서 x축의 경우 0~9세, 10대, 20대, 30대 등으로 개별 항목이 레이블에 나와야 하기 때문입니다. 이렇게 명시적으로 설정하지 않으면 차트 너비와 x축에 나타나는 각 레이블 길이에 따라서 적당히 중략됩니다. 이때 생략을 원하지 않는다면 이 속성을 0으로 설정해주면 됩니다.

11.1.5 컴포넌트를 페이지에 추가하기

To Do **01** 이제 완성된 컴포넌트들을 다음처럼 KoreaChartSlide 컴포넌트에 추가합니다.

coronaboard-web/src/components/korea-chart-slide.js

```
import React from 'react';
import { css } from '@emotion/react';
import { Slide } from './slide';
import { KoreaTestChart } from './chart/korea-test-chart';
import { KoreaBySexChart } from './chart/korea-by-sex-chart';
import { KoreaByAgeChart } from './chart/korea-by-age-chart';

export function KoreaChartSlide(props) {
  const { id, dataSource } = props;
  const {
    koreaTestChartData,
```

```
      koreaBySexChartData,
      koreaByAgeChartData,
    } = dataSource;

    return (
      <Slide id={id} title="국내 차트">
        <div
          css={css`
            .card {
              margin-top: 20px;
            }
          `}
        >
          <KoreaTestChart koreaTestChartData={koreaTestChartData} />
          <KoreaBySexChart koreaBySexChartData={koreaBySexChartData} />
          <KoreaByAgeChart koreaByAgeChartData={koreaByAgeChartData} />
        </div>
      </Slide>
    );
  }
```

02 KoreaChartSlide 컴포넌트를 최종적으로 single-page.js에 추가해주면 모든 작업이 완료됩니다.

coronaboard-web/src/templates/single-page.js

```
... 생략 ...
import { KoreaChartSlide } from '../components/korea-chart-slide';

export default function SinglePage({ pageContext }) {
  ... 생략 ...
  return (
    <div id="top">
      ... 생략 ...
      <KoreaChartSlide id="korea-chart-slide" dataSource={dataSource} />
    </div>
  );
}
```

이와 같이 KoreaChartSlide 컴포넌트를 추가한 후 페이지를 새로고침하여 확인하면 처음 목표로 했던 국내 차트 슬라이드가 완성됩니다.

11.2 유튜브 슬라이드 만들기

이번 절에서는 코로나19 관련 유튜브 영상을 불러와서 보여주는 기능을 만들겠습니다. 구글에서 제공하는 유튜브 API를 이용하면 원하는 키워드와 정렬 조건으로 검색하여 영상 목록을 얻을 수 있습니다. 이렇게 검색된 각 영상들에 대해 썸네일 이미지 주소, 제목, 조회수, 업로드된 시간 등 다양한 정보도 조회할 수 있기 때문에 이 데이터를 기반으로 웹페이지 내에 원하는 형식으로 UI를 구성할 수 있습니다.

이제부터 유튜브 API 사용 설정 방법과 유튜브 API 사용법 그리고 검색된 데이터를 이용하여 웹페이지에 유튜브 슬라이드를 만드는 부분까지 하나씩 설명합니다.

그림 11-2 관련 유튜브 영상 슬라이드 예시

To Do **유튜브 API 사용 설정하기**

유튜브 API는 일반 계정에 하루 10,000 유닛의 호출 할당량quota을 제공합니다. 유튜브 API는 API에 따라 1회 호출당 유닛의 소모량이 다른데 이 정보는 할당량 계산기 페이지에 명시되어 있습니다.[1] 할당량을 모두 소진하면 API 호출이 제한되어 더는 API를 호출할 수 없습니다. 하지만 코로나보드처럼 정적 웹사이트를 빌드하는 시점에만 유튜브 API를 호출하여 원하는 데이터를 획득하면 빌드 시점에 1회만 할당량이 차감되게 되므로, 실제 웹페이지를 보는 사용자들이 아무리 많더라도 API 호출 할당량이 부족해지는 문제는 거의 발생하지 않습니다.

유튜브 API를 호출하려면 API 키가 필요합니다. 이번에는 이 키를 생성하는 방법을 알아보겠습니다. 3.2절 '구글 시트 API 사용 설정'에서 GCP 콘솔에 접속하여 신규 프로젝트를 생성한 후 해당 프로젝트에 시트 API를 활성화하는 과정을 이미 한 번 다뤘는데 이 과정과 거의 비슷합니다.

01 3.2절에서는 GCP 콘솔로 프로젝트를 생성했습니다. ❶ 그때 생성한 프로젝트를 선택합니다(3.2절에서 생성하지 않았다면 생성 후 다시 여기로 돌아와 실습을 계속해주세요). ❷ 그 후 GCP 콘솔의 메뉴에서 [API 및 서비스] → [라이브러리]를 선택합니다. ❸ 라이브러리 화면에서 "youtube"로 검색한 후 나타나는 "Youtube Data API"를 선택하고 아래 화면이 나오면 → ❹ [사용] 버튼을 클릭해 유튜브 API를 활성화합니다.

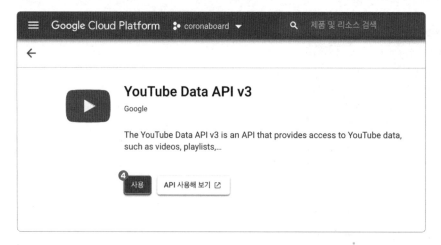

02 유튜브 API가 활성화가 완료되면 다음과 같은 화면으로 이동합니다. ❶ [사용자 인증 정보]

---

1   유튜브 API 할당량 계산기: https://developers.google.com/youtube/v3/determine_quota_cost

클릭 → ❷ [사용자 인증 정보 만들기] 클릭 → ❸ [API 키]를 선택합니다.

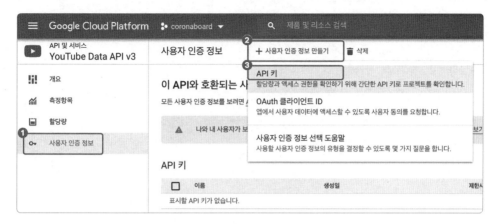

03 다음과 같이 API 키가 생성된 화면이 출력되면 API를 호출할 준비 작업이 완료된 겁니다. 여기에 나오는 ❶ API 키를 적당한 곳에 복사해두었다가 유튜브 API를 호출하는 코드를 작성할 때 넣어주면 됩니다.

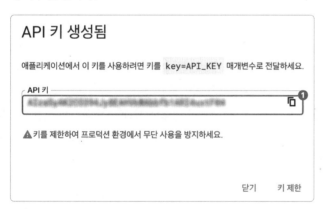

To Do 유튜브 영상 정보 데이터 준비

01 원하는 키워드를 입력받아서 유튜브 API를 이용하여 영상을 검색하고 해당 내용을 코로나보드에서 사용하기 좋은 형태로 가공하는 기능을 youtube.js 파일을 생성하여 구현합니다.

coronaboard-web/src/youtube.js

```
const axios = require('axios');
// ❶ 로케일 설정에 따라 n분 전, n시간 전 등의 형태로 시간을 표시해주는 라이브러리 사용
const TimeAgo = require('javascript-time-ago');
```

```
const ko = require('javascript-time-ago/locale/ko');
TimeAgo.addLocale(ko);
const timeAgoKorean = new TimeAgo('ko-KR');

// ❷ GCP 콘솔을 통해 발급받은 API 키
const apiKey = '███████████████████████████████';

// ❸ description이 너무 긴 경우 앞부분만 남기고 잘라내는 함수
function truncateText(text, maxLength) {
  if (!text) {
    return '';
  }

  if (text.length > maxLength) {
    return text.substr(0, maxLength) + '...';
  } else {
    return ds;
  }
}
```

❶ javascript-time-ago 라이브러리를 사용할 수 있게 설정합니다. 이 라이브러리는 날짜/시간을 나타내는 Date 객체를 넣었을 때 현재시간으로부터의 차이를 'n분 전', 'n시간 전' 등 상대적인 표기법으로 변환하는 기능을 제공합니다. 유튜브 비디오의 업로드 시간을 이 형식을 이용하여 보여줄 겁니다. 여기서는 TimeAgo.addLocale() 함수를 이용하여 먼저 사용할 로케일을 추가한 후 한국에서 사용하는 ko-KR 로케일을 이용하여 TimeAgo 객체를 초기화해두었습니다.

❷ 바로 직전에 GCP 콘솔에서 발급받은 API 키를 하드 코딩해서 넣어두었습니다(책에 적혀 있는 값 대신 직접 발급받은 값을 꼭 넣어주셔야 API가 제대로 동작합니다). 원래 이런 API 키들은 앞서 설명한 대로 코드에 직접 넣는 것보다는 환경 변수 등을 통해서 간접적으로 넣어주는 방법이 보안상 더 안전하지만 이 API 키는 언제든지 GCP 콘솔에서 삭제할 수 있고 새롭게 발급받아서 넣어줄 수도 있기 때문에 리스크가 크지 않아서 이렇게 해두었습니다.

❸ truncateText() 함수는 문자열 길이가 지정한 최대 길이보다 커지면 앞부분만 남기고 잘라낸 후 말줄임표를 붙여주는 함수입니다. 유튜브는 비디오 설명이 담긴 description 필드가 불필요하게 긴 경우가 많아서 줄여 쓸 때 사용할 겁니다.

```javascript
// ④ 유튜브 API에서 전달된 item을 코로나보드에서 사용하기 좋은 형태로 변환
function convertModel(item) {
  const { id, snippet, statistics } = item;
  return {
    videoUrl: 'https://www.youtube.com/watch?v=' + id,

    // 타임스탬프 형태로 주어지는 publishedAt을 Date 객체로 변경한 후 포매팅
    publishedAt: timeAgoKorean.format(Date.parse(snippet.publishedAt)),
    title: snippet.title,
    channelTitle: snippet.channelTitle,
    thumbnail: snippet.thumbnails ? snippet.thumbnails.medium.url : '',
    description: truncateText(snippet.description, 80),

    viewCount: parseInt(statistics.viewCount),
  };
}
async function getYouTubeVideosByKeyword(keyword) {
  // ⑤ 검색 API를 사용해 원하는 영상 검색
  const searchResponse = await axios.get(
    'https://content.googleapis.com/youtube/v3/search',
    {
      params: {
        key: apiKey,
        q: keyword,
        type: 'video', // video, channel, playlist 중 하나
        part: 'id',    // 검색 조건을 만족하는 비디오의 id값만 조회
        maxResults: 3, // 응답에 포함될 검색 결과 수
      },
    },
  );

  const ids = searchResponse.data.items.map((x) => x.id.videoId);
  // ⑥ 검색해 획득한 id값들을 이용하여 비디오 정보, 통계 데이터 조회
  const detailResponse = await axios.get(
    'https://content.googleapis.com/youtube/v3/videos',
    {
      params: {
        key: apiKey,
        id: ids.join(','),
```

```
        order: 'relevance',
        // snippet 의미 : 제목, 설명, 업로드 날짜 등의 비디오 정보 조회
        // statistics 의미 : 조회수 등의 통계 정보 조회
        part: 'snippet,statistics',
      },
    },
  );

  return detailResponse.data.items.map(convertModel);
}

module.exports = {
  getYouTubeVideosByKeyword,
};
```

❹ 유튜브 API에서 전달된 비디오 리소스에 대한 정보 중 코로나보드에서 필요한 필드들만 추려내고, 원하는 포매팅을 적용하여 사용하기 좋은 형태로 변환하는 함수입니다. 유튜브 API에서 비디오 리소스 정보를 나타내는 정보를 여러 파트part로 나누어 놓았는데, snippet은 제목, 설명, 업로드 날짜 등 메타 정보를, statistics는 조회수 등의 통계 정보를 가졌습니다.

❺ 드디어 검색 API를 사용하여 원하는 키워드로 비디오를 검색합니다. 나중에 실제 데이터를 받아올 때는 '코로나19' 키워드를 넣어서 이 코드를 수행할 예정입니다. 검색 API의 파라미터로 ❷에서 준비해둔 API 키를 넣어줍니다. 검색에 사용할 키워드는 q 필드에 넣어주면 되고 검색할 리소스 타입(비디오, 채널 또는 플레이리스트)은 type 필드에 넣어줍니다. part 필드에는 검색된 비디오 리소스의 응답에 포함될 파트들을 적어줄 수 있습니다. 여기서는 id를 넣어서 검색된 비디오의 id값만 응답에 포함되도록 설정했습니다. 여기에 snippet과 statistics 정보도 추가해서 동시에 불러올 수 있으면 좋겠지만 아쉽게도 statistics 정보는 검색 API를 통해서는 한 번에 불러오는 기능을 지원하지 않습니다. 대신 snippet과 statistics 정보는 ❻에서 사용할 비디오 상세 조회 API를 통해서 조회가 가능하기 때문에 이렇게 검색으로 id만 먼저 받아온 후, 이 id로 다시 비디오 상세 정보를 조회하는 2단계 조회 방식을 사용한 겁니다. 이 검색 API에 대한 자세한 요청/응답은 구글 공식 문서를 참고하면 됩니다.[2]

---

2   https://developers.google.com/youtube/v3/docs/search/list

마지막으로 ❻ 조회된 상세 정보를 ❹ convertModel() 함수를 이용하여 코로나보드에 맞게 변환해 최종 반환합니다. 상세 정보 조회 API에 대한 자세한 요청/응답은 구글 공식 문서를 참고하세요.[3]

02 이제 이렇게 만들어둔 함수를 data-loader.js에 다음과 같이 적용하여 웹페이지 빌드 시점에 유튜브 관련 데이터를 만들어서 주입합니다.

```
coronaboard-web/src/data-loader.js
... 생략 ...
const { getYouTubeVideosByKeyword } = require('./youtube');

async function getDataSource() {
  ... 생략 ...
  const youtubeVideos = await getYouTubeVideosByKeyword('코로나19');

  return {
    ... 생략 ...
    youtubeVideos,
  };
}
```

'코로나19' 키워드로 유튜브를 검색한 결과를 받아서 getDataSource() 함수에서 반환되는 객체의 필드에 추가합니다.

11.2.3 유튜브 슬라이드 컴포넌트 만들기

To Do **01** 이제 데이터가 준비가 되었으니 해당 데이터를 이용해서 YouTubeSlide 컴포넌트를 만들겠습니다.

```
coronaboard-web/src/components/youtube-slide.js
import React from 'react';
import { css } from '@emotion/react';
import { Slide } from './slide';
import { numberWithUnitFormatter } from '../utils/formatter';

export function YoutubeSlide(props) {
  const { id, dataSource } = props;
```

---

3 https://developers.google.com/youtube/v3/docs/videos/list

```jsx
const { youtubeVideos } = dataSource;

return (
  <Slide id={id} title="관련 유튜브 영상">
    {/* ❶ 각 비디오 정보를 순회하면서 컴포넌트 생성 */}
    {youtubeVideos.map((video) => (
      <a
        key={video.videoUrl}
        // ❷
        className="text-decoration-none text-reset"
        href={video.videoUrl}
      >
        <div className="d-flex flex-wrap flex-md-nowrap border-bottom">
          <img src={video.thumbnail} alt={video.title} />
          <div
            css={css`
              padding: 10px;
              text-align: left;

              .title {
                font-size: 18px;
                line-height: 1.4rem;
                margin-bottom: 10px;
              }

              .meta {
                font-size: 14px;
                color: gray;
                word-break: break-word;
              }
            `}
          >
            <div className="title">{video.title}</div>
            <div className="meta">
              {video.channelTitle}• 조회수
              {numberWithUnitFormatter(video.viewCount)}• {video.publishedAt}
              <br />
              {video.description}
            </div>
```

```
        </div>
      </div>
    </a>
  ))}
</Slide>
  );
}
```

❶ 주입되어 전달된 youtubeVideos 배열을 순회하면서 해당 데이터를 기반으로 컴포넌트를 생성합니다. 유튜브 비디오 항목 전체를 a 태그로 감싸서 해당 유튜브 비디오 페이지로 이동하도록 링크해두었는데, 이렇게 a 태그 안에 있는 모든 텍스트는 링크임을 나타내기 위해 파란색으로 표시되고 마우스를 올렸을 때 텍스트 밑에 밑줄이 생기게 됩니다. 보기에 이쁜 편은 아니라서 ❷ text-decoration-none과 text-reset 클래스를 추가하여 링크 텍스트가 아닌 일반적인 텍스트처럼 보이도록 변경했습니다.

11.2.4 컴포넌트를 페이지에 추가하기

To Do 01 자 이제 완성된 YouTubeSlide 컴포넌트를 최종적으로 single-page.js에 추가만 해주면 모든 작업이 완료됩니다.

```
                                          coronaboard-web/src/templates/single-page.js
... 생략 ...
import { YoutubeSlide } from '../components/youtube-slide';

export default function SinglePage({ pageContext }) {
  ... 생략 ...
  return (
    <div id="top">
      ... 생략 ...
      <YoutubeSlide id="youtube-slide" dataSource={dataSource} />
    </div>
  );
}
```

마지막으로 페이지를 새로고침하면 목표로 했었던 [그림 11-2]와 같은 화면을 볼 수 있습니다.

학습 마무리

이번 장에서는 코로나 관련 국내 데이터를 적절히 가공하여 검사 현황, 성별, 연령별 확진자 현황을 보여주는 차트를 만들어보았고, 유튜브 API를 이용하여 유튜브에서 원하는 영상을 검색하여 웹사이트 내에 포함시키는 방법을 배웠습니다.

핵심 요약

1 데이터를 어떤 형식의 아파치 이차트로 보여주고 싶은지를 먼저 결정하고, 그에 맞게 데이터를 적절히 가공해서 다양한 차트를 구현할 수 있습니다.

2 유튜브 API를 사용하려면 미리 GCP 콘솔을 이용하여 API 사용을 활성화해야 합니다. 검색 API를 통해 관심있는 영상의 정보를 획득한 후 해당 정보를 잘 표시할 수 있는 UI를 구성하여 사용자에게 보여줍니다.

메뉴바 만들고 테스트하기

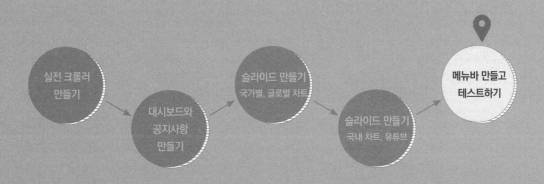

STEP #5 구현 목표 한눈에 보기

일정 위치 이상 스크롤을 내렸을때
부터 상단에 고정되는 메뉴바

대한민국

90,020	1,605	81,070	1.78%
(+355)	(+2)	(+373)	
확진자	사망자	격리해제	치명률

6,665,755	73,745	6,501,990
		(+15,538)
총검사자	검사중	결과음성

[공지사항]

❗ 전국, 5인이상 사적 모임 금지조치 2주 연장 (~1.31)

국가별현황 글로벌차트 국내차트 유튜브

국가별 현황

페이지 내에
위치한 메뉴바

국가별현황 글로벌차트 국내차트 유튜브

국가	확진자	사망자	격리해제	치명(%)
1	미국🇺🇸	35,688,506 (+100,192)	629,064 (+551)	29,652,038 (+25,147)	1.8

이름	메뉴바 만들고 테스트하기
기능	• 단일 페이지 내에서 클릭 시 원하는 위치로 이동 가능한 메뉴바 구현 • 상단 고정 메뉴바
구성요소	• 부트스트랩의 Nav, Navbar 컴포넌트 • react-scroll의 Link 컴포넌트

☐ 학습 목표	이제 코로나보드 클론 사이트에 들어갈 모든 콘텐츠를 만들고 채워넣었습니다. 콘텐츠양이 많으면 원하는 콘텐츠로 바로 이동하는 메뉴(또는 내비게이션)가 필요합니다. 여러 페이지로 구성된 웹사이트라면 페이지를 링크 걸면 되지만 코로나보드는 단일 페이지이므로 메뉴에 해당하는 영역으로 바로 스크롤되어야 합니다. 코로나보드에 메뉴바를 구현합시다.
☐ 학습 순서	사전 지식 : 단일 페이지 내에서 이동 → 내부 메뉴바 만들기 → 상단 고정 메뉴바 만들기 → 화면 최상단 이동 버튼 만들기

12.1 사전 지식 : 단일 페이지 내에서 이동

메뉴에 해당하는 영역으로 바로 스크롤되는 코드를 살펴봅시다.

아래 코드와 같이 a 태그의 href 속성에 # 기호를 앞에 붙여 HTML 엘리먼트 ID값을 넣어주면, 해당 엘리먼트로 바로 이동하는 링크를 손쉽게 만들 수 있습니다.

```
<a href="#example-slide">예제 슬라이드로 이동하기</a>
... 생략 ...
<div id="example-slide">
... 생략 ...
</div>
```

그런데 이 링크를 클릭하면 해당 엘리먼트로 애니메이션 없이 순식간에 이동합니다. 이렇게 순식간에 이동하면 사용자가 보던 위치에서 위로 스크롤되었는지 아니면 아래로 스크롤되었는지 파악이 어렵습니다. 또한 이동 후 위치가 전체 페이지 중 어디쯤 위치하는지도 파악이 어렵습니다. 자바스크립트 코드를 이용하면 애니메이션되어 스크롤할 수 있습니다. 직접 구현할 수도 있지만 react-scroll 라이브러리를 사용하면 훨씬 간편합니다.

12.2 내부 메뉴바 만들기

[그림 12-1]처럼 공지사항과 국가별 현황 사이 위치에 메뉴를 넣는 코드를 작성하겠습니다. 이 메뉴바는 대시보드 바로 아래쪽에 위치해서 페이지를 스크롤해도 항상 그 자리에 위치합니다. 메뉴를 클릭하면 각 메뉴에 연결된 위치로 바로 애니메이션되어 이동됩니다.

그림 12-1 구현할 메뉴바

To Do **01** 메뉴바(Navigation 컴포넌트)를 다음처럼 작성해봅시다.

coronaboard-web/src/components/navigation.js

```
import React from 'react';
import { css } from '@emotion/react';
import { Nav, Navbar } from 'react-bootstrap';
import { Link } from 'react-scroll';

export function Navigation() {
  const menubarHeight = 45;
  const scrollOffset = 0;

  return (
    <div>
      <Navbar    // ❶ 부트스트랩의 Navbar 컴포넌트의 기본 스타일을 오버라이드
        css={css`
```

```
      justify-content: center;
      background: #f7f7f7;
      border-top: 1px solid #dee2e6;
      border-bottom: 1px solid #dee2e6;
      padding: 2px;
      height: ${menubarHeight}px;

      .nav-link {
        position: relative;
        cursor: pointer;
      }
    `}
  >
    <Nav>  {/* ❷ 여러 Link 컴포넌트들을 묶어서 보여주는 컴포넌트 */}
      <Link  // ❸ 사용자 클릭에 반응해서 스크롤하는 컴포넌트
        className="nav-link"
        to="global-slide"
        offset={scrollOffset}
        spy={true}
        smooth={true}
      >
        국가별현황<i />
      </Link>
      <Link
        className="nav-link"
        to="global-chart-slide"
        offset={scrollOffset}
        spy={true}
        smooth={true}
      >
        글로벌차트<i />
      </Link>
      <Link
        className="nav-link"
        to="korea-chart-slide"
        offset={scrollOffset}
        spy={true}
        smooth={true}
      >
```

```
            국내차트<i />
          </Link>
          <Link
            className="nav-link"
            to="youtube-slide"
            offset={scrollOffset}
            spy={true}
            smooth={true}
          >
            유튜브<i />
          </Link>
        </Nav>
      </Navbar>
    </div>
  );
}
```

메뉴바의 뼈대는 부트스트랩에서 제공하는 ❶ Navbar, ❷ Nav 컴포넌트를 사용하여 잡아주었습니다. 그 후 react-scroll 라이브러리에서 제공하는 ❸ Link 컴포넌트를 이용하여 실제 각 링크를 클릭했을 때 어떤 동작을 할지 정의합니다. Link 컴포넌트에 지정된 속성은 다음과 같습니다.

* className 속성에는 부트스트랩에서 제공하는 nav-link 클래스를 지정했습니다. 그러면 부트스트랩 스타일이 적용됩니다.

* to 속성에는 실제 해당 링크를 클릭했을 때 이동할 목표 엘리먼트의 id를 적어주면 됩니다 (a 태그의 href 속성에 사용할 때와 다르게 ID 앞에 # 기호를 붙일 필요가 없습니다).

* offset을 0으로 지정하면 목표 엘리먼트의 최상단 위치에 정확히 맞춰서 이동하고, 0이 아닌 정수를 지정하면 현 위치 기준으로 수치만큼 위(양수)/아래(음수)로 이동합니다.

* spy 속성을 true로 지정하면 사용자가 스크롤하는 위치를 모니터링합니다. 스크롤 위치가 to 속성에 지정된 엘리먼트 영역 위에 있으면 Link 컴포넌트의 클래스 속성에 active값을 자동으로 추가합니다. 이 active값을 이용하면 현재 보고 있는 콘텐츠에 해당하는 메뉴에만 하이라이트 표시를 해줄 수 있습니다.

* smooth는 목표 위치로 이동할 때 애니메이션 여부를 결정합니다. true로 설정하면 부드럽게 스크롤되면서 이동합니다.

02 이제 앞에서 만든 Navigation 컴포넌트를 다음과 같이 Notice와 GlobalSlide 컴포넌트 사이에 추가해줍니다.

```
... 생략 ...                          coronaboard-web/src/templates/single-page.js
import { Navigation } from '../components/navigation';

export default function SinglePage({ pageContext }) {
  ... 생략 ...
  return (
    <div id="top">
      ... 생략 ...
      <Notice notice={notice} />
      <Navigation />————————————————— 추가 코드
      <GlobalSlide id="global-slide" dataSource={dataSource} />
      ... 생략 ...
    </div>
  );
}
```

03 페이지를 새로고침하면 추가한 메뉴바가 보일 겁니다. 각 메뉴를 클릭해보면 해당 슬라이드로 부드럽게 스크롤되며 이동하는지도 확인해보세요.

12.3 상단 고정 메뉴바 만들기

현재 메뉴바는 공지사항 아래쪽에 고정되어 있어서 사용자가 콘텐츠를 보면서 아래쪽으로 많이 스크롤하면 메뉴바가 화면에 보이지 않습니다. 이러한 불편함을 어떻게 해소할 수 있을까요? 화면 상단에 항상 메뉴바를 고정하면 해결할 수 있습니다. '대개 메뉴바를 상단에 고정되어 있잖아? 뭐가 달라?' 생각이 드시죠? 우리가 구현할 메뉴바는 항상 상단에 고정되어 있는 것은 아니고 ❶ 원래 페이지 내부에 있다가, 스크롤되어 화면에서 메뉴바 위치가 사라지는 순간부터 상단 고정식으로 변합니다.

그 외에도 추가적으로 react-scroll의 Link 컴포넌트에서 제공하는 spy 기능을 이용해 ❷ 현재 보고 있는 영역에 해당하는 링크를 메뉴에서 하이라이트해주겠습니다.

그림 12-2 상단 고정 메뉴바 예시

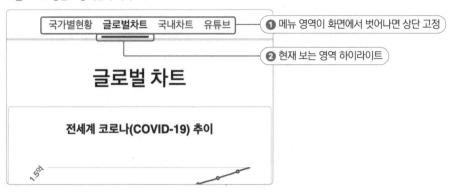

①메뉴 영역이 화면에서 벗어나면 상단 고정

②현재 보는 영역 하이라이트

To Do **01** 기존 내부 메뉴바 만들기에서 작업했던 코드를 수정해 개선된 상단 고정 메뉴바를 만듭시다.

coronaboard-web/src/components/navigation.js

```
import React, { useEffect, useRef, useState } from 'react';
import { css } from '@emotion/react';
import { Nav, Navbar } from 'react-bootstrap';
import { Link } from 'react-scroll';

export function Navigation() {
  const menubarHeight = 45;
  // ① 스크롤 직후 메뉴가 콘텐츠를 가리는 것 방지
  const scrollOffset = -menubarHeight;
  // ② 현재 컴포넌트 최상위 DOM 엘리먼트에 대한 참조 생성
  const navBarWrapper = useRef(null);
  // ③ 현재 스크롤 위치에 따라서 내비게이션을 상단에 고정시킬지 콘텐츠 내부에
  // 위치시킬지 제어하는 상태 변수
  const [fixedTop, setFixedTop] = useState(false);

  const onScroll = () => {
    // ④ 스크롤 위치가 메뉴바 아래까지 이동한 순간 메뉴바를 상단에 고정
    if (
      window.scrollY > 0 &&
      navBarWrapper.current.getBoundingClientRect().top <= 0
    ) {
      setFixedTop(true);
    } else {
      setFixedTop(false);
    }
  }
```

```jsx
};

// ❺ 현재 스크롤 위치를 찾아내는 스크롤 이벤트 리스너를 windows 객체에 등록
useEffect(() => {
  window.addEventListener('scroll', onScroll);
  return () => {
    window.removeEventListener('scroll', onScroll);
  };
});

return (
  <div
    css={css`
      .fixed-top {
        background: white;
        box-shadow: 0 1px 4px #dee2e6;
      }
      // ❻ 링크가 active 상태일 때 링크 아래쪽에 파란색 하이라이트 표시
      .fixed-top .nav-link.active i {
        position: absolute;
        right: 0;
        bottom: 0;
        left: 0;
        display: inline-block;
        width: 85%;
        height: 3px;
        margin: auto;
        background-color: #4169e2;
      }
    `}
    ref={navBarWrapper}
  >

    <Navbar
      // 이 속성을 제외하고 기존 내부 메뉴바에서 사용한 Navbar 코드와 동일
      // ❼ fixed-top 클래스를 이용하여 메뉴바를 화면 상단에 고정
      className={fixedTop ? 'fixed-top' : null}
      css={css`
        ... 생략 ...
      `}
```

```
        >
          ... 생략 ...
        </Navbar>
      </div>
  );
}
```

Navbar 부분은 거의 동일하므로 새로 추가된 코드를 살펴보겠습니다.

❶ scrollOffset에 메뉴바 높이 만큼을 지정합니다. 이렇게 하면 링크를 클릭하여 특정 슬라이드로 이동했을 때 상단 고정된 메뉴바의 높이만큼 더 스크롤되기 때문에 메뉴바가 해당 슬라이드의 콘텐츠를 가리는 문제를 피할 수 있습니다.

❷ 현재 Navigation 컴포넌트의 최상위 DOM 엘리먼트에 등록할 참조를 생성합니다. 참조를 통해서 메뉴바가 현재 페이지에서 차지하는 위치를 알아낼 수 있고 이 위치를 이용하여 상단 고정 메뉴바를 사용할지 아니면 내부 메뉴바를 사용할지 결정하게 됩니다. 이렇게 결정된 값은 ❸에서 정의된 fixedTop 상태 변수에 저장됩니다.

❺ useEffect 후크를 이용하여 현재 컴포넌트가 마운트/언마운트될 때마다 window 객체에 대한 scroll 이벤트 리스너^{event listener}를 등록/제거합니다. 이렇게 이벤트 리스너를 등록해두면 웹브라우저에서 스크롤 위치가 변할 때마다 등록한 onScroll() 함수가 실행됩니다. onScroll() 함수 내부에서는 ❹에서처럼 현재 Navigation 컴포넌트의 화면 위치를 getBoundingClientRect() 함수로 계속 읽어옵니다. 이 위치의 상단 부분이 0보다 작거나 같아지면(해당 DOM 엘리먼트가 화면 위쪽으로 스크롤되어 사라지면) fixedTop 상태 변수를 true로 설정해줍니다.

❻ 현재 보는 메뉴 위치를 하이라이트할지를 정합니다. Link 컴포넌트 내부에 정의된 i 태그는 평소에는 보이지 않다가, active 클래스가 추가되는 순간 여기에서 설정한 스타일이 적용됩니다(여기서는 파란 밑줄).

❼ 실제로 메뉴바를 상단에 고정하는 스타일을 적용합니다. fixedTop 상태 변수가 true이면 부트스트랩에서 제공되는 fixed-top 클래스를 지정합니다. 이 클래스는 글자 그대로 position: fixed 속성과 top:0, right: 0, left: 0 속성을 갖고 있어서 상대적 위치를 갖고 있던 엘리먼트를 최상단 고정 위치를 가진 엘리먼트로 만들어줍니다.

02 이제 다시 페이지를 새로고침하여 아래위로 스크롤해보면 스크롤 위치에 따라서 내부 메뉴바 또는 상단 고정 메뉴바 형태로 자연스럽게 변화할 겁니다.

12.4 화면 최상단 이동 버튼 만들기

대망의 마지막 기능입니다. 한참 아래로 스크롤하다가 최상단으로 한 번에 이동하고 싶을 때 사용하는 고정 버튼을 만들어보겠습니다. 화면 우하단에 원형으로 만들겠습니다.

그림 12-3 최상단 이동 버튼 예시

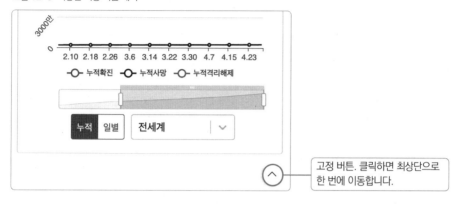

고정 버튼. 클릭하면 최상단으로 한 번에 이동합니다.

ToDo **01** 기존 코드에 고정 버튼 코드를 추가해봅시다.

coronaboard-web/src/components/navigation.js

```
import React, { useEffect, useRef, useState } from 'react';
import { css } from '@emotion/react';
import { Nav, Navbar } from 'react-bootstrap';
import { animateScroll, Link } from 'react-scroll';

export function Navigation() {
  ... 생략 ...
  return (
    <div
      ... 생략 ...
    >
      <Navbar>
        ... 생략 ...
      </NavBar>

      {fixedTop ? (
        <div
          css={css`
```

```
          // ❶
          position: fixed;
          bottom: 15px;
          right: 15px;
          background-color: white;
          border-radius: 15px;
          z-index: 800;
          width: 32px;
          height: 32px;
          text-align: center;
          border: 1px solid #dee2e6;
          a {
            color: black;
          }
          box-shadow: 0 1px 4px #dee2e6;
        `}
      >
        {/* ❷ 버튼 클릭 이벤트 등록 */}
        <a href="#top" onClick={() => animateScroll.scrollToTop()}>
          {/* ❸ https://icons.getbootstrap.com/icons/chevron-up/에서
              복사한 아이콘 */}
          <svg
            xmlns="http://www.w3.org/2000/svg"
            width="16"
            height="16"
            fill="currentColor"
            className="bi bi-chevron-up"
            viewBox="0 0 16 16"
          >
            <path d="M7.646 4.646a.5.5 0 0 1 .708 0l6 6a.5.5 0 0 1-.708.708L8
5.707l-5.646 5.647a.5.5 0 0 1-.708-.708l6-6z" />
          </svg>
        </a>
      </div>
    ) : null}
  </div>
  );
}
```

❶ position: fixed 속성과 bottom: 15, right: 15 속성을 사용해서 우하단에 고정된 엘리먼트를 하나 만들고 border-radius 속성을 지정하여 엘리먼트의 테두리를 둥글게 설정해줍니다.

❷ 해당 영역에 a 태그를 추가하여 onClick 이벤트가 발생하면 animateScroll.scrollToTop() 함수를 실행합니다. 그러면 해당 영역을 클릭 시 최상단으로 이동합니다. react-scroll에서 제공하는 animatedScroll은 scrollToTop(), scrollToBottom(), scrollTo() 등의 함수를 제공합니다.

❸ 부트스트랩에서 제공하는 아이콘 세트 중 하나를 복사하여 가져왔습니다. svg란 Scalable Vector Graphics의 약자로 비트맵bitmap 이미지가 아닌 패스 기반의 벡터 이미지를 의미합니다. 이 svg 태그를 이용하면 벡터 이미지들을 웹페이지 안에 손쉽게 넣을 수 있는데, 부트스트랩에서 이러한 벡터 형태로 된 아이콘 이미지들을 무료로 제공하기 때문에 편리하게 사용할 수 있습니다. 더 많은 아이콘 목록은 공식 웹사이트[1]에서 확인할 수 있습니다. 원하는 아이콘을 찾은 후 해당 아이콘의 코드를 복사해서 넣기만 하면 되기 때문에 매우 유용합니다.

02 페이지를 새로고침한 후에 새로 추가한 버튼을 클릭하면 화면 최상단으로 이동할 겁니다.

학습 마무리

이번 장에서는 단일 페이지 기반의 코로나보드 웹사이트에 적합한 메뉴바를 만들었습니다. 부트스트랩에서 제공하는 Navbar 컴포넌트를 이용하여 메뉴바의 틀을 잡고 react-scroll 라이브러리를 이용하여 메뉴를 클릭했을 때 부드럽게 스크롤되게 하여 사용 편의성을 높였습니다.

핵심 요약

1 페이지 내에 콘텐츠의 양이 많은 단일 페이지에서는 메뉴바를 사용해 사용자가 원하는 콘텐츠가 있는 위치로 빠르게 이동할 수 있습니다.

2 react-scroll 라이브러리를 이용하여 메뉴 클릭 시 애니메이션 형태로 스크롤하면 사용자가 단일 페이지 내에서 자신의 현재 스크롤 위치가 어디쯤인지 가늠할 수 있어 더 사용자 친화적입니다.

---

1 https://icons.getbootstrap.com/

학습 목표

이제까지 개발한 코드들은 개발 환경에서만 동작했습니다. 이번 단계에서는 실제 사용자가 접속해서 볼 수 있도록 AWS(Amazon Web Service)에서 제공하는 다양한 기능을 조합하여 운영 환경을 구축하는 방법을 알아보겠습니다.

STEP #1
데이터베이스 설정하기 :
AWS RDS

STEP #2
서비스 올리기 :
AWS EC2

Start

Chapter
13

Chapter
14

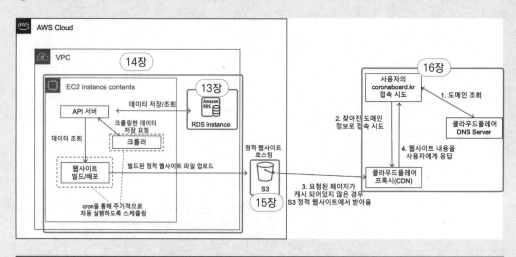

이름	코로나보드 배포하고 운영하기
예제 위치	https://github.com/yjiq150/coronaboard-book-code
개발 환경	• Node.js : 16.x • AWS RDS(MySQL 8.x) • AWS EC2 • AWS S3 • Cloudflare
미션	구현된 코로나보드를 운영할 환경을 설정하고 실제 배포를 진행합니다.
핵심 구성요소	AWS RDS, EC2, S3, 클라우드플레어

STEP #1
데이터베이스 설정하기 : AWS RDS

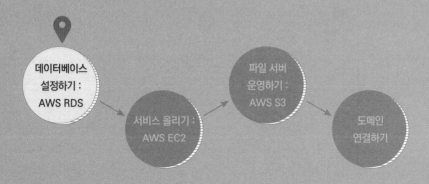

☐ **학습 목표**   API 서버와 크롤러를 배포하기 전에 앞서 코로나보드의 데이터를 저장할 운영 환경 데이터베이스를 AWS를 이용해 설정하겠습니다. AWS에 가입하여 계정을 생성한 후 AWS 사용 방법을 알아보겠습니다. 개발 환경에서 직접 설치하여 사용한 MySQL 서버 대신 AWS RDS^{Relational Database Service}를 이용하여 운영 환경에 맞게 서버를 생성하고 접속하는 방법을 알아보겠습니다.

☐ **학습 순서**

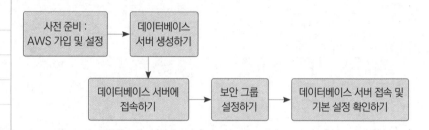

☐ **AWS RDS**   AWS RDS는 Relational Database Service의 약자로 AWS에서 관리해주는 관리형 데이터베이스 서비스입니다. AWS RDS를 사용하면 데이터베이스 애플리케이션을 직접 서버 인스턴스에 설치하고 설정할 필요 없이 클릭 몇 번 만으로도 AWS가 관리해주는 MySQL 서버를 띄울 수 있어서 매우 편리합니다. 게다가 MySQL 서버 인스턴스의 스냅샷을 매일 생성하여 언제든지 원하는 시점의 스냅샷으로 복원하는 강력한 백업 기능을 제공하기 때문에 더 안전합니다. 다음의 코로나보드 서비스 구성도에서 'RDS 인스턴스' 위치를 확인해보세요.

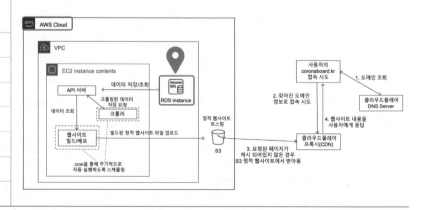

13.1 사전 준비 : AWS 가입 및 설정

AWS 계정을 생성하고 사용하는 방법을 살펴보겠습니다.

13.1.1 계정 생성하기

To Do **01** AWS 홈페이지에 접속한 후 → [가입] 버튼을 클릭합니다. ❶ [AWS 계정 새로 만들기] 버튼을 클릭하여 진행합니다.

- **AWS 홈페이지** : https://aws.amazon.com/ko

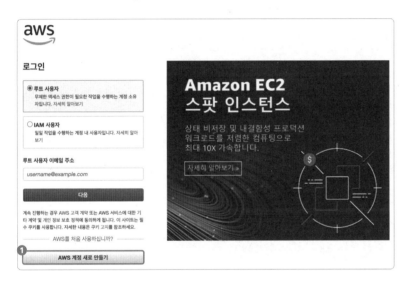

02 가입 절차에 따라 필요한 정보를 입력하여 계속 진행해주세요. 가입 페이지는 자주 바뀌고, 코딩 내용이 아니므로 일부 중요한 곳 빼고는 자세한 설명을 생략하겠습니다.

03 가입 절차 중에 신용카드 또는 체크카드 정보를 필수로 입력해야 합니다. AWS는 실제로 사용한 만큼 비용이 청구되는 서비스라서 그런데요, AWS가 제공하는 프리 티어 범위 내에서 서비스를 사용하면 비용이 청구되지 않습니다.

> ### 프리 티어란?
>
> 서비스를 운영하면 어떤 방식으로든 서버 비용이 발생합니다. 특히나 매출이 없는 초기에는 비용이 부담스럽습니다. 다행히 AWS에서는 프리 티어free tier라는 제도를 운영합니다. 처음 계정을 생성한 후 12개월 동안은 EC2, RDS, S3 등의 주요 서비스를 정해진 한도 내에서 무료로 제공하는 제도입니다. 서비스 종류에 따라 프리 티어 기준이 다릅니다. 사용할 서비스의 비용 페이지 또는 프리 티어 안내 페이지에서 미리 조건을 확인하기 바랍니다.
>
> - **프리 티어 안내 페이지** : https://aws.amazon.com/ko/free
>
> 이 책에서는 EC2, RDS, S3 서비스를 프리 티어의 한도 내로 사용할 예정입니다.

04 마지막 단계로 고객 지원 방식을 결정합니다. 별도 고객 지원을 받고 싶다면 '개발자 지원' 또는 '비즈니스 지원'을 선택하여 유료로 사용할 수 있지만 특별한 이유가 없다면 그냥 '기본 지원'을 선택하여 사용해도 전혀 문제가 없습니다. AWS를 사용하면서 겪는 대부분의 문제는 AWS에서 제공하는 가이드 문서를 통해 해결할 수 있습니다.

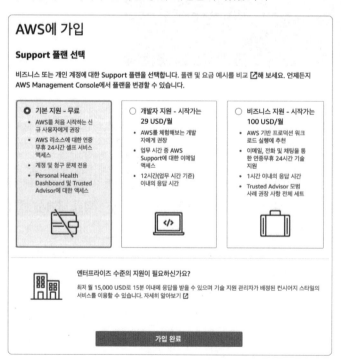

05 가입이 완료되면 [AWS Management Console로 이동] 버튼을 클릭한 후 나오는 화면에서 로그인을 진행할 수 있습니다.

축하합니다.

AWS에 가입해 주셔서 감사합니다.

계정을 활성화하는 중입니다. 이 작업은 몇 분 밖에 걸리지 않습니다. 이 작업이 완료되면 이메일을 받게 됩니다.

AWS Management Console로 이동

06 로그인 화면에서는 '루트 사용자'를 선택하고 계정 생성 시 입력한 이메일 주소를 넣어서 로그인을 진행합니다. 참고로 AWS Management Console에는 https://aws.amazon.com/ko 에 접속해 [내 계정] → [AWS Management Console] 메뉴를 선택하여 접속할 수 있습니다.

13.1.2 지역 설정하기

로그인을 완료하면 AWS 관리 콘솔 화면이 나타납니다. 우상단을 살펴보면 ❶ '서울'이 선택되어 있는데 혹시 서울이 아니라면 해당 메뉴를 클릭하여 '아시아 태평양 (서울) ap-northeast-2'로 변경해줍니다. 여기서 선택하는 지역은 AWS 데이터센터가 위치한 실제 지역을 의미하고, AWS 리전region이라고 부릅니다. 데이터센터 위치와 실제 서버에 접속하는 사용자 위치가 가까울수록 네트워크 응답 속도와 데이터 전송 속도가 빨라지기 때문에 다른 지역을 선택해도 무관하지만 한국 사용자를 대상으로 서비스한다면 '서울'을 추천합니다. 참고로 동일한 AWS 서비스라도 데이터센터 위치에 따라 이용 요금이 조금씩 다르게 부과되니 요금표를 잘 확인하세요.

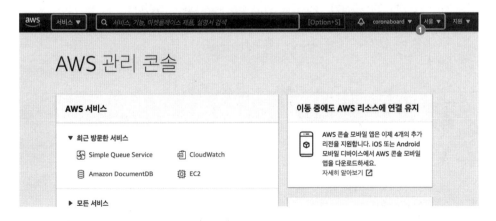

EC2, RDS 같은 서버를 통해 제공되는 서비스는 서버가 있는 리전이 중요합니다. 예를 들어 동일한 EC2 서비스를 이용할 때 '서울' 지역에서 만든 EC2 서버 인스턴스는 '서울' 지역에서만 보입니다(다른 지역에 만든 인스턴스는 보이지 않습니다). 분명히 서버를 띄운 기억이 있는데 해당 서버를 찾을 수 없다면 지역 설정을 확인해보는 것이 좋습니다. 참고로 지역 설정과 무관하게 글로벌하게 제공되는 CloudFront 같은 서비스도 존재하는데요, 이때는 지역 설정 메뉴에 자신이 선택한 지역대신 '글로벌'이 표시됩니다.

13.1.3 원하는 서비스 찾아서 사용하기

AWS 관리 콘솔 화면의 좌상단의 [서비스] 버튼을 누르면 AWS에서 제공하는 모든 서비스 목록이 나타납니다. 엄청나게 많은 서비스가 있어서 [서비스] 버튼 오른쪽에 위치한 서비스 검색창에서 원하는 서비스를 찾아내는 방법이 빠릅니다. 이 검색창에 EC2, RDS, S3 같은 서비스를 검색해서 결과를 클릭하면 해당 서비스로 이동합니다. 각 서비스를 사용하는 방법은 뒤에서 더 자세히 설명합니다.

13.1.4 계정 보안 강화하기

방금 생성한 계정은 루트 계정이기 때문에 AWS에 관한 모든 권한을 갖고 있습니다. 이 계정 로그인 정보가 유출되면 자신도 모르게 요금이 발생할 위험이 있습니다. 이러한 위험에서 벗어나려면 MFA^Multi Factor Authentication을 사용하여 미리 계정 보안을 강화해두는 것이 좋습니다. MFA는 계정 비밀번호 외에 추가적인 인증 수단을 이용해 계정 로그인 정보가 유출되더라도 로그인을 막을 수 있는 기능입니다. 이 절차는 필수는 아닙니다만 만일에 대비하여 설정해두는 것을 추천합니다. 이 책에서는 스마트폰의 OTP 생성기 앱을 추가 인증 수단으로 등록하겠습니다.

To Do **01** ❶ AWS 관리 콘솔의 우상단에서 계정 이름을 클릭하면 다음과 같은 계정 관련 메뉴가 나타나는데 ❷ 여기서 [내 보안 자격 증명]을 클릭합니다.

02 보안 자격 증명 페이지에서 멀티 팩터 인증 섹션의 ❶ [MFA 활성화] 버튼을 클릭합니다.

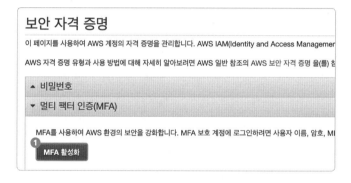

03 ❶ [가상 MFA 디바이스]를 선택합니다.

04 ❶ 자신의 스마트폰에 Twilio Authy 또는 Google Authenticator(Google OTP) 등 OTP 생성기 앱을 설치한 후 실행하고 → ❷ QR 코드를 스캔하면 → OTP가 생성됩니다. ❸ 해당 OTP 코드를 [MFA 코드 1] 항목에 입력한 후 잠시 기다려서 새롭게 생성된 숫자 코드를 ❹ [MFA 코드 2]에 입력한 후 ❺ [MFA 할당] 버튼을 클릭하면 OTP가 정상 등록됩니다.

이 작업 이후로는 로그인할 때마다 MFA 인증 수단의 코드를 물어봅니다. 그때마다 스마트폰 OTP 생성기 앱을 다시 실행해 숫자 코드를 넣어주어야 로그인이 됩니다. 귀찮지만 안전이 중요 하므로 꼭 설정하기 바랍니다.

이제 AWS에 계정을 새롭게 생성한 후 기본 사용 방법을 모두 익혔습니다. 이어서 서비스 이용 방 법을 살펴보겠습니다.

13.2 데이터베이스 서버 생성하기

To Do **01** AWS 관리 콘솔에서 RDS 서비스를 검색하여 RDS 서비스로 이동합니다.

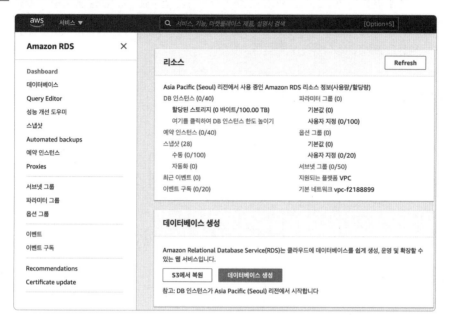

02 RDS 콘솔의 왼쪽 메뉴에서 [데이터베이스] 메뉴를 선택하면 다음 화면이 나타납니다. 여기에서 ❶ [데이터베이스 생성] 버튼을 클릭합니다.

03 ① 생성 방식으로 [손쉬운 생성]을 선택합니다. 데이터베이스 서버에 대한 네트워크 방화벽 설정이나 디스크 용량 등 더 세세한 설정을 하고 싶다면 [표준 생성] 메뉴를 사용해도 되지만 그만큼 선택할 옵션이 많습니다. 반면 [손쉬운 생성]은 많이 사용되는 방식을 기본값을 넣어주기 때문에 옵션을 일일히 선택하지 않아도 문제 없이 사용 가능한 기본적인 데이터베이스 서버를 생성해줍니다. ② 엔진 유형으로 [MySQL]을 선택합니다.

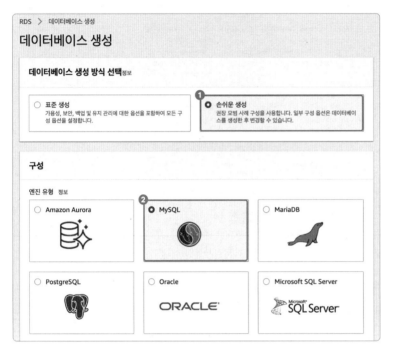

③ DB 인스턴스 크기는 [프리 티어]를 선택합니다. 여기서 t2.micro는 AWS에서 제공하는 서버 중 가장 사양이 낮은 서버 인스턴스를 의미하고, 데이터베이스용 서버라 db라는 접두사가 붙어 있습니다. vCPU는 virtual CPU를 의미하는데 이는 물리적인 CPU를 여러 가상 머신에서 사용 가능하게 나누어서 사용할 때 사용하는 단위입니다. 이 서버에서는 1개의 가상 CPU와 1GiB RAM 그리고 20 GiB의 저장 공간을 제공합니다.

이 정도 사양이면 트래픽이 많지 않은 개인 블로그 정도는 충분히 운영할 수 있습니다. 특히 코로나보드에서는 몇 분 단위로 수행되는 크롤러가 수집한 데이터를 저장하는 용도와 주기적으로 웹사이트 빌드하는 시점에 데이터를 불러오는 용도로만 사용하기 때문에 서비스의 사용자가 아무리 늘어나더라도 데이터베이스 사용량에는 변화가 없습니다.

❹ DB 인스턴스 식별자에는 원하는 이름을 입력하면 됩니다. 여기서는 coronaboard라고 설정하겠습니다.

❺ 마스터 사용자 이름은 기본값인 admin으로 사용하겠습니다. 이 마스터 사용자를 루트 계정이라고 생각하면 됩니다. ❻ 마스터 암호와 암호 확인 필드에 사용할 암호를 입력합니다.

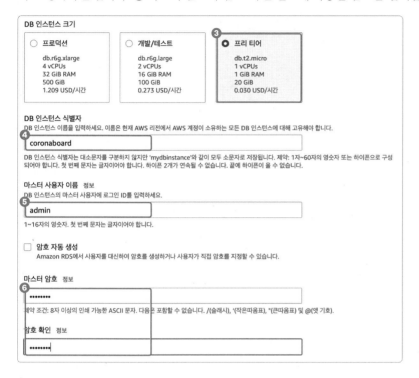

손쉬운 생성에 대한 기본 설정 보기

[손쉬운 생성]에서 기본으로 만들어준 설정을 다음처럼 확인할 수 있습니다. 중요한 몇 가지만 살펴보겠습니다.

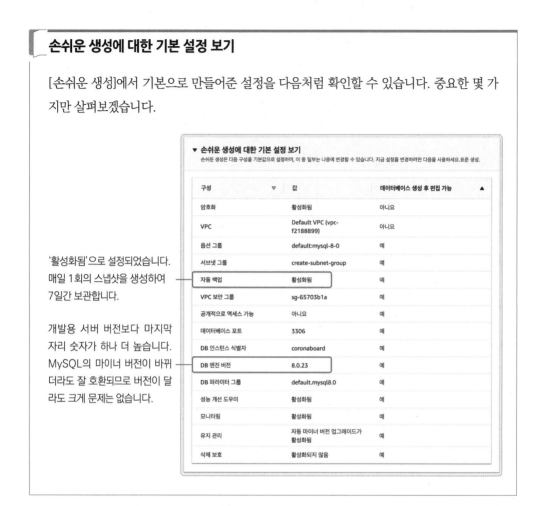

▼ **손쉬운 생성에 대한 기본 설정 보기**
손쉬운 생성은 다음 구성을 기본값으로 설정하며, 이 중 일부는 나중에 변경할 수 있습니다. 지금 설정을 변경하려면 다음을 사용하세요.표준 생성.

구성 ▽	값	데이터베이스 생성 후 편집 가능 ▲
암호화	활성화됨	아니요
VPC	Default VPC (vpc-f2188899)	아니요
옵션 그룹	default:mysql-8-0	예
서브넷 그룹	create-subnet-group	예
자동 백업	활성화됨	예
VPC 보안 그룹	sg-65703b1a	예
공개적으로 액세스 가능	아니요	예
데이터베이스 포트	3306	예
DB 인스턴스 식별자	coronaboard	예
DB 엔진 버전	8.0.23	예
DB 파라미터 그룹	default.mysql8.0	예
성능 개선 도우미	활성화됨	예
모니터링	활성화됨	예
유지 관리	자동 마이너 버전 업그레이드가 활성화됨	예
삭제 보호	활성화되지 않음	예

'활성화됨'으로 설정되었습니다. 매일 1회의 스냅샷을 생성하여 7일간 보관합니다.

개발용 서버 버전보다 마지막 자리 숫자가 하나 더 높습니다. MySQL의 마이너 버전이 바뀌더라도 잘 호환되므로 버전이 달라도 크게 문제는 없습니다.

04 내용 확인이 끝났으니 아래에 위치한 ❶ [데이터베이스 생성] 버튼을 클릭해 데이터베이스 서버를 생성합시다. 생성이 끝나면 자동으로 데이터베이스 목록 화면으로 이동합니다. 이 상태에서 데이터베이스를 바로 쓸 수 있는 것은 아닙니다. 서버의 상태가 [사용 가능]이 될 때까지 몇 분 기다려야 합니다.

05 ❶ 브라우저를 새로고침해서 서버가 사용 가능 상태가 되면 ❷ 위 목록에서 DB 식별자 컬럼의 coronaboard를 클릭하여 상세 페이지로 이동합니다.

이어서 MySQL 서버에 접속하는 설정을 계속 진행해봅시다.

13.3 데이터베이스 서버에 접속하기

데이터베이스 상세페이지에 들어가면 다음과 같은 화면이 나타납니다. 여기서는 방금 생성한 데이터베이스에 대한 자세한 정보를 확인할 수 있습니다.

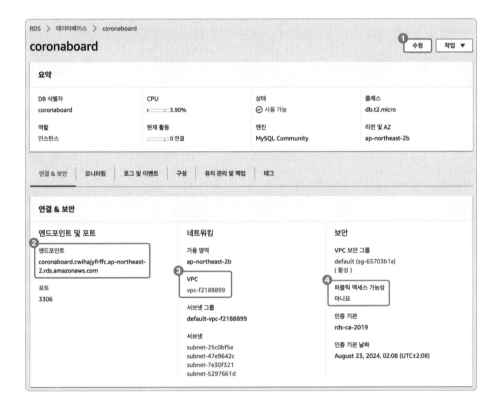

[연결 & 보안] 탭의 ❷ '엔드포인트' 항목에 데이터베이스의 호스트 이름이 보입니다. API 서버 또는 자신의 컴퓨터에서 데이터베이스 서버에 연결할 때 이 호스트 이름을 사용하여 연결합니다.

❹ '퍼블릭 액세스 가능성' 항목이 '아니요'로 되어 있습니다. 이 항목의 의미를 이해하려면 AWS에서 사용하는 VPC^virtual private cloud를 알아야 합니다.

AWS에서는 VPC라는 논리적으로 격리된 네트워크 공간을 만들어서 VPC 내부에 위치한 서버 간에는 프라이빗 IP$^{Private\ IP}$를 이용하여 자유롭게 통신할 수 있습니다. 다른 VPC에 위치한 서버나 AWS 외부 네트워크와 통신하려면 별도의 설정이 필요합니다(보안성을 강화하는 방법입니다). AWS에는 기본 VPC가 자동으로 구성되어 있고 서버를 띄울 때는 항상 특정 VPC에 위치하도록 설정해야 합니다. 방금 만든 데이터베이스 서버도 ❸ vpc-f2188899라는 기본 VPC 안에 위치해 있습니다. 보안 또는 관리의 이유로 VPC를 여러 개 만들어서 운영할 수도 있지만 코로나보드 서비스에서는 하나만 있어도 충분합니다.

지금처럼 '퍼블릭 액세스 가능성'이 '아니요'이면 이 데이터베이스 서버에는 같은 VPC 안에 존재하는 서버들만 접근할 수 있습니다. 보안은 강력하지만 개발용으로 사용하는 컴퓨터에서 데이터베이스 서버에 연결할 방법이 없어서 불편합니다. 퍼블릭 액세스 가능성을 '예'로 바꿔 이러한 불편함을 잠시 완화해보겠습니다.

To Do **01** 앞의 그림에서 ❶ [수정] 버튼을 클릭합니다. 그러면 현재 선택된 서버의 설정값들을 변경하는 화면이 나타납니다. ❷ [연결] 섹션의 [추가 구성]을 클릭하면 해당 영역이 확장되면서 퍼블릭 액세스 관련 설정이 나타납니다. 여기서 ❸ [퍼블릭 액세스 가능]을 클릭 후 → ❹ [계속] 버튼을 클릭합니다.

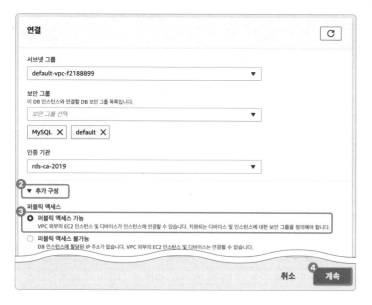

02 그러면 변경한 내용을 요약해 보여줍니다. 수정 사항을 즉시 적용할지 아니면 다음 유지 관리 기간에 적용할지 선택할 수 있습니다. 여기서는 ❶ [즉시 적용] → ❷ [DB 인스턴스 수정]을 선택해 설정이 반영되게 합니다.

03 수정이 완료되기를 기다렸다가 다시 데이터베이스 상세 페이지를 열어보면 [퍼블릭 액세스 가능성] 항목이 '예'로 바뀌어 있을 겁니다.

13.4 보안 그룹 설정하기

퍼블릭 액세스를 할 수 있게 설정 변경을 완료했지만 아직 외부에서 데이터베이스 서버로 바로 접근하지 못합니다. 보안 그룹에 외부에서 MySQL 서버가 사용하는 3306번 포트로 접근할 수 있게 설정해야 합니다. AWS에서 사용하는 '보안 그룹'은 일반적인 네트워크 용어로 말하면 방화벽firewall입니다. 즉, 특정 서버로 들어오거나inbound 특정 서버에서 나가는outbound 트래픽을 IP나 포트 기반으로 차단하거나 허용하는 기능을 수행합니다.

To Do **01** 새로운 규칙을 추가하기 전에 데이터베이스 상세 페이지의 '보안 그룹 규칙' 항목에서 기존 설정을 확인해봅시다.

보안 그룹 규칙 (2)			C
Q 보안 그룹 규칙 필터			< 1 > ⚙
보안 그룹 ▲	유형 ▽	규칙 ▽	
❶ default (sg-65703b1a)	EC2 Security Group - Inbound	sg-65703b1a	
❷ default (sg-65703b1a)	CIDR/IP - Outbound	0.0.0.0/0	

2개의 규칙이 기본값으로 설정되어 있습니다.

❶ 첫 번째 규칙은 sg-65703b1a라는 ID를 가진 보안 그룹이 설정된 곳으로부터의 모든 입력 트래픽을 허용한다는 의미입니다. sg-65703b1a 보안 그룹은 default라는 이름을 가진 기본 생성되는 보안 그룹입니다(보안 그룹의 ID값은 임의로 생성되기 때문에 여러분의 ID는 책과 다를 수 있습니다). 이 보안 그룹이 적용된 서버라면 현재 데이터베이스 서버에 문제 없이 연결할 수 있습니다.

❷ 두 번째 규칙에는 0.0.0.0/0이라는 IP에 대해서 나가는 트래픽을 허용한다는 설정입니다. 즉 모든 IP에 대해 외부로 나가는 트래픽을 허용한다는 의미입니다. 보통 외부로부터의 무분별한 접근을 방지하는 차원에서 들어오는 트래픽에는 제약을 주지만, 서버에서 외부로 나가는 트래픽은 대부분 허용하는 편입니다.

현재 적용된 규칙만으로는 외부에서 3306번 포트를 이용하여 이 보안 그룹이 적용된 데이터베이스 서버에 연결할 수는 없기 때문에 3306번 포트로 들어오는 트래픽을 허용하는 규칙을 추가해야 합니다. 이미 존재하는 sg-65703b1a 보안 그룹에 해당 규칙을 추가할 수도 있지만, 이렇게 하면 이 보안 그룹이 설정된 모든 서버에서 3306번 포트로 들어오는 트래픽이 허용됩니다. 이러한 상황을 피해서 데이터베이스 서버에만 규칙을 적용하려면 다음과 같이 설정을 진행해야 합니다.

1 새로운 보안 그룹 생성

2 이 보안 그룹에 해당 규칙 추가

3 이 보안 그룹을 데이터베이스 서버에 추가 적용

02 새로운 보안 그룹을 생성하려면 AWS 관리 콘솔 상단 검색창에 VPC를 검색하여 해당 서비스로 이동합니다. ❶ [보안] → ❷ [보안 그룹] → ❸ [보안 그룹 생성] 버튼을 클릭합니다.

03 ❶ 보안 그룹 이름에 MySQL를 입력하고 ❷ 보안 그룹에 대한 설명을 추가로 적어줍니다. 인바운드 규칙 섹션에서 ❸ [규칙 추가] 버튼을 클릭하면 규칙 한 줄이 새롭게 생성되는데요, 여기서 ❹ 유형을 [MYSQL/Aurora]로 선택하고 소스는 ❺ '내 IP'를 선택합니다. 내 IP를 선택하면 현재 자신이 사용 중인 컴퓨터의 퍼블릭 IP^(public IP)가 자동으로 추가됩니다. 이제 필요한 정보가 모두 입력되었으니 ❻ 우하단의 [보안 그룹 생성] 버튼을 클릭하여 생성을 완료합니다.

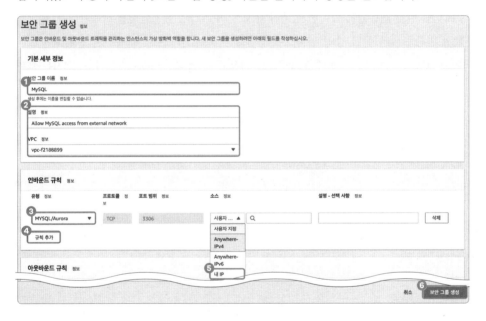

데이터베이스로의 접근을 모든 외부 IP에 대해서 허용하는 방법은 보안상 좋지 않기 때문에 자신의 컴퓨터 IP만 등록했습니다. 유동 IP를 쓰는 컴퓨터라면 IP가 바뀔 때마다 이 규칙에 등록된 IP를 업데이트해주면 됩니다.

04 이제 방금 생성한 보안 그룹을 데이터베이스 서버에 적용할 일만 남았습니다. 다시 ❶ RDS 콘솔로 이동하여 → ❷ 데이터베이스 상세페이지로 이동 후 → ❸ [수정] 버튼을 클릭합니다.

05 연결 섹션의 ❶ '보안 그룹' 항목에서 [MySQL]을 선택한 후 → ❷ 화면 하단의 [계속] 버튼을 클릭합니다.

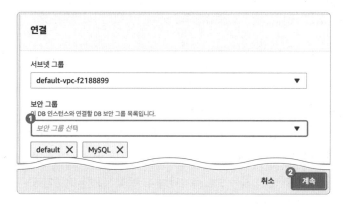

06 수정 사항을 바로 적용할지 아니면 정해진 유지 관리 기간에 적용할지를 선택합니다. 데이터 베이스 설정 변경은 기존 운영 중인 서비스에 영향을 미칠 수 있으므로 신중하게 진행해야 합니다. 지금은 운영 중인 서비스가 아니므로 ❶ [즉시 적용]을 선택 후 ❷ [DB 인스턴스 수정]을 클릭합니다.

이로써 자신의 컴퓨터에서 데이터베이스 서버에 접근할 수 있도록 허용하는 설정을 마쳤습니다.

13.5 데이터베이스 서버 접속 및 기본 설정 확인하기

이제 데이터베이스 서버에 접속하여 (2.4.3절 '데이터베이스(MySQL) 준비하기'에서 개발용 MySQL 서버에서 했던 내용과 비슷하게) 데이터베이스와 계정 생성 작업을 진행하겠습니다. 이미 한 번 설명했던 내용이라 간단하게 명령어 위주로 살펴보겠습니다.

To Do **01** 터미널을 열고 ❶ 아래 명령을 입력해 MySQL 서버에 접속합니다. ❷ 데이터베이스 생성 시 입력한 마스터 사용자 이름과 마스터 암호를 입력하면 됩니다. ❸ -h 옵션에는 접속할 서버의 호스트 이름을 적어줍니다. 호스트에는 데이터베이스 상세 페이지의 엔드포인트 항목에 나오는 값을 넣어주면 됩니다(13.3절 '데이터베이스 서버에 접속하기' 첫 번째 그림 참고). 실제 엔드포인트의 값은 이 책에 표시된 값과 다르니 주의해주세요.

```
$ mysql -u admin -p -h coronaboard.cwihajyfrffc.ap-northeast-2.rds.amazonaws.com
```

> 자신의 RDS 인스턴스의 엔드포인트 주소를 입력하세요.

02 접속에 성공하면 MySQL 입력 프롬프트가 나타납니다. ❶ coronaboard 데이터베이스 생성 → ❷ 코로나보드용 어드민 계정 생성('비밀번호'는 원하는 값으로 대체해주세요) → ❸ coronaboard_admin 계정에 coronaboard 데이터베이스에 대한 권한을 부여하는 쿼리를 차례대로 실행합니다.

> 원하는 값으로 대체해주세요.

```
mysql> CREATE DATABASE coronaboard; ❶
mysql> CREATE USER 'coronaboard_admin'@'%' IDENTIFIED BY '비밀번호'; ❷
mysql> GRANT CREATE, ALTER, DROP, INDEX, INSERT, SELECT, DELETE, UPDATE, LOCK
TABLES ON `coronaboard`.* TO 'coronaboard_admin'@'%'; ❸
```

03 마지막으로 데이터베이스와 계정 생성, 권한 설정이 제대로 되었는지 확인하겠습니다.

❶ 루트 계정으로 접속했던 연결을 종료하고, ❷ 새로 만든 coronaboard_admin 계정으로 접속하겠습니다.

```
$ mysql -u coronaboard_admin -p -h coronaboard.cwihajyfrffc.ap-northeast-2.rds.
amazonaws.com
```

❸ show databases 쿼리를 실행하여 coronaboard 데이터베이스가 보이는지 확인해봅시다.

```
mysql> show databases;
```

04 설정을 완료했으니 데이터를 채워넣겠습니다. 5.5.2절 'API 서버에서 불러오기'에서 코로나 보드 통계 데이터를 개발 환경 데이터베이스에 로드했습니다. 이때와 방식은 같습니다. 기존에 다운로드해둔 coronaboard_dump.sql 파일이 존재하는 위치로 이동한 후 아래 명령어를 실행하면 됩니다.

```
$ mysql -u coronaboard_admin -p -h
coronaboard.cwihajyfrffc.ap-northeast-2.rds.amazonaws.com coronaboard
< coronaboard_dump.sql
```

> **Tip** 13.4절에서 퍼블릭 액세스 가능성을 '아니오'로 설정한 경우에 외부에서 데이터베이스 서버에 접근하려면 어떻게 해야 할까요? VPC 외부에서는 데이터베이스 서버로 직접적인 접근이 불가능하다 보니 VPC 내부에 존재하는 서버 간에 접근이 가능하다는 사실을 이용해야 합니다. 즉, 외부에서 접근이 가능한 EC2 서버(데이터베이스와 동일한 VPC 내에 위치해야 함)에 먼저 SSH로 연결한 후 이 서버를 경유하여 데이터베이스 서버에 접속하는 방식을 사용할 수 있는데 이러한 방법을 SSH 터널링(Tunneling)이라고 합니다(SSH 연결 방법은 14.2절 '서버 인스턴스에 접근하기' 참조). 터미널에서 ssh 명령어를 이용하여 직접 터널링을 설정할 수도 있고, MySQL 워크벤치 같은 GUI 도구를 이용하면 간단한 터널링 설정을 통해 MySQL 서버에 접속할 수 있습니다.

학습 마무리

이번 장에서는 가입, 원하는 서비스 찾기, 계정 보안 강화 등 기본적인 AWS 사용 방법을 알아보았습니다. 이 외에도 RDS를 이용하여 운영 환경에 사용할 MySQL 서버를 생성하고 접속하는 방법을 배워보았습니다.

핵심 요약

1 AWS 계정을 생성한 후 MFA를 이용한 추가 인증 수단을 등록해놓으면 실수로 비밀번호가 유출되더라도 계정을 안전하게 보호할 수 있습니다.

2 AWS RDS를 이용하여 MySQL 서버를 생성하고 운영하면 직접 MySQL 서버를 설치하여 운영하는 것보다 비용이 조금 비싸긴 하지만 백업, 복원, 손쉬운 보안 업데이트 등의 기능을 클릭 몇 번으로 사용할 수 있습니다.

서비스 올리기 : AWS EC2

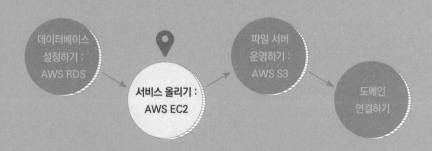

데이터베이스
설정하기 :
AWS RDS

서비스 올리기 :
AWS EC2

파일 서버
운영하기 :
AWS S3

도메인
연결하기

□ **학습 목표**

코로나보드 운영에 사용할 애플리케이션 서버 인스턴스를 EC2$^{Elastic\ Computing}$ ^{Cloud} 콘솔에서 생성한 후 각 기능을 설정하고 배포하는 방법을 하나씩 알아봅시다. 서버 인스턴스 안에서 API 서버를 실행하고 주기적으로 크롤링하여, 개츠비 CLI를 이용하여 정적 웹사이트를 빌드하는 작업도 구현하겠습니다.

□ **학습 순서**

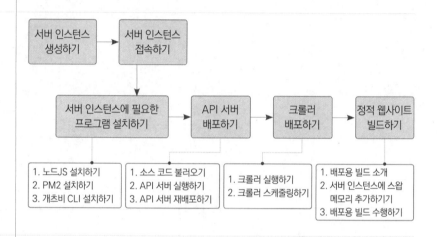

□ **AWS EC2**

앞서 AWS RDS에서 생성한 데이터베이스 서버 인스턴스는 AWS에서 관리하는 서버입니다. 그래서 직접 서버 인스턴스에 접속해서 원하는 작업을 하는 것은 불가능하고 오직 데이터베이스에서 제공하는 기능만을 쓸 수 있습니다. 하지만 EC2에서 생성하는 서버 인스턴스는 클라우드에 존재합니다.

SSH 프로토콜을 이용하여 원격 접속하여 해당 서버의 셸^{shell}을 이용할 수 있습니다. 셸에서 다양한 명령어를 실행하여 원하는 애플리케이션을 설치하거나 실행할 수 있습니다. 자유롭게 사용할 수 있기 때문에 이 서버 인스턴스에 MySQL 서버를 설치하면 MySQL 서버로 쓸 수 있고, API 서버를 설치하면 API 서버로 사용할 수 있습니다(서버의 사양만 충분히 좋다면 한 서버 인스턴스 안에서 둘 다 운영해도 상관없습니다).

☐ **코로나보드** **와 서버** **인스턴스**	코로나보드 서비스를 운영할 때는 서버 인스턴스를 하나만 생성해 API 서버를 실행합니다. 이외에도 주기적으로 크롤러를 실행하여 데이터를 수집하고, 개츠비 빌드를 주기적으로 수행하여 업데이트된 데이터 기반으로 정적 웹사이트를 다시 빌드하여 배포하는 역할까지 수행할 겁니다. 각 기능을 하는 서버를 별도로 운영해도 되지만 각 기능이 그렇게 CPU와 메모리에 많은 부담을 주지는 않아서 서버 인스턴스 하나만으로도 충분합니다. 한 서버 인스턴스 안에서 두 가지 기능이 수행되기 때문에 편의상 이 서버를 '애플리케이션 서버 인스턴스'라고 통칭하겠습니다. 다음의 코로나보드 서비스 구성도에서 이번에 다룰 위치를 확인해보세요.

14.1 서버 인스턴스 생성하기

EC2 서버 인스턴스를 생성한 후 해당 서버 인스턴스가 13장에서 생성한 RDS 서버와 안전하게 통신하도록 보안 그룹을 설정해보겠습니다.

14.1.1 서버 인스턴스 생성하기

To Do **01** EC2 콘솔의 좌측 메뉴에서 [인스턴스]를 선택한 후, 오른쪽에 나타나는 [인스턴스 시작] 버튼을 클릭합니다.

02 AMI^Amazon Machine Image는 미리 만들어둔 이미지를 서버 머신에 설치하여 빠르게 사용할 수 있게 하는 기능입니다. 이를 이용하여 OS와 기본 도구들이 설치된 환경을 동일하게 만들어낼 수 있습니다. AMI 선택 화면이 보이면 리눅스 기반의 우분투 서버^Ubuntu Server 20.04 LTS의 ❶ [64비트(x84)] 옵션을 선택하고 ❷ [선택] 버튼을 클릭합니다.

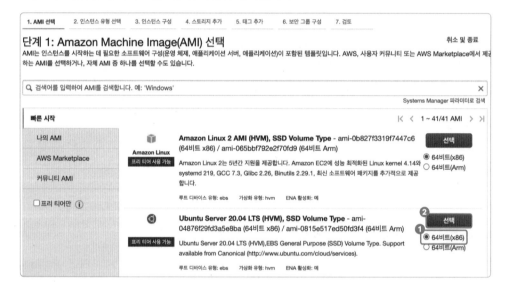

아마존 리눅스 2^Amazon Linux 2를 설치해도 서버를 운영하는 데 전혀 문제가 없지만 기본 설치되어 있는 명령어 세트나 기본 접속 계정 이름 등이 우분투와 미묘하게 다른 부분이 존재하기 때문에 이 책에서는 우분투를 선택했습니다.

> **Note** 우분투 20.04 버전은 2020년 4월에 처음 릴리즈된 버전이라는 의미입니다. LTS^long term support가 붙은 버전은 릴리즈 후 5년간 지원 및 업데이트한다는 의미입니다.

03 이번에는 인스턴스 유형을 선택하는 화면이 나타납니다. 인스턴스 유형에 따라 CPU와 메모리 크기, 네트워크 성능이 달라지고, 사양이 높아질수록 사용료가 비싸집니다. 코로나보드를 운영하는 데 있어서 그렇게 큰 사양이 필요하진 않으니 프리 티어로 사용 가능한 ❶ t2.micro 유형을 선택합니다. ❷ 이제 화면 하단에 [다음: 인스턴스 세부 정보 구성] 버튼을 클릭하여 넘어갑니다.

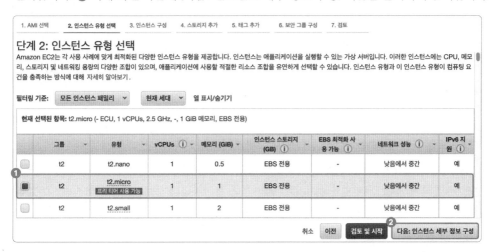

04 단계 3에서는 특별히 설정할 내용이 없으니 화면 하단에 [다음: 스토리지 추가] 버튼을 클릭하여 바로 넘어갑시다.

05 스토리지 추가 화면에서는 서버 인스턴스에서 사용할 저장 공간의 용량을 결정합니다. ❶ '크기'는 기본값이 8GiB입니다. 운영하다 보면 용량이 부족할 수 있으니 넉넉하게 15GiB로 변경합시다. ❷ '종료 시 삭제' 옵션을 체크 해제합니다. ❸ [다음: 태그 추가] 버튼을 클릭하여 넘어갑니다.

참고로 EBS는 30GiB까지는 프리 티어가 적용되어 12개월간은 비용이 들지 않습니다. 또한 '종료 시 삭제' 옵션에 체크가 되어 있으면 지금 생성하는 서버 인스턴스가 추후 종료되는 시점에 여기서 추가한 EBS 볼륨이 삭제됩니다. 이 스토리지에 남겨진 데이터를 서버 종료 후에도 보관하고 싶다면 이 체크 박스를 해제하면 됩니다.

> **EBS(Elastic Block Storage)**
> AWS에서는 EC2 인스턴스에 연결할 수 있는 여러 종류의 스토리지를 제공합니다. EBS는 이 중 가장 일반적인 형태의 스토리지로 SSD나 HDD 기반으로 만들어져있습니다. EBS 생성 시에는 스토리지 용량이나 읽기/쓰기 성능을 유연하게 설정할 수 있으며 이렇게 생성한 EBS를 원하는 EC2 인스턴스에 연결할 수 있습니다.

06 여기서는 특별히 설정할 내용이 없으니 화면 하단에 [다음: 보안 그룹 구성] 버튼을 클릭하여 바로 넘어갑시다.

07 보안 그룹 구성 단계에서는 ❶ [새 보안 그룹 생성]을 선택해 새 보안 그룹을 생성합니다. ❷ Application Server라는 이름을 지정하고 적당히 ❸ [설명]을 채웁니다. SSH 유형을 선택하고 모든 IP에서 접속할 수 있도록 ❹ [위치 무관]으로 설정합니다. 그러면 서버 인스턴스에 SSH 프로토콜을 이용한 원격 접속이 허용됩니다. 보안을 더 강화하고 싶다면 [위치 무관] 대신 [내 IP]를 선택하여 특정 IP를 가진 사용자만 접근할 수 있게 변경하면 됩니다. ❺ [검토 및 시작] 버튼을 클릭하여 넘어갑니다.

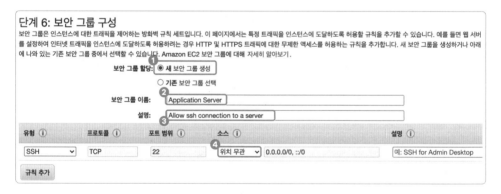

08 마지막 검토 단계에서는 설정한 내용을 다시 한 번 쭉 검토합니다. 이상이 없다면 [시작하기] 버튼을 클릭합니다.

09 그러면 다음처럼 키 페어 선택창이 나타납니다. 좀 전에 보안 그룹에서 SSH가 사용하는 22번 포트에 대해 어디서든지 연결이 가능하도록 허용해주었지만 이는 외부에서 22번 포트에 연결을 '시도'할 수 있게 허용한다는 의미이고, 아무나 SSH를 사용할 수 있다는 의미는 아닙니다. SSH를 사용하려면 인증 절차를 통과해야 하는데 여기에서 만드는 키 페어 중 '프라이빗 키 파일'

을 SSH 접속 시에 같이 넣어주는 방식으로 인증을 통과할 수 있습니다.

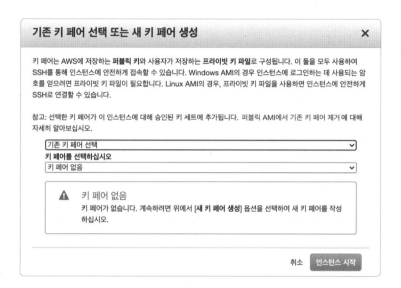

❶ 기존에 만들어둔 키페어가 없다면 [새 키 페어 생성]을 선택한 후 → ❷ 키페어 이름을 입력한 후 → ❸ [키 페어 다운로드] 버튼을 클릭하여 생성된 키 페어의 프라이빗 키를 내려받습니다.

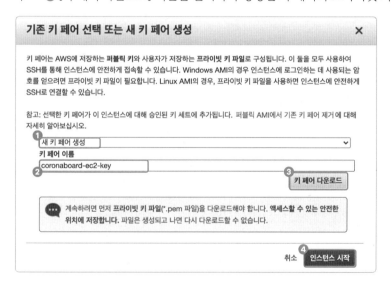

프라이빗 키 내려받기가 완료되면 coronaboard-ec2-key.pem이라는 파일이 생기는데 이 파일을 이용하여 서버에 SSH 접속을 할 수 있습니다. 한 번 생성한 키 페어의 프라이빗 키 파일은 지금 페이지를 벗어나면 다시 내려받을 수 없으니 잃어버리지 않게 잘 보관해둡시다.

❹ [인스턴스 시작] 버튼을 클릭합니다. 그러면 생성된 키 페어로 서버 인스턴스를 시작하게 되고 다음과 같은 화면이 나타납니다.

10 ❶ [인스턴스 보기] 버튼을 클릭하면 EC2 콘솔의 인스턴스 목록 화면으로 돌아갑니다.

11 여기서 방금 생성한 인스턴스를 확인하고 ❶ 인스턴스 상태가 '실행 중'으로 바뀔 때까지 기다립니다.

14.1.2 데이터베이스 서버와 통신 허용하기

To Do **01** 이제 서버는 준비되었지만 이 서버에서 13장에서 만든 데이터베이스 서버로 문제 없이 연결되려면 보안 그룹을 하나 더 추가해줘야 합니다. 이를 위해 인스턴스 목록 화면에서 방금 만든 서버 인스턴스를 선택한 후 ❶ [작업] → [보안] → [보안 그룹 변경]을 클릭합니다.

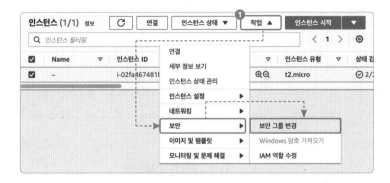

02 [연결된 보안 그룹]을 보면 ❶ [Application Server] 보안 그룹만 연결되어 있습니다. 여기서 이 서버 인스턴스가 데이터베이스 서버 인스턴스에 접근하려면 ❷ [default] 보안 그룹을 선택한 후 ❸ [보안 그룹 추가] 버튼을 클릭하여 연결된 보안 그룹 목록에 추가해줘야 합니다. ❹ [저장] 버튼을 클릭해 보안 그룹 추가 작업을 완료합시다.

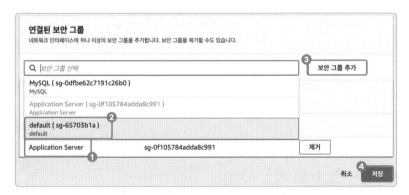

이때 [default] 보안 그룹 추가와 데이터베이스 서버 인스턴스에 접근할 수 있게 되는 것은 어떤 관계가 있는 걸까요? 13.4절 '데이터베이스 서버 접속하기'에서 설명했던 것처럼 같은 VPC 안에 위치한 서버 인스턴스들은 논리적으로 같은 네트워크에 존재하기 때문에 서로 자유롭게 통신이 가능합니다. 하지만 서버 인스턴스에 기본적으로 적용된 보안 그룹 규칙을 살펴보면 서버에서 나가는 트래픽^{outbound}은 모두 열려 있지만 서버로 들어오는 트래픽^{inbound}은 모두 차단하도록 기본 설정이 되어 있습니다. 따라서 논리적으로는 자유롭게 통신이 가능한 VPC 내의 서버들이더라도 별도로 인바운드 트래픽을 허용하도록 보안 그룹 규칙을 추가해줘야 합니다. 데이터베이스 서버 인스턴스에서 [default] 보안 그룹을 가진 서버로부터 들어오는 모든 트래픽을 허용하는 규칙이 있던 것을 기억하시나요? 이 규칙을 이용하려면 애플리케이션 서버 인스턴스에 [default] 보안 그룹을 추가해주면 됩니다. 이렇게 하면 같은 보안 그룹을 가진 서버로부터 들어오는 통신이 허용되어, 애플리케이션 서버 인스턴스와 데이터베이스 서버 인스턴스가 자유롭게 통신할 수 있게 됩니다.

03 인스턴스 목록 화면에서 ❶ [서버 인스턴스]를 선택 후에 → ❷ [보안] 탭을 클릭하여 → ❸ [보안 그룹]을 확인하면 다음처럼 'Application Server' 보안 그룹과 'default' 보안 그룹을 확인할 수 있습니다.

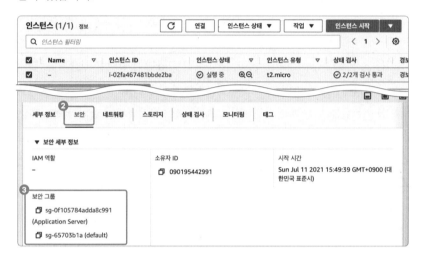

14.2 서버 인스턴스 접속하기

앞서 생성한 서버 인스턴스에 SSH로 접속하는 방법을 알아보겠습니다.

To Do **01** 자신의 컴퓨터에서 서버 인스턴스로 SSH 접속을 하려면 서버 인스턴스의 퍼블릭 IP 주소를 알고 있어야 합니다. 이 정보는 인스턴스 목록에서 ❶ [인스턴스]를 선택 후 → ❷ [세부 정보] 탭에 표시되는 ❸ 퍼블릭 IPv4 주소 항목에서 찾을 수 있습니다.

> **SSH(Secure Shell)**
> SSH는 원격 컴퓨터의 셸에 로그인하여 명령어를 수행하기 위해 가장 많이 사용되는 방식입니다. Secure라는 이름에서 알 수 있듯이 통신 내용을 암호화하기 때문에 매우 안전합니다.

02 터미널에서 다음 명령어를 이용하여 SSH 접속을 시도해봅니다(❶ 비밀 키 파일 경로와 ❷ IP 주소는 여러분의 환경에 맞게 적절히 변경해야 합니다).

❶ 비밀 키 경로 지정　　　　❷ IP 지정

❶ -i 옵션은 인증에 사용할 비밀 키 파일의 경로를 지정하는 데 사용됩니다. 내려받아 보관해둔 비밀 키 파일의 경로를 입력해주면 됩니다. 여기서는 비밀 키 파일이 있는 디렉터리에서 ssh 명령 어를 실행한다고 가정하겠습니다.

> **Note** **윈도우 사용자를 위한 ssh 명령어 사용 안내**
>
> 윈도우 10 (빌드 1809) 이후 버전에는 ssh 명령이 기본 설치되어 있어서 바로 사용이 가능합니다. 혹시 ssh 명령어를 찾을 수 없다고 나오면 윈도우 업데이트 메뉴를 통해 최신 버전으로 업데이트한 후 다시 시도하면 됩니다. 업데이트 후에도 동일하게 명령어를 찾을 수 없거나 윈도우 10 미만의 운영체제를 사용하시는 분들은 PuTTY 같은 별도의 SSH 클라이 언트를 설치하여 진행해주세요. PuTTY를 사용하여 서버 인스턴스에 접속하는 방법은 AWS 공식 문서를 참고 부탁드립 니다[1].

❷ 접속 대상 서버 주소는 다음과 같은 형식으로 지정하면 됩니다.

명령어 `[기본 계정명]@[서버 인스턴스의 퍼블릭 IP 주소]`

1　https://docs.aws.amazon.com/ko_kr/AWSEC2/latest/UserGuide/putty.html

AWS에서 제공되는 우분투 AMI로 생성한 서버 인스턴스는 기본 계정 이름이 ubuntu입니다. ssh 명령어로 원격 서버에 접속할 때는 이와 같이 해당 서버에 존재하는 계정 이름을 명시해야 합니다.

> **Warning** 계정 이름을 별도로 명시하지 않고 서버의 퍼블릭 IP 주소만 적어주면 현재 자신의 컴퓨터에서 사용하는 계정 이름이 자동으로 입력되어 제대로 로그인되지 않을 수 있으니 주의합시다.

03 명령어를 수행하면 다음과 같은 메시지가 출력되고, 여기에 ❶ yes를 입력하여 계속해서 연결을 진행합니다.

```
The authenticity of host '3.34.146.133 (3.34.146.133)' can't be established.
ECDSA key fingerprint is SHA256:3Jas7wLFgyjmvy81eTI3H3LaaaFceaHEKYCp6b8+vVY.
Are you sure you want to continue connecting (yes/no/[fingerprint])? yes
```

하지만 아마 맥OS에서는 다음과 같은 에러 메시지가 출력되면서 연결이 제대로 되지 않을 겁니다(윈도우에서는 해당 오류 가 발생하지 않으니 바로 **05**로 넘어가면 됩니다).

```
@@@@@@@@@@@@@@@@@@@@@@@@@@@@@@@@@@@@@@@@@@@@@@@@@@@@@@@@@@@@@@@
@         WARNING: UNPROTECTED PRIVATE KEY FILE!          @
@@@@@@@@@@@@@@@@@@@@@@@@@@@@@@@@@@@@@@@@@@@@@@@@@@@@@@@@@@@@@@@
Permissions 0644 for 'coronaboard-ec2-key.pem' are too open.
It is required that your private key files are NOT accessible by others.
This private key will be ignored.
Load key "coronaboard-ec2-key.pem": bad permissions
ubuntu@3.34.146.133: Permission denied (publickey).
```

비밀 키 파일이 자신의 컴퓨터 내에서 현재 사용자만 접근 가능한 것이 아니고 다른 사용자들도 접근할 수 있도록 권한 설정이 되어 있기 때문에 발생한 오류입니다. 키가 유출될 위험이 있어 알려준 겁니다.

04 아래 명령어를 통해 현재 사용자만 해당 키를 읽을 수 있도록 권한을 변경해줍니다.

```
local $ chmod 400 ./coronaboard-ec2-key.pem
```

05 위 명령어를 수행한 후에 처음에 시도했던 ssh 명령어를 다시 한번 실행하면 이번에는 접속 환영 메시지가 출력되면서 서버에 제대로 접속됩니다. 명령어 프롬프트도 ❶ ubuntu@ip-172-

31-4-37:~$로 바뀝니다.

```
Welcome to Ubuntu 20.04.2 LTS (GNU/Linux 5.4.0-1045-aws x86_64)
... 생략 ...

ubuntu@ip-172-31-4-37:~$
```

이제부터 실행하는 모든 명령어들은 자신의 로컬 환경이 아닌 생성된 서버 인스턴스에 SSH를 통해 접속한 상태로 수행해주세요.

14.3 서버 인스턴스에 필요한 프로그램 설치하기

우분투 기반의 서버 인스턴스에 필요한 프로그램들을 설치하겠습니다.

14.3.1 노드JS 설치하기

To Do **01** 우분투는 데비안Debian을 기반으로 한 리눅스 배포본이라서 데비안에서 사용하는 프로그램 설치 도구인 APT Advanced Package Tool를 그대로 사용하면 됩니다. apt 명령어를 바로 사용하면 노드 설치가 가능하긴 하지만 오래된 버전이 설치됩니다. 따라서 설치 명령어를 수행하기 전에 ❶ 아래 명령어를 수행하여 이 책에서 사용할 16.x.x 버전의 노드를 apt에 먼저 등록해줍니다.[2]

```
server $ curl -fsSL https://deb.nodesource.com/setup_16.x | sudo -E bash -
```

02 등록이 완료된 후 ❶ apt 명령어로 노드JS를 설치하면 16 버전 중 최신 버전이 설치됩니다. 잘 설치되었는지 ❷ node --version 명령어로 버전을 확인합니다.

```
server $ sudo apt install nodejs ❶
server $ node --version ❷
v16.13.2
```

---

2   혹시 다른 버전을 설치하기 원하는 경우 이 페이지를 참고 바랍니다. https://github.com/nodesource/distributions/blob/master/README.md

14.3.2 PM2 설치하기

이번에는 노드 기반 API 서버를 데몬 형태로 실행하는 데 도움을 줄 PM2를 설치하겠습니다. PM2는 노드를 위한 프로세스 관리 툴입니다. PM2를 통해서 노드 애플리케이션을 실행하면 해당 애플리케이션이 실행 중에 문제가 있어서 종료되더라도 자동으로 재시작시켜줘서 다운타임을 최소화할 수 있습니다. 항상 실행 중이어야 하는 API 서버를 실행할 때 유용합니다. 이 외에도 PM2의 프로세스 개수를 조정하는 기능을 이용하여 서버의 CPU 코어 개수만큼 동일한 API 서버 프로세스를 여러 개 띄울 수 있어서 트래픽 처리량을 향상시키는 데도 활용됩니다.

`To Do` **01** 노드를 설치하면서 npm도 같이 설치되었으니 다음 npm 명령어로 PM2를 설치해봅시다.

```
server $ sudo npm install -g pm2@5.0.3
```

PM2의 사용 방법은 14.4.2절 'API 서버 실행하기'에서 자세히 다룹니다.

14.3.3 개츠비 CLI 설치하기

이 서버 인스턴스를 이용하여 개츠비 기반의 정적 웹사이트를 계속 빌드하여 배포하는 작업도 수행하겠습니다. 그러므로 개츠비 CLI 애플리케이션을 설치하겠습니다.

`To Do` **01** 다음 명령으로 개츠비 CLI 애플리케이션을 설치합니다.

```
server $ sudo npm install -g gatsby-cli@3.10.0
```

14.4 API 서버 배포하기

서버 인스턴스에 접속하여 실제로 2장 'API 서버 만들기'에서 만든 API 서버를 배포하는 방법을 알아봅시다.

코로나보드는 정적 웹사이트이기 때문에 단일 서버만으로도 API 서버의 고가용성을 유지하고 대량 트래픽을 처리할 수 있습니다. 단일 서버이다보니 API 서버 코드를 서버 인스턴스에 배포해서 실행하는 것도 고정된 서버 한 대에 대해서만 수행하면 됩니다. 따라서 별도의 배포 툴을 도입하지 않고 단순한 배포 방식을 이용해도 큰 문제가 없습니다.

코로나보드에서는 직접 서버 인스턴스에 SSH를 통해 접속하여 깃^{git} 저장소에서 코드를 불러온 후 서버를 실행 또는 재시작하는 방식으로 배포를 수행합니다.

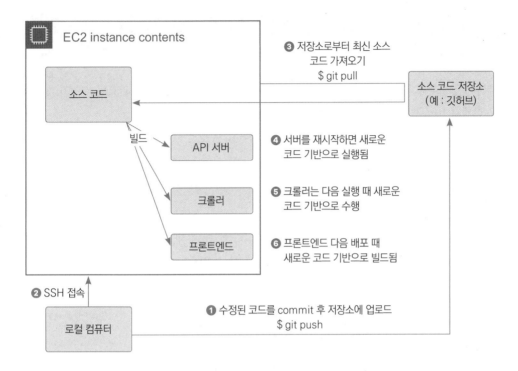

| Note | 참고로 이와 같은 배포 방식은 서버 인스턴스 수가 늘수록 비효율적입니다. 따라서 서버 인스턴스 수가 많은 때는 AWS에서 제공하는 코드디플로이(CodeDeploy) 같은 배포 도구를 사용해보거나, 엘라스틱 빈스톡(Elastic Beanstalk) 혹은 쿠버네티스 등을 이용하기 바랍니다. | **고가용성(high availability)**
서비스가 다운 타임 없이 지속적으로 정상적인 응답을 제공할 수 있는 정도를 의미합니다. |

14.4.1 소스 코드 불러오기

코로나보드 관련 코드가 모두 저장되어 있는 깃허브 저장소로부터 소스 코드를 받아오겠습니다.

- **깃허브 저장소** : https://github.com/yjiq150/coronaboard-book-code

| warning | 이 저장소 주소를 여러분의 깃 저장소 주소로 꼭 대체해서 사용해주세요. 지금까지 진행한 예제 코드를 여러분의 깃으로 푸시하거나 위 깃허브 저장소에서 포크해도 됩니다. 꼭 깃허브일 필요도 없고 빗버킷^{bitbucket} 등 다른 깃 저장소 서비스도 가능합니다. |

To Do **01** 서버 인스턴스에 접속한 현재 사용자의 홈 디렉터리로 이동 후 git clone 명령을 수행하여 HTTP 방식의 저장소 주소를 통해 저장소에서 코드를 가져올 수 있습니다.

```
server $ cd ~
server $ git clone https://github.com/yjiq150/coronaboard-book-code
```

공개된 저장소라면 위 명령어를 실행했을 때 별다른 인증 없이 바로 클론이 완료될 것이기 때문에 다음 단계로 바로 넘어갈 수 있습니다.

하지만 비공개 저장소라면 권한이 부여된 사용자에게만 접근을 허용하기 때문에 ID와 비밀번호를 물어봅니다. 배포를 진행할 때마다(깃 저장소에 접근할 때마다) ID와 비밀번호를 물어보기 때문에 자동화하기도 힘들고 보안상 좋지 못합니다. 이 문제를 해결하려면 위에서 사용한 HTTP 방식의 저장소 주소 대신 SSH 방식의 저장소 주소를 사용하고, SSH 인증에 사용할 배포용 키^{deploy} key를 미리 깃 저장소의 설정 메뉴에서 등록하면 됩니다. 그러면 해당 키를 가진 서버에서는 ID와 비밀번호 입력 없이 비공개 저장소에 정상적으로 접근할 수 있습니다.

02 비공개 저장소에 등록할 배포용 키를 만듭시다. ❶ ssh-keygen 명령을 입력합니다. 그러면 현재 접속해 있는 서버의 ubuntu 계정에 대한 공개/비공개 키값을 생성할 수 있습니다. ❷ 별다른 입력 없이 계속 enter 를 쳐서 넘어가면 키 생성이 완료됩니다.

```
server $ ssh-keygen ❶
Generating public/private rsa key pair.
Enter file in which to save the key (/home/ubuntu/.ssh/id_rsa):
Enter passphrase (empty for no passphrase):
Enter same passphrase again:
Your identification has been saved in /home/ubuntu/.ssh/id_rsa
Your public key has been saved in /home/ubuntu/.ssh/id_rsa.pub
The key fingerprint is:
SHA256:0m4bPEVig8hS1/yCQBsGz578iXSzs9roZEwn4QlVvy4 ubuntu@ip-172-31-4-37
The key's randomart image is:
+---[RSA 3072]----+
|  .o*.oo         |
|   B.= oo        |
|  o B...=..      |
|   * +.o.=.      |
|    X = S..      |
|   + * O .       |
```

```
|    = E B      |
|    o o = +    |
|    .+.o .     |
+----[SHA256]-----+
```

03 생성된 키는 ~/.ssh 디렉터리에서 확인할 수 있습니다. 해당 디렉터리 안의 id_rsa 파일은 비공개 키이고 id_rsa.pub 파일은 공개 키를 의미합니다. 비공개 키는 노출되지 않도록 주의해 주시고 공개 키는 다음처럼 cat 명령어를 이용하여 출력한 후 복사해둡니다.

```
server $ cat ~/.ssh/id_rsa.pub
ssh-rsa AAAAB3NzaC1yc2EAAAADAQABAAABgQDlp1AAyDiTVCbxRQ4795eil09a5XDB84BFWO32W6u
...
JMlXGM3yDcQaKec0pj+JOVDxYZfuQhcOgyHVFcm0s= ubuntu@ip-172-31-4-37
```

04 자신의 깃허브의 저장소로 웹페이지로 이동한 후 ❶ [Settings] → ❷ [Deploy keys] → ❸ [Add deploy key]를 클릭하여 복사해둔 내용을 붙여넣고 저장하면 됩니다(빗버킷에서는 [Repository settings] → [Access keys] → [Add key] 메뉴 사용).

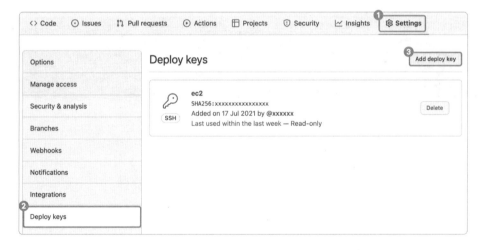

05 깃허브 저장소에서 SSH 방식의 주소를 복사합시다. ❶ 저장소의 [code] → [ssh] 탭 → 복사 아이콘 🗐을 클릭해주세요.

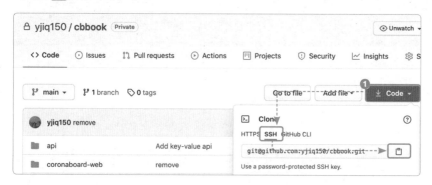

06 접근되는지를 확인할 차례입니다. 기존에 HTTP 방식으로 받아왔던 소스 코드를 삭제한 후에 SSH 방식으로 다시 불러옵니다. ❶ git clone 뒤에 ssh 주소를 넣어 명령을 수행합니다.

```
server $ rm -rf coronaboard-book-code
server $ git clone git@github.com:yjiq150/coronaboard-book-code.git ❶
```

다음 문구가 보이면 yes를 입력해주세요

```
Cloning into 'coronaboard-book-code'...
The authenticity of host 'github.com (15.164.81.167)' can't be established.
ECDSA key fingerprint is SHA256:p2QAMXNIC1TJYWeIOttrVc98/R1BUFWu3/LiyKgUfQM.
Are you sure you want to continue connecting (yes/no/[fingerprint])? yes
```

저장소의 공개/비공개 설정과 무관하게 저장소에서 코드를 서버로 불러올 수 있게 되었습니다.

14.4.2 API 서버 실행하기

To Do **01** API 서버를 실행하려면 노드 의존성을 먼저 설치해주어야 합니다. 로컬 개발 환경에서는 개발 과정에서 자연스럽게 설치 명령어를 수행했지만 서버 인스턴스에서는 현재 소스 코드만 불러온 상태이고, 소스 코드의 package.json 파일에 정의되어 있는 의존성들을 아직 설치하지 않은 상황이라 별도로 의존성 설치를 진행해야 합니다. ❶ [api] 디렉터리로 이동한 후 ❷ npm install 명령을 실행합니다.

```
server $ cd ~/coronaboard-book-code/coronaboard-api
server $ npm install
```

API 서버를 실행하기 전에 데이터베이스 서버 연결에 필요한 환경 변수들에 관해서 다시 한 번 짚고 넘어가겠습니다. 설명을 위해 2.5.4절 '데이터베이스 연결 설정'에서 작성한 데이터베이스 설정 코드의 일부를 가져왔습니다.

coronaboard-api/database/index.js
```
const config = {
  host: process.env.CORONABOARD_MYSQL_HOST || '127.0.0.1',
  port: 3306,
  database: 'coronaboard',
  user: 'coronaboard_admin',
  password: process.env.CORONABOARD_MYSQL_PASSWORD || 'yourpassword',
};
```

위 코드에서 볼 수 있듯이 로컬 환경에서 실행할 때는 환경 변수를 따로 설정하지 않았기 때문에 코드 내에 하드코딩된 기본값대로 MySQL host는 '127.0.0.1', password는 'yourpassword'를 사용하여 연결을 시도합니다. 하지만 운영 환경에서는 RDS로 생성한 MySQL 서버가 따로 존재하기 때문에 로컬호스트를 의미하는 127.0.0.1 대신 RDS 인스턴스의 host를 별도로 명시해야 하고, 보안 강화를 위해서 비밀번호를 환경 변수로부터 불러오도록 해야 합니다.

환경 변수 지정 없이 API 서버를 실행하면 다음과 같은 에러가 발생할 겁니다. 이는 현재 127.0.0.1에 있는 MySQL 서버로 연결을 시도했지만 MySQL 서버가 설치되어 있지 않아서 MySQL 서버에 연결이 불가능하다는 오류입니다.

```
server $ node index.js
ConnectionRefusedError [SequelizeConnectionRefusedError]: connect ECONNREFUSED
127.0.0.1:3306
```

02 적절하게 환경 변수를 넣어서 다시 실행해 이 문제를 해결하겠습니다.

```
server $ CORONABOARD_MYSQL_HOST={호스트} CORONABOARD_MYSQL_PASSWORD={비밀번호}
node index.js
```

각 환경 변수 사이는 공백으로 띄워서 구분해주면 되고 **{호스트}**에는 RDS를 통해 생성한 데이터베이스의 상세페이지에서 엔드포인트값을 찾아서 넣어줍니다. **{비밀번호}**에는 MySQL 서버에 처음 연결한 후 coronaboard_admin 계정을 생성할 때 같이 입력한 비밀번호를 넣어줍니다 (13.5절 '데이터베이스 서버 접속 및 기본 설정 확인' 참고). 이렇게 명령어 실행 시에 앞에 넣어주는 환경 변수는 1회성이라 다른 곳에 영향을 주지 않고 현재 실행하는 명령어에만 적용됩니다.

03 실행할 때마다 환경 변수를 같이 넣어주는 작업이 번거롭기 때문에 ~/.bashrc 파일을 열어서 환경 변수를 입력합시다.

```
export CORONABOARD_MYSQL_HOST={호스트}
export CORONABOARD_MYSQL_PASSWORD={비밀번호}
```

이렇게 해두면 다음번 SSH로 접속 시 자동으로 .bashrc 파일이 로드되면서 명시해둔 환경 변수들 또한 자동으로 셸에 로드됩니다. 다음번 접속까지 기다리기 싫다면 source 명령을 실행해 환경 설정을 곧바로 로드해보세요.

```
server $ source ~/.bashrc
```

이제부터는 방금 추가한 두 환경 변수가 정상적으로 셸에 로드되었다고 가정합니다.

04 셸에 환경 변수들이 로드되었으니 ❶ API 서버를 실행합시다. 다음과 같이 데이터베이스 연결도 잘되고 서버가 정상적으로 실행되면 성공입니다. 문제 없이 동작하는 것을 확인했으니 일단 ❷ Ctrl + c 키를 눌러서 서버를 종료합니다.

```
server $ node index.js
...
Database is ready!
Server is running on port 8080.
```

05 운영 환경에서는 node 명령어로 바로 실행하는 대신 앞서 언급한 PM2를 이용하여 API 서버를 실행하겠습니다.

```
server $ pm2 start index.js
[PM2] Spawning PM2 daemon with pm2_home=/home/ubuntu/.pm2
[PM2] PM2 Successfully daemonized
[PM2][WARN] Applications pm2-sysmonit not running, starting...
[PM2] Starting /home/ubuntu/coronaboard-book-code/coronaboard-api/index.js in
```

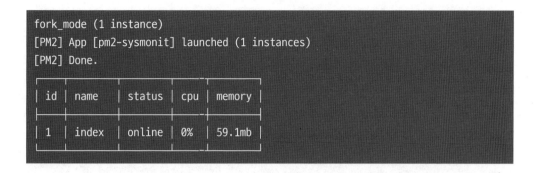

```
fork_mode (1 instance)
[PM2] App [pm2-sysmonit] launched (1 instances)
[PM2] Done.

┌────┬───────┬────────┬─────┬─────────┐
│ id │ name  │ status │ cpu │ memory  │
├────┼───────┼────────┼─────┼─────────┤
│ 1  │ index │ online │ 0%  │ 59.1mb  │
└────┴───────┴────────┴─────┴─────────┘
```

성공적으로 서버는 실행된 상태이지만 셸은 다시 명령어를 입력하는 상태로 돌아옵니다. 이는 PM2 명령어가 API 서버 프로세스를 데몬 형태로 실행하기 때문입니다.

출력된 정보는 프로세스 이름, 상태, CPU 및 메모리 사용량을 보여줍니다. 이부분을 통해 현재 PM2를 통해 실행 중인 프로세스들의 정보를 얻을 수 있습니다.

▼ pm2 명령어

명령어	설명
pm2 status	실행 중인 프로세스들의 정보를 출력합니다.
pm2 restart	실행 중인 서버를 재시작합니다. **pm2 restart [프로세스 이름]** 형식으로 실행하면 됩니다. `$ pm2 restart index` 수정된 코드를 불러온 후 새로운 코드를 반영하기 위해 서버를 재시작할 때 사용하면 됩니다.
pm2 stop	특정 프로세스를 종료합니다. **pm2 stop [프로세스 이름]** 형식으로 수행합니다.
pm2 kill	PM2로 실행 중인 모든 프로세스와 PM2 프로세스 자체도 종료합니다.

드디어 실제 서비스 운영을 위한 서버 인스턴스에서 API 서버가 정상적으로 실행됩니다.

14.4.3 API 서버 재배포하기

로컬 환경에서 API 서버 코드를 수정했다면 검수 후에 운영 환경에도 반영해줘야 합니다. 이를 서버 배포(재배포)라고 합니다. 코로나보드에는 서버 인스턴스가 1대밖에 없으므로 간단하게 깃을 이용하여 재배포를 진행하겠습니다.

`To Do` **01** 로컬 환경에서 변경한 내용이 깃 저장소에 커밋^{commit}된 후 해당 커밋을 기본 브랜치에(main 또는 master) 푸시^{push}한 상태라고 가정하겠습니다.

02 ❶ 서버 인스턴스에 접속해서 → ❷ 코드가 있는 디렉터리로 이동 후에 → ❸ git pull 명령어 를 이용하여 저장소로부터 최신 코드를 불러옵니다. ❹ PM2로 API 서버 프로세스를 재시작합니 다. 그러면 새로 불러온 코드로 서버가 실행됩니다.

```
server $ cd ~/coronaboard-book-code/coronaboard-api ❷
server $ git pull ❸
server $ pm2 restart index ❹
```

14.5 크롤러 배포하기

항상 실행 중인 상태를 유지해야 하는 API 서버와는 달리 크롤러는 주기적으로 실행되어 데이터 를 수집하고 저장한 후 프로세스를 종료합니다. API 서버 배포 과정에서 이미 코로나보드 관련 소 스 코드를 전부 불러왔기 때문에 크롤러 코드도 준비되어 있는 상태입니다. 크롤러 코드가 서버 인스턴스에서 잘 작동하는지를 먼저 확인하겠습니다.

14.5.1 크롤러 실행하기

크롤러가 제대로 동작하려면 국가 정보에 대한 맵핑 정보가 필요하기 때문에 구글 시트에 입력된 국가 정보를 내려받은 countryInfo.json 파일이 필요합니다.

`To Do` **01** ❶ [tools] 디렉터리로 이동하여 → ❷ 의존성을 설치한 후 → ❸ 코드를 실행하여 구글 시트로 부터 데이터를 읽어서 저장합니다.

```
server $ cd ~/coronaboard-book-code/tools ❶
server $ npm install          ❷
server $ node main.js         ❸
```

02 서버에서 이 코드를 처음 실행하면 인증 토큰이 없기 때문에 3.2.5절 '구글 시트 API 클라이 언트 생성하기'에서처럼 ❶ 터미널에 출력된 링크를 브라우저에서 열고 → ❷ 구글 계정 인증을 진 행하여 획득한 승인 코드를 → ❸ 터미널에 다시 붙여넣어야 합니다. 발급받은 인증 토큰은 서버

에 저장되기 때문에 최초 1회만 수행하면 그 이후에는 별다른 절차 없이 구글 시트로부터 데이터를 내려받게 됩니다.

~/coronaboard-book-code/tools/downloaded/countryInfo.json 경로에 파일이 제대로 만들어졌는지 확인한 후 다음 단계로 진행합니다.

03 ❶ [crawler] 디렉터리로 이동 → ❷ 의존성 설치 → ❸ 크롤러를 실행합니다.

```
server $ cd ~/coronaboard-book-code/crawler    ❶
server $ npm install              ❷
server $ node index.js            ❸
crawlAndUpdateDomestic started
previous domesticStat not found
domesticStat updated successfully
crawlAndUpdateGlobal started
previous globalStat not found
globalStat updated successfully
```

출력된 크롤러 로그를 살펴보면, 현재 날짜에 해당하는 데이터를 수집하고 API 서버를 통해 데이터가 업데이트되었음을 확인할 수 있습니다.

14.5.2 크롤러 스케줄링하기

이제 크롤러 코드를 주기적으로 실행하는 스케줄링 작업만 추가하면 됩니다. 스케줄링에는 우분투를 포함한 대부분 유닉스 계열 운영체제에서 제공하는 크론cron을 사용하겠습니다. 크론은 고정된 시간이나 날짜 또는 일정 간격으로 특정 명령어를 반복 수행하는 도구입니다.

크론은 크론탭crontab, cron table이라는 작업 스케줄 테이블을 사용하는데, 이곳에 스케줄과 그에 해당하는 작업을 등록해두면 설정대로 작업을 수행합니다. 다양한 조건의 스케줄을 표현하는 표현식은 다음과 같습니다.

반복 주기 표현식은 다섯 자리로 표현됩니다. 반복적인 작업을 수행하는 최소 주기는 1분이고, 첫째 자리부터 각각 ❶ 분(0-59), ❷ 시간(0-23), ❸ 일(1-31), ❹ 월(1-12), ❺ 요일(0-6, 일요일이 0)을 나타냅니다.

간단히 표현 방법을 알아보겠습니다. 먼저 첫째 자리인 분 단위를 제외한 다른 자리를 모두 *로 고정해 간단히 설명하겠습니다.

- 별표(*) 기호를 사용
  - 예) * * * * * : 1분마다 작업 수행
- 하나의 숫자를 사용
  - 예) 1 * * * * : 매시 1분에 작업 수행
- 여러 값을 쉼표 ,로 구분해서 표시
  - 예) 10,50 * * * * : 매시 10분, 50분에 작업 수행
- 범위는 하이픈(-)을 사용해서 표시
  - 예) 20-30 * * * * : 매시 20~30분 사이에 1분마다 작업 수행
- 수행 간격은 슬래시 /를 사용해서 표시
  - 예) */15 * * * * : 15분마다 작업 수행

위 표현식은 첫째 자리뿐만 아니라 다른 자리에도 동일하게 적용이 가능하기 때문에 적절히 조합하면 원하는 시간에, 원하는 주기로 수행되는 스케줄을 만들 수 있습니다. 스케줄 표현식에 대한 더 자세한 내용은 crontab guru 사이트에서 직접 값을 넣어보면서 인터랙티브하게 확인해볼 수 있습니다.

- **crontab guru 사이트** : https://crontab.guru

To Do **01** 표현식을 사용하는 방법을 익혔으니 해당 표현식을 이용하여 15분에 한 번씩 크롤러가 실행되게 크론탭에 작업을 등록할 차례입니다. ❶ crontab -e 명령을 실행합니다.

```
server $ crontab -e ❶
no crontab for ubuntu - using an empty one

Select an editor.  To change later, run 'select-editor'.
  1. /bin/nano        <---- easiest
  2. /usr/bin/vim.basic
  3. /usr/bin/vim.tiny
```

```
    4. /bin/ed

Choose 1-4 [1]:
```

02 크론탭 편집 명령을 처음 실행하면 위와 같이 기본 편집기를 뭘로 정할지 물어보는 메시지가 나타납니다. vim에 익숙한 분들은 vim을, 더 쉬운 편집기를 원하면 nano 편집기를 선택하면 됩니다. 각 편집기를 사용하는 방법은 이 책의 범위를 벗어나므로 생략하겠습니다.

03 편집기가 실행되면 다음처럼 스케줄을 입력해봅시다(다음 명령을 꼭 한 줄로 적어주세요).

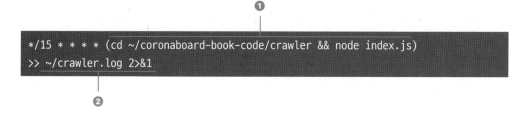

*/15 * * * * 표현식은 15분마다 실행하라는 의미입니다. 등록된 명령어는 조금 복잡하므로 부분별로 나누어서 설명하겠습니다.

❶ (cd ~/coronaboard-book-code/crawler && node index.js)에서 && 기호는 명령어 2개를 순차적으로 실행하되 앞의 명령어가 성공적으로 실행된 때 다음 명령어가 실행되게 할 때 사용합니다. 이 두 가지 명령어는 괄호로 다시 묶였는데 여기에도 특별한 의미가 있습니다. 괄호 없이 cd ~/coronaboard-book-code/crawler 명령어를 이용해서 현재 디렉터리를 변경한 후 node index.js 명령어를 수행했다면 명령어의 수행이 완료된 후 현재 디렉터리는 ~/coronaboard-book-code/crawler로 바뀔 겁니다. 하지만 이 두 가지 명령어를 괄호로 묶어주면 변경된 현재 디렉터리가 괄호 안에 묶인 상태로 실행되는 명령어들에만 적용되고, 명령이 끝난 후에는 다시 원래대로 복원됩니다. 즉 명령어의 수행이 완료되고 난 후의 현재 디렉터리가 ~/coronaboard-book-code/crawler로 바뀌어 있지 않고, 원래 해당 명령어가 수행되었던 디렉터리로 그대로 유지된다는 뜻입니다.

❷ >> ~/crawler.log 2>&1에서 >> 기호는 이어붙이는[append] 리다이렉션 연산자입니다. 크롤러가 수행되면 그 과정에서 로그가 출력되는데, 로그의 내용을 ~/crawler.log 파일에 계속 이어 붙여서 저장하라는 뜻입니다. 이렇게 해두면 크롤러가 수행될 때마다 원래 표준 출력[stdout]으로 출력되어 터미널에 보이던 로그가 crawler.log 파일로 리다이렉트되어 계속 쌓이게 됩니다. 나중에

크롤러에 문제가 생겼을 때 이 로그 파일을 확인하면 문제의 원인을 빠르게 파악할 수 있습니다. 2)&1은 표준 에러^{stderr}를 표준 출력으로 합쳐서 보여줍니다. 이렇게 하면 명령어 수행 시 발생한 오류들까지 crawler.log에 남게 되어 문제 발생 시 더 빠르게 파악할 수 있는 장점이 있습니다. 로그를 남길 때 기본적으로 사용되는 옵션이라고 생각하면 됩니다.

04 입력된 내용을 저장한 후 편집기를 종료하면 수정 내용이 반영됐다는 메시지가 출력됩니다.

```
crontab: installing new crontab
```

크론탭 설정을 완료했으니 서버 인스턴스가 살아 있는 15분마다 크롤러가 수행되고 변경 사항이 API 서버를 통해 데이터베이스에 계속 업데이트됩니다. 다음번 실행 시간을 기다렸다가 ~/crawler.log 파일의 내용을 확인하면 크롤러가 실행되면서 출력된 로그들이 파일에 기록된 것을 확인할 수 있습니다.

마지막으로 이 데이터를 이용하여 정적 웹사이트를 주기적으로 빌드하고 배포하도록 설정할 일만 남았습니다.

14.6 정적 웹사이트 빌드하기

정적 웹사이트는 말그대로 정적이기 때문에 데이터가 변경되더라도 웹사이트에 바로 반영되지 않습니다. 그래서 코로나보드는 정적 웹사이트를 주기적으로 다시 빌드하여 배포하는 방식으로 변경된 데이터를 반영합니다. 크롤러를 스케줄링했던 방식과 비슷하게 정적 웹사이트를 빌드 및 배포하는 것도 크론에 빌드/배포 명령어를 등록하기만 하면 됩니다. 스케줄링 작업을 하기 전에 사이트를 빌드/배포하려면 알아야 할 사항부터 살펴봅시다.

14.6.1 배포용 빌드란?

이제까지는 gatsby develop 명령으로 개발용 로컬 웹 서버를 띄워 수정한 코드를 바로 확인하는 방식으로 사이트를 개발했습니다. 별도의 웹 서버를 준비하지 않아도 되고, HMR(5.3.3절 참조) 기능이 적용되어 개발 과정에서 코드가 변경되더라도 빠르게 변경 내용을 확인할 수 있었습니다. 하지만 이 방식으로 빌드된 자바스크립트, HTML, CSS 파일에는 배포 최적화가 되어 있지 않기 때문에 상대적으로 불필요한 내용이 많아서 용량이 큰 편입니다.

반면 gatsby build는 실제 배포용 빌드 명령어입니다. 이 명령어를 사용해 배포용 웹사이트를 빌드하면 빌드 과정에서 실제 개츠비에 정의된 각 페이지에 대응하는 HTML 파일들이 생성되고 그 외에도 웹사이트를 보여주는 데 필요한 자바스크립트 파일, 이미지, 데이터 파일 등이 [public] 디렉터리 안에 생성됩니다. 이 과정에서 자바스크립트, HTML, CSS 파일에서 불필요한 공백 문자열과 주석이 제거되는 미니피케이션minification이 수행되고, 자바스크립트 코드에서 변수 이름들을 최대한 짧은 이름으로 교체하여 코드 용량을 줄이는 어글리피케이션uglification 또한 수행됩니다. 배포용 빌드는 이러한 최적화 과정들을 수행하기 때문에 빌드 시간이 더 소요되지만, 결과물로 생성되는 파일 크기가 최소화되어 페이지 로딩 속도가 빨라지고 대역폭 사용량도 절감됩니다.

> **미니피케이션(minification)**
> 불필요한 공백 문자열과 주석을 제거하는 작업

> **어글리피케이션(uglification)**
> 변수 이름들을 최대한 짧은 이름으로 교체하여 코드 용량을 줄이는 작업

최종적으로 [public] 디렉터리 안에 있는 모든 파일을 AWS S3에 업로드한 후 S3의 정적 웹사이트 호스팅 기능을 설정하면 S3에서 제공하는 웹사이트 주소를 통해서 정적 웹페이지가 제공됩니다(S3를 이용하는 자세한 방법은 15장 참조).

14.6.2 서버 인스턴스에 스왑 메모리 추가하기

AWS에서 프리 티어로 제공하는 t2.micro 인스턴스는 메모리 사양이 1GiB입니다. gatsby build 명령어를 수행할 때 최소 1GiB 이상의 메모리를 사용하기 때문에 메모리 부족 현상으로 인해 서버 인스턴스가 응답하지 않고 접속 불가 상태가 되는 문제가 발생할 수 있습니다. 이 경우에는 응답이 없는 서버를 EC2 콘솔에서 강제로 중지했다가 다시 시작해야 문제가 해결됩니다. 메모리 사양이 2GiB 이상인 t2.small이나 t2.medium 등의 인스턴스를 사용하면 이 문제를 쉽게 해결할 수 있지만 해당 인스턴스들은 프리 티어가 아니기 때문에 비용이 발생합니다. t2.micro를 그대로 사용하여 프리 티어를 유지하면서도 개츠비 배포용 빌드를 수행하고 싶은가요? 그렇다면 디스크를 메모리처럼 사용하는 스왑 메모리를 사용하면 됩니다.

> **스왑 메모리(swap memory)**
> 메모리가 부족할 때 메모리 대신 디스크를 사용하는 기능

스왑 메모리는 디스크를 사용하기 때문에 램 메모리보다 속도가 훨씬 느립니다. 이 기능을 사용하면 실제 메모리만 사용했을 때보다 처리 속도는 느려질 수밖에 없지만 메모리 부족으로 시스템이

다운되어 버리는 심각한 문제를 막는 데 도움이 됩니다. 이제부터 스왑 메모리를 추가해봅시다.

To Do **01** 사용하고 싶은 스왑 메모리 크기에 해당하는 스왑 파일을 디스크에 생성합니다.

```
server $ sudo dd if=/dev/zero of=/swapfile bs=128M count=8
```

bs는 블록 크기이고 count는 블록 개수입니다. 여기서는 128 x 8 = 1024MiB, 즉 1GiB에 해당하는 스왑 메모리를 추가합니다.

02 이제 생성된 ❶ 스왑 파일의 권한을 적절하게 업데이트하고 → ❷ 스왑 영역을 설정한 후 → ❸ 스왑 파일을 즉시 사용할 수 있도록 스왑을 활성화해줍니다.

```
server $ sudo chmod 600 /swapfile      ❶
server $ sudo mkswap /swapfile         ❷
server $ sudo swapon /swapfile         ❸
```

03 스왑 메모리가 잘 적용이 되었는지 top 명령으로 확인해봅시다.

```
server $ top

... 생략 ...
MiB Mem : 977.7 total, 233.8 free, 268.9 used, 475.0 buff/cache ❶
MiB Swap: 1024.0 total, 951.7 free, 72.2 used. 552.3 avail Mem ❷
... 생략 ...
```

❶ MiB Mem은 서버 인스턴스의 실제 메모리이고 ❷ MiB Swap이 스왑 메모리입니다. 1024MiB만큼 스왑 메모리가 추가되었습니다.

04 서버 인스턴스가 재시작되더라도 스왑 메모리가 적용되게 만들겠습니다.

/etc/fstab 파일 마지막 줄에 다음 내용을 추가하고 파일을 저장 후에 종료합시다. 편집기 실행 시 sudo를 붙여서 실행해야 합니다.

```
/swapfile swap swap defaults 0 0
```

이 작업까지 완료되면 서버 인스턴스 재시작 후에도 스왑 메모리 설정이 계속 유지됩니다.

14.6.3 배포용 빌드 수행하기

이제 서버 인스턴스 상에서 배포용 빌드를 수행할 모든 준비를 마쳤습니다.

To Do **01** 다음 명령어를 수행하여 배포용 빌드를 수행해봅시다.

```
server $ cd ~/coronaboard-book-code/coronaboard-web
server $ npm install
server $ NODE_OPTIONS='--max-old-space-size=1536' gatsby build
```

스왑 메모리를 포함하여 서버의 총 메모리는 2GB 늘어나더라도, 노드JS 런타임에서 여전히 메모리가 1GB일 때 기준으로 최대 메모리 사용량을 제한하고 있습니다. 그래서 노드JS 런타임의 최대 메모리 사용량 설정도 같이 늘려줄 필요가 있는데요, 이는 NODE_OPTIONS 환경 변수에 --max-old-space-size 옵션을 지정하는 방식으로 설정할 수 있습니다. 여기서는 1536MB(=1.5GB)로 최대 메모리 사용량을 늘려줬습니다. 서버 메모리가 2GB인데 노드JS 프로세스가 모든 메모리를 전부 사용하면 시스템이 불안정해질 수 있기 때문에 512MB 정도는 시스템이 사용할 수 있도록 남겨주고자 이렇게 설정했습니다. 이 환경 변수도 ~/.bashrc 파일에 다음과 같이 추가해주면 gatsby build 명령을 수행할 때마다 적어주는 번거로움을 피할 수 있습니다.

```
export NODE_OPTIONS='--max-old-space-size=1536'
```

참고로 사양이 좋은 서버 인스턴스에서 빌드하면 1분 미만으로 걸리지만 t2.micro에서 스왑 메모리를 설정한 상태로 빌드하면 최대 3분까지 소요될 수 있습니다. 빌드가 완료되고 난 후 [public] 디렉터리의 내용을 보면 정적 웹사이트를 구성하는 파일들이 정상적으로 생성되어 있을 겁니다. 이렇게 빌드된 최종 결과물을 배포하는 방법은 15.2절 '웹사이트 파일을 S3에 배포하기'에서 다룹니다.

학습 마무리

이번 장에서는 AWS EC2를 이용하여 클라우드 상에 다양한 작업을 수행하는 범용 서버 인스턴스를 생성했습니다. 이 서버 인스턴스에서는 API 서버도 운영되고, 크론을 이용하여 크롤러가 주기적으로 수행되며, 정적 웹사이트 빌드 또한 수행됩니다.

핵심 요약

1 프리 티어로 사용 가능한 EC2 t2.micro 서버 인스턴스 하나만으로도 다양한 작업을 수행하는 서버를 만들 수 있습니다.

2 API 서버가 항상 실행 중인 상태를 유지할 수 있도록 PM2를 이용하여 API 서버를 실행합니다.

3 운영하는 서버 인스턴스가 하나인 경우 별다른 배포 도구가 없더라도 git 명령어만으로 수정된 코드를 빠르게 배포할 수 있습니다.

4 크론과 크론 테이블 표현식을 이용하면 특정 명령어를 원하는 시간에 원하는 주기에 따라 수행할 수 있습니다.

파일 서버 운영하기 : AWS S3

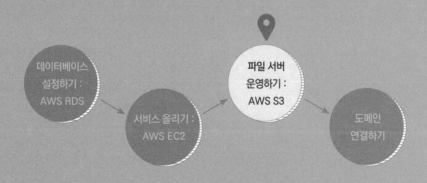

☐ 학습 목표

개츠비 CLI 명령어를 통해 빌드된 정적 웹사이트 파일들을 AWS S3에 업로드한 후 S3의 정적 웹사이트를 호스팅 기능을 사용해 운영합니다. 주기적으로 사이트를 빌드 및 배포해 업데이트된 데이터를 반영하는 설정을 추가합니다.

☐ 학습 순서

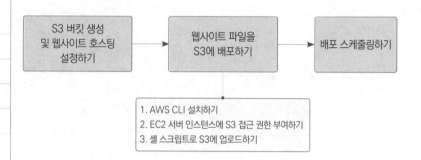

☐ AWS S3

S3는 Simple Storage Service의 약자로 AWS에서 제공하는 객체 저장소object storage 서비스입니다. 객체 저장소란 쉽게 말해 클라우드 기반의 파일 서버라고 생각하면 됩니다. 클라우드 기반이기 때문에 저장 공간에 대한 제한 없이 사용할 수 있어 편리합니다. 사용한 만큼만 과금되기 때문에 저장된 파일이 차지하는 공간, S3 관련 API 호출 수, 업로드/내려받기에 사용된 대역폭에 대한 비용만 지불하면 됩니다.

특히 S3에는 정적 웹사이트 호스팅 기능이 있어서 (HTTP 요청을 받아서 S3에 업로드되어 있는 파일로 응답하는) 웹 서버 역할을 수행할 수 있습니다. 이러한 S3 정적 웹 서버는 AWS에서 관리해주기 때문에 HTTP 요청 트래픽이 많이 들어오더라도 트래픽으로 인한 웹 서버 장애가 발생할 가능성이 거의 없어서 안정적입니다.

다음의 코로나보드 서비스 구성도에서 'S3' 위치를 확인해보세요.

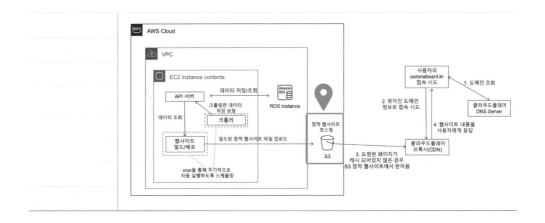

15.1 S3 버킷 생성 및 웹사이트 호스팅 설정하기

S3에 파일을 업로드하려면 먼저 버킷bucket을 만들어야 합니다. 버킷은 S3에 저장되는 데이터의 컨테이너입니다. 버킷 단위로 접근 권한을 설정할 수 있고 버킷 하나당 하나의 정적 웹사이트를 호스팅할 수 있습니다. 그래서 보통은 사이트별로 버킷을 만들거나, 용도나 권한에 따라 버킷을 여러 개 만들어서 사용합니다. 버킷 이름은 AWS S3 서비스 전체를 통틀어서 유일하기 때문에 자신의 계정뿐만 아니라 완전히 다른 계정의 사람이 이미 이용하는 버킷 이름은 사용할 수 없습니다 (다만 원래 사용하던 사용자가 해당 버킷을 삭제했다면 그 이후에는 누구나 해당 버킷 이름을 재사용할 수 있습니다).

> **버킷(bucket)**
> S3에 저장되는 데이터의 컨테이너

이번에는 S3 버킷을 생성하고, 생성한 버킷을 사용해 정적 웹사이트 호스팅을 활성화하는 방법을 알아보겠습니다.

To Do 01 ❶ AWS 콘솔에서 AWS S3 서비스를 검색하여 S3 콘솔로 이동합니다. ❷ [버킷 만들기] 버튼을 클릭하여 새로운 버킷을 만듭니다.

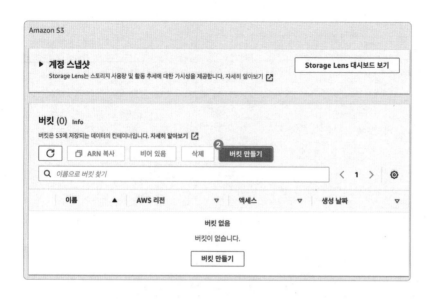

02 ❶ 원하는 버킷 이름을 입력합니다. AWS S3 내에서 버킷 이름은 유일하기 때문에 다른 사람이 이미 선점한 이름은 사용할 수 없습니다. 나중에 정적 웹사이트 호스팅을 설정하면 버킷 이름에 따라 웹사이트 주소가 정해지기 때문에 버킷 이름은 웹사이트를 알아보기 좋은 형태로 짓는 것이 좋습니다. 특히 자신이 소유권한 도메인을 연결할 예정이라면 해당 도메인을 그대로 버킷 이름에 사용하는 방법을 추천합니다. 이렇게 도메인과 버킷 이름을 일치시키는 과정은 일반적인 상황에서는 필수가 아니지만 클라우드플레어Cloudflare와 S3 정적 웹사이트를 연결해 웹사이트를 운영할 때는 필수적이니 주의합시다(16.2.1절 '계정 생성 및 사이트 추가' 참조).

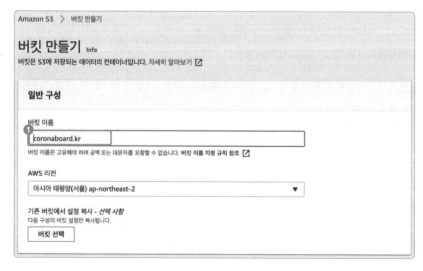

03 S3로 업로드되는 개별 파일에 퍼블릭 읽기 권한을 부여할 차례입니다. ❶ [ACL^{access control list}을 활성화됨]을 선택합니다. ❷ 객체 소유권에는 퍼블릭 읽기 권한만 잘 부여하면 되므로 둘 중 아무거나 선택해도 무관합니다. 여기서는 [버킷 소유자 선호]를 선택했습니다.

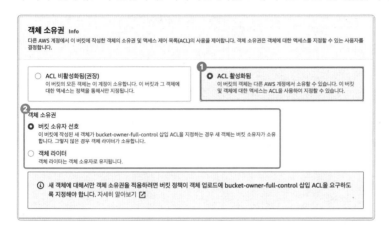

04 '퍼블릭 액세스 차단'이란 외부에서 버킷 안에 존재하는 파일에 접근 가능한지를 결정하는 설정입니다. 정적 웹사이트 호스팅을 수행할 버킷이라면 외부의 모든 사용자에게 버킷 내에 업로드된 정적 웹사이트 파일 모두에 접근을 허용해야 하기 때문에 모든 항목에서 체크를 해제합니다.

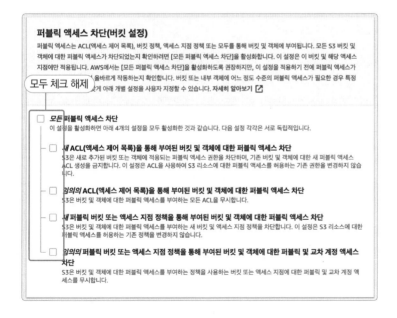

05 다른 설정 부분들은 기본값으로 그대로 유지하고 ❶ [버킷 만들기] 버튼을 클릭하면 설정된 내용대로 버킷이 생성됩니다.

06 버킷 목록 화면에서는 다음처럼 방금 생성한 버킷을 확인할 수 있습니다. 버킷 이름 부분을 클릭하여 버킷 상세페이지로 진입합니다.

07 상세 페이지의 ❶ [객체] 탭에서는 현재 버킷에 저장된 파일 목록을 확인할 수 있습니다. 이 웹 콘솔 화면에서 직접 파일을 ❷ 업로드하고 ❸ 내려받을 수 있습니다(하지만 코로나보드 웹사이트를 S3에 업로드할 때는 이 화면 대신 나중에 소개할 CLI 명령어에서 진행합니다).

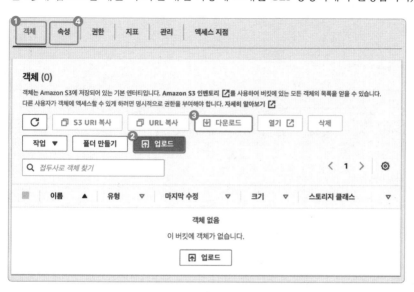

이제 ❹ [속성] 탭을 선택하면 나타나는 다양한 설정 중 '정적 웹사이트 호스팅' 설정을 찾아서 ❺ [편집] 버튼을 클릭합니다.

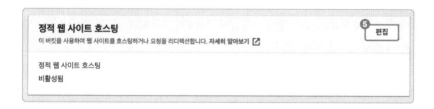

08 ❶ [정적 웹사이트 호스팅]을 활성화한 후 → 나머지 설정은 기본값으로 유지하고 → ❷ 인덱스 문서 필드에 index.html이라고 입력합니다. 이렇게 하면 S3에서 버킷 이름 기준으로 정적 웹사이트를 위한 도메인이 제공됩니다. 이 도메인으로 접속하면 해당 버킷 내의 index.html 파일을 바로 보여줍니다. ❸ [변경 사항 저장]을 선택하여 저장합니다.

09 저장된 설정 내용을 살펴봅시다. S3 버킷 이름과 AWS 지역 이름이 포함된 버킷 웹사이트 엔드포인트 주소가 생겼습니다. 해당 주소를 클릭해서 열어봐도 아직은 아무런 웹사이트 파일도 업로드하지 않았기 때문에 403 Forbidden 에러만 발생하고 아무런 기능도 하지 않습니다. 15.2.3절 '셸 스크립트로 S3에 업로드하기'에서 실제 정적 웹사이트 파일을 업로드하고 난 후 이 주소를 다시 한번 열어서 웹사이트를 확인해보겠습니다.

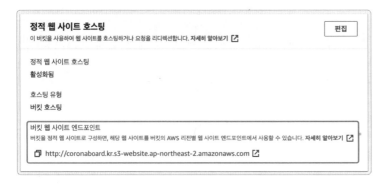

이제 S3를 활용해 정적 웹사이트를 호스팅할 준비를 마쳤습니다. S3에 빌드된 코로나보드 웹사이트 파일을 업로드할 일만 남았습니다.

15.2 웹사이트 파일을 S3에 배포하기

생성된 S3 버킷에 파일을 업로드하는 데 웹 콘솔을 사용해도 되지만, 그러면 서버에서 주기적으로 웹사이트를 빌드하고 S3로 파일을 업로드하도록 자동화를 할 수 없습니다. 이를 해결하고자 서버에 접속한 후 AWS CLI 명령어를 이용하여 터미널에서 파일을 업로드하는 방법을 알아보겠습니다.

15.2.1 AWS CLI 설치하기

To Do **01** 서버 인스턴스에서 S3로 빌드된 파일을 업로드하려면 AWS CLI 도구가 필요합니다. AWS CLI를 이용하면 AWS 기능들을 터미널 환경에서 사용할 수 있습니다. 14.2절 '서버 인스턴스 접속하기'에서 배운 대로 서버 인스턴스에 먼저 SSH 접속을 합니다. 서버 접속이 완료되면 서버 상에서 다음 명령어를 이용하여 AWS CLI를 설치해봅시다(여기서는 AWS CLI 2.2.27 버전을 사용합니다).

```
server $ curl "https://awscli.amazonaws.com/awscli-exe-linux-x86_64-2.2.27.zip"
-o "awscliv2.zip"
server $ sudo apt install unzip
server $ unzip awscliv2.zip
server $ sudo ./aws/install
```

02 설치가 완료되고 난 후에는 원하는 버전의 AWS CLI 도구가 설치되었는지를 확인합니다.

```
server $ aws --version
aws-cli/2.2.27 Python/3.8.8 Linux/5.8.0-1041-aws exe/x86_64.ubuntu.20 prompt/off
```

15.2.2 EC2 서버 인스턴스에 S3 접근 권한 부여하기

방금 설치한 aws 명령어를 이용하여 S3에 존재하는 버킷bucket 목록을 조회해보겠습니다.

AWS CLI 명령어는 보통 **aws {서비스 이름} {서비스별 명령어}** 형태로 구성됩니다. 아래 명령어에서 s3는 서비스 이름이고 ls는 버킷 목록을 조회하는 명령어입니다.

```
server $ aws s3 ls
Unable to locate credentials. You can configure credentials by running "aws
configure".
```

하지만 위 오류가 발생하면서 버킷 목록이 제대로 조회되지 않을 겁니다. 오류가 발생한 이유는 현재 서버 인스턴스에서 AWS의 다른 서비스에 접근할 권한이 없기 때문입니다. 더 정확히 말하면 권한이 있는 사용자라는 것을 인증할 인증 정보^{credential} 자체가 존재하지 않아서 발생했습니다. 이를 해결하려면 EC2 서버 인스턴스에서 AWS CLI를 이용하여 AWS에서 제공하는 S3 같은 다른 서비스에 접근하는 권한을 부여해야 합니다. 방법은 다음과 같이 두 가지입니다.

1. '사용자'에게 권한을 부여하는 방식
   a. AWS IAM 서비스에서 별도의 '사용자'를 만들고, 이 사용자에 S3 접근 권한 추가
   b. 해당 사용자에 연결된 액세스 키 ID와 시크릿 생성
   c. 서버 인스턴스에 SSH로 접속한 후 이 액세스 키를
      aws configure 명령어로 등록

> **AWS IAM(Identity and Access Management)**
> AWS 내에 존재하는 다양한 리소스에 대한 접근 제어를 관리하는 서비스

   d. 해당 서버 인스턴스 안에서 실행되는 aws 명령어는
      해당 사용자에게 부여된 모든 권한을 가짐
2. EC2 서버 인스턴스에 '역할'을 부여하는 방식
   a. AWS IAM 서비스에서 별도의 '역할'을 만들고, 이 역할에 S3 접근 권한 추가
   b. EC2 서비스에서 원하는 EC2 서버 인스턴스에 해당 역할 지정
   c. 해당 서버 인스턴스의 셸에서 실행되는 aws 명령어는 해당 역할에 부여된 모든 권한을 가짐

여기서는 EC2 서버 인스턴스 자체에 권한을 가진 역할을 지정하는 두 번째 방식을 사용하겠습니다(이 방식이 더 간단합니다).

To Do **01** 먼저 EC2 콘솔의 인스턴스 목록 화면으로 이동한 후 서버 인스턴스에 마우스 오른쪽 버튼을 클릭하여 나오는 메뉴에서 ❶ [보안] → ❷ [IAM 역할 수정]을 클릭합니다.

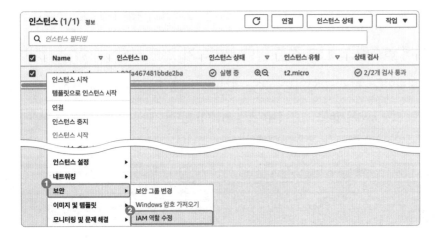

02 아래 화면이 나타나면 [새 IAM 역할 생성] 버튼을 클릭합니다.

03 버튼을 클릭하면 새 창에서 나타나는 IAM 콘솔을 통해 코로나보드에서 사용할 S3 버킷에 접근하는 권한을 가진 새로운 역할을 만들겠습니다. [역할 만들기] 버튼을 클릭합니다.

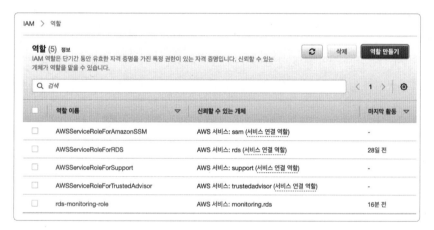

04 신뢰하는 유형의 개체 선택에서는 ❶ [AWS 서비스]를 선택하고 → ❷ 사용 사례는 [EC2]를 선택합니다. 이 단계는 사용자에게 지정하는 역할이 아닌 EC2 서비스에 지정하는 역할을 만드는 단계라고 생각하면 됩니다. 이제 아래쪽의 ❸ [다음: 권한] 버튼을 클릭하여 넘어갑니다.

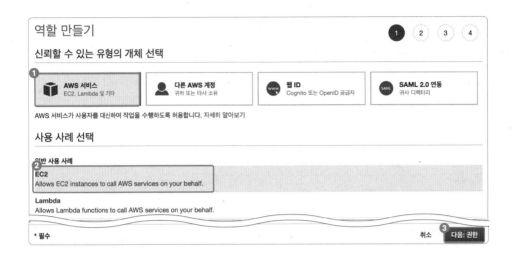

05 실제로 부여할 권한이 포함된 정책을 선택할 차례입니다. **①** s3 키워드로 검색 → **②** AmazonS3FullAccess 정책을 선택합니다. 실제로 사용할 특정 S3 버킷에 대한 권한만 가진 정책을 직접 생성해서 사용하는 것이 보안 측면에서 더 안전하지만 여기서는 설명을 간단히 하려고 미리 AWS에서 제공되는 정책을 선택했습니다. **③** [다음: 태그] 버튼을 클릭하여 넘어갑니다.

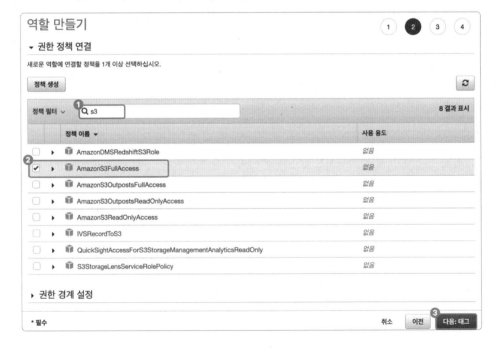

06 태그 추가 화면에서는 특별히 할 게 없으니 바로 [다음: 검토] 버튼을 클릭하여 넘어갑니다.

07 ❶ [역할 이름]에 원하는 역할의 이름을 입력하고 → ❷ [역할 만들기] 버튼을 클릭하면 최종적으로 역할이 생성됩니다.

08 이제 ❶ IAM 콘솔창을 닫고 → ❷ EC2 콘솔 화면으로 돌아가서 → ❸ [새로고침] 버튼을 클릭합니다. 이렇게 새로고침을 해야 좀 전에 생성한 s3-coronaboard 역할을 불러올 수 있습니다. ❹ [IAM 역할 선택]을 클릭하여 → ❺ [s3-coronaboard]를 선택 후 → ❻ [저장] 버튼을 클릭합니다.

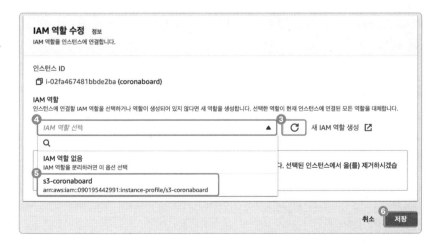

09 ❶ 서버 인스턴스가 표시된 줄을 클릭한 후 → 나타나는 상세 정보 화면에서 ❷ 'IAM 역할' 값이 s3-coronaboard로 변경되었는지를 확인합니다.

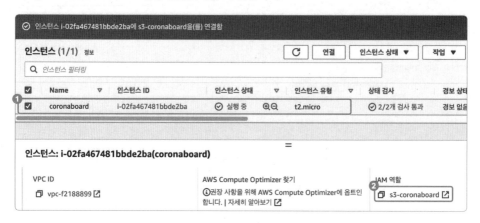

10 다시 터미널 화면으로 돌아가서 다음 명령어를 실행하면 'Access Denied' 에러 없이 버킷 목록이 정상 조회됩니다.

```
server $ aws s3 ls
2021-08-08 15:27:07 coronaboard.kr
```

15.2.3 셸 스크립트로 S3에 업로드하기

S3 권한이 준비되었으니 빌드된 파일을 S3로 업로드하는 스크립트를 작성할 차례입니다.

> **Warning** coronaboard-web/deploy.sh 스크립트를 만들고 실행 권한을 지정하는 작업은 서버 인스턴스가 아닌 로컬 개발 환경에서 수행해주세요.

`To Do` **01** 먼저 로컬 개발 환경의 [coronaboard-web] 디렉터리에 deploy.sh 파일을 생성하고 다음처럼 작성해봅시다. 이 스크립트는 업로드하는 기능 외에도 배포 자동화 작업도 모두 제공합니다. 최신 코드를 깃 저장소로부터 불러오고 → 의존성을 설치한 후 → 개츠비 빌드를 수행하여 생긴 결과물을 → S3로 업로드하는 빌드/배포 과정이 모두 수행된다고 보면 됩니다.

coronaboard-web/deploy.sh

```
#!/bin/bash

# ❶ 저장소에서 최신 코드 불러오기
```

```
git pull

# ❷ 의존성 설치
npm install

# ❸ 구글 시트에서 최신 데이터 다운로드
(cd ../tools && node main.js)

# ❹ 개츠비 배포용 빌드 수행
NODE_OPTIONS='--max-old-space-size=1536' gatsby build

# ❺ *.html, *.json 파일은 웹브라우저에서 캐시하되
# 매번 서버에 파일 내용이 변경된 것이 있는지 확인 요청을 하도록 설정
# cache-control: public, max-age=0, must-revalidate
aws s3 sync \
--acl public-read \
--cache-control public,max-age=0,must-revalidate \
--exclude "*" \
--include "*.html" --include "*.json" \
--delete \
./public s3://coronaboard.kr

# ❻ HTML, JSON을 제외한 모든 파일은 웹브라우저에서 1년간 캐시하도록 설정
# cache-control: public, max-age=31536000
aws s3 sync \
--acl public-read \
--cache-control public,max-age=31536000 \
--exclude "*.html" --exclude "*.json" \
--delete \
./public          s3://coronaboard.kr
```

> s3://{버킷 이름}에서 {버킷 이름} 부분은 여러분이 생성한 버킷 이름으로 교체하세요!

첫 번째 줄의 #!/bin/bash는 현재 셸 스크립트 파일의 내용이 /bin/bash 즉 배시bash 셸을 통해 실행된다는 의미입니다.

❶ git pull 명령을 사용해 현재 저장소의 메인 브랜치에서 최신 코드를 불러옵니다. 개발자의 컴퓨터에서 코드를 수정한 후 → 이 메인 브랜치에 푸시push한 후 → 이 배포 스크립트를 실행하면 최신 코드를 이용하여 빌드/배포를 진행할 수 있습니다. 코드를 변경하다 보면 의존성 추가/제거도 종종 발생하기 때문에 코드를 불러온 직후 ❷ npm install을 실행하여 의존성을 다시 한 번 설치하여

최신 상태로 만들어줍니다. ❸ 구글 시트 다운로더로 최신 공지사항가 국가 정보를 받아옵니다.

❹에서는 최신 코드와 최신 의존성을 기반으로 다시 한 번 개츠비 빌드를 수행합니다.

❺와 ❻에서는 aws s3 sync 명령어로 원본 경로인 ./public 내용과 대상 경로인 s3://coronaboard.kr 버킷의 내용을 비교하여 변경된 파일만 업로드/삭제합니다. 파일 확장자별로 HTTP 캐시 지시자를 다르게 지정해서 업로드 명령어를 각각(❺, ❻) 수행합니다.

aws s3 sync 명령어의 인수들을 하나씩 자세히 살펴봅시다.

- **--acl public-read** : 업로드된 파일에 누구에게나 읽을 수 있는 권한을 지정합니다. 앞서 버킷에 대해 '모든 퍼블릭 액세스 차단'을 해제하여 누구나 접근할 수 있도록 했지만, 이렇게 파일에도 별도로 권한을 지정해줘야 이 파일을 누구나 접근할 수 있습니다(즉 두 곳 모두에서 허용한 경우에만 접근할 수 있습니다).
- **--cache-control** : 정적 웹사이트 호스팅 기능을 이용할 때 파일에 대한 HTTP 요청이 오면 여기에 지정된 캐시 지시자를 포함하여 응답합니다. 캐시 지시자에 대한 상세한 내용은 잠시 후 더 자세히 설명하겠습니다.
- **--exclude, --include** : 싱크를 수행할 때 제외할 파일, 포함할 파일에 대한 패턴을 지정합니다.
- **--delete** : sync를 수행할 때 원본 경로에서 파일이 삭제된 경우 싱크할 대상 경로에서도 해당 파일을 삭제합니다.
- ./public은 원본 경로, s3://coronaboard.kr은 대상 경로입니다. 개츠비를 통해 빌드된 정적 웹사이트 파일은 모두 [public] 디렉터리 안에 생성되기 때문에 해당 디렉터리 전체를 S3 버킷으로 싱크합니다.

> **Warning** 셸에서 한 행의 끝에 있는 \는 해당 행이 끝난 것이 아니고 다음 행으로 이어진다는 의미입니다. 여기에서처럼 인수가 많이 사용하는 명령어를 작성할 때 사용하여 명령어의 가독성을 높일 수 있습니다. 이 셸 스크립트는 우분투가 설치된 EC2 서버 인스턴스에서 실행됩니다. 윈도우 환경에서 작성하시더라도 여기 있는 그대로 작성해주세요(\ 기호를 ^ 기호로 변경하면 안 됩니다).

02 방금 생성한 셸 스크립트를 실제로 실행하려면 deploy.sh 파일에 실행 권한을 설정해야 합니다. [coronaboard-web] 디렉터리에서 다음 명령어를 실행하면 deploy.sh에 실행 권한이 추가됩니다. +x는 기존 파일 권한에 실행 권한을 추가한다는 의미입니다.

```
local $ chmod +x deploy.sh
```

03 이제 로컬 개발 환경에서 작성된 변경 사항을 커밋[commit]한 후 원격 저장소로 푸시[push]합시다.

> **Warning** 로컬 개발 환경에서 작업한 내용이 모두 원격 저장소에 반영되었으니 빌드와 배포가 수행될 서버 인스턴스에 접속된 셸로 돌아가서 작업을 진행해주세요.

❶ 서버 인스턴스 내의 [coronaboard-web] 디렉터리로 이동한 후 → git pull 명령어를 수행해서 좀 전에 작성한 deploy.sh 스크립트를 원격 저장소로부터 불러옵니다.

04 deploy.sh 셸 스크립트를 실행합니다. 이 명령어를 실행하면 웹사이트가 빌드된 후 실제로 S3로 업로드됩니다.

```
server $ ./deploy.sh
```

05 S3에서 제공하는 정적 웹사이트 호스팅 주소로 접속하면 우리가 만든 웹사이트가 잘 열리는지 확인할 수 있습니다. 웹사이트 주소에는 **{주소 내에 버킷 이름}**과 **{버킷이 존재하는 AWS 지역 정보}**가 포함되어 있습니다. 정적 웹사이트 호스팅 설정 화면에서 언제든 확인할 수 있습니다.

버킷이 존재하는 AWS 지역 정보

- http://coronaboard.kr.s3-website.ap-northeast-2.amazonaws.com/

주소 내에 버킷 이름

참고로 S3의 정적 웹사이트 호스팅 기능을 이용하면 자신이 구입한 도메인을 연결해서 원하는 주소를 가진 웹사이트를 만들 수는 있습니다. 그런데 아쉽게도 HTTPS 프로토콜을 사용한 연결은 지원하지 않습니다. 이를 해결하려면 AWS에서 제공하는 CDN^{Content Delivery Network} 서비스인 클라우드프론트^{CloudFront}를 S3 버킷에 연동하면 됩니다. 클라우드프론트를 사용하면 AWS 시스템 안에서 모든 것을 해결할 수 있어 관리 측면에서 유리하지만 데이터를 전송한 만큼 부과되는 대역폭 사용료가 발생합니다.

CDN

CDN은 전 세계에 지리적으로 분산되어 있는 프록시^{proxy} 서버들의 네트워크를 의미합니다. 사용자가 웹 리소스에 접근할 때 사용자 위치와 해당 리소스를 가진 서버(보통 오리진^{origin}이라고 지칭합니다) 위치가 멀리 떨어졌으면 리소스를 요청한 후 응답을 수신하는 데 시간이 오래 걸립니다. 하지만 CDN이 제공하는 프록시 서버의 캐시 기능을 이용하면 사용자 요청은 프록시 서버에 먼저 도달합니다. 이때 프록시 서버가 이미 해당 리소스를 오리진으로부터 받아와서 캐시하고 있다면, 곧바로 사용자에게 응답할 수 있어 응답 속도가 훨씬 빨라집니다. 캐시 데이터의 유효기간이 지났거나 캐시되지 않았다면 프록시 서버가 오리진에 요청을 전달하여 해당 리소스를 받아온 후 사용자에게 응답합니다(이 경우 속도는 CDN을 사용하지 않는 상황과 비슷합니다).

리소스가 내용이 잘 바뀌지 않는 정적 파일이고, 해당 파일에 대한 트래픽이 많다면 캐시 히트율^{hit rate}(전체 사용자 요청 대비 오리진까지 가서 새로 데이터를 받아오지 않고 CDN에서 바로 응답을 하는 비율)이 높기 때문에 CDN을 사용했을 때 매우 효과가 좋습니다. 대부분 요청을 CDN에서 받아내고 일부 요청만 오리진 서버로 도달하기 때문에 오리진 서버의 부담을 줄이는 장점도 있습니다. 최근에는 프록시 서버에서 추가 코드를 실행하여 원하는 작업을 수행하는 등의 방식도 도입되고 있습니다.

AWS는 클라우드프론트라는 CDN 서비스를 제공합니다. 이 외에도 아카마이^{Akamai}, 클라우드플레어 등 수많은 CDN 제공 업체들이 존재하므로 상황에 맞게 선택하여 사용하면 됩니다.

코로나보드를 처음 만들 당시에는 클라우드프론트를 사용했는데 매월 50GB 대역폭 사용료 무료가 프리 티어 조건이었습니다. 그런데 당시 코로나보드의 트래픽이 급격히 늘어남에 따라 상당히 많은 비용이 발생했습니다. 이 비용을 절감하기 위해서 알아보다가 클라우드프론트 대신 대역폭

비용이 무료인 클라우드플레어^{Cloudflare}를 도입했고 별도의 비용 없이 지금까지도 잘 사용하고 있습니다. 하지만 2021년 12월 1일 부터 클라우드프론트의 프리 티어의 혜택이 급격히 좋아져서 매월 1TB까지 대역폭 사용료가 무료로 변경되었고, 가입 후 1년 동안만 적용되던 프리 티어 기간 제한이 없어졌습니다[1]. 지금은 왠만큼 트래픽이 많지 않다면 클라우드프론트를 사용하더라도 거의 무료로 사용하실 수 있을 겁니다.

하지만 여전히 월 1TB 이상의 트래픽을 사용하면서도 별도의 대역폭 비용을 내고 싶지 않다면 클라우드플레어^{Cloudflare}를 S3의 정적 웹사이트 호스팅과 연동하여 사용하는 방법을 추천합니다.[2] 이 책에서는 실제 코로나보드에서 사용하고 있는 것과 동일하게 클라우드플레어를 이용하여 자신의 도메인을 연결하고 HTTPS를 사용하는 방법을 알아보겠습니다. 이에 대한 자세한 내용은 16.2.1 절 '계정 생성 및 사이트 추가' 및 16.2.4절 'SSL/TLS 기능'에서 다루겠습니다.

HTTP 캐시 지시자

HTTP 캐시 지시자^{cache-control}는 HTTP 요청으로 받아온 내용을 어떤 방식으로 캐시해서 사용하면 좋을지 HTTP 클라이언트(예 : 웹브라우저)에게 가이드를 제공하는 HTTP 헤더에 포함된 필드입니다. 캐시 지시자를 적절히 사용하면 웹브라우저에서 해당 캐시 지시자에 따라 한 번 받은 URL 내용을 로컬 저장소에 저장해두고, 동일한 URL을 다시 요청할 때 꺼내 쓸 수 있기 때문에 웹사이트의 로딩 속도를 더 빠르게 하고 서버 부담을 줄일 수 있습니다. 하지만 캐시 지시자를 잘못 설정하면 웹사이트의 콘텐츠가 변경되었음에도 웹 브라우저에서는 예전에 캐시된 내용만을 계속 보여주는 문제가 발생할 수 있으니 주의해서 사용해야 합니다. 코로나보드 배포 스크립트에서 사용한 캐시 지시자를 보면서 조금 더 자세히 설명하겠습니다.

- **public** : HTTP 응답 내용이 어떤 종류의 캐시에 저장되어도 괜찮다는 의미입니다. 브라우저뿐만 아니라 프록시 서버, CDN 등도 캐시 저장소를 가지고 있기 때문에 public이

---

1   https://aws.amazon.com/ko/blogs/aws/aws-free-tier-data-transfer-expansion-100-gb-from-regions-and-1-tb-from-amazon-cloudfront-per-month/

2   깃허브 페이지(github pages)나 개츠비 클라우드(gatsby cloud)도 월 100GB의 전송량을 무료로 사용할 수 있는 정적 웹사이트 호스팅을 지원합니다. 다만 전송량이 100GB을 넘어서면 서비스가 차단되거 유료 요금제로 변경해야 합니다.

지정되면 응답 내용이 이러한 곳에도 모두 저장될 수 있습니다. 반대 의미로 private이 있는데 private은 사용자 브라우저의 캐시에만 저장하고 프록시 서버나 CDN의 캐시에는 저장되서는 안 된다는 의미입니다. 보통 로그인된 사용자만 볼 수 있는 정보 등이 담긴 응답을 캐시하고 싶은 경우에 해당 사용자가 사용하는 브라우저에만 캐시되도록 할 때 private을 사용합니다.

- **max-age=<초>** : 얼마만큼의 시간 동안(초 단위를 사용합니다) 캐시로 사용해도 되는 지를 지정합니다. 콘텐츠 변경에 따라 자주 바뀌는 응답이라면 0 또는 짧은 시간을 지정해주고 이미지 파일, 웹폰트, CSS, 자바스크립트 파일 등 잘 변경되지 않는 콘텐츠에는 1년(31,536,000초) 같이 긴 시간을 지정합니다.

- **must-revalidate** : 응답을 캐시하긴 하지만 해당 캐시 내용을 사용하기 전에 꼭 서버에 요청하여 응답 내용이 변경되었는지 확인합니다. 변경되었으면 새로 받아오고 그렇지 않다면 캐시된 내용을 사용합니다. 서버에 매번 변경 여부를 확인하는 요청을 해야 하지만 응답 내용이 변경되지 않았다면 기존 응답 내용을 새롭게 받아올 필요가 없기 때문에 데이터 전송량을 절감할 수 있습니다. max-age=0으로 설정해도 같은 의미를 가지지만 must-revalidate를 사용하는 경우 다른 캐시 지시자들을 모두 오버라이드하여 매번 서버에 확인하도록 강제하기 때문에 must-revalidate를 사용하는 것이 더 명확합니다.

코로나보드에서는 JSON, HTML 파일에는 public, max-age=0, must-revalidate를 지정했습니다. 이는 성능 향상을 위해 어떤 종류의 캐시에 저장되어도 무관하지만 언제든 내용이 바뀔 수 있는 콘텐츠이므로 캐시된 내용을 사용하기 전에 항상 서버에 확인하라는 뜻입니다. HTML 파일은 개츠비를 통해 만든 정적 웹페이지 파일이고, JSON 파일은 웹페이지에 필요한 부가 데이터가 담겨 있는 파일입니다. 따라서 특정 페이지에 들어가는 데이터가 변경된 후 빌드하면 해당 페이지의 JSON, HTML 내용도 변경됩니다. 이렇게 파일 내용이 자주 바뀔 수 있다는 가정하에 캐시 지시자를 지정했습니다.

그외 파일들에는 public, max-age=31536000을 지정했습니다. 웹브라우저에서 1년 동안 캐시하라는 의미입니다. 보통 정적 웹사이트를 구성하는 파일 중 콘텐츠와 연관 있는 JSON, HTML 파일을 제외한 이미지, 웹 폰트 파일들은 불변인 경우가 많기 때문에 이 설정을 사용합니다.

그렇다면 JS, CSS 파일은 어떻게 해야 할까요? 개츠비는 빌드 과정에서 여러 JS와 여러 CSS 파일을 각각 하나로 통합하는 번들링bundling 과정을 진행합니다. 번들링된 파일의 이름에 해당 파일 내용을 기반으로 생성된 해시값을 자동으로 붙여줍니다. 즉 코드가 수정될 때마다 번들링된 파일의 이름도 바뀌기 때문에 새롭게 업데이트된 웹사이트가 배포되면 새로운 이름을 가진 JS, CSS 파일를 다시 내려받게 됩니다. 따라서 1년간 캐시해도 아무런 문제가 없습니다.

개츠비로 빌드된 정적 웹사이트 파일들에 대해 캐시 지시자를 어떻게 사용할지에 대한 더 자세한 내용은 공식 가이드를 참고하면 됩니다.

- https://www.gatsbyjs.com/docs/caching/

캐시 지시자에 대한 더 자세한 내용은 다음 문서를 참고하세요.

- https://developer.mozilla.org/en-US/docs/Web/HTTP/Headers/Cache-Control

15.3 배포 스케줄링하기

deploy.sh를 실행하여 빌드 및 배포를 자동으로 수행할 수는 없을까요? 크롤러 스케줄링과 같은 방식으로 크론을 이용하여 스케줄링할 수 있습니다.

크론을 통해 명령어가 수행될 때는 최소한으로 설정된 셸에서 명령어가 수행됩니다. 그래서 PATH 환경 변수가 없어지는 문제가 존재합니다. 이 문제에 대해 설명하기 전에 먼저 PATH 환경 변수를 알아보겠습니다.

To Do **PATH 환경 변수 문제 해결하기**

PATH 환경 변수는 명령어를 실행할 때 해당 명령어가 현재 디렉터리에 존재하지 않으면 미리 지정된 디렉터리들에서 찾아서 해당 명령어를 실행합니다. 그래서 전체 경로를 명시하지 않고도 손쉽게 명령어를 실행할 수 있습니다.

01 echo 명령으로 현재 셸에 설정된 PATH 환경 변수를 확인해봅시다.

```
server $ echo $PATH
/usr/local/sbin:/usr/local/bin:/usr/sbin:/usr/bin:/sbin:/bin:/usr/games:/usr/
local/games:/snap/bin
```

현재 셸에서 위 경로상에 존재하는 명령어들은 아무 디렉터리에서나 명령어만 입력해도 실행할
수 있습니다. aws 명령어를 예를 들어 설명하겠습니다. which aws 명령어를 실행하면 /usr/
local/bin/aws 경로에 aws 명령어가 위치한다는 사실을 알 수 있습니다. 현재 셸에서는 /usr/
local/bin 경로가 PATH 환경 변수에 포함되어 있기 때문에 어떤 경로에서든 aws라고 명령어
를 실행하면 /usr/local/bin/aws를 자동으로 찾아서 명령어가 실행됩니다.

하지만 크론 스케줄러를 통해 명령어가 수행되는 경우 /usr/local/bin 경로가 PATH 환경 변수
에 명시되어 있지 않기 때문에 deploy.sh 스크립트 안에 들어 있는 aws 명령어가 어디에 있는지
를 찾을 수 없습니다. 그래서 실행되지 못하는 오류가 발생합니다.

02 ❶ 이 문제를 해결하려면 크론탭으로 작업 스케줄을 생성할 때 PATH 환경 변수를 수동으로
명시해주어야 합니다. echo $PATH의 출력 결과를 PATH 환경 변수에 넣어주면 됩니다. 그외
항목은 그대로 유지하고, ❷ 마지막 줄에 30분마다 deploy.sh 명령어가 수행되도록 작업 하나를
추가해줍니다.

```
PATH=/usr/local/sbin:/usr/local/bin:/usr/sbin:/usr/bin:/sbin:/bin:/usr/games:/
usr/local/games:/snap/bin ❶

*/15 * * * * (cd ~/coronaboard-book-code/crawler && node index.js) >> ~/crawler.
log 2>&1
*/30 * * * * (cd ~/coronaboard-book-code/coronaboard-web && ./deploy.sh) >> ❷
~/deploy.log 2>&1
```

03 30분마다 잘 배포되고 있는지를 확인하려면 deploy.log를 텍스트 편집기로 확인하면 됩니
다. 또는 tail 명령어에 follow(-f) 옵션을 줘서 실행하면 deploy.log 파일에 기록되는 내용을 터
미널에서 지켜볼 수 있습니다.

```
server $ tail -f deploy.log
```

이렇게 하면 deploy.log 파일의 끝부분이 출력된 후 명령어 프롬프트로 돌아오지 않고 계속 대기합니다.

학습 마무리

이번 장에서는 운영 배포용 빌드를 수행하여 나온 결과물을 AWS S3에 배포하여 정적인 웹사이트 형태로 제공할 수 있도록 설정했고, 크론을 사용해 주기적으로 배포되도록 설정했습니다.

운영 환경을 구축할 때는 항상 많은 고민이 필요합니다. 여기서는 인지도가 높고 사용자가 많은 AWS 서비스들을 이용했지만 AWS 외에도 동일 사양대비 더 저렴한 비용에 서버를 제공하는 클라우드 제공사들이 많습니다. AWS 서비스들을 쓴다고 하더라도 EC2 서버에 MySQL을 직접 설치하여 운영할지, 아니면 더 비싸더라도 RDS를 통해 관리형 MySQL를 사용할지도 고민해봐야 합니다. 그 외에도 API 서버를 AWS Lambda와 같은 서버리스serverless 방식으로 배포하여 사용할지 아니면 직접 띄운 EC2 인스턴스 안에서 API 서버를 실행할지도 결정해야 합니다. 이처럼 수많은 선택지가 존재하기 때문에 운영 환경 구축에 있어서 정답이란 존재하지 않습니다.

이 책에서는 코로나보드 서비스의 특성에 맞게 설계된 방식을 알아보았습니다. 다른 서비스를 만들 때도 좋다고는 장담할 수 없습니다. 그저 이런 방식도 있구나 머릿속에 넣어둔 후 자신이 만들 서비스의 요구 사항에 맞춰 더 나은 선택을 하는 발판으로 삼기 바랍니다.

핵심 요약

1 AWS S3에 버킷을 만들고 파일을 업로드한 후 정적 웹사이트 호스팅 기능을 사용하면 정적 웹사이트를 운영할 수 있습니다.
2 AWS CLI를 이용하면 빌드된 정적 웹사이트 파일을 S3로 배포하는 작업을 자동화할 수 있습니다.

도메인 연결하기

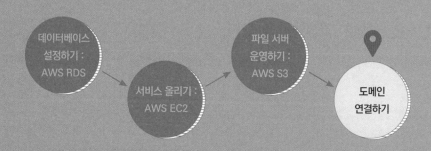

데이터베이스
설정하기 :
AWS RDS

서비스 올리기 :
AWS EC2

파일 서버
운영하기 :
AWS S3

도메인
연결하기

☐ **학습 목표**

사이트를 운영할 환경 준비를 마쳤으니 사용자들에게 알릴 차례입니다. 웹사이트를 사용자에게 쉽게 알리려면 짧고 기억하기 쉬운 도메인 주소를 제공하는 것이 중요합니다. 하지만 앞서 살펴본 것처럼 S3의 정적 웹사이트 호스팅 기능에서 기본 제공하는 사이트 주소는 매우 길어 기억하기 어렵습니다. 원하는 도메인을 찾아서 구입한 후 S3에 연결해 사용하는 방법을 알아봅시다.

☐ **학습 순서**

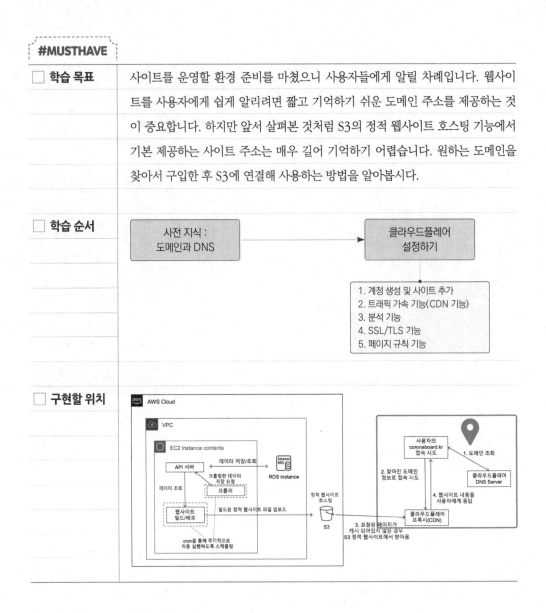

☐ **구현할 위치**

16.1 사전 지식 : 도메인과 DNS

도메인을 구입해 S3로 만든 정적 웹사이트에 연결하기 전에 도메인 동작 원리를 살펴보겠습니다.

16.1.1 DNS 알아보기

일반적인 웹사이트의 주소는 https://coronaboard.kr처럼 읽고 기억하기 쉽게 되어 있습니다. https://는 해당 서버와 통신할 때 사용할 프로토콜이 HTTPS라는 의미입니다. coronaboard. kr 부분이 바로 도메인 이름domain name입니다.

도메인 이름을 사용하지 않더라도 16.121.125.233처럼 IP 주소를 이용해 서버에 접속할 수 있지만 숫자 주소는 기억하기가 힘들어지고, 서버 IP 주소가 바뀌면 기존 주소로 접속하던 사람들에게는 주소가 바뀌었다고 일일이 알려줘야 하는 불편함이 있습니다. 이러한 문제를 해결하고자 사람이 기억하기 쉬운 도메인 이름을 사용하고, 도메인 이름을 IP 주소로 변환해주는 DNS가 만들어졌습니다.

DNS는 다음처럼 계층적인 구조를 갖습니다.

1 루트 네임 서버root name server
2 최상위 도메인 서버top-level domain server
3 책임 네임 서버authoritative name server

그림 16-1 계층적인 구조를 가진 DNS 서버

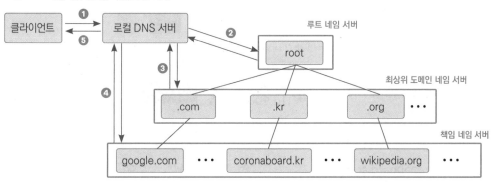

이러한 계층 구조를 가진 DNS가 실제로 어떻게 동작하는지를 알아보겠습니다. 클라이언트가 coronaboard.kr이라는 주소를 가진 서버에 접근하려고 하면 ❶ 로컬 DNS 서버로 해당 도메인에 연결된 IP 주소를 찾는 요청이 전달됩니다. 일반적으로 인터넷 서비스 제공자ISP, Internet Service Provider의 DNS 서버가 로컬 DNS 서버로 설정되어 있습니다. 로컬 DNS 서버에 해당 도메인에 대한 정보가 캐시되어 있으면 IP 주소를 클라이언트에 바로 반환합니다. 캐시되어 있지 않으면 로컬 DNS 서버 또한 다른 DNS 서버에 정보가 있는지 찾는 과정이 필요합니다. 로컬 DNS 서버는 찾고자 하는 도메인에 대한 정보를 찾기 위해 ❷ 루트 네임 서버 → ❸ 최상위 도메인 서버 → ❹ 책임 네임 서버 순서로 쿼리하게 됩니다. 최종적으로 해당 도메인에 대한 모든 정보를 가진 책임 네임 서버를 찾아서 도메인에 대한 정보를 조회하면 원하는 IP 주소를 알아낼 수 있고, ❺ 이렇게 획득된 IP가 클라이언트에 전달됩니다.

참고로 도메인을 구입하면 해당 도메인에 대한 네임 서버 주소를 설정해야 하는데 이것이 바로 자신이 구입한 도메인의 최종 정보를 가진 책임 네임 서버가 됩니다.

16.1.2 도메인 구입하기

도메인 구입/등록 서비스를 제공하는 다양한 업체가 있습니다. 원하는 도메인의 구입 가능 여부를 검색한 후 결제하면 됩니다. 업체에 따라 다르지만 .com 또는 .kr 주소는 1년에 1~3만 원 정도의 유지 비용이 듭니다. 업체별로도 가격이 들쑥날쑥합니다. 최저가 구매를 원한다면 구입하려는 도메인의 가격을 여러 업체에서 비교해보세요.

그림 16-2 구입할 도메인을 검색하는 예시

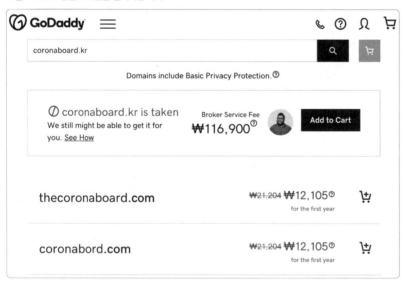

그리고 최상위 도메인^{top-level domain, TLD}에 따라 도메인 구입 및 사용에 제한 조건이 걸린 경우도 있습니다. 예를 들어 중국 TLD인 .cn은 여권이나 사업자 등록증 사본을 제출해야 구매할 수 있습니다.

도메인 구입이 가능한 해외 업체로는 고대디^{GoDaddy}나 구글 도메인^{Google Domain}이 있고, 국내 업체로는 호스팅케이알, 가비아, 카페24 등이 있습니다. 업체별로 도메인 구입 가격에도 차이가 있지만 제공되는 부가 서비스도 다릅니다. 자신의 상황에 맞게 직접 비교해보고 최종 결정하기 바랍니다.

16.1.3 네임 서버와 DNS 레코드

네임 서버는 도메인 관련 정보를 관리하는 서버입니다. 이 정보는 DNS 레코드 형태로 관리됩니다. 자주 사용되는 DNS 레코드를 소개하면 다음과 같습니다.

- **A 레코드** : A는 Address의 약자로 현재 도메인을 IP 주소로 매핑^{mapping}하는 데 사용됩니다. 서버 한 대를 운영할 때는 서버의 퍼블릭 IP를, 서버 여러 대를 운영할 때는 서버들이 연결되어 있는 로드밸런서의 퍼블릭 IP를 입력해 사용합니다.
- **AAAA 레코드** : A 레코드와 동일하게 도메인을 IP 주소로 매핑하는 데 사용됩니다. 다만 A 레코드에는 IPv4 주소를, AAAA 레코드에는 IPv6 주소를 사용합니다.
- **CNAME 레코드** : CNAME은 Canonical Name의 약자로 현재 도메인^{alias}으로 들어온 요청을 다른 도메인^{canonical name}으로 매핑하는 데 사용됩니다. 잠시 후 coronaboard.kr 도메인을 s3 정적 웹사이트 호스팅에서 제공하는 도메인으로 매핑할 때 사용할 겁니다.
- **TXT 레코드** : 임의의 텍스트를 넣을 수 있기 때문에 다양한 용도로 사용됩니다. 예를 들어 구글 웹 마스터 도구는 해당 도메인으로 서비스하는 웹사이트의 소유자임을 인증하는 데 사용합니다(17.2.1절 '구글 서치 콘솔' 참고).

위와 같은 여러 종류의 DNS 레코드를 coronaboard.kr 루트 도메인뿐만 아니라 example.coronaboard.kr, dev.exmaple.coronaboard.kr과 같은 서브^{sub} 도메인에 대해서도 추가할 수 있습니다. 이렇게 DNS 레코드를 추가해두면 나중에 네임 서버에 coronaboard.kr 도메인에 관련된 질의가 들어왔을 때, 네임 서버가 그에 맞는 DNS 레코드를 찾아서 정보를 돌려주게 됩니다.

이제 구입한 도메인에 네임 서버를 등록하고 원하는 DNS 레코드를 추가하는 방법을 알아봅시다.

보통 특정 업체에서 도메인을 구입하면 해당 업체에서 운영하는 네임 서버가 기본적으로 설정되어서 나옵니다. 해당 업체의 네임 서버를 사용하도록 설정된 상태에서는 해당 업체에서 DNS 레코드를 추가/삭제하는 기능도 같이 제공되기 때문에 도메인 관리 페이지를 잘 확인해서 원하는 메뉴를 찾으면 됩니다.

그림 16-3 DNS 레코드 추가/삭제 화면 예시

DNS 레코드 관리 ❶   DNS 적용 확인 ↗

키워드   서브도메인 또는 값 입력   🔍 Search ↻

연결 서비스	서브도메인	도메인명	레코드 타입	값	우선순위	작업
사용자지정	link	example.com	CNAME	spgo.io	10	✏️ 🗑️
사용자지정	www	example.com	A	123.124.168.202	10	✏️ 🗑️
사용자지정	creator	example.com	A	123.124.168.202	10	✏️ 🗑️
사용자지정	scph0617._dom ainkey	example.com	TXT	v=DKIM1; k=rsa; h=sh a256; p=MIGfMA0GCS qGSIb3DQEBAQUAA4 GNADCBiQKBgQC70jz 0n0mEP	10	✏️ 🗑️

이렇게 기본 제공되는 네임 서버 외에 다른 서비스에서 제공하는 네임 서버로 변경할 수도 있습니다. 도메인을 구입했던 업체의 도메인 관리 페이지를 잘 확인하면 [그림 16-3]처럼 네임 서버를 변경하는 메뉴가 있을 겁니다. 이 메뉴에서 네임 서버 주소를 바꾸면 됩니다(일반적으로 네임 서버는 고가용성을 고려해서 2개 이상을 등록하게 되어 있습니다).

그림 16-4 네임 서버 변경 화면 예시

예를 들어 AWS의 DNS 관련 서비스인 라우트53^{Route53}이나 클라우드플레어에서 제공하는 네임 서버를 사용하고 싶다면 먼저 해당 서비스에 접속하여 사용할 도메인을 추가해야 합니다. 그러면 해당 서비스에서 제공하는 네임 서버 주소를 알려줍니다. 도메인을 구입한 업체의 네임 서버 변경 메뉴에 이 주소를 입력합니다. 마지막으로 네임 서버를 제공하는 서비스에 접속해 모든 DNS 레코드를 다시 입력해줘야 비로소 변경이 완료됩니다.

네임 서버 변경이나 DNS 레코드 변경 같은 DNS와 관련 설정 변경은 DNS 캐시 때문에 곧바로 반영되지 않습니다. DNS는 빠른 응답을 제공할 목적으로 한 번 획득된 정보를 캐시에 담아 사용합니다. 앞서 설명했듯이 DNS는 계층화된 구조로 이루어졌고, 각 계층별로 이러한 캐시가 각각 존재하기 때문에 각 계층에 존재하는 캐시에 저장된 기존 정보가 모두 만료되어야 변경 사항을 새롭게 읽어들여서 반영됩니다.

어떤 정보를 변경했는지에 따라서도 반영까지 걸리는 시간이 다릅니다. DNS 레코드에 대한 변경은 기존에 각 레코드에 설정되어 있던 TTL^{Time to Live}이 지나면 캐시가 만료되기 때문에 더 빠른 편입니다. 보통 DNS 레코드에 대한 TTL은 5~60분 정도입니다. 하지만 네임 서버 자체를 변경하면 루트 네임 서버와 TLD 네임 서버에까지 해당 변경 내용이 반영되어야 해서 최대 72시간까지 걸릴 수 있습니다.

16.2 클라우드플레어 설정하기

이 책에서는 네임 서버뿐만 아니라 CDN, HTTPS 인증서, 리디렉션^{redirection} 규칙 등 다양한 기능을 제한된 한도 안에서 무료로 제공하는 제공하는 클라우드플레어를 사용합니다. 이러한 기능을 사용하려면 클라우드플레어에서 제공하는 네임 서버를 사용해야 합니다. 이제부터 클라우드플레어 계정을 생성하고 하나씩 설정해보겠습니다.

> **리디렉션(redirection)**
> 리디렉션은 '방향을 바꾸다'라는 의미입니다. HTTP 프로토콜에서는 A라는 주소로 접속했을 때 B 주소로 접속하도록 하는 기능입니다.

16.2.1 계정 생성 및 사이트 추가

To Do **01** https://www.cloudflare.com/ko-kr에 접속해 [가입] 버튼을 클릭합니다.

02 다음과 같은 가입 화면이 나타나면 ❶ 이메일 주소와 ❷ 암호를 입력하고 → ❸ [계정 생성] 버튼을 클릭합니다. 그러면 입력한 메일 계정으로 인증 요청 메일이 올 겁니다.

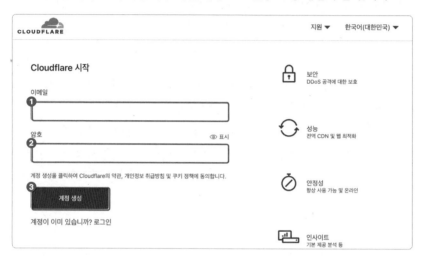

03 안내에 따라 인증 절차를 완료하면 다음과 같은 화면이 보입니다. 왼쪽 메뉴에서 ❶ [웹 사이트]를 클릭합니다. 바뀐 오른쪽 창에서 ❷ [사이트 추가]를 클릭합니다.

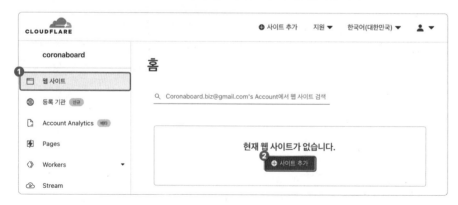

04 다음 화면에서 자신의 도메인 이름을 입력해 사이트를 추가합니다.

05 요금제를 선택 화면이 나옵니다. 클라우드플레어에서 제공하는 다양한 부가 기능을 이용하려면 Pro나 Business 요금제를 선택하면 됩니다. 단순히 네임 서버 기능과 CDN 기능만 사용한다면 Free 요금제를 선택합니다. 이 책에서는 ❶ Free를 선택하고 진행하겠습니다. ❷ [계속]을 눌러 다음 페이지로 넘어갑니다.

06 요금제를 선택하고 나면 DNS 레코드를 검토하는 화면이 나타납니다.

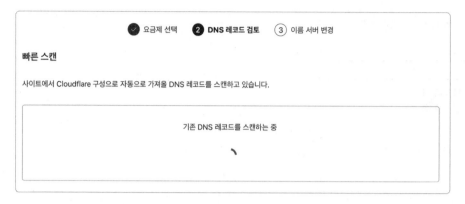

보통 도메인을 새로 구입하면 도메인 서비스를 운영하는 업체에서 새 도메인의 네임 서버 정보를 자동으로 자신들이 제공하는 네임 서버로 설정한 후 몇 가지 기본적인 DNS 레코드를 추가합니다. 그래서 지금처럼 클라우드플레어에서 기존 DNS 레코드를 스캔하면 몇 가지 DNS 레코드가 이미 추가되어 있을 수 있습니다. 참고로 DNS 레코드 편집은 지금처럼 클라우드플레어에 처음으로 사이트 도메인을 추가하는 시점뿐만 아니라 나중에 클라우드플레어에서 제공하는 관리 페이지에서도 언제든지 할 수 있습니다.

기존에 존재하는 DNS 레코드는 그대로 두고 S3로 만든 정적 웹사이트로 연결할 수 있는 DNS 레코드를 추가하겠습니다.

❶ [레코드 추가] 버튼을 클릭하면 형식/이름/대상 등을 입력하는 필드가 나타납니다.

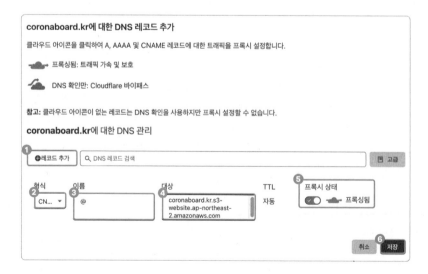

❷ 형식은 CNAME을 선택합니다. S3에서 제공하는 정적 웹사이트는 해당 서버의 고정 IP 주소를 알 수 없어서 IP를 이용해서 연결이 불가능합니다. 반면 명확한 도메인이 이미 설정된 상태로 제공됩니다. 따라서 CNAME 레코드에 coronaboard.kr 도메인을 coronaboard.kr.s3-website.ap-northeast-2.amazonaws.com로 매핑하는 설정해주어야 합니다. 그러면 coronaboard.kr 도메인으로 요청이 들어왔을 때 사용자가 보기에는 모든 통신이 coronaboard.kr 도메인에서 일어나지만 실제로는 해당 도메인이 매핑된 coronaboard.kr.s3-website.ap-northeast-2.amazonaws.com 도메인에서 서버의 IP 주소를 찾아서 통신합니다.

❸ 이름에는 도메인을 적어줍니다. 'coronaboard.kr'처럼 서브 도메인이 붙지 않은 루트 도메인 이름을 사용하고 싶으면 @를 입력해줍니다. 만약 www.coronaboard.kr이나 example.coronaboard.kr 같은 도메인을 사용하고 싶다면 www 또는 example을 입력해주면 됩니다. 이 책에서는 루트 도메인 이름을 사용할 예정이라 @ 기호를 입력합니다.

❹ 대상 필드에는 CNAME에 실제 매핑될 S3 정적 웹사이트 주소인 coronaboard.kr.s3-website.ap-northeast-2.amazonaws.com을 입력해줍니다. 클라우드플레어를 통해서 S3 정적 웹사이트 주소를 연결할 때 한 가지 주의할 점이 있습니다. S3 버킷 이름과 클라우드플레어를 통해 연결하는 도메인 이름이 완전히 같아야 한다는 점입니다. 예를 들어 example.coronaboard.kr이라는 주소로 웹사이트를 운영하고 싶다면 S3 버킷의 이름을 꼭 example.coronaboard.kr로 생성해야 합니다. 만약 S3 버킷의 이름이 example.coronaboard.kr이 아닌데 example.coronaboard.kr 도메인에 연결하면 404 Not Found 에러가 발생합니다.

❺ 프록시 상태 스위치는 활성화/비활성화에 따라서 기능이 완전히 달라지기 때문에 상황에 맞게 잘 선택해야 합니다.

프록시를 비활성화하면 'DNS 전용'이라고 표시됩니다. 말그대로 클라우드플레어에서 제공하는 네임 서버를 통해 DNS 레코드만 등록해 사용한다는 뜻입니다. 이렇게 사용하면 다른 일반적인 네임 서버의 기능과 완전히 동일하고, 해당 도메인으로 향하는 트래픽이 클라우드플레어 서버를 거쳐가지 않습니다.

프록시를 활성화하면 '프록싱됨'이라고 표시됩니다. 프록시 서버proxy server는 클라이언트 요청을 중간에서 받아서 서버로 전달하고 서버에서 받은 응답을 다시 클라이언트로 전달하는 중간자 역할을 합니다. 따라서 프록시가 활성화되면 해당 도메인으로 향하는 트래픽이 클라우드플레어 프록시 서버를 통해서 실제 서버 (여기서는 S3 정적 웹사이트)로 전달됩니다. 모든 트래픽이 클라우드플레어를 한 번 거치기 때문에 클라우드플레어에서는 해당 요청들에 대한 응답을 캐시해 클라이언트 요청에 빠르게 응답할 수 있습니다. 또한 HTTPS, 통계 데이터, 리디렉션 등의 규칙도 설정할 수 있습니다.

이러한 기능은 모두 트래픽이 클라우드플레어 서버를 통과하면서 처리되기 때문에 실제 서버에는 아무런 영향이나 부담을 주지 않습니다. 각 기능에 대해서는 실제 설정하는 시점에 각각 설명할 예정이므로, 여기서는 프록시를 활성화하고 넘어가겠습니다. 입력한 DNS 레코드 설정을 ❻ [저장]한 후 → 하단의 [계속] 버튼을 클릭해 다음 단계로 넘어갑니다.

07 이제 사이트 추가의 마지막 단계입니다. 도메인을 구입한 직후 기본값으로 설정되어 있던 네임 서버를 ❶에 보이는 클라우드플레어의 네임 서버로 변경해야 합니다(변경 방법은 16.1.3절 참조). 네임 서버 변경을 완료한 후 ❷ [완료, 이름 서버 확인] 버튼을 클릭해 넘어갑니다.

08 빠른 시작 가이드가 나오면 ❶ [시작] 버튼을 눌러서 설정되어 있는 기본값들을 저장하면서 계속 진행합니다.

09 모든 단계가 완료되면 다음과 같이 클라우드플레어에 추가된 사이트에 대한 대시보드가 나타납니다. 상단에는 주요 기능에 접근할 수 있는 메뉴가 보입니다. 앞서 설명했듯이 네임 서버 변경을 완료했더라도 해당 변경 사항이 반영되는 데 최대 72시간까지도 걸릴 수 있습니다(일반적인 경우 수 분~몇 시간 안에 반영이 됩니다). 네임 서버가 변경되었는지 클라우드플레어에서도 주기적으로 자동 확인하지만, ❶ [이름 서버 확인] 버튼을 클릭해 수동으로 확인할 수도 있습니다.

어느 정도 시간이 지난 후에 클라우드플레어가 네임 서버 변경을 성공적으로 인식하면 기존에 표시되던 네임 서버 설정 관련 내용이 사라지고 다음과 같이 개요 화면이 표시됩니다.

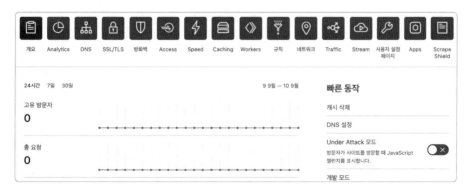

이제 클라우드플레어를 이용해 커스텀 도메인을 사용할 기본 설정을 완료했습니다. 다음 절에서는 클라우드플레어가 제공하는 기능을 살펴보면서 실제 웹사이트 운영 환경에 적합하도록 설정하겠습니다.

16.2.2 트래픽 가속 기능(CDN 기능)

특정 도메인에 클라우드플레어 프록시를 활성화한 상태로 웹사이트를 운영하면 사용자가 해당 도메인으로 웹사이트에 접속할 때 전 세계에 곳곳에 있는 클라우드플레어에서 운영하는 엣지^{edge} 서버에 먼저 접속합니다. 만약 웹사이트의 내용이 해당 엣지 서버에 이미 캐시되어 있다면 해당 내용을 바로 사용자에게 응답해줄 수 있습니다. 일반적으로 엣지 서버들은 오리진 서버와 비교했을 때 사용자 위치로부터 물리적으로 가까이에 위치할 가능성이 높습니다. 그래서 사용자가 오리진 서버에 직접 접속할 때보다 더 빠른 응답을 제공할 수 있습니다. 이러한 기능을 바로 클라우드플레어에서는 트래픽 가속 기능이라고 합니다(일반적인 CDN 서비스에서 제공하는 기본적인 기능과 같습니다).

여기서 클라우드플레어의 한 가지 단점을 짚고넘어가야 할 것 같은데요, 안타깝게도 이 트래픽 가속 기능은 국내 사용자들을 대상으로는 속도가 느려지는 역효과가 발생합니다. 이는 국내 사용자가 클라우드플레어를 사용하는 웹사이트에 접속하면 일본에 위치한 에지 서버를 통해 연결이 되기 때문입니다.[1] 직접 국내에서 접속 테스트해보니 AWS 클라우드프론트를 사용하면 초기 응답 속도가 30ms, 클라우드플레어를 사용하면 80ms 정도입니다. 이 정도 속도 차이는 사용자 경험에 크게 지장을 줄 정도는 아니지만 그래도 조금이라도 더 빠른 웹사이트 로딩 속도를 원한다면 클라우드플레어의 대역폭 비용 무료라는 메리트를 포기하고 AWS 클라우드프론트를 사용하기 바랍니다.

CDN에서 어떤 콘텐츠를 얼마 동안 캐시할지는 어떻게 정해질까요? 15.2.3절 '셸 스크립트로 S3에 업로드하기'에서 S3에 파일을 업로드하면서 설정한 HTTP 캐시 지시자에 의해 정해집니다. 웹브라우저가 웹페이지의 HTML, JSON, JS, CSS 같은 리소스들을 캐시하듯이 클라우드플레어 서버도 웹페이지의 파일을 캐시합니다.

---

1 이는 클라우드플레어를 사용하는 웹사이트 주소 뒤에 cdn-cgi/trace를 붙여서 접속하면 나오는 다양한 정보 중 서버 위치 정보를 보면 알 수 있습니다. 예를 들어 https://coronaboard.kr/cdn-cgi/trace에 접속하면 보통 KIX(오사카) 또는 NRT(나리타)로 출력됩니다. 우리나라 망 사용료가 비싸서 엔터프라이즈 요금제를 사용하는 사이트만 한국에 위치한 엣지 서버를 통해 라우팅해준다고 합니다.

예를 들어 max-age=31536000이 지정된 js 리소스가 있다고 가정해봅시다. 클라우드플레어는 최초에 해당 리소스를 오리진으로부터 받아와서 캐시해두고 31536000초 동안은 같은 요청이 올 때마다 캐시된 내용을 바로 돌려주게 됩니다. 이렇게 오리진까지 요청이 전달되지 않고 CDN 에서 캐시된 데이터를 바로 돌려주는 경우를 캐시 히트^{cache hit}라고 합니다. 반대로 캐시된 내용 자체가 없었거나, 기존 캐시된 내용이 시간이 지나서 만료되는 경우 새롭게 오리진으로부터 데이터를 받아와서 사용자에게 다시 전달하는 경우를 캐시 미스^{cache miss}라고 합니다.

캐시되는 리소스의 응답

캐시 설정이 CDN 상에서 원하는 대로 잘 동작하는지를 확인하려면 크롬 [개발자 도구]를 사용하면 됩니다(크롬 [개발자 도구] 사용법은 4.2절 '크롬 [개발자 도구] 사용하기' 참조). [개발자 도구]의 네트워크 탭을 활성화한 상태에서 페이지를 새로고침하면 다음과 같이 요청된 리소스 목록이 나타납니다. 여기서 개츠비 웹사이트 빌드 시 생성되는 app-으로 시작하는 ❶ JS 파일을 선택하면 오른쪽 창에서 해당 요청/응답에 대한 상세 정보를 확인할 수 있습니다.

그림 16-5 캐시하도록 설정된 리소스의 응답 예제

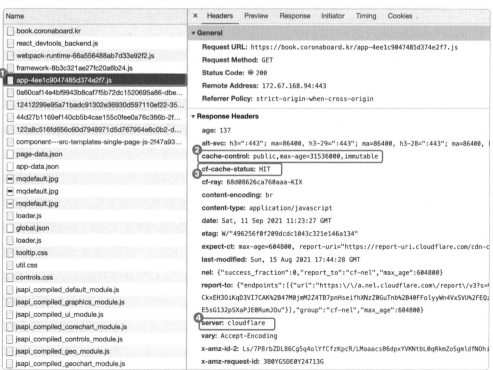

응답 헤더 중에서 다음 항목을 통해 클라우드플레어 캐시 관련된 정보를 얻을 수 있습니다.

❷ cache-control : S3에서 지정한 cache-control이 동일하게 전달되었고, 이 캐시 지시자에 따라 클라우드플레어에서도 캐시를 했지만 웹브라우저에서도 한 번 더 캐시를 합니다.

❸ cf-cache-status : HIT라고 표시된 것은 클라우드플레어에 캐시된 내용을 받아왔다는 의미입니다. 캐시된 내용을 받아오지 않고 오리진에서 새롭게 받아온 경우에는 MISS라고 표시됩니다. 만약 기존에 캐시되어 있던 내용이 있는데 만료된 때는 EXPIRED로 표시됩니다.

❹ server : cloudflare로 표시된 것은 클라우드플레어 서버를 통해서 웹사이트가 제공되고 있다는 의미입니다.

캐시되지 않는 리소스의 응답

이번에는 캐시를 하지 않도록 설정된 max-age=0인 JSON 파일의 응답을 살펴보겠습니다.

그림 16-6 캐시하지 않도록 설정된 리소스의 응답 예제

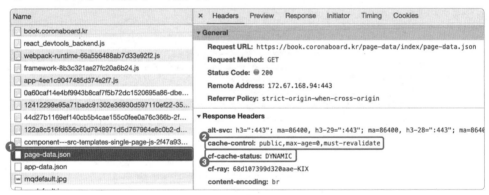

❶ page-data.json 파일에는 페이지를 보여주는 데 필요한 데이터가 포함되어 있습니다. 그래서 개츠비 웹사이트가 빌드될 때 페이지 내용이 바뀌면 이 파일의 내용도 바뀔 가능성이 크기 때문에 ❷ max-age=0으로 설정을 해뒀습니다. 이렇게 설정된 리소스에 대한 응답 헤더를 살펴보면 ❸ cf-cache-status가 DYNAMIC이라고 표시되어 있습니다. 클라우드플레어에서도 캐시를 하지 않고 항상 오리진에서 리소스를 요청한다는 뜻입니다.

참고로 클라우드플레어가 아닌 다른 CDN 서비스를 사용하더라도 위와 비슷한 방법으로 응답 헤더를 살펴보면 해당 CDN 서비스에서 사용하는 필드들을 쉽게 발견할 수 있습니다.

캐시 삭제 기능

이번에는 캐시 삭제 기능을 알아보겠습니다. 서비스를 운영하다 보면 리소스의 URL은 바뀌지 않고 응답 내용만 바뀌는 경우가 종종 있습니다. 예를 들어 이미지의 주소는 같은데 해당 이미지를 수정한 경우 오리진에 새로 요청하면 수정된 이미지를 받아갈 수 있지만, 여전히 같은 URL에 대해 캐시된 수정 전의 이미지가 클라우드플레어 상에 존재할 수 있습니다. 이 상황에서는 캐시된 내용이 만료되기 전까지는 사용자가 아무리 해당 URL을 다시 요청해도 수정 전 이미지가 전달됩니다. 이러한 문제를 해결하기 위해 클라우드플레어에서는 캐시 삭제 기능을 제공합니다.

❶ [Caching] → ❷ [구성]의 [캐시 삭제] 섹션에서 ❸ [사용자 지정 제거] 또는 ❹ [모두 제거] 버튼을 클릭하면 특정 URL 패턴에 대해 캐시를 삭제하거나 모든 캐시를 삭제할 수 있습니다.

그림 16-7 클라우드플레어 캐시 삭제 기능

16.2.3 분석 기능

[Analytics] 메뉴에서는 웹사이트와 관련된 다양한 통계 데이터를 제공합니다. 웹사이트에 도달한 요청 수, 대역폭, 고유 방문자, 국가별 트래픽 등의 사이트와 관련된 유용한 정보를 별다른 설정 없이도 쉽게 확인할 수 있습니다.

특히 캐시 설정이 잘되어 있는지, CDN 기능을 잘 수행하는지는 웹 트래픽 섹션의 대역폭 통계를 살펴보면 확인할 수 있습니다(그림 16-8). 전체 대역폭 중 캐시된 대역폭이 많을수록 CDN을 효율적으로 사용해 오리진으로 가는 트래픽을 줄였다는 의미입니다. 총 대역폭 대비 캐시되지 않은 대역폭의 비율이 너무 크면 캐시 설정을 다시 한번 확인해보는 것이 좋습니다.

그림 16-8 Analytics에서 제공하는 웹 트래픽 대시보드

16.2.4 SSL/TLS 기능

HTTP는 평문 텍스트 기반의 프로토콜이기 때문에 전송 내용을 중간에 가로채서 쉽게 내용을 알
수 있어서 보안성이 떨어집니다. 이를 보완하려면 TLS^transport layer security 혹은 SSL^secured sockets
layer 방식을 이용해 암호화된 HTTP 통신을 하는 HTTPS^hypertext transfer protocol secure를 사용해야 합
니다. 2014년 구글은 HTTPS 적용 여부를 검색 결과 랭킹 지표로 사용한다고 발표해[2] 더 많은 웹
사이트가 HTTPS를 지원하는 계기를 마련했습니다.

하지만 HTTPS를 사용하려면 웹브라우저가 신뢰할 수 있는 인증 기관에서 발급된 인증서를 서버
에 설치하고, 추가로 설정도 해야 합니다. 다행히도 최근에는 렛츠인크립트[3]라는 비영리 인증 기
관이 무료로 HTTPS 통신에 필요한 인증서를 발급하고 있습니다(불과 5-6년 전만 하더라도 인증
기관에 수십만 원의 비용을 지불해야 했습니다).

자신이 직접 엔진엑스^nginx 또는 아파치^apache 등의 웹 서버를 운영한다면 인증서를 발급받아서
HTTPS 설정할 수 있지만 S3가 제공하는 정적 웹사이트에는 직접 인증서를 설정할 수 없습니다.
S3 정적 웹사이트에 HTTPS를 설정하려면 AWS 클라우드프론트나 클라우드플레어를 연결하여

---

2   https://developers.google.com/search/blog/2014/08/https-as-ranking-signal

3   Let's Encrypt. https://letsencrypt.org/

사용하면 됩니다.

이제 실제로 coronaboard.kr 웹사이트에 HTTPS를 적용하겠습니다.

To Do **01** 상단 메뉴에서 ❶ [SSL/TLS] → ❷ [개요] 탭에서 SSL/TLS 암호화 모드를 설정할 수 있습니다. 사용자의 웹브라우저와 클라우드플레어 서버 사이에는 클라우드플레어가 제공하는 인증서를 통해 HTTPS 통신을 하고, 원본 서버(오리진^{origin})인 S3 정적 웹사이트는 HTTPS 지원을 하지 않기 때문에 클라우드플레어와 원본 서버는 암호화되지 않은 HTTP를 그대로 사용합니다. 따라서 여기서는 ❸ [가변]을 선택하면 됩니다.

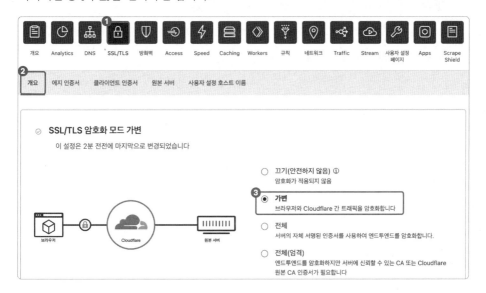

[가변]을 선택하더라도 클라우드플레어가 자동으로 발급해준 인증서를 통해 사용자와 클라우드플레어 서버 간에 HTTPS로 통신하기 때문에 사용자가 https://coronaboard.kr에 접속하면 웹브라우저에는 주소창 옆에 안전한 연결을 표시하

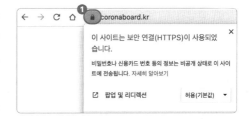

는 ❶ 자물쇠 아이콘이 표시됩니다. 해당 아이콘을 클릭해 나오는 메뉴에서 인증서 메뉴를 클릭하면 발급 기관이 어디인지, 어떤 도메인에 대해 사용할 수 있는지 등 인증서에 대한 자세한 정보를 확인할 수 있습니다.

HTTPS가 설정된 사이트에 사용자가 http://로 시작하는 주소를 사용해 HTTP로 접속을 시도하더라도 자동으로 https://로 시작하는 주소로 리디렉션해 항상 사용자가 HTTPS를 사용하도록 유도하는 것이 좋습니다. 이렇게 하면 항상 HTTPS를 사용하기 때문에 보안 측면에서도 좋고, 같은 내용이 담긴 웹페이지가 http, https로 시작하는 별개의 주소를 가지지 않고 하나의 주소를 가리키도록 강제할 수 있어서 웹페이지 주소가 파편화되는 것을 막을 수 있습니다. 같은 페이지를 가리키는 주소가 하나로 통일되면 여러 주소로 흩어졌을 때보다 검색 엔진에서 상위에 랭크될 확률이 더 높아지기 때문에 검색 엔진 최적화^{SEO, search engine optimization} 관점에서도 필수입니다(SEO 는 17장 '검색 엔진에 알리기' 참조).

02 항상 HTTPS를 사용하도록 클라우드플레어를 사용해 간단히 설정해봅시다. SSL/TLS 메뉴 안의 [에지 인증서] 탭에서 [항상 HTTPS 사용] 옵션을 활성화해주면 됩니다.

03 이제 SSL/TLS 관련 설정들도 완료되었습니다. 웹브라우저를 열고 https://coronaboard. kr 주소를 입력해 잘 접속되는지 확인해보세요(책에서는 coronaboard.kr 도메인을 사용했지 만 실제로는 여러분이 구매해 설정한 도메인을 주소로 입력하면 됩니다).

16.2.5 페이지 규칙 기능

페이지 규칙^{Page Rules} 기능을 이용하면 웹사이트로 들어오는 요청의 URL 패턴에 대해서 추가 동작을 설정할 수 있습니다. 예를 들어 웹사이트의 모든 URL을 클라우드플레어 프록시를 통해 캐시하는데 특정 URL만은 예외적으로 캐시하지 않도록 설정하고 싶다든가, 특정 URL로 접속하는 모든 요청을 정해진 다른 URL로 리디렉션하고 싶을 때 이 기능을 사용하면 됩니다. 클라우드플레어에서는 페이지 규칙을 무료로 3개까지 등록할 수 있고 그 이상은 유료입니다.

보통 웹사이트를 운영할 때 다음처럼 네 가지의 비슷한 주소 조합이 존재할 수 있습니다.

1 http://coronaboard.kr
2 http://www.coronaboard.kr
3 https://www.coronaboard.kr
4 https://coronaboard.kr

일단 HTTP 프로토콜을 사용하는 1번과 2번 대신 HTTPS를 사용하는 3번 또는 4번 주소를 사용하는 것이 좋습니다. 취향에 따라 3번으로 통일해도 무관하지만 여기서는 4번 주소 형식으로 통일해 설정을 진행하겠습니다.

To Do **01** 상단 메뉴에서 ❶ [규칙]을 선택한 후 ❷ [Page Rule 생성] 버튼을 클릭합니다.

02 페이지 규칙 생성 화면이 보이면 다음과 같이 설정합니다.

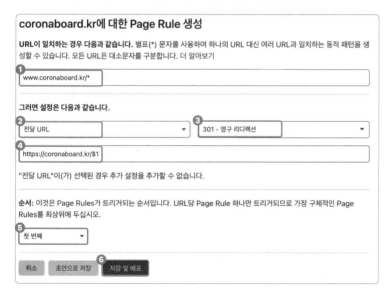

❶ URL 패턴에 www.coronaboard.kr/*를 입력합니다. 이는 주소 앞쪽의 프로토콜인 http, https와 무관하게 www.coronaboard.kr 주소 서브의 모든 URL에 대해서 패턴 매칭을 진행한다는 의미입니다. *을 입력하지 않으면 정확히 www.coronaboard.kr라고 입력된 주소만 매칭

되고, www.coronaboard.kr/example과 같은 URL에는 매칭이 적용되지 않으니 주의합시다.

리디렉션 설정을 위해 ❷ [전달 URL]을 선택하고 → ❸ [301 - 영구 리디렉션]을 선택합니다. [302 - 임시 리디렉션]으로 해도 일반적인 사용자가 느끼기에는 동일하게 리디렉션이 되지만 검색 엔진은 HTTP 응답의 상태 코드인 301과 302를 다르게 처리합니다. 이 차이점에 대해서는 17.3.2절 'SEO 기본 체크리스트 확인하기'에서 설명합니다.

❹ 리디렉션될 최종적인 URL을 https://coronaboard.kr/$1로 설정해줍니다. 이렇게 하면 http, https와 무관하게 www.coronaboard.kr이 포함된 모든 URL에 대한 접속 시도가 https://coronaboard.kr로 리디렉션됩니다. 여기서 $1은 앞서 *을 통해 패턴 매칭된 도메인을 제외한 주소 부분을 의미합니다. 예를 들어 www.coronaboard.kr/page/example로 접속했을 때 https://coronaboard.kr/page/example로 도메인 부분만 바꿔서 자동으로 리디렉션됩니다. 참고로 URL 패턴에 *를 여러 개 사용해서 패턴 매칭을 했다면 순서대로 $1, $2, ...처럼 사용할 수 있습니다.

마지막으로 ❺ [순서]는 페이지 규칙이 여러 개일 때 어떤 규칙을 먼저 적용할지를 정하는 데 사용합니다. 지금은 페이지 규칙이 하나밖에 없기 때문에 아무 값이나 선택해도 무관합니다.

이제 설정이 완료되었으니 ❻ [저장 및 배포] 버튼을 클릭합니다. 그러면 페이지 규칙이 추가된 화면을 확인할 수 있습니다.

03 페이지 규칙을 이용한 리디렉션이 잘 동작하는지 확인해봅시다. ❶ 크롬 [개발자 도구]의 [Network] 탭 선택 → ❷ 'Preserve log'와 'Disable cache' 옵션에 체크한 후 → ❸ 브라우저 검색창에 https://www.coronaboard.kr을 입력해 접속을 시도합니다.

'Preserve log'는 페이지 이동 시에도 기존 로그를 보존하는 용도, 'Disable cache'는 웹브라우저 캐시를 비활성화해서 기존에 캐시된 내용이 있더라도 무시하고 방금 변경한 설정대로 동작

하게 하는 용도입니다(리디렉션 응답 또한 웹브라우저에 캐시되기 때문에).

기록된 로그를 보면 ❸ https://www.coronaboard.kr로 접속 요청을 보냈을 때 상태 코드가
❹ 301인 응답을 받았고, 응답 헤더를 보면 리디렉션될 목표 URL을 의미하는 ❺ location 필
드에 https://coronaboard.kr/로 설정되어 있습니다. 웹브라우저는 이 응답을 보고 https://
coronaboard.kr/ 주소를 다시 요청해서 사용자에게 표시합니다.

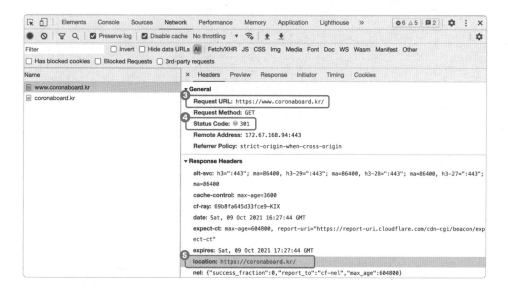

학습 마무리

이번 장에서는 DNS가 어떻게 동작하는지 알아보고 구입한 도메인을 웹사이트에 연결하는 방법
과 CDN, HTTPS, 리디렉션 등의 부가 기능을 설정하는 방법까지 알아보았습니다. 이 정도 설정
을 완료했다면 이제 웹사이트를 안정적이고 효율적으로 운영할 기본 준비를 마친 겁니다.

핵심 요약

1 DNS를 이용해서 네임 서버와 DNS 레코드를 원하는 대로 설정할 수 있습니다.

2 클라우드플레어를 이용하면 CDN, HTTPS, 페이지 규칙을 추가해 웹사이트 운영에 필요한
  기본적인 설정을 진행할 수 있습니다.

서비스를 론칭한 후에는 사이트를 검색 엔진에 알리고 사용자를 모으고 분석하여 서비스를 수익화하는
방법도 살펴봅니다.

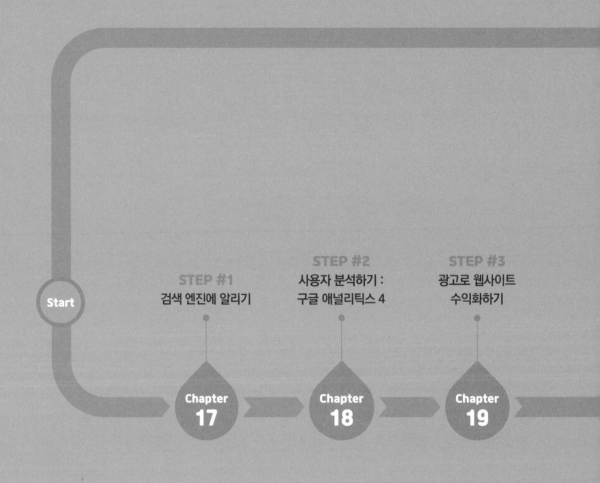

STEP #1
검색 엔진에 알리기

STEP #2
사용자 분석하기 :
구글 애널리틱스 4

STEP #3
광고로 웹사이트
수익화하기

Start

Chapter
17

Chapter
18

Chapter
19

운영하며 광고 수익내기

Finish

PROJECT 학습 목표 한눈에 보기

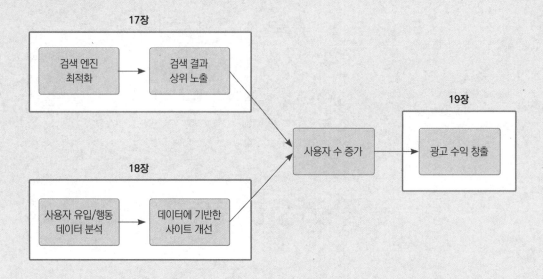

이름	운영하며 광고 수익내기
사용 서비스	• 구글 애널리틱스 • 구글 애드센스 • 쿠팡 파트너스
미션	웹사이트가 검색 엔진에 더 잘 노출되도록 하고, 사용자의 행동을 분석하는 방법과 광고를 통해 수익화하는 방법을 알아봅시다.
핵심 구성요소	검색 엔진 최적화, 유입 분석 및 광고

STEP #1
검색 엔진에 알리기

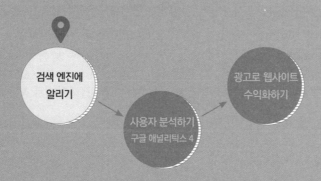

검색 엔진에
알리기

사용자 분석하기
구글 애널리틱스 4

광고로 웹사이트
수익화하기

☐ **학습 목표**　웹사이트를 알리는 방법은 다양합니다. 그중 가장 기본은 검색 엔진에 웹사이트를 등록하는 일입니다. 이번 장에서는 네이버와 구글 검색 엔진에 웹사이트를 등록하는 방법과 검색 결과에 웹사이트가 더 잘 노출되게 하는 SEO^{search engine optimization, 검색 엔진 최적화}를 알아보겠습니다.

☐ **학습 순서**

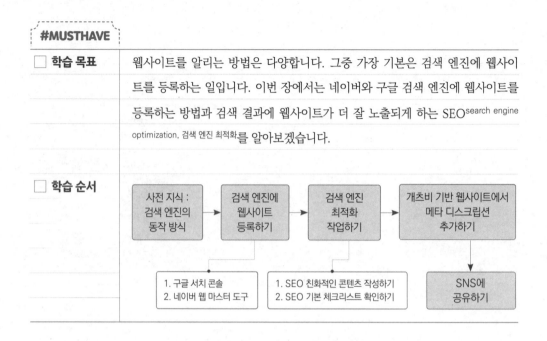

17.1 사전 지식 : 검색 엔진의 동작 방식

네이버와 구글 같은 검색 엔진은 어떻게 인터넷에 존재하는 수많은 페이지를 찾아서 보여줄까요? 검색 엔진이 웹페이지를 수집하는 단계와 수집된 웹페이지를 검색 요청에 따라 찾아서 보여주는 단계로 나누어서 알아보겠습니다.

17.1.1 검색 엔진이 웹페이지를 수집하는 방법

검색 엔진이 인터넷에 존재하는 수많은 웹페이지를 수집하려면 해당 웹페이지에 미리 방문해서 웹페이지에 어떤 내용이 담겨있는지를 먼저 확인해야 합니다. 사람이 일일이 웹페이지를 열어 보고 내용을 확인하는 방식에는 한계가 있기 때문에 웹페이지 방문은 검색 로봇[1]을 사용해서 자동화된 방식으로 수행됩니다.

인터넷에 존재하는 웹페이지는 보통 한 웹페이지에서 다른 웹페이지로 연결되는 하이퍼링

1　검색 로봇 혹은 크롤러(crawler)라고 합니다.

크hyperlink를 이용해 말그대로 거미줄web처럼 연결되어 있습니다. 검색 로봇에게 크롤링을 시작할 첫 웹페이지의 주소를 지정해주면 검색 로봇은 해당 웹페이지의 데이터를 크롤링한 후 해당 페이지에 존재하는 하이퍼링크를 추출합니다. 검색 로봇은 이렇게 추출된 하이퍼링크로 다시 이동해 해당 페이지를 크롤링하고 하이퍼링크를 추출하는 동작을 반복적으로 수행합니다. 최종적으로 하이퍼링크가 존재하지 않는 웹페이지를 만나거나, 기존에 이미 한 번 크롤링한 페이지를 발견하면 다음으로 크롤링할 페이지가 없기 때문에 검색 로봇 동작이 종료됩니다.

검색 로봇이 이렇게 하이퍼링크를 타고 다니면서 웹페이지를 수집하지만 내 웹페이지를 아무도 하이퍼링크로 연결해주지 않은 경우가 있을 수 있습니다. 또한 연결된 링크가 있더라도 검색 로봇이 내 웹페이지를 찾아오기까지 시간이 너무 오래 걸릴 수도 있습니다. 따라서 검색 엔진에 빠르게 등록되고 싶을 때는 새로 만든 웹사이트를 각 검색 엔진에 직접 등록하면 됩니다(17.2절 '검색 엔진에 웹사이트 등록하기' 참조).

내 웹페이지가 검색 엔진에 수집돼서 사용자들이 유입되기를 바라는 때도 있지만, 반대로 검색 엔진에 노출되는 것을 막고 싶은 때도 있습니다. 이럴 때는 웹사이트의 루트에 로봇 배제 표준robots exclusion standard에 따라 robots.txt 파일을 만들어두면 됩니다.[2] 로봇 배제 표준을 지키는 검색 로봇들은 웹페이지를 크롤링하기 전에 이 파일의 내용을 확인한 후 크롤링을 진행합니다. robots.txt 파일을 만들어서 적용하는 방법은 17.3.2절 'SEO 기본 체크리스트 확인하기'에서 설명하겠습니다.

17.1.2 검색 엔진이 수집된 웹페이지를 검색해 보여주는 방법

검색 엔진은 크롤링한 웹페이지 내용을 읽어들여서 나중에 찾기 쉽도록 인덱싱indexing을 미리 해둡니다. 여기서 인덱싱이란 간단히 말해 웹페이지에 존재하는 텍스트를 분석해 어떤 단어가 몇 번 나왔는지를 기록해두는 작업이라 할 수 있습니다. 이렇게 인덱싱된 수많은 페이지 중 검색 키워드와 일치하면서도 콘텐츠 질이 좋다고 판단된 순서대로 보여줍니다. 예를 들어 다음과 같은 A, B, C 웹페이지가 있다고 가정해봅시다.

- **A 웹페이지** : '코로나'라는 단어가 5번 등장
- **B 웹페이지** : '코로나'라는 단어가 1번 등장
- **C 웹페이지** : '코로나'라는 단어가 존재하지 않음

---

2 예시 : https://www.google.com/robots.txt

이때 '코로나'라는 키워드로 검색하면 C는 일치하는 키워드가 없기 때문에 검색되지 않을 겁니다. 반면 A와 B 웹페이지에는 일치하는 키워드가 있으니 둘 다 검색 결과로 나오게 될 겁니다. 단순하게 생각하면 둘 중 A에 코로나라는 단어가 더 많이 등장했으므로 A를 제일 위에 보여주고 그다음으로 B를 보여 줄 수 있습니다. 하지만 같은 단어가 많이 등장한다고 해당 문서의 질이 더 좋고 사용자가 찾고 싶어 하는 문서라는 보장은 없습니다. 키워드가 일치해 검색된 문서 중 우선순위를 매기는 일은 매우 복잡하고 어렵습니다. 검색 엔진마다 고유한 방식을 사용합니다.

구글 검색 엔진은 페이지 간의 우선순위를 계산할 때 매우 다양한 지표를 사용합니다. 가장 근본 지표는 페이지 랭크page rank입니다. 페이지 랭크는 '어떤 페이지가 다른 우선순위가 높은 페이지들로부터 링크되어 있다면 그 페이지의 우선순위 또한 높을 것이다'라는 가정을 수학적으로 모델링한 겁니다. 페이지의 페이지 랭크값은 해당 페이지를 링크하는 다른 페이지가 가진 페이지 랭크값들을 정규화한 뒤 합산해 계산합니다. 여기서 정규화란 '다른 페이지'에서 해당 페이지를 링크하는 개수 대비 '다른 페이지'가 가진 링크의 총 개수 비율을 곱하는 것을 의미합니다.

예를 들어 A 페이지의 페이지 랭크를 계산하는 과정을 살펴봅시다.

- B의 페이지 랭크 = 0.3, B 페이지 안의 링크 개수 = 1, B → A로의 링크 개수 = 1
- C의 페이지 랭크 = 0.5, C 페이지 안의 링크 개수 = 10, C → A로의 링크 개수 = 2
- A 페이지의 페이지 랭크 = 0.3 x (1 / 1) + 0.5 x (2 / 10) = 0.3 + 0.1 = 0.4

위 계산 과정을 살펴보면 B보다 C의 페이지 랭크가 더 높지만 C 페이지는 A 페이지로 2개의 링크가 존재할 뿐만 아니라 다른 페이지로 8개 링크가 존재하기 때문에 상대적으로 A 페이지 랭크값에 기여도가 낮음을 알 수 있습니다.

결국 이러한 개념에 비추어봤을 때 구글 검색 엔진에서 A 페이지의 순위를 올리려면 아래 두 가지 조건을 만족해야 합니다.

- 우선순위가 높은 페이지들이 A 페이지를 링크해야 합니다.
- 우선순위가 높은 페이지에서 A 페이지를 링크할 때, A 페이지가 아닌 다른 페이지로의 링크 개수가 적어야 합니다.

결국 자신의 웹페이지 우선순위가 높아지려면, 해당 웹페이지 링크가 우선순위가 높은 다른 웹페이지에 많이 공유되어야 하고, 되도록이면 링크가 해당 페이지에 단독으로 존재해야 효과가 좋습니다.

17.2 검색 엔진에 웹사이트 등록하기

구글과 네이버에 웹사이트를 등록하는 방법을 알아보겠습니다. 검색 엔진에 웹사이트를 등록하더라도 검색 엔진에 노출되기까지는 시간이 좀 걸릴 수 있습니다. 그러므로 어느 정도 사이트가 준비됐다면 더 빠른 노출을 위해 최대한 빨리 웹사이트를 등록해두는 것이 좋습니다.

17.2.1 구글 서치 콘솔

구글에 웹사이트를 등록하고 관리하는 데 구글 서치 콘솔^{Google Search Console} 서비스를 사용합니다. 구글 서치 콘솔에서 등록한 후에는 구글 검색 로봇이 웹사이트 내의 어떤 페이지를 크롤링해갔는지, 크롤링하는 데는 문제가 없는지 등의 정보를 확인하고 관리할 수도 있습니다.

To Do **구글 서치 콘솔에 사이트 추가하기**

01 구글 서치 콘솔에 접속합니다.

- https://search.google.com/search-console/welcome

처음 접속해서 아무런 사이트도 등록되지 않은 상태라면 다음처럼 화면이 나타납니다(구글 계정으로 로그인이 되어 있지 않은 상태라면 구글 로그인 창이 먼저 나타납니다. 이때는 서치 콘솔 웹사이트를 이용할 때 사용할 구글 계정을 사용해서 로그인을 진행하면 됩니다).

'도메인' 방식으로 도메인을 등록해 해당 도메인에 연결된 모든 사이트를 한 번에 관리하는 방법도 있고, 'URL 접두사' 방식으로 특정 URL 서브에 있는 페이지들을 등록할 수도 있습니다. 직접 도메인을 구입해 설정할 때는 '도메인' 방식을 사용하는 게 편리합니다. 이 책에서는 '도메인' 방식 기준으로 설명합니다. ❶에 도메인을 등록하고자 하는 웹사이트의 도메인을 입력하고 ❷ [계속] 버튼을 클릭합니다. 여기서는 16장에서 사용했던 coronaboard.kr 도메인을 입력하겠습니다.

02 다음과 같은 창에 도메인 소유권 확인을 위한 고유한 ❶ 코드값이 보입니다. ❷ [복사] 버튼을 클릭해 검증 코드를 복사합니다(아직 ❸ [확인] 버튼을 누르지 마세요).

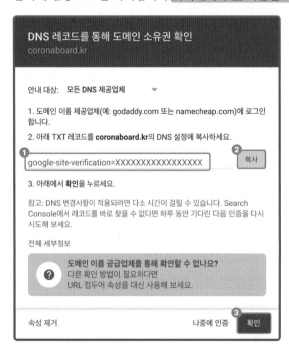

이 검증 코드값을 자신이 소유한 도메인의 DNS 레코드에 입력해두면 구글에서 해당 도메인의 DNS 레코드를 조회해서 자신들이 발급해준 검증 코드가 입력되었는지 확인합니다. 즉, 도메인의 DNS 레코드를 원하는 대로 바꿀 수 있는 사람이라면 도메인을 소유한 사람이라고 보는 겁니다.

03 이제 실제로 이 검증 코드를 coronaboard.kr 도메인의 DNS 레코드에 추가합니다. 16.2절 '클라우드플레어 설정하기'에서 살펴보았듯이 도메인에 연결된 네임 서버를 클라우드플레어에서 제공하는 네임 서버로 설정한 상태입니다. 따라서 이 도메인의 DNS 레코드를 수정하려면 클라우드플레어 대시보드에 접속해야 합니다.

❶ 클라우드플레어 대시보드[3]를 열고 로그인하면 다음과 같은 화면이 나타납니다. 기존에 추가한 coronaboard.kr 사이트가 활성화되어 있습니다. ❷ 해당 사이트를 클릭해 사이트 상세 설정 페이지로 이동합니다.

04 상세 설정 페이지의 메뉴에서 ❶ DNS를 클릭한 후 ❷ [레코드 추가] 버튼을 클릭해 새로운 DNS 레코드를 추가하는 페이지로 이동합시다.

---

3 https://dash.cloudflare.com/

05 ❶ 형식을 TXT로 선택하고 ❷ 이름에는 루트 도메인을 의미하는 @를 입력합니다. ❸ 콘텐츠에는 기존에 구글 서치 콘솔에서 복사한 검증 코드를 붙여넣으면 됩니다. 마지막으로 ❹ [저장] 버튼을 클릭해서 레코드 추가를 완료합니다.

그러면 다음과 같이 레코드 추가가 완료됩니다.

coronaboard.kr에 대한 DNS 관리

형식	이름	콘텐츠	프록시 상태	TTL	
TXT	coronaboard.kr	google-site-verification=XXXX...	DNS 전용	자동	편집 ▶
A	www		프록싱됨	자동	편집 ▶
① CNAME	coronaboard.kr	coronaboard.kr.s3-website.ap...	프록싱됨	자동	편집 ▶

06 이제 다시 구글 서치 콘솔(02 위치)로 돌아가서 ❸ [확인] 버튼을 클릭합니다. 구글에서 coronaboard.kr 도메인의 정보를 조회했을 때 방금 전에 추가한 검증 코드가 포함된 DNS 레코드가 확인되어야 소유권 인증이 완료됩니다.

> **Note** DNS 레코드 변경이 완전히 전파되기까지 시간이 오래 걸릴 수 있기 때문에 소유권 확인에 실패할 수 있습니다. 이럴 때는 몇 시간 정도 기다린 후에 다시 구글 서치 콘솔에 접속해서 확인해보세요.

구글 서치 콘솔 기능 소개

사이트 소유권 확인이 완료되면 구글 서치 콘솔에 다음과 같이 사이트 정보를 볼 수 있는 화면이 나타납니다.

사이트를 등록했으니 곧 구글 검색 로봇이 등록된 웹사이트의 페이지들을 크롤링할 겁니다. 정확히 언제 크롤링하는지는 알기 어렵지만 대부분 며칠 정도는 기다려야 서치 콘솔에 데이터가 나타납니다. 그러므로 이제 막 등록된 웹사이트는 이 책에 나오는 스크린샷처럼 충분한 데이터가 표시되지 않을 수 있습니다. 실제 어떤 식으로 기능이 동작하는지 보여드리기 위해서 이 책에 실린 스크린샷은 이미 운영 중인 실제 코로나보드의 데이터를 캡쳐해 사용합니다.

왼쪽 메뉴에서 많은 기능을 제공합니다. 자주 사용하는 메뉴 위주로 살펴보겠습니다.

❶ [실적]은 현재 선택된 웹사이트 내의 페이지들이 구글 검색 엔진에 몇 번이나 노출되었고 그중 사용자가 해당 검색 결과를 몇 번이나 클릭했는지를 보여줍니다. 단순히 총 수치뿐만 아니라 검색어/페이지/국가/기기 등 다양한 기준에 따른 데이터도 제공합니다.

현재 나의 웹사이트로 들어오는 트래픽이 어떤 검색어를 통해 많이 유입되는지, 어떤 검색어를 통해서 유입되었을 때 클릭율이 높은지 등을 살펴볼 수 있습니다. 이러한 데이터는 어떤 콘텐츠를 더 보강해야 웹사이트가 더 많이 검색되고 사용자 클릭율을 높일 수 있을지에 대한 힌트를 제공합니다.

❷ [색인 생성 범위] 메뉴를 클릭하면 구글 검색 로봇이 현재 웹사이트에 존재하는 페이지들을 크롤링한 결과를 보여줍니다. 제대로 크롤링에 성공한 페이지, 문제가 있어서 크롤링에 오류가 발생

했거나 의도적으로 크롤링하지 말도록 표시된 페이지 등을 구분해 제공합니다. 웹사이트 내의 특정 페이지가 분명히 정상적으로 존재하는 데 아무리 기다려도 구글 검색 결과에 아예 표시되지 않을 때 이 정보를 확인하면 됩니다. 혹시 구글 검색 로봇이 해당 웹페이지를 크롤링할 때 오류가 발생하는지 말이죠.

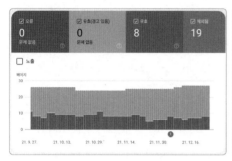

❸ [Sitemaps] 메뉴를 클릭한 후 사이트맵 프로토콜에 맞게 생성된 정보가 있는 곳의 주소를 넣고 제출하면 차후에 구글 검색 로봇이 크롤링할 때 이 정보를 먼저 확인 후에 진행합니다. 이곳에 넣을 사이트맵 생성 방법은 17.3절 '검색 엔진 최적화 작업하기'에서 다룹니다. 사이트맵[4]은 웹사이트 관리자가 웹사이트에 존재하는 페이지들에 대한 정보를 구조화된 형태로 검색 로봇에 제공할 목적으로 만든 프로토콜입니다. 사이트 관리자가 사이트맵 프로토콜에 맞게 자신의 웹사이트에 존재하는 페이지 목록과 각 페이지들의 변경 빈도, 우선순위, 마지막 수정 일자 등을 제공하면 검색 로봇은 크롤링하기 전에 이를 읽어들여서 어떤 식으로 크롤링할지 결정하는 데 참고합니다.[5] 이러한 정보가 있으면 크롤링할 때 웹페이지가 누락되는 것을 최소화할 수 있고 웹사이트에 불필요한 트래픽을 많이 유발하지 않으면서 효율적으로 크롤링할 수 있습니다.

❹ [삭제] 메뉴는 페이지가 검색 결과에 노출되지 않도록 만들 때 사용합니다.

17.2.2 네이버 웹 마스터 도구

네이버 검색 엔진에 웹사이트를 등록하고 관리하려면 네이버 서치 어드바이저[6]에서 제공하는 웹 마스터 도구를 사용하면 됩니다.

---

4 https://www.sitemaps.org 국제 표준은 아니지만 구글, 야후, 마이크로소프트 등의 메이저 기업들이 지원합니다.

5 구글 검색 로봇은 우선 순위, 변경 빈도 필드를 무시하고 마지막 수정 일자 필드를 이용한다고 구글 공식 문서에 명시되어 있습니다.

6 https://searchadvisor.naver.com

To Do 네이버 웹 마스터 도구에 사이트 추가하기

이제 네이버 웹 마스터 도구를 이용해 웹사이트를 추가하겠습니다.

01 서치 어드바이저 사이트에 접속한 후 ❶ 웹 마스터 도구 버튼을 클릭합니다.

02 처음 접속해서 아직 사이트가 등록되어 있지 않으면 다음과 같은 화면이 나타납니다(네이버 계정으로 로그인이 되어 있지 않은 상태라면 네이버 로그인 창이 먼저 나타납니다. 이때는 웹 마스터 도구를 이용할 때 사용할 네이버 계정으로 로그인을 진행하면 됩니다).

❶ 입력창에 등록할 웹사이트의 URL을 입력합니다. 여기서는 https://coronaboard.kr을 입력하지만 독자분들은 자신의 실제 웹사이트 URL을 입력해주세요.

03 사이트 소유 확인 방법으로 ❶ [HTML 파일 업로드]를 선택합니다. 구글 서치 콘솔과는 다르게 네이버 웹 마스터 도구는 DNS 레코드 방식을 지원하지 않기 때문에 HTML 파일 업로드 방식을 사용하겠습니다. 먼저 소유권 검증 코드가 들어 있는 파일을 ❷ [HTML 파일 확인] 링크를 클릭해 내려받은 후 해당 파일을 자신의 웹사이트에 업로드해야 합니다.

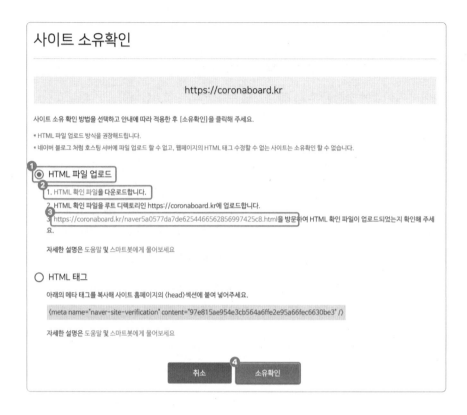

여기서는 S3에 파일을 직접 업로드하는 방식보다는 이 검증 코드가 들어 있는 파일을 기존 배포 프로세스를 이용해 자연스럽게 업로드하는 방법을 사용해보겠습니다. 좀 전에 내려받은 HTML 파일을 기존에 작성하던 코드가 위치한 [coronaboard-web/static] 디렉터리에 복사해서 넣어주고 변경 내용을 깃 저장소에 커밋한 후 푸시까지 해둡니다.

이렇게 한 후 15.2.3절 '셸 스크립트로 S3에 업로드하기'를 참고해 웹사이트 배포 스크립트를 다시 실행합니다. 배포 스크립트가 실행되면 먼저 저장소로부터 최신 내용을 불러오는데 이 과정에서 좀 전에 푸시해둔 검증 코드가 들어 있는 파일이 생성됩니다. 그리고 정적 웹사이트 빌드 과정에서 [static] 디렉터리에 있는 파일들은 모두 [public] 디렉터리로 자동으로 복사되고(5.2.2절 '개츠비 프로젝트 구조' 참고), 빌드 결과물이 들어 있는 [public] 디렉터리를 S3 버킷과 싱크합니다. 이 과정까지 완료되면 ❸의 링크를 클릭해 실제로 검증 코드가 들어 있는 파일이 원하는 위치에 잘 업로드되었는지를 확인합니다. naver-site-verification: naver5a0577da7de6254466562856997425c8.html 같은 텍스트 내용이 출력되면 성공입니다. 여기까지 확인되면 최종적으로 ❹ [소유확인] 버튼을 클릭합니다. 소유권 확인이 완료되면 다음과 같이 등록된 사이트가 목록에 나타납니다.

04 이제 ❶ 사이트 URL을 클릭해 사이트를 관리하는 상세페이지로 이동할 수 있습니다.

네이버 웹 마스터 도구 기능 소개

네이버 웹 마스터 도구 또한 구글 서치 콘솔과 비슷한 역할을 하는 도구이기 때문에 방식은 조금 다르지만 대부분 기능이 비슷한 편이라 간단하게 설명하고 넘어가겠습니다.

❶ [콘텐츠 노출/클릭]에서는 검색 키워드별/페이지별 노출 수, 클릭 수를 확인할 수 있습니다. ❷ [사이트 진단]에서는 사이트 내에서 인덱싱된 페이지 개수를 확인할 수 있고, ❸ [사이트 최적화] 메뉴에서는 네이버 검색 엔진이 제시하는 여러 기준을 사이트가 만족하는지 여부를 검토해서 상태를 진단해줍니다.

이 외에도 [웹페이지 수집], [웹페이지 검색 제외] 메뉴를 이용해 크롤링되지 않은 페이지에 대해 크롤링을 요청하거나, 잘못 크롤링된 페이지를 검색 결과에서 제외하는 요청을 할 수도 있습니다. 추가적으로 [사이트맵 제출] 메뉴를 이용해 사이트맵을 제공하는 주소를 검색 엔진에 등록할 수도 있습니다.

17.3 검색 엔진 최적화 작업하기

검색 엔진에 웹사이트를 등록했으니 곧 검색 로봇이 해당 웹사이트의 페이지를 크롤링하고 인덱싱을 진행할 겁니다. 이제 자신이 만든 웹사이트가 검색 엔진에서 검색했을 때 다른 웹사이트보다 더 상위에 노출되게 하는 다양한 작업을 해야 합니다. 이를 검색 엔진 최적화search engine optimization, SEO라고 합니다. 여기서부터는 검색 엔진 최적화 작업을 SEO로 줄여서 부르겠습니다.

검색 결과에서 보여주는 웹페이지 순위를 결정하는 방식은 검색 엔진마다 다를 수 있습니다. 특히 알고리즘이 정확히 공개되어 있지 않을 뿐더러 시간이 지남에 따라 계속 변화하기 때문에 '어떤 작업을 했을 때 검색 상위에 노출될 수 있다'라고 장담할 수 있는 비법은 없습니다. 하지만 순위에 영향을 줄 수 있다고 알려진 수많은 항목이 있습니다. 해당 항목을 확인하고, 수집된 웹페이지를 찾아서 보여주는 방법을 이해하고 이 원리에 맞는 형태로 웹페이지를 최적화하면 언젠가는 자신의 웹페이지가 특정 키워드에 대한 검색 결과 중 상위에 랭크될 겁니다.

그렇다면 SEO에 구체적으로 어떤 작업이 필요한지 하나씩 살펴봅시다.

17.3.1 SEO 친화적인 콘텐츠를 작성하는 4가지 규칙

다양한 기술적인 설정과 관련된 SEO 방식을 다루기 전에 SEO 친화적인 콘텐츠를 작성하는 방법부터 알아보겠습니다. 요약하면 다음과 같이 4가지입니다.

1 자연스럽게 핵심 키워드 반복하기
2 페이지당 최소 3000자 이상으로 작성하기
3 자발적으로 공유 또는 인용할 정도의 고품질 콘텐츠로 작성하기
4 핵심 키워드로 간결하고 의미 있는 제목 정하기

1. 자연스럽게 핵심 키워드 반복하기

검색 엔진은 수집된 페이지의 내용을 인덱싱하는 과정에서 단어별 등장 횟수를 기록합니다. 검색어가 많이 포함된 페이지가 사용자가 찾고자 하는 페이지일 확률이 높습니다. 하지만 내용과 무관하게 혹은 부자연스러운 형태로 키워드를 반복해서 채워넣으면[7] 오히려 낮은 점수를 받게 되니 주의해야 합니다.

그래서 해당 콘텐츠를 사용자가 어떤 키워드로 검색할지를 예측해서 핵심 키워드 목록을 마련해 둬야 합니다. 그 후 실제 콘텐츠를 작성할 때 핵심 키워드를 적재적소에 반복해 끼워넣되 사람이 읽을 때도 자연스러워야 합니다.

2. 페이지당 최소 3000자 이상으로 작성하기

콘텐츠에는 핵심 키워드가 자연스럽게 녹아들어 있으면서도 정보를 검색하는 사용자의 궁금증을 해소시켜줄 내용이 포함돼야 합니다. 한글 기준으로 최소 글자 수가 대략 3000자 이상[8]은 되어야 사람이나 검색 엔진이 봤을 때 최소한의 품질이 갖추어진 콘텐츠로 판단되어 검색 결과 상위에 나타날 확률이 높습니다. 그리고 콘텐츠가 이미지로 되어 있으면 사람은 읽을 수 있지만 검색 엔진은 읽을 수 없습니다. 전체적으로 텍스트로 작성한 후 텍스트로 표현 불가능한 도표나 사진 등만 이미지를 사용해야 합니다.

3. 자발적으로 공유 또는 인용할 정도의 고품질 콘텐츠로 작성하기

주제에 대해서 심도 있게 작성된 좋은 콘텐츠는 백링크backlink를 얻을 확률도 높습니다. 백링크란 어떤 페이지의 주소를 다른 페이지에서 링크하는 것을 말하는데, 콘텐츠의 품질이 좋으면 이 콘텐츠를 읽고 난 사용자들이 다른 웹사이트에 적극적으로 공유하게 될 겁니다. 이렇게 백링크 숫자가 늘어날수록 해당 콘텐츠의 페이지 순위는 점점 상승하게 될 겁니다.

4. 핵심 키워드로 간결하고 의미 있는 제목 정하기

마지막으로 페이지를 대표하는 제목을 정해야 합니다. 페이지 제목을 페이지의 ·〈title〉 태그와 〈h1〉 태그에 넣어두면, 검색 엔진이 쉽게 인식합니다. 검색 엔진에서 검색 결과를 보여줄 때도 이

---

7 이를 키워드 스터핑(keyword stuffing)이라고 합니다.
8 정확한 데이터에 근거하지 않은 경험적인 수치입니다.

러한 제목이 가장 크게 노출되기 때문에 제목은 항상 간결하고 의미가 있어야 합니다. 제목이 한 눈에 들어올 수 있도록 한글 기준으로 띄워쓰기 포함 대략 50글자를 넘지 않도록 하고 제목 내에 핵심 키워드들을 잘 포함시켜야 합니다. 제목에 유사 키워드를 과도하게 반복하면 스팸으로 오해해 검색 순위가 하락할 수 있으니 자연스러운 범위에서 키워드를 사용해주세요.

17.3.2 SEO 기본 체크리스트 확인하기

이번에는 콘텐츠 측면이 아닌 기술적인 측면에서 검색 순위에 영향을 줄 수 있는 기본적인 설정을 검토해보고 적용하겠습니다.

1 HTTPS 적용하기
2 주소 하나로 통일하기
3 의미 있는 URL 사용하기
4 사이트맵 만들기
5 robots.txt 파일 추가하기
6 모바일 친화적인 웹페이지 만들기
7 코어 웹 바이탈 개선하기
8 메타 디스크립션 사용하기
9 검색 엔진별 가이드 문서 숙지하기

1. HTTPS 적용하기

구글은 2014년부터 HTTPS가 적용된 웹사이트에 약간의 가산점을 부여합니다. 이러한 정책 덕분에 최근에는 대부분 웹사이트가 HTTPS를 사용해 안전하게 통신합니다. 이 책에서는 클라우드 플레어 프록시로 HTTPS를 사용하도록 설정했습니다. 무료 인증서를 제공하는 렛츠인크립트 같은 기관으로부터 HTTPS에 필요한 인증서를 발급받아서 사용할 수도 있습니다.

2. 주소 하나로 통일하기

같은 콘텐츠를 가진 페이지의 주소를 하나로 유지하는 것이 SEO 측면에서 유리합니다. 웹페이지의 콘텐츠는 그대로인데 URL을 바꾸고 싶은 경우, 혹은 사용자가 잘못 입력할 가능성이 있는 비슷한 주소들에 적절한 HTTP 리디렉션을 적용해두면, 해당 주소로 접속한 사용자와 검색 로봇을 보내고 싶은 주소로 보낼 수 있습니다.

먼저 콘텐츠는 그대로인데 주소가 변경된 경우의 예시를 살펴보겠습니다. https://example.com/intro대신 https://example.com/introduction 주소를 사용하고 싶다고 가정하겠습니다. ❶ https://example.com/intro 페이지에 접속했을 때 ❷ HTTP 상태 코드 301 'Moved Permanently' 또는 308 'Permanent Redirect'를 사용해 https://example.com/introduction 페이지로 리디렉션해줍니다. 그러면 ❸ 검색 로봇이 https://example.com/introduction 주소로 재접속하고 ❹ 서버가 해당 페이지만을 전송합니다.

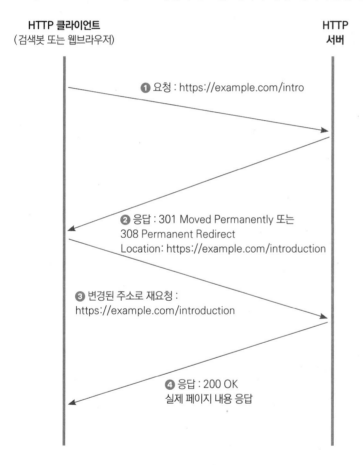

이렇게 하면 페이지를 가리키는 주소는 2개지만 실제로 콘텐츠는 리디렉션이 완료된 주소에 있다는 것을 검색 엔진이 정확히 인지할 수 있기 때문에 검색 결과도 모두 https://example.com/introduction 주소 기준으로 나오게 됩니다.

이러한 주소 변경 외에도 사용자가 잘못 입력할 가능성이 있는 http/https 프로토콜 접두사나 도메인에 www를 명시하거나 혹은 생략할 때에 주소들을 하나로 통일하는 일도 매우 중요합니다 (16.2.5절 '페이지 규칙 기능' 참조).

주소를 하나로 통일하고자 리디렉션을 할 때 꼭 HTTP 상태 코드 301 또는 308을 정확히 사용해야 합니다. HTTP 302 'Found' 또는 307 'Temporary Redirect' 같은 상태 코드도 리디렉션 자체는 동일하게 수행합니다. 하지만 이 두 가지는 임시로 리디렉트하는 의미이기 때문에 검색 엔진이 리디렉트된 후의 주소를 최종적인 주소라고 생각하지 않습니다. 그래서 리디렉트되기 전 주소를 검색 엔진 내에 유지하게 됩니다. 그외에도 HTTP 상태 코드가 아닌 자바스크립트 코드를 사용해 리디렉션할 때는 검색 엔진이 리디렉션 자체를 인지하지 못할 수 있으니 사용하지 않는 것이 좋습니다.

3. 의미 있는 URL 사용하기

URL을 계층화된 방식으로 사용하거나 또는 제목처럼 사용하면 URL만으로도 해당 URL이 어떤 콘텐츠를 담은 페이지인지 한눈에 알아볼 수 있습니다. 이렇게 의미 있는 URL을 사용하면 사람도 알아보기 쉽지만, URL 자체에 중요한 키워드들이 들어가기 때문에 SEO에도 도움이 됩니다.

의미 없는 URL 예시

- https://example.com/id/123
- https://example.com/?id=200
- https://example.com/page2.html

의미 있는 URL 예시

- https://example.com/pricing
- https://example.com/product/smartphone/android
- https://example.com/blog/how-to-use-computer
- https://example.com/blog/코딩을-잘하는-방법

'코딩을-잘하는-방법'처럼 주소에 한글을 직접적으로 사용해도 검색 엔진에서 잘 인식합니다.

4. 사이트맵 만들기

개츠비로 만든 웹사이트의 경우 사이트맵 플러그인만 하나 추가하면 XML 형식의 사이트맵을 손

쉽게 만들 수 있습니다.

To Do **01** [coronaboard-web] 디렉터리로 이동 후 다음 명령어를 실행해서 개츠비 공식 사이트맵 플러그인을 설치합니다.

```
$ npm install gatsby-plugin-sitemap@4.10.0
```

02 이제 사이트맵 플러그인을 설치했으니 gatsby-config.js 파일에 등록하겠습니다.

```
                                          coronaboard-web/gatsby-config.js
module.exports = {
  plugins: [
    'gatsby-plugin-emotion',
    'gatsby-plugin-sitemap', // ❶ 사이트맵 플러그인 추가 등록
  ],
  siteMetadata: {
    // ❷ 실제 자신의 웹사이트 주소 입력
    siteUrl: 'https://coronaboard.kr',
  },
};
```

위 내용을 추가한 후 gatsby build 명령어를 실행하면 개츠비로 빌드된 정적 웹사이트에 존재하는 모든 페이지 목록을 가진 XML 파일이 coronaboard-web/public/sitemap/ 경로 아래에 생성됩니다. 해당 디렉터리를 열어보면 sitemap-index.xml, sitemap-0.xml 파일이 있습니다.

sitemap-0.xml 파일에는 개츠비로 빌드된 정적 웹사이트에 존재하는 모든 페이지가 있습니다. ⟨url⟩ 태그가 하나의 페이지에 대응되고, ⟨loc⟩ 태그는 페이지의 주소를 의미합니다. ⟨changefreq⟩ 태그와 ⟨priority⟩ 태그의 경우 같은 값으로 일괄 적용되어 있습니다. 일괄 적용된 값 대신 페이지에 따라 실제 의미 있는 값을 각각 지정하거나 ⟨lastmod⟩ 태그를 추가하려면 플러그인에 추가 설정해야 하는데 이는 선택적인 부분이라 여기서는 설명을 생략하겠습니다.[9]

```
                                 coronaboard-web/public/sitemap/sitemap-0.xml
<?xml version="1.0" encoding="UTF-8"?>
<urlset xmlns="http://www.sitemaps.org/schemas/sitemap/0.9" xmlns:
news="http://www.google.com/schemas/sitemap-news/0.9"
```

---

9 구체적인 내용은 다음 링크 참고 : https://www.gatsbyjs.com/plugins/gatsby-plugin-sitemap/#example

```
        xmlns:xhtml="http://www.w3.org/1999/xhtml" xmlns:
image="http://www.google.com/schemas/sitemap-image/1.1"
        xmlns:video="http://www.google.com/schemas/sitemap-video/1.1">
    <url>
        <loc>https://coronaboard.kr/</loc>
        <changefreq>daily</changefreq>
        <priority>0.7</priority>
    </url>
    <url>
        <loc>https://coronaboard.kr/chart/bar/</loc>
        <changefreq>daily</changefreq>
        <priority>0.7</priority>
    </url>
    ... 생략 ...
    <url>
        <loc>https://coronaboard.kr/bootstrap/alert/</loc>
        <changefreq>daily</changefreq>
        <priority>0.7</priority>
    </url>
    ... 생략 ...
</urlset>
```

이번에는 sitemap-index.xml 파일을 살펴봅시다. 이 파일은 여러 사이트맵 XML 파일들을 묶는 인덱스 역할을 합니다. 앞서 설명했던 sitemap-0.xml 파일 이름 뒤에 '-0' 형태로 숫자가 붙은 것은 파일이 여러 개로 늘어날 것에 대비한 겁니다. 사이트맵 스펙에 따르면 XML 파일 하나당 최대 50,000개 페이지만 등록 가능하기 때문에 페이지 수가 이 개수를 넘어서는 경우 sitemap-0.xml, sitemap-1.xml과 같이 여러 파일로 쪼개서 사용해야 합니다. 그래서 여기서처럼 이러한 파일들을 묶어줄 수 있는 인덱스 파일이 별도로 필요한 겁니다.

coronaboard-web/public/sitemap/sitemap-index.xml
```
<?xml version="1.0" encoding="UTF-8"?>
<sitemapindex xmlns="http://www.sitemaps.org/schemas/sitemap/0.9">
    <sitemap>
        <loc>https://coronaboard.kr/sitemap/sitemap-0.xml</loc>
    </sitemap>
</sitemapindex>
```

이렇게 사이트맵 XML 파일이 빌드 과정에서 생성한 후, 배포할 때 S3로 업로드됩니다.

03 배포가 완료된 후에는 구글 서치 콘솔이나 네이버 웹 마스터 도구의 사이트맵 메뉴에서 https://coronaboard.kr/sitemap/sitemap-index.xml 경로를 추가해주면 됩니다. 실제로 해당 경로를 웹브라우저에서 열어 보면 사이트 페이지 목록이 정의된 XML을 확인할 수 있습니다.

5. robots.txt 파일 추가하기

검색 결과 상위에 노출되는 것도 중요하지만 원치 않는 페이지가 검색 결과에 노출되지 않도록 하는 것도 중요합니다. 이번에는 검색 로봇 배제 표준을 이용해 특정 페이지를 허용/비허용으로 설정하는 방법을 알아보겠습니다.

아래 내용은 모든 경로의 크롤링을 허용하겠다는 의미입니다.

```
User-agent: *
Disallow:
```

> **Note** User-agent는 검색 로봇의 이름을 의미합니다. 구글 검색 로봇은 Googlebot이고 네이버 검색 로봇은 Yeti입니다. 하지만 웹사이트를 운영하면서 특정 검색 로봇의 크롤링을 막는 경우는 거의 없기 때문에 보통 User-agent 설정으로 *을 주로 사용합니다.

아래는 모든 경로를 허용하지 않겠다는 의미입니다.

```
User-agent: *
Disallow: /
```

아래는 /shop/cart와 /my-page로 시작하는 서브 경로를 허용하지 않겠다는 의미입니다(그 외 경로는 허용).

```
User-agent: *
Disallow: /shop/cart
Disallow: /my-page
```

이제 이 규칙을 이용해 코로나보드 웹사이트에도 적용하겠습니다. coronaboard-web을 빌드하면 /bootstrap, /chart로 시작하는 예제 페이지들이 같이 빌드되는데요, 예제 페이지니까 검색 엔진이 크롤링할 필요가 없어 보입니다. 이 페이지들에 대한 크롤링을 허용하지 않고 루트(/) 경로에 있는 페이지의 크롤링을 허용하려면 coronaboard-web/static 경로에 robots.txt 파일을 만들고 다음과 같이 작성하면 됩니다.

coronaboard-web/static/robots.txt
```
User-agent: *
Disallow: /bootstrap
Disallow: /chart
```

6. 모바일 친화적인 웹페이지 만들기

과거에는 같은 내용의 페이지를 데스크톱과 모바일용으로 각각 제작해 별도의 주소를 가지는 경우가 있습니다. '주소 하나로 통일하기' 항목에서 살펴본 것처럼 같은 내용을 가진 페이지라면 주소를 하나로 통일하는 것이 SEO 측면에서 유리합니다. 되도록이면 어떤 디바이스에서든지 잘 동작하는 반응형 웹페이지 하나로 만드는 것이 좋습니다.

반응형 디자인으로 웹페이지로 만들더라도 일부 잘못된 설정 등으로 인해 모바일에 완전히 친화적이지 못할 수 있습니다. 구글에서 제공하는 모바일 친화성 테스트[10]를 활용해서 문제가 없는지 한 번 점검해보는 것이 좋습니다.

---

10 https://search.google.com/test/mobile-friendly

7. 코어 웹 바이탈 개선하기

구글은 2020년 쯤 코어 웹 바이탈^{Core Web Vitals}이라는 지표를 도입해 검색 순위를 산정하는 데 사용하기 시작했습니다. 따라서 웹페이지 순위를 올리려면 코어 웹 바이탈을 꼭 확인해봐야 합니다. 코어 웹 바이탈은 구글에서 제공하는 페이지 스피드 인사이트 웹사이트[11]에서 확인할 수 있습니다.

다음은 https://coronaboard.kr에 대해 실제로 지표를 조회해본 결과입니다.

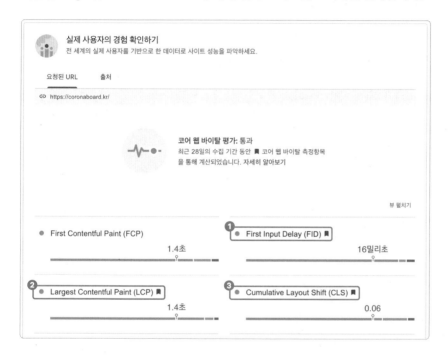

웹 바이탈 중 ❶ FID, ❷ LCP, ❸ CLS 이 세 가지가 코어 웹 바이탈에 속하는 항목입니다.

- **FID**^{First Input Delay, 최초 입력 지연} : 사용자가 페이지에서 처음으로 뭔가를 클릭하거나 입력한 시점부터 사용자 행동에 대한 응답으로 이벤트 핸들러가 처리되기 시작한 시점까지의 시간을 의미합니다. 이 지표를 통해 사용자의 행동에 빠르게 잘 반응하는지 확인할 수 있습니다.
- **LCP**^{Largest Contentful Paint, 최대 콘텐츠풀 페인트} : 페이지가 처음으로 로드되기 시작한 시점부터 화면 내에 있는 가장 큰 영역(이미지 혹은 텍스트)이 렌더링을 완료했다는 데 걸리는 시간입니다. 실제 사용자 눈에 가장 많이 띄는 영역이 렌더링을 완료했다는 것은 사용자가 충분히 읽을 수

---

11 PageSpeed Insights: https://pagespeed.web.dev

있는 정도가 됐다고 느낄 상태를 의미합니다. 이 지표를 보면 실제 페이지가 사용자가 느끼기에 완전히 준비된 상태가 될 때까지 걸리는 시간을 대략 알 수 있습니다.

- CLS^Cumulative Layout Shift, 누적 레이아웃 시프트 : 페이지를 보고 있는 중에 레이아웃이 갑자기 바뀌거나 하는지를 측정하는 지표입니다. 예를 들어 페이지를 보던 중에 원래 없던 광고가 갑자기 나타난다거나 하면 사용자가 불편을 겪을 수 있기 때문에 이 지표를 통해 사용자 경험이 좋지 않은 웹페이지를 구분해낼 수 있습니다.

각 지표에 대한 더 자세한 설명과 이를 실제로 최적화하는 방법은 이 책의 범위를 벗어나기 때문에 구글에서 운영하는 web.dev 웹사이트를 참고해주세요.

- https://web.dev/learn-web-vitals

8. 메타 디스크립션 사용하기

HTML의 〈head〉 태그 안에 위치한 〈meta〉 태그는 해당 웹페이지에 관한 추가 정보를 담는 데 사용됩니다. 〈meta〉 태그의 내용은 실제로 사용자에게 보이지는 않지만 검색 로봇 등에서 읽어들여서 사용할 수 있기 때문에 검색 로봇에 추가 정보를 제공하는 용도로 많이 사용됩니다. 〈meta〉 태그 중에서도 특히 name="description" 속성을 지정하고 content="..." 부분에 이 웹페이지에 대한 설명을 원하는 대로 명시할 수 있는데 이를 메타 디스크립션^meta description이라고 합니다. 실제 메타 디스크립션이 적용된 웹페이지의 HTML은 다음과 같습니다.

```
<html>
<head>
  <title>코로나 19(COVID-19) 실시간 상황판</title>
  <meta name="description" content="코로나19(신종 코로나바이러스)에 관한 세계 각 국
가들의 통계 및 뉴스 등을 취합해 실시간 정보를 제공합니다.">
    ... 생략 ...
</head>
... 생략 ...
</html>
```

구글은 검색 결과를 보여줄 때 페이지 내용 중 일부를 추출해 ❶처럼 보여주는데요, 구글은 페이지 내용 중 일부를 자동으로 추출해 보여주는 것보다 〈meta name="description" content="..."〉 태그 안에 존재하는 내용이 더 사용자에게 보여주기 적당하다고 판단하면 이 내용을 우선해 보여주게 됩니다. 한글 기준 대략 100글자 이상 내용은 잘려나가게 되니 페이지 내용을 핵심 키워드를 사용해 요약해서 넣어주세요.

```
https://coronaboard.kr   ⋮
❶ 코로나19(COVID-19) 실시간 상황판
코로나19(신종 코로나바이러스)에 관한 세계 각 국가들의 통계 및 뉴스 등을 취합하여 실시간 정보와 다양한
차트를 제공합니다.
```

9. 검색 엔진별 가이드 문서 숙지하기

이 책에서는 SEO에 있어 중요하다고 생각되면서도 가장 기본이 되는 항목 위주로 최대한 설명을 해보았습니다. 여기서 다룬 내용만 잘 적용해도 웹사이트의 콘텐츠가 좋다면 검색 엔진에 상위 노출될 가능성은 매우 높습니다. 이외에도 더 많은 정보 또는 특정 검색 엔진에 맞는 최신 정보를 얻고 싶다면 각 검색 엔진에서 제공하는 SEO 가이드를 확인하세요.

- **구글 검색 엔진 최적화 문서** : https://developers.google.com/search/docs
- **네이버 웹 마스터 가이드 문서** : https://searchadvisor.naver.com/guide

17.4 개츠비 기반 웹사이트에서 메타 디스크립션 추가하기

개츠비 기반 웹사이트에서 앞서 언급한 메타 디스크립션을 추가해보겠습니다.

To Do **01** 다음과 같이 추가적인 라이브러리를 설치합니다.

```
npm install react-helmet@6.1.0 gatsby-plugin-react-helmet@4.14.0
```

- **react-helmet** : 리액트 컴포넌트 형식으로 ⟨head⟩ 태그 안의 값을 추가하거나 조작하는 기능을 합니다.
- **gatsby-plugin-react-helmet** : react-helmet의 기능을 개츠비와 연동해 사용할 수 있게 합니다. 이 플러그인이 설정되어 있으면 개츠비가 정적 웹사이트를 빌드할 때 react-helmet이 생성한 ⟨head⟩ 태그 안의 값들도 같이 포함해서 HTML을 생성합니다.

02 설치를 완료한 후 아래처럼 gatsby-config.js 파일을 수정합니다.

```
                                                    coronaboard-web/gatsby-config.js
module.exports = {
  plugins: [
    'gatsby-plugin-emotion',
    'gatsby-plugin-sitemap',
    'gatsby-plugin-react-helmet', // ❶
  ],
  // ❷
  siteMetadata: {
    siteUrl: 'https://coronaboard.kr',
    title: '코로나19(COVID-19) 실시간 상황판',
    description: '코로나19에 관한 세계 각 국가들의 통계 및 뉴스 등을 취합해 실시간
정보와 다양한 차트를 제공합니다',
  },
};
```

❶ 플러그인 목록에 'gatsby-plugin-react-helmet'을 새로 추가합니다.

❷ 기존에 정의되어 있던 siteMetadata 필드에 title, description을 각각 추가합니다. 여기에 정의된 값들은 개별 웹페이지가 아닌 웹사이트 전체에 대한 정보이고, 나중에 각 페이지에 정의된 title 또는 description 정보와 같이 조합해서 사용할 예정입니다.

03 이번에는 실제로 Helmet 컴포넌트를 이용해 title과 description 정보가 〈head〉 태그 내부에 들어갈 수 있도록 코드를 작성하겠습니다. Helmet 컴포넌트를 감싼 HelmetWrapper 컴포넌트를 다음과 같이 만들어 Helmet의 기능을 더 편리하게 이용해봅시다.

```
                                          coronaboard-web/src/component/helmet-wrapper.js
import React from 'react';
import PropTypes from 'prop-types';
import { Helmet } from 'react-helmet';
import { useStaticQuery, graphql } from 'gatsby';

function HelmetWrapper({ title, description }) {
  // ❶ 사이트 메타 정보 불러오기
  const { site } = useStaticQuery(
    graphql`
      query {
        site {
          siteMetadata {
```

```
          title
          description
        }
      }
    }
  `,
);

const { siteMetadata } = site;
// ➋ 사이트 디스크립션 기본값 지정
const metaDescription = description || siteMetadata.description;

return (
  <Helmet
    title={title}
    // ➌ 제목 템플릿 설정
    titleTemplate={`%s | ${siteMetadata.title}`}
    // ➍ <meta> 태그를 여러 개 추가 가능
    meta={[
      {
        name: 'description',
        content: metaDescription,
      },
    ]}
  />
);
}

// ➎ 이 컴포넌트에서 사용하는 props에 대한 기본값 지정
HelmetWrapper.defaultProps = {
  description: null,
};

// ➏ 이 컴포넌트에서 사용하는 props에 대한 타입 지정
HelmetWrapper.propTypes = {
  title: PropTypes.string.isRequired,
  description: PropTypes.string,
};

export default HelmetWrapper;
```

❶ 개츠비 데이터 레이어에 로드된 다양한 데이터는 그래프QL 쿼리를 이용해서 조회할 수 있습니다(5.1.5절 '개츠비 데이터 레이어' 참조). 특히 useStaticQuery() 함수는 빌드 시점에 그래프QL 쿼리를 이용해 데이터 레이어로부터 원하는 데이터만 조회하는 리액트 후크입니다. 이렇게 조회된 데이터는 페이지 내로 주입되기 때문에 빌드 과정에서 필요한 데이터가 완전히 채워진 상태의 정적 웹페이지를 생성할 수 있게 됩니다. 여기에 작성된 쿼리는 site 모델 안의 siteMetadata 안에 존재하는 필드 중 title, description 필드만 조회하겠다는 의미입니다 (gatsby-config.js 파일에 조금 전에 추가한 siteMetadata 필드는 자동으로 개츠비 데이터 레이어의 site라는 모델 안에 로드되어 여기서 쓸 수 있게 됩니다).

❷ description은 있으면 더 좋지만 없어도 되는 선택적인 값입니다. HelmetWrapper 컴포넌트 사용 시 별도 description 속성이 지정되는 경우 이 값을 사용하고, 지정되지 않은 경우에는 siteMetadata에 미리 정의된 웹사이트 전체에 대한 description을 적용합니다.

❸ 웹페이지의 제목을 표시할 때 페이지 제목과 사이트 제목을 이어 붙여서 보여주는 경우가 종종 있는데, 이를 위한 설정입니다. %s에 title값이 채워지기 때문에 '홈 | 코로나19(COVID-19) 실시간 상황판' 같은 형식으로 최종 제목이 완성됩니다.

❹ meta 속성에는 배열 형태로 여러 항목을 넣어줄 수 있고, 각 항목이 나중에 하나의 〈meta〉 태그로 생성되어 페이지에 삽입됩니다. 여기서는 SEO를 위한 메타 디스크립션을 생성할 수 있도록 name과 content 속성값을 지정했습니다.

❺와 ❻은 HelmetWrapper 컴포넌트에서 사용하는 props에 대한 기본값과 타입을 지정하는 코드입니다. 필수 내용은 아니지만 명시적으로 지정하면 이 컴포넌트를 사용할 때 부모 컴포넌트의 속성값들을 어떤 식으로 사용해야 하는지 더 명확하게 알 수 있게 됩니다.

04 이제 완성된 HelmetWrapper 컴포넌트를 실제 페이지에 적용하겠습니다.

coronaboard-web/src/template/single-page.js

```
... 생략 ...
export default function SinglePage({ pageContext }) {
    ... 생략 ...
    return (
        <div id="top">
            {/* ❶ */}
            <HelmetWrapper title={"홈"}/>
            ... 생략 ...
        </div>
    );
}
```

기존에 작성된 singe-page.js 파일을 열어 ❶에서처럼 title 속성을 지정해 HelmetWrapper 컴포넌트를 추가해줍니다. 이렇게 하면 SinglePage 컴포넌트가 렌더링될 때 HelmetWrapper에 정의된 내용에 따라 해당 페이지의 ⟨head⟩ 태그 안에 ⟨title⟩ 태그와 ⟨meta⟩ 태그가 추가됩니다.

05 ⟨head⟩ 태그에 추가된 내용을 확인해보겠습니다. 다음 명령을 실행해 개발용 서버를 실행합니다.

```
$ gatsby develop
```

06 개발 서버가 실행되고 난 후 웹브라우저에서 http://localhost:8000를 열고, 크롬 개발자 도구의 [Elements] 탭을 이용해 ⟨head⟩ 태그 서브의 ❶ 영역을 살펴봅니다. 제목과 메타 디스크립션이 정상적으로 추가되어 있으면 성공입니다.

개츠비 데이터 레이어와 그래프QL

개츠비 데이터 레이어에 대해 쿼리를 직접 실행해서 결과를 확인해보고 싶을 때는 그래프QL을 사용하면 됩니다. gatsby develop 명령어로 개츠비 개발 서버를 실행한 후 http://localhost:8000/__graphql 주소에 접속하면 GraphiQL이 나타납니다.

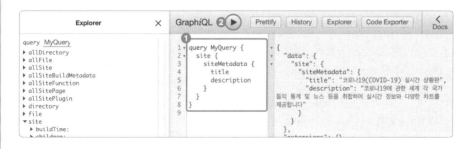

여기서 ❶ 영역에 쿼리를 입력하고 ❷ 버튼을 클릭해 쿼리를 실행해 그에 대한 결과를 바로 확인할 수 있습니다. 이 페이지에서는 현재 개츠비 데이터 레이어에 로드된 모든 모델을 탐색할 수 있기 때문에 실제 모델을 보면서 어떤 모델의 어떤 필드를 조회해서 사용할지 결정하는 데 도움이 됩니다.

17.5 SNS에 공유하기

페이스북이나 트위터 같은 SNS에 웹페이지 주소를 공유하면 페이지의 제목과 설명 그리고 대표 사진이 다음과 같이 자동으로 생성됩니다. 이번 절에서는 SNS에 공유될 때 원하는 제목, 설명, 대표 사진을 설정하는 방법을 알아보겠습니다.

일반적으로 SNS의 입력창에 사용자가 웹페이지 주소를 공유하면 해당 SNS에서 운영하는 로봇이 해당 주소를 방문해 해당 페이지에 존재하는 제목, 설명, 이미지를 크롤링합니다. 이렇게 수집된 데이터를 이용해 자신들이 제공하는 UI에 맞게 사용자에게 표시하는 것이 위 화면이 만들어지는 과정입니다. 웹페이지에 별다른 설정을 하지 않았다면 SNS의 로봇이 해당 페이지 내용 중 〈title〉 태그 안의 내용을 제목으로 사용할 것이고, 페이지 내용 중 일부 텍스트와 이미지를 추출해 설명과 이미지로 사용합니다.

만약 웹페이지 내에 제목, 텍스트, 대표 이미지가 존재하지 않으면 어떻게 될까요? 제목 대신 해당 웹페이지의 도메인이 사용되고, 텍스트와 이미지 부분은 아예 생략된 상태로 나오기 때문에 다음처럼 볼품없는 화면이 나타납니다.

페이지의 제목, 텍스트, 대표 이미지와 상관없이 SNS에 공유할 때 표시되는 제목, 텍스트, 대표 이미지를 별도로 지정하는 방법이 있습니다. 페이스북에서 만든 오픈 그래프Open Graph 프로토콜[12]을 사용하면 됩니다. 오픈 그래프 프로토콜에 따라 적절한 〈meta〉 태그를 추가해두면 오픈 그래프 프로토콜을 따르는 로봇들이 해당 페이지를 크롤링할 때 해당 〈meta〉 태그에 정의된 오픈 그래프용 제목, 설명, 대표 이미지 등을 우선적으로 수집해 사용합니다. 따라서 기존 페이지의 제목이나 내용에 영향을 주지 않고 이 프로토콜을 이용해 SNS에 공유하기 좋은 제목과 설명을 별도로 정의할 수 있습니다. 이 프로토콜은 페이스북에서 만들었지만 다양한 SNS뿐만 아니라 메신저 서비스 등에서도 지원하기 때문에 오픈 그래프를 우선적으로 적용하는 것이 좋습니다.

> **Note** 오픈 그래프에 정의된 메타 정보를 사용해 대표 이미지를 제공하면 페이스북에서는 카드 형태로 이미지가 잘 나오지만 트위터에서는 그렇지 않습니다. 트위터에서도 카드 형태로 표시되길 원한다면 트위터에서 요구하는 메타 정보를 추가해야 합니다.
> - https://developer.twitter.com/en/docs/twitter-for-websites/cards/overview/summary

이제 오픈 그래프 공식 웹사이트에 있는 예시를 이용해 구체적으로 어떤 정보를 추가해야 하는지를 살펴봅시다.

```
<html>
<head>
  <title>The Rock (1996)</title>

  <meta property="og:title" content="The Rock" />
  <meta property="og:type" content="video.movie" />
  <meta property="og:url" content="https://www.imdb.com/title/tt0117500/" />
  <meta property="og:image" content="https://ia.media-imdb.com/images/rock.jpg" />
... 생략 ...
</head>
... 생략 ...
</html>
```

오픈 그래프 관련 필드는 〈meta〉 태그 안에 og:로 시작하는 property 속성을 정의하고 , 그에 대응하는 값을 content 속성에 넣어주어 정의합니다. 자주 사용하는 property는 다음의 다섯 가지입니다.

---

[12] The Open Graph protocol. https://ogp.me

- **og:title (필수)** : 웹페이지 제목. ⟨title⟩ 태그값과 같아도 되고 달라도 됩니다. 다르게 지정하면 웹브라우저 제목 표시줄에는 ⟨title⟩ 태그에 있는 값이 나타나고, 페이스북 등의 SNS에 공유 시에는 og:title에 정의된 content 속성값이 제목으로 나타납니다.
- **og:type (필수)** : 웹페이지 타입 명시. 예시에서는 video.movie를 사용했는데 이 외에도 music, article, book, profile, website 등의 다양한 타입이 있습니다. 오픈 그래프 프로토콜 웹사이트에서 웹페이지 콘텐츠에 맞는 적절한 타입을 찾아서 지정하되, 찾지 못한 경우 website 타입을 지정하면 됩니다.
- **og:url (필수)** : 웹페이지의 표준^{canonical} URL 지정. 일반적으로는 현재 페이지의 URL을 입력하면 됩니다. 만약 한 웹페이지를 가리키는 주소가 여러 개일 때는 중복된 URL을 통일해서 사용할 하나의 표준 URL만 지정해서 넣어주면 됩니다. http 또는 https로 시작하는 전체 주소를 입력해야 합니다.
- **og:image(필수)** : 웹페이지의 대표 이미지 주소를 지정합니다. 여기도 마찬가지로 항상 http 또는 https로 시작하는 전체 주소를 입력해야 합니다(상대 경로 주소를 지정하면 이미지를 제대로 읽어들이지 못합니다).
- **og:description(선택)** : 웹페이지 내용에 대한 요약 설명을 입력합니다. 메타 디스크립션에 존재하는 값과 같아도 되고 달라도 됩니다. 다르면 검색 엔진의 검색 로봇은 메타 디스크립션 내용을 읽어들이지만 페이스북 로봇은 이 내용을 우선해 읽어들입니다.

이 외에도 많은 property들이 존재하지만 거의 사용되지 않습니다. 더 자세한 설명은 오픈 그래프 웹사이트를 참고하세요.

To Do 오픈 그래프 property를 코로나보드에 적용하기

01 기존에 만든 siteMetadata 모델에 필요한 정보를 추가하겠습니다.

```
                                              coronaboard-web/gatsby-config.js
module.exports = {
    ... 생략 ...
  siteMetadata: {
    ... 생략 ...
    // ❶ 오픈 그래프용 이미지 추가
    image: 'https://coronaboard.kr/ogimage.png',
  },
};
```

❶ image 필드를 추가해 대표 이미지로 사용될 이미지 주소를 적어줍니다. 여기서 사용된 ogimage.png 이미지는 예제 소스의 [coronaboard-web/static] 디렉터리 안에 포함되어 있고, 원한다면 이미지를 직접 만들어서 넣는 것도 가능합니다. 페이스북은 가로/세로 비율이 1.91:1이면서 가로 길이 1200px 이상인 이미지를 추천합니다.

02 이제 준비된 데이터를 이용해 오픈 그래프 정보를 메타 태그로 생성하겠습니다.

coronaboard-web/src/component/helmet-wrapper.js

```
... 생략 ...
function HelmetWrapper({ title, description }) {
  // ❶ 기존 쿼리에 siteUrl, image 필드 추가
  const { site } = useStaticQuery(
    graphql`
      query {
        site {
          siteMetadata {
            title
            description
            siteUrl
            image
          }
        }
      }
    `,
  );
  ... 생략 ...
  return (
    <Helmet
      ... 생략 ...
      meta={[
        ... 생략 ...
        // ❷ 오픈 그래프 관련 메타 데이터 추가
        {
          property: 'og:title',
          content: title,
        },
        {
          property: 'og:description',
          content: metaDescription,
        },
```

```
      {
        property: 'og:url',
        content: siteMetadata.siteUrl,
      },
      {
        property: 'og:image',
        content: siteMetadata.image,
      },
      {
        property: 'og:type',
        content: 'website',
      },

    ]}
  />
 );
}
... 생략 ...
```

앞서 gatsby-config.js에서 정의된 새로운 필드를 불러오려고 ❶에서 siteUrl, image 필드를 추가했습니다. 이렇게 불러온 값을 이용해 ❷ 오픈 그래프 관련 메타 데이터를 추가합니다. 이제 작업이 완료되었으니 개츠비 개발 서버를 실행해 〈head〉 태그 내에 오픈 그래프 정보를 담은 〈meta〉 태그들이 추가되어 있는지를 다시 한번 확인하면 됩니다.

03 배포된 웹페이지에 대해 최종적으로 오픈 그래프 관련 정보가 잘 작동하는지 확인해보겠습니다. 이 작업에는 페이스북 공유 디버거[13]라는 도구를 사용하는 것이 좋습니다.

---

13 https://developers.facebook.com/tools/debug

이 도구에 ① 웹페이지 주소를 입력한 후 디버그 버튼을 클릭하면 실제로 페이스북 로봇이 해당 주소에 접속해 크롤링한 후 오픈 그래프 정보를 수집해 필요한 정보가 잘 제공되는지를 확인해보여줍니다. 따라서 페이스북 공유 디버거를 사용하기 전에 꼭 이제까지의 수정 사항을 모두 빌드/배포해 운영 중인 웹사이트를 최신 상태로 만든 후 사용해야 합니다.

누락된 필수 속성이 있으면 ②에서 알려줍니다. fb:app_id 속성은 '페이스북으로 로그인하기' 등의 페이스북 연동 개발을 위해 페이스북 개발자 페이지에서 생성된 앱의 ID값을 의미하는데, 이러한 기능 연동 없는 단순 웹페이지라면 군이 넣지 않아도 문제가 없습니다. 이 외에 실제 사용자에게 표시하는 데 사용되는 다른 필수 속성값들에 대한 누락이 발견된 경우 원인을 찾아서 해결하는 것이 좋습니다.

마지막으로 오픈 그래프 관련 속성을 변경 후에 다시 디버그 버튼을 클릭하더라도 페이스북 공유 디버거에서 기존에 크롤링한 내용이 남아 있어서 변경된 내용이 반영되지 않는 경우가 있습니다. 이럴 때는 ❸ [다시 스크랩] 버튼을 클릭하면 크롤러가 다시 최신 데이터를 수집해옵니다.

학습 마무리

이번 장에서는 실제 운영하는 웹사이트를 어떻게 하면 검색 엔진에 등록할 수 있는지, 그리고 검색 결과 중 상위에 노출되게 할 수 있는지를 알아봤습니다.

핵심 요약

1 검색 엔진이 동작하는 방식을 이해하고 그 원리에 맞게 웹사이트 구조와 내용을 최적화하는 방법을 SEO라고 합니다.

2 SEO를 통해서 자신이 만든 웹사이트가 검색 결과에서 상위 노출이 많이 될수록 더 많은 사용자의 방문을 기대할 수 있습니다.

3 SNS 공유 시 원하는 내용과 대표 이미지가 보여지게 하려면 오픈 그래프 프로토콜을 따르는 메타 정보를 추가해야 합니다.

Chapter

18

STEP #2

사용자 분석하기 : 구글 애널리틱스

검색 엔진에
알리기

사용자 분석 하기
구글 애널리틱스 4

광고로 웹사이트
수익화하기

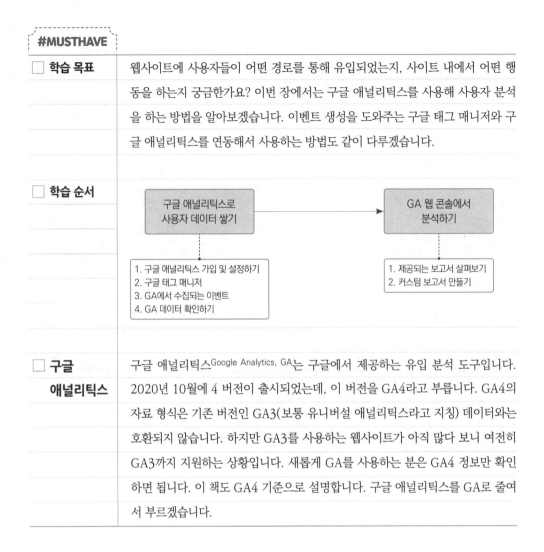

□ 학습 목표	웹사이트에 사용자들이 어떤 경로를 통해 유입되었는지, 사이트 내에서 어떤 행동을 하는지 궁금한가요? 이번 장에서는 구글 애널리틱스를 사용해 사용자 분석을 하는 방법을 알아보겠습니다. 이벤트 생성을 도와주는 구글 태그 매니저와 구글 애널리틱스를 연동해서 사용하는 방법도 같이 다루겠습니다.

□ 학습 순서

구글 애널리틱스로 사용자 데이터 쌓기	→	GA 웹 콘솔에서 분석하기
1. 구글 애널리틱스 가입 및 설정하기 2. 구글 태그 매니저 3. GA에서 수집되는 이벤트 4. GA 데이터 확인하기		1. 제공되는 보고서 살펴보기 2. 커스텀 보고서 만들기

□ 구글 애널리틱스	구글 애널리틱스Google Analytics, GA는 구글에서 제공하는 유입 분석 도구입니다. 2020년 10월에 4 버전이 출시되었는데, 이 버전을 GA4라고 부릅니다. GA4의 자료 형식은 기존 버전인 GA3(보통 유니버설 애널리틱스라고 지칭) 데이터와는 호환되지 않습니다. 하지만 GA3를 사용하는 웹사이트가 아직 많다 보니 여전히 GA3까지 지원하는 상황입니다. 새롭게 GA를 사용하는 분은 GA4 정보만 확인하면 됩니다. 이 책도 GA4 기준으로 설명합니다. 구글 애널리틱스를 GA로 줄여서 부르겠습니다.

18.1 구글 애널리틱스로 사용자 데이터 쌓기

웹사이트를 운영하다 보면 어떤 사용자들이 어떻게 웹사이트에 접속하고 어떤 행동을 하는지 궁금해집니다. 대표적으로 다음과 같이 3가지 질문들이 생길 겁니다.

- 사용자 특징 분석
  - 지역, 연령대, 사용 언어

- 사용자 행동 분석
  - 가장 많이 접속하는 시간
  - 가장 많이 클릭한 버튼
  - 가장 오래 머무는 페이지
- 유입 경로

이러한 질문에 대한 데이터로 개별 유저를 정확히 파악하기는 힘들지만 전체적인 움직임을 알아내어 웹사이트 개선 방향성을 정하는 데 활용할 수는 있습니다. 예를 들어 20대 사용자들이 압도적으로 많이 방문한다면 '20대 사용자들이 더 좋아할 만한 콘텐츠를 우선적으로 추가하자'라든지, 해외에서도 많이 접속한다면 '영어로 된 웹페이지를 재빨리 만들어 제공하자'라는 데이터에 기반한 의사결정을 할 수 있게 됩니다.

그렇다면 실제로 이러한 정보를 어떻게 하면 얻을 수 있을까요? 사이트로 유입되는 사용자 행동과 정보를 분석하는 도구를 유입 분석 도구 또는 방문자 추적 도구라고 부릅니다. 유입 분석 도구에서 제공하는 사용자 데이터 수집 코드를 자신의 웹사이트에 넣어서 배포하면 사용자들이 웹사이트에 접속할 때마다 자동 실행되어 사용자 정보를 수집하고, 사용자 행동을 기록합니다.

이제부터 GA를 이용하여 데이터를 쌓는 방법을 알아봅시다.

18.1.1 구글 애널리틱스 가입 및 설정하기

To Do 01 https://www.google.com/analytics/web 주소로 접속하면 다음과 같은 페이지가 나타납니다. GA를 사용하려면 구글 계정이 필요합니다. 만약 구글 계정으로 로그인되어 있지 않으면 구글 로그인 화면이 먼저 나타납니다. 로그인하면 이 페이지로 자동적으로 이동됩니다. ❶ [측정 시작] 버튼을 클릭합니다.

02 '계정 설정' 화면이 나타나면 ❶ 원하는 계정 이름을 입력한 후 '계정 데이터 공유 설정' 부분은 기본 선택된 값을 유지한 채 ❷ [다음] 버튼을 클릭합니다.

03 [속성 설정] 화면이 나타나면 먼저 ❶ '속성 이름'을 정해줍니다. GA는 한 계정에 여러 속성을 만들 수 있고, 속성 단위로 데이터를 수집합니다. 보통은 웹사이트 하나당 속성 하나를 만들어서 사용한다고 생각하면 됩니다. ❷ 보고 시간대는 '대한민국'으로 ❸ 통화는 '대한민국 원(KRW ₩)'으로 설정합니다. 이 두 항목은 수집된 데이터를 보여주는 시간/통화 기준만 다르게 설정하는 것이라 실제 수집되는 데이터가 달라지지는 않습니다(속성 설정 페이지에서 언제든지 변경할 수 있습니다). 설정이 완료된 후에는 ❹ [다음] 버튼을 클릭합니다.

04 '비즈니스 정보' 화면이 나타나면 자신의 상황에 맞게 선택하면 됩니다. 이 정보는 의무적으로 선택할 필요가 없기 때문에 아무것도 선택하지 않고 곧바로 ❶ [만들기] 버튼을 클릭해 넘어가도 무관합니다.

05 속성이 성공적으로 만들어지고 난 후에는 위와 같이 데이터 스트림 설정 화면이 나타납니다. ❶ [웹] 플랫폼을 선택합니다.

06 ❶ 자신의 웹사이트 URL을 입력한 후 ❷ 스트림 이름을 입력합니다. 스트림의 경우 유일하기만 하면 어떤 이름도 상관없습니다. 입력이 완료되면 ❸ [스트림 만들기] 버튼을 클릭합니다.

07 스트림이 만들어지고 나면 생성된 스트림의 세부정보가 나타납니다. ❶ '측정 ID'는 이 데이터 스트림을 식별하는 고유한 값입니다. ❷ 영역을 클릭하면 해당 영역 아래쪽이 확장되면서 ❸ 유입 분석을 위한 '글로벌 사이트 태그' 코드 조각이 나타납니다. 이 코드 조각을 복사해서 웹페이지의 〈head〉 태그 안에 붙여넣어주면 사용자가 웹페이지를 열 때마다 이 코드가 실행되면서 사용자 데이터를 GA에 수집합니다. 하지만 이 책에서는 다른 방식으로 GA에 데이터를 전달할 것

이기 때문에 ❷, ❸ 영역은 신경 쓸 필요가 없고 ❶ '측정 ID' 값만 18.1.2절 '구글 태그 매니저 가입 및 설정하기'에서 사용할 예정이니 잘 복사해둡시다. 이제 ❹ 닫기 버튼을 눌러서 이 창을 닫습니다.

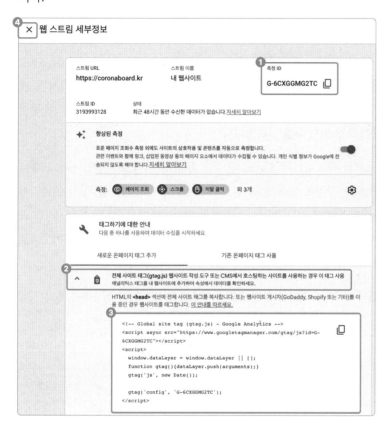

08 창이 닫히고 나면 좀 전에 추가된 데이터 스트림을 확인할 수 있습니다. 아직 실제 웹사이트와 연결되지 않았기 때문에 좀 전에 생성한 데이터 스트림에 수신된 데이터가 없다고 나옵니다.

이것으로 기본 설정을 마쳤습니다. 이어서 웹사이트에서 GA로 데이터를 전송하는 방법을 알아보겠습니다.

18.1.2 구글 태그 매니저 가입 및 설정하기

구글 태그 매니저^{Google Tag Manager, GTM}는 웹사이트 또는 모바일 앱에서 '태그'라고 통칭되는 코드 조각을 실제 웹사이트에 반영하지 않고 웹 콘솔에서 동적으로 관리하는 도구입니다. 여기서의 '태그'는 HTML 태그가 아니라 마케팅 업계에서 사용하는 용어입니다. 웹사이트가 로드될 때 같이 실행되는 사용자 분석을 위한 추적 코드 등을 의미합니다.

GTM에서는 다양한 태그 유형을 제공하는데, GA도 이 태그 유형 중 하나로 지원됩니다. 그렇다면 GTM을 GA와 연동하면 어떤 장점이 있을까요? 먼저 GTM 없이도 18.1.1절 '구글 애널리틱스 가입 및 설정하기'의 **07**에서 살펴본 코드 조각을 이용하면 웹사이트에서 GA로 직접 데이터를 전송할 수 있습니다. 이 방식은 간편하지만 웹사이트에서 생성되는 데이터가 중간자 없이 GA로 바로 전달되기 때문에 중간 단계에서 추가 작업을 할 수 있는 여지가 없습니다.

하지만 [그림 18-1]처럼 웹사이트에 GTM을 중간자로 두어 GA로 데이터를 전송하도록 설정해 두면 훨씬 유연하고 다양한 기능을 사용할 수 있습니다.

그림 18-1 구글 애널리틱스 연동을 위한 구성 방식 비교

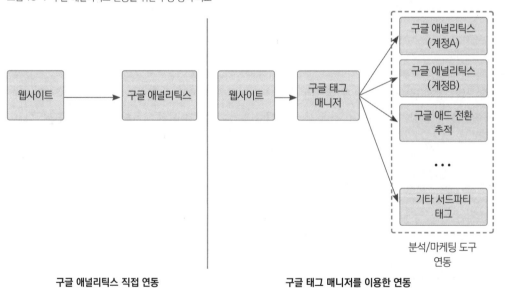

특히 GTM 웹 콘솔을 통해 조건을 설정해서 GA로 전송되는 데이터 중 불필요한 데이터를 버리거나, 이벤트를 새롭게 만드는 등 데이터 분석에 도움이 되는 다양한 기능을 사용할 수 있습니다. 심지어 웹사이트에서 수집된 데이터를 여러 GA 계정으로 동시에 보낼 수도 있어서 매우 유연하게 사용할 수 있습니다. 이 외에도 웹사이트 코드를 변경하지 않고도 다양한 분석/마케팅 도구와 연동할 수 있습니다.

이러한 장점을 적극 이용하고자 이 책에서는 GTM을 통해 GA와 연동하는 방법을 다룹니다.

이제 실제로 GTM 계정을 생성하고 GA와 연동 설정을 하겠습니다.

To Do **01** GTM(https://tagmanager.google.com/)에 접속합니다. 구글 계정으로 로그인이 완료되면 다음과 같은 계정 관리 화면이 나타납니다. ❶ [계정 만들기] 버튼을 클릭합니다.

02 계정 추가 화면이 나타나면 ❶ 원하는 계정 이름을 입력하고 국가를 선택합니다. ❷ 컨테이너 이름은 보통 웹사이트 도메인 이름을 사용하지만 원하는 값을 자유롭게 넣어도 됩니다. ❸ '타겟 플랫폼'은 웹을 선택한 후 ❹ [만들기] 버튼을 클릭합니다.

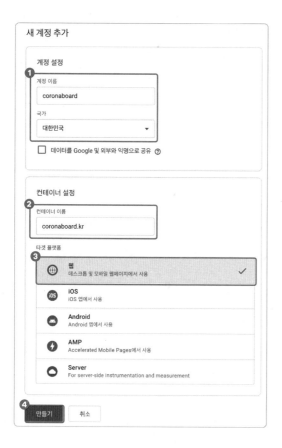

03 ❶ 약관에 동의 후에 ❷ [예] 버튼을 클릭합니다.

04 태그 관리자 설치를 위한 코드 조각이 나타납니다. 일반적인 웹사이트였다면 해당 코드 조각을 복사해서 넣으면 되지만 개츠비 기반의 웹사이트는 개츠비 플러그인을 통해서 설정할 수 있으니 일단 ❶ [확인] 버튼을 클릭해 넘어갑니다.

05 GTM의 기본 화면이 보입니다. 먼저 ❶ 방금 생성한 컨테이너의 ID를 복사해둡니다.

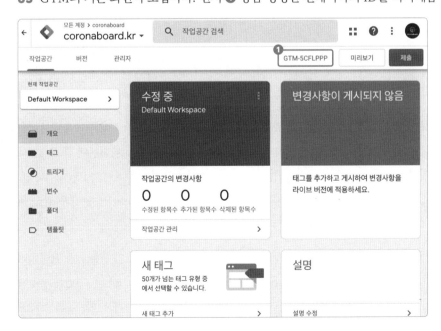

06 이제 개츠비로 만든 웹사이트와 방금 생성한 컨테이너를 연결할 차례입니다. gatsby-plugin-google-tagmanager 플러그인을 설치하고 컨테이너 ID를 설정해주겠습니다. [coronaboard-web] 디렉터리로 이동 후 다음 명령어를 실행해서 플러그인을 설치합니다.

```
$ npm install gatsby-plugin-google-tagmanager@3.10.0
```

설치가 완료되면 플러그인을 gatsby-config.js 파일에 등록합니다.

```
                                                    coronaboard-web/gatsby-config.js
module.exports = {
  plugins: [
    ... 생략 ...
    // ❶ 설정값과 함께 플러그인 등록
    {
      resolve: 'gatsby-plugin-google-tagmanager',
      options: {
        // ❷ 컨테이너 ID 등록
        id: 'GTM-5CFLPPP',
        // ❸ 개발 환경에서는 GTM을 사용하지 않음
        includeInDevelopment: false,
        defaultDataLayer: {
          platform: 'gatsby',
        },
      },
    },
  ],
};
```

❶ 기존에는 플러그인에 추가할 때는 플러그인 이름만 넣어줬습니다. 그런데 여기는 플러그인과 설정값을 넣어줍니다. resolve 필드에 플러그인의 이름을 넣어주고 options 필드에 플러그인에서 지원하는 설정값들을 넣어주면 됩니다. ❷ id 필드에는 좀 전에 복사해뒀던 GTM 컨테이너 ID를 붙여넣으면 됩니다. 이렇게 설정해주면 개츠비 빌드 과정에서 플러그인이 ID에 맞게 코드 조각을 생성해 페이지의 〈head〉 영역에 자동으로 넣어주게 됩니다.

개발 환경에서 테스트하던 데이터가 전송되어 실제 데이터와 섞이면 데이터의 정확도가 떨어지기 때문에 ❸에서 includeInDevelopment를 false로 설정했습니다. 따라서 gatsby develop 명령어를 사용해서 개발용 서버를 실행할 때는 GTM 코드 조각이 추가되지 않습니다. 그러므로 코드 조각이 추가되었는지 제대로 확인하려면 gatsby build 명령어로 배포용 빌드를 먼저 수행한 후 해당 빌드 파일을 로컬에서 테스트해볼 수 있도록 로컬 서버를 띄워주는 gatsby serve 명령어를 사용하면 됩니다.

```
$ gatsby build && gatsby serve
```

이 명령어를 사용하면 개발용 서버에서 사용했던 8000번 포트를 사용하지 않고 9000번 포트에 로컬 서버가 실행됩니다. 따라서 웹브라우저에서 http://localhost:9000을 열고 개발자 도구를 이용해 〈head〉 태그 안에 GTM 코드 조각이 잘 추가되어 있는지 확인해봅시다.

❶ 영역을 살펴보면 앞서 **04**번에서 살펴본 GTM 코드 조각과 같은 내용이 삽입되어 있습니다. 사용자가 페이지를 로드하면 이 코드가 실행되면서 데이터를 수집하고 GTM에 연동되어 있는 태그들을 통해 데이터를 전송합니다.

07 이제 다시 GTM 웹 콘솔로 돌아와서 GA로 데이터를 전송하는 태그를 추가하겠습니다. 왼쪽 메뉴에서 ❶ 태그를 선택합니다. 아직 아무런 태그가 설정되지 않아서 다음과 같은 화면이 나타납니다. ❷ [새로 만들기] 버튼을 클릭합니다.

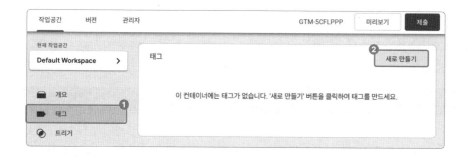

08 ❶ 태그의 이름을 원하는 대로 입력합니다. 여기서는 GA_TAG라고 입력합니다. ❷에서는 태그 유형을 선택할 수 있고, ❸에서는 선택한 태그의 실행 조건을 정하는 트리거를 등록할 수 있습니다. 먼저 ❷ 영역을 선택합니다.

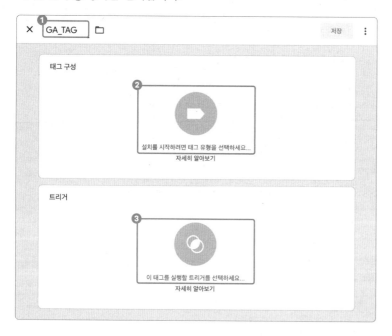

09 ❶ [Google 애널리틱스: GA4 구성]을 선택합니다. 비슷한 선택지로 [Google 애널리틱스: 유니버설 애널리틱스]가 있는데 이것은 GA의 기존 버전인 GA3을 예전부터 사용하던 분만 선택하면 됩니다.

10 ❶ [측정 ID] 항목에 GA 설정 마지막 단계에서 복사해둔 [측정 ID]를 입력해줍니다. GA4의 측정 ID 형식은 G-XXXXXXXXX[1]입니다(18.1.1절 **07** 참조). 나머지 설정은 기본값을 그대로 유지합니다.

11 트리거를 지정하겠습니다. **08**의 ❸ 영역을 선택하면 다음과 같은 화면이 나타납니다. ❶ [All Pages]를 선택합니다.

---

1 GTM 컨테이너 ID는 GTM-XXXXXXX, GA3(유니버설 애널리틱스) 추적 ID는 UA-XXXXXXXXX-X 형식입니다. 다른 종류의 ID값과 헷갈리지 않도록 합니다.

18장 **STEP #2** 사용자 분석하기 : 구글 애널리틱스 **561**

12 이제 태그 구성과 트리거 설정이 완료되어 다음과 같은 화면을 볼 수 있을 겁니다. 사용자가 웹사이트에 접속하면 GTM 코드 조각이 실행될 것이고, GTM은 여기서 설정한 대로 트리거로 설정해둔 페이지뷰가 감지되면 'Google 애널리틱스: GA4 구성' 태그 유형을 실행합니다. 이 설정 덕분에 웹사이트에 직접 GA 코드 조각을 설치하지 않더라도 GA로 데이터가 전달되기 시작할 겁니다. **❶** [저장] 버튼을 클릭해 만든 태그를 저장합니다.

13 방금 저장한 내용은 GTM 웹 콘솔에는 반영되었지만 아직 실제 웹사이트에 반영되지는 않았습니다. GTM에서는 이러한 설정들을 '컨테이너'라는 단위로 묶어서 한 번에 배포할 수 있습니다. 변경 사항들을 포함한 새로운 컨테이너를 만들어서 최종적으로 제출해야만 변경된 내용이 실제 웹사이트에 반영되니 주의합시다. **❶** [제출] 버튼을 클릭합니다.

14 제출 화면에서는 ❶ 영역을 통해 변경 사항을 최종적으로 확인할 수 있습니다. 확인해서 변경 사항에 문제가 없다면, 나머지 부분은 그대로 두시고 ❷ [게시] 버튼을 클릭합니다.

15 컨테이너 버전 설명 화면이 나오면 입력 항목들은 그대로 두고 ❶ [건너뛰기] 버튼을 선택합니다. 이부분을 건너뛰지 않고 컨테이너에 대한 정보를 추가해 나중에 해당 정보를 확인할 수도 있습니다. 이때는 입력창에 원하는 내용을 입력한 후 ❷ [계속] 버튼을 클릭하면 됩니다.

16 잠시 기다리면 실제 컨테이너 배포가 완료됩니다. 그 후 다음처럼 새롭게 배포된 컨테이너 버전에 대한 정보를 볼 수 있는 페이지로 자동으로 이동됩니다. ❶ '버전 변경 사항' 영역에서 확인할 수 있습니다.

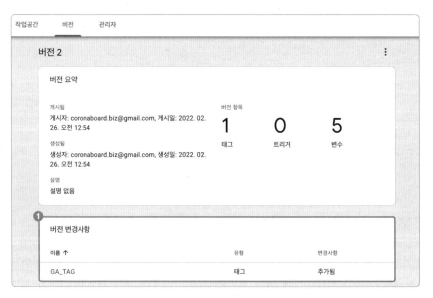

이제 GTM과 GA를 연동하는 설정을 모두 마쳤습니다.

18.1.3 GA에서 수집되는 이벤트

이제까지 설정한 내용만으로도 페이지뷰가 발생할 때 다양한 이벤트들이 수집되어 GA로 전송됩니다. 어떤 이벤트들이 수집되고 있는지 알아야 나중에 분석할 때 필요에 따라 찾아볼 수 있고, 원하는 데이터가 없다면 추가 설정으로 사용자 정의 이벤트를 수집할 수 있습니다. 자동 수집되는 GA 이벤트를 먼저 알아보고 나서 모든 클릭 이벤트를 수집하는 방법을 알아보겠습니다.

자동으로 수집되는 이벤트

아무런 설정 없이 GA에서 자동으로 수집하는 이벤트는 세 가지입니다. GA는 웹사이트와 앱을 모두 트래킹할 수 있지만 여기서는 웹사이트 기준으로 설명하겠습니다. 아래 내용 중 영문 이벤트 이름은 실제로 GA 웹 콘솔에서 표시되는 이벤트 이름입니다.

- **first_visit**
  - 사용자가 웹사이트를 처음 방문할 때 생성되는 이벤트입니다.
- **session_start**
  - 사용자가 웹사이트를 방문해서 새로운 세션을 시작할 때 생성되는 이벤트입니다. 세션이 생성된 후 사용자가 일정 시간[2] 이상 이벤트를 발생시키지 않으면 해당 세션은 종료됩니다.
- **user_engagement**
  - 사용자가 특정 웹페이지를 얼마나 사용하는지 측정하는 지표입니다. 최소 1초 이상 웹페이지를 본 사용자가 다른 페이지로 이동하거나, 보던 웹브라우저의 탭 또는 창을 닫는 순간 이 이벤트가 생성됩니다. 이 이벤트에 포함된 engagement_time_msec라는 매개변수를 보면 사용자가 실제로 얼마나 웹페이지를 사용했는지를 알 수 있습니다.

위에서 언급한 이벤트 외에도 GA4에서 추가된 '향상된 측정'이라는 기능을 활성화해두면 몇 가지 유용한 추가 이벤트를 자동으로 수집해주기 때문에 매우 편리합니다. [그림 18-2]는 18.1.1절 '구글 애널리틱스 가입 및 설정하기'에서 데이터 스트림을 만들면서 이미 한 번 살펴봤던 화면인데요, '향상된 측정'이 이미 기본값으로 활성화되어 있습니다. 혹시 비활성화되어 있다면 활성화해주시기 바랍니다. 이 기능을 통해 자동으로 측정되고 수집되는 이벤트는 다음과 같습니다.

---

2 기본값은 30분이고 GA 설정에서 조절할 수 있습니다.

- **페이지 조회 (page_view)**
  - 웹브라우저에서 사용자가 보고 있는 URL이 변경될 때마다 생성되어 수집되는 이벤트입니다.
- **스크롤 (scroll)**
  - 전체 페이지의 90%를 넘게 스크롤했을 때 생성되는 이벤트입니다.
- **이탈 클릭 (click)**
  - 현재 보고 있는 웹사이트의 도메인이 아닌 다른 도메인의 사이트로 이동하는 링크(아웃바운드 링크)를 클릭했을 때 생성되는 이벤트입니다. 이벤트에 포함된 link_url 매개변수를 보면 어떤 링크를 클릭했는지도 알 수 있습니다.
  - 현재 보고 있는 웹사이트와 같은 도메인을 가진 링크를 클릭하거나 웹페이지 내의 버튼 등을 클릭하는 이벤트는 여기에 포함되지 않기 때문에 이런 이벤트를 수집하려면 별도의 설정이 필요합니다. 이를 위한 설정은 잠시 후 '메뉴 클릭 이벤트 수집하기'에서 자세히 다루겠습니다.
- **사이트 검색 (view_search_results)**
  - 웹페이지의 URL에 쿼리 매개변수가 있는 경우 사이트 내에서 검색을 수행한 것으로 인지해 이벤트가 생성됩니다. 자동으로 인식되는 쿼리 매개변수의 이름은 q, s, search, query, keyword입니다.
  - 예를 들어 사용자가 https://example.com/?query=hello 같은 주소를 가진 페이지를 열면 이 이벤트가 생성되면서 이벤트 내에 포함된 search_term 매개변수에 hello값이 기록됩니다.
- **동영상에 호응(video_start, video_progress, video_complete)**
  - 웹페이지에 포함된 유튜브 영상을 재생할 때 이벤트가 생성됩니다.
- **파일 내려받기(file_download)**
  - 사용자가 링크를 통해 파일을 내려받으면 해당 파일명 및 확장자 같은 정보가 포함된 이벤트가 생성됩니다.

그림 18-2 웹 스트림 세부정보의 향상된 측정 항목 설정

GA가 웹사이트로부터 자동으로 수집하는 이벤트 대부분을 설명했습니다. 더 자세한 내용이나 앱에서 수집하는 이벤트는 구글 공식 문서[3]를 참고하세요.

추천 이벤트 이름

추천 이벤트는 많은 웹사이트에서 공통으로 사용될 만한 이벤트 이름들을 GA에서 미리 정의[4]해 둔 목록입니다. 대표적으로 login, sign_up, purchase, refund, add_to_cart 등의 이름이 있습니다. 이벤트 이름만 봐도 어떠한 상황에 사용될지 금방 이해가 가실 것 같아서 각 이벤트 이름에 대한 추가적인 설명은 하지 않겠습니다.

이러한 이벤트들은 여러 웹사이트에서 많이 사용되지만, 사이트마다 해당 기능을 처리하는 방식이 모두 다르기 때문에 구글에서 자동으로 이벤트를 수집하는 것이 불가능합니다. 그러다 보니 이러한 이벤트들은 결국 개발자가 직접 코드를 작성해 해당 기능을 사용하는 시점에 이벤트를 발생시키도록 하거나, GTM의 트리거를 이용해 이벤트를 발생시키도록 설정해줘야만 수집할 수 있습니다.

따라서 추천 이벤트 이름은 다음으로 설명할 사용자 정의 이벤트를 만들 때 구글이 미리 정의해둔 표준화된 이벤트 이름이 있는지 찾아보고 비슷한 것이 있다면 해당 이름을 사용하면 됩니다.

---

3 자동으로 수집되는 이벤트 : https://support.google.com/analytics/answer/9234069
4 추천 이벤트 : https://support.google.com/analytics/answer/9267735

메뉴 클릭 이벤트 수집하기

자동으로 수집되는 이벤트 목록에는 웹페이지 내부에 존재하는 메뉴, 버튼, 선택상자 등을 클릭했을 때 발생하는 이벤트가 없었습니다. '이탈 클릭'을 의미하는 클릭 이벤트를 통해 어떤 외부 페이지로 사용자가 이동하는지는 알 수 있지만, 정작 사용자들이 페이지 내에서 사용한 메뉴와 버튼을 얼마나 클릭하는지는 알 수 없습니다.

같은 웹사이트 내에서 링크를 클릭해 실제 다른 페이지로 이동하는 경우 보통 웹브라우저 주소창에 있는 주소가 변경됩니다. GA에서는 이러한 주소 변경을 자동으로 인식해 사용자가 새로운 페이지로 이동했다는 것을 알 수 있기 때문에 이러한 이벤트를 수집하기 위한 별도의 설정이 필요 없습니다. 하지만 코로나보드는 메뉴를 클릭해도 주소가 변경되지는 않고 해당 콘텐츠로 스크롤되는 방식을 사용합니다. 이러한 때는 메뉴를 클릭해도 별다른 이벤트가 생성되지 않기 때문에 별도로 이벤트를 발생시켜야 합니다.

별도로 이벤트를 발생시키는 방법은 그리 어렵지 않습니다. 원하는 상황에 객체를 GTM의 데이터 영역data layer에 푸시해주면 해당 객체의 내용이 그대로 GTM으로 전달됩니다. 메뉴바 관련 코드가 있는 navigation.js 파일을 열어서 기존 내용은 그대로 두고 다음과 같이 코드를 추가해봅시다.

```
coronaboard-web/src/components/navigation.js
... 생략 ...
import { animateScroll, Link, Events } from 'react-scroll';

export function Navigation() {
  ... 생략 ...
  useEffect(() => {
    windows.addEventListener('scroll', onScroll);

    // ❶ react-scroll 링크를 클릭해 스크롤이 시작될 때 호출되는 리스너 등록
    Events.scrollEvent.register('begin', (to, element) => {
      // ❷ menu_click 이벤트를 GTM의 dataLayer로 전송
      if (windows.dataLayer) {
        windows.dataLayer.push({
          event: 'menu_click',
          menu_name: to,
        });
      }
    });
```

```
    return () => {
      windows.removeEventListener('scroll', onScroll);
      // ❸ 리스너 제거
      Events.scrollEvent.remove("begin");
    };
  });

  ... 생략 ...
}
```

❶ react-scroll에서 제공하는 Events 객체를 사용하면 미리 리스너를 등록해둘 수 있습니다. 사용자가 메뉴 링크를 클릭해 스크롤이 시작하는 순간 이 리스너가 호출되고, 첫 번째 인수로는 어떤 링크를 클릭했는지를 알 수 있는 'to'가 제공됩니다.

❷ 개츠비 설정에 gatsby-plugin-google-tagmanager를 추가해뒀기 때문에 배포용 빌드 시에는 GTM 관련 코드가 웹사이트에 로드되어 있는 상태입니다. 이 경우 전역 변수인 windows를 통해서 GTM의 데이터 영역에 바로 접근할 수 있습니다. 하지만 개발용 빌드 시에는 GTM을 사용하지 않도록 설정해두었기 때문에 이때는 windows.dataLayer가 존재하지 않습니다. 그래서 개발 환경에서는 이 코드가 실행되지 않도록 존재 여부를 확인합니다. 여기서는 GTM 이벤트 이름을 'menu_click'으로 지정하고, 어떤 메뉴를 클릭했는지 알 수 있도록 menu_name 필드를 추가로 전달합니다.

❸ Navigation 컴포넌트가 해제될 때 등록해뒀던 리스너도 제거되도록 처리합니다.

위와 같이 코드 작성이 완료된 후 웹사이트를 다시 빌드해서 실행하면, 메뉴를 클릭할 때마다 어떤 메뉴를 클릭했는지를 포함한 menu_click 이벤트가 발생해 GTM으로 전달됩니다. 여기서 말하는 '이벤트'는 GA 이벤트가 아닌 GTM 이벤트입니다. 따라서 현재까지의 설정과 코드만으로는 GA에 menu_click 이벤트가 제대로 기록되지 않습니다.

이제 GTM에 추가적인 설정을 해서 menu_click GTM 이벤트를 트리거로 사용해 GA 이벤트를 발생시키는 태그를 만들겠습니다.

To Do **01** GTM 웹 콘솔에 접속해 왼쪽 사이드바에서 [태그]를 선택 후 [새로 만들기] 버튼을 클릭합니다.

02 아래 태그 구성 및 트리거 화면이 나타나면 하나씩 설정을 채워넣습니다.

❶ 태그의 이름은 '메뉴클릭이벤트'로 하겠습니다. 원하는 이름으로 지정하셔도 됩니다.

❷ 태그 유형은 [Google 애널리틱스: GA4 이벤트]로 선택합니다.

❸ 구성 태그는 [GA_TAG]를 선택합니다. 이것은 페이지뷰 이벤트를 전송하기 위해 18.1.2절 '구글 태그 매니저 가입 및 설정하기'의 **08**에서 만든 태그 이름입니다. 이 설정을 통해 이벤트를 어떤 측정 ID를 가진 GA로 보낼지 결정할 수 있습니다.

❹ 태그가 실행될 때 GA로 보내질 이벤트의 이름입니다. 여기서는 menu_click이라고 정했습니다. GTM 이벤트 이름과 동일해도 되고, 다른 이름을 지정할 수도 있습니다. 여기서 정한 이름이 나중에 GA 웹 콘솔의 이벤트 목록에 나타납니다.

❺ 하나의 GA 이벤트는 여러 매개변수를 포함할 수 있고, 매개변수를 통해서 이벤트와 관련된 추가 정보를 기록할 수 있습니다. 여기서는 어떤 메뉴가 클릭된 것인지를 기록하는 매개변수 menu_name을 추가했습니다.

❻ GTM에서는 **{{메뉴이름}}**처럼 겹중괄호로 묶어서 변수^{variable}를 표시합니다. GTM에서는 이벤트 데이터가 생성될 때 미리 관련된 다양한 정보를 수집해놓는데 이것을 '변수'라고 합니다. 여기서는 사용자가 클릭한 메뉴의 이름을 불러오는 데 **{{메뉴이름}}** 변수를 사용합니다. 변수명은
❼ 🏠 버튼을 클릭해서 입력할 수 있습니다.

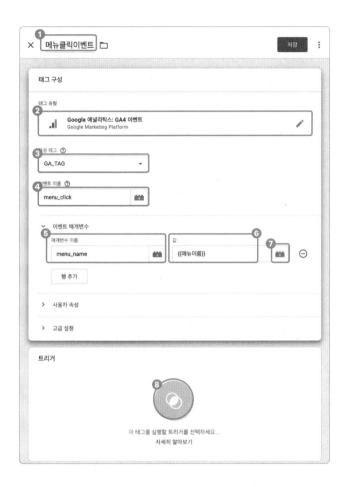

03 ❶ 변수 선택 목록에서 사용을 원하는 변수를 클릭해 변수를 입력할 수 있습니다. 만약 이 목록에 원하는 변수가 보이지 않는다면 해당 변수가 아직 활성화되지 않아서 수집되지 않는 상황일 겁니다. ❷ [기본 제공 변수] 검색창을 클릭해 기본 제공 변수 목록을 살펴본 후 원하는 변수를 선택해 추가할 수 있습니다. 하지만 메뉴 클릭 이벤트의 경우 GTM에서 제공되지 않기 때문에 ❸ 변수 추가 버튼을 클릭해 원하는 변수를 만들어서 사용해야 합니다.

04 ❶ 새로 만드는 변수의 이름을 '메뉴이름'으로 정했습니다. ❷ 변수 유형은 [데이터 영역 변수]로 설정합니다. 이 유형을 사용하면 dataLayer.push() 함수를 통해 데이터 영역으로 전달했던 이벤트 객체의 필드에 접근할 수 있습니다. ❸ 메뉴 이름에 해당하는 값을 GTM 변수로 만드는 것이 목표이기 때문에 메뉴 이름이 담겨있는 menu_name 필드명을 적어줍니다. 나머지 항목들은 기본값으로 두고 ❹ [저장]을 클릭하면 창이 닫히면서 **02**의 ❻ 입력창에 {{메뉴이름}} 변수명이 자동으로 입력되는 것을 확인할 수 있습니다.

05 ❶ 이제 GTM에서 menu_click 이벤트가 발생했을 때 이 이벤트를 GA로 보낼 수 있도록 트리거를 정의하겠습니다. **02**의 ❽ 영역을 클릭하면 다음과 같이 트리거 선택 화면이 나타납니다. 미리 정의된 '링크 클릭'과 관련된 트리거가 목록에 없기 때문에 ❶ 버튼을 클릭해 새롭게 '링크 클릭' 트리거를 만들어보겠습니다.

06 ❶ 트리거의 이름을 '메뉴클릭트리거'로 정했습니다. ❷ 영역을 클릭해 트리거 유형을 선택해 봅시다.

07 기타 카테고리의 ❶ [맞춤 이벤트]를 클릭합니다. 목록에서 볼 수 있듯이 GTM에서 다양한 트리거를 지원하기 때문에 이를 이용하면 다양한 상황에 맞게 트리거를 발생시킬 수 있습니다. 각 트리거를 모두 다루는 것은 이 책의 범위를 넘어서기 때문에 여기서는 [맞춤 이벤트] 트리거 유형만 다루겠습니다.

08 트리거 유형이 ❶ [맞춤 이벤트]로 선택된 것을 확인합니다. ❷ 이벤트 이름은 항목에는 menu_click을 입력합니다. 여기서 말하는 '이벤트'들은 전부 GTM 이벤트입니다. 즉, GTM 데이터 영역에 데이터가 전달될 때 event 필드에 'menu_click' 값을 넣어서 전송하면 지금 만들고 있는 트리거의 조건을 만족합니다.

```
windows.dataLayer.push({
  event: 'menu_click',
})
```

나머지 옵션들은 기본값으로 둔 채 ❸ [저장] 버튼을 클릭합니다.

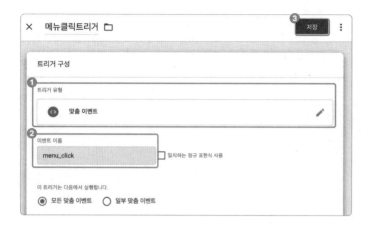

09 태그 구성과 트리거까지 설정이 완료되면 최종적으로 다음과 같은 화면을 볼 수 있습니다. 이제 ❶ [저장] 버튼을 눌러 구성된 태그를 완성합니다.

10 마지막으로 추가된 태그 내용이 포함된 컨테이너를 제출해 실제 웹사이트에 반영합시다. 컨테이너를 제출하는 방법은 18.1.2절 '구글 태그 매니저 가입 및 설정하기'에서 **12**를 참고하면 됩니다.

18.1.4 GA 데이터 확인하기

이제 대부분의 설정을 마무리했습니다. 이제까지 진행한 설정에 문제가 없는지 확인할 차례입니다. 웹사이트에서 데이터가 잘 수집되고 있는지를 확인하려면 웹브라우저로 웹사이트에 접속해 이것저것 스크롤하고 클릭하면서 GA에 데이터가 쌓이는지를 확인하면 됩니다. 하지만 이 방법은 쌓이고 있는 데이터의 내용을 실시간으로 정확히 파악하기는 힘듭니다. GTM의 태그 어시스턴트와 GA의 디버그 뷰debug view 기능을 이용해 실시간으로 데이터 수집 여부를 더 정확하게 확인할 수 있는 방법이 있어 소개하겠습니다.

To Do **01** GTM 웹 콘솔에 접속해 상단의 ❶ [미리보기] 버튼을 클릭합니다.

02 다음과 같이 태그 어시스턴트 화면[5]이 나타나면 ❶ 입력창에 웹사이트 주소를 입력하고 ❷ [Connect] 버튼을 클릭합니다.

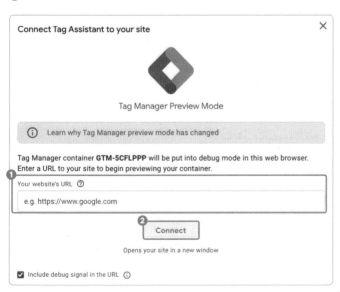

---

5 아직 베타 서비스라 한글화가 되어 있지 않습니다.

03 새 창으로 웹사이트가 열리면서 ❶ 영역에 태그 어시스턴트가 연결되어 있다고 표시됩니다. 이제 이 창에서 자유롭게 메뉴를 클릭하거나 링크를 클릭하면서 테스트하고자 하는 이벤트를 생성합니다.

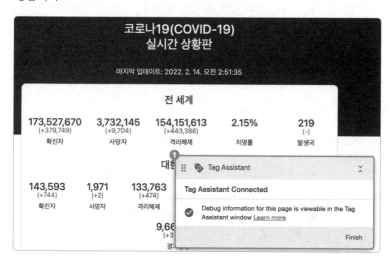

04 새 창이 뜨기 전 기존 창을 확인하면 연결됐다는 메시지가 떠있습니다. ❶ [Continue] 버튼을 클릭합니다.

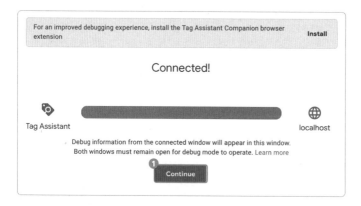

05 기존 창에 GTM으로 들어오는 이벤트를 확인할 수 있는 기능이 동작합니다. ❶에는 GTM의 데이터 영역으로 들어오는 모든 데이터가 기록됩니다. 코로나보드 웹페이지에서 메뉴를 클릭하면 실제로 menu_click 이벤트가 여기에 나타납니다. 이 이벤트를 클릭하면 더 자세한 정보가 오른쪽 영역에 나타납니다. ❷ 'Tags Fired'에는 실제로 해당 GTM 이벤트가 들어오면서 트리거한 태그가 표시됩니다. 이를 클릭하면 GTM 이벤트에 대한 세부 정보를 확인할 수 있습니다. ❸ 아이

콘을 클릭해 표시된 데이터를 초기화할 수 있습니다. 실제로 데이터가 삭제되지는 않습니다.

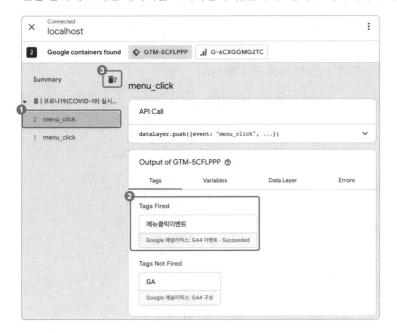

06 이벤트에 대한 상세 정보를 확인해봅시다. GTM 변수에 실젯값이 제대로 입력되고 있는지를 확인하려면 우상단에 ❶을 [Values]로 변경합니다. ❷ 이벤트 매개변수 영역을 확인하면 클릭된 메뉴 이름인 korea-chart-slide를 확인할 수 있습니다.

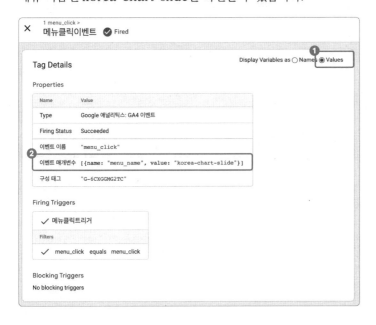

07 GTM으로 이벤트가 잘 전달되고 있는 것은 확인했으니 GTM에서 태그를 통해 GA까지 이벤트가 잘 전달되는지를 마지막으로 확인해봅시다. GA 웹 콘솔을 열고 왼쪽 사이드바에서 ❶ [구성]을 클릭합니다. ❷ 그다음으로 [DebugView]를 클릭합니다. ❸, ❹와 같이 실제 이벤트가 유입되기까지 약간의 딜레이는 있지만 거의 실시간으로 제공됩니다.

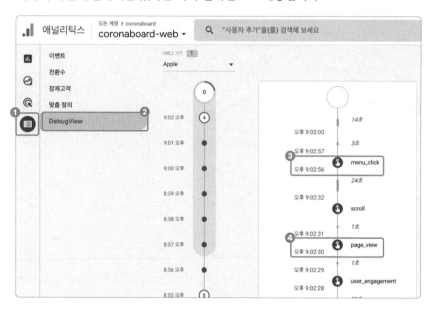

이상으로 menu_click과 page_view 등의 이벤트가 성공적으로 GA에 전달되는 것을 최종 확인했습니다.

18.2 GA 웹 콘솔에서 분석하기

웹사이트에 GTM과 GA 연동을 통해 사용자 유입 분석을 수행할 모든 준비가 완료되었습니다. 이제 사용자 행동이 GA에 이벤트로 기록됩니다. GA에서는 이러한 데이터를 다양한 방법으로 볼 수 있는 기본적인 분석 기능을 제공합니다. 이러한 기능들을 하나씩 살펴보면서 사용자 데이터로부터 인사이트를 얻는 방법을 알아봅시다.

18.2.1 제공되는 보고서 살펴보기

GA에 수집된 다양한 데이터는 [보고서] 메뉴에서 제공되는 다양한 템플릿을 사용해 분석할 수 있습니다. 보고서 메뉴에서는 분석하고자 하는 기준에 따라 템플릿을 제공하는데요, 대표적으로 인구 통계(국가별, 지역별, 언어별), 기술 개요(웹/앱, 운영체제, 디바이스), 사용자 획득 방법(오가닉, 직접 접속, SNS, 광고 등), 참여도 (접속 시간, 접속자 수, 이벤트 수, 전환율) 등의 기준에 따라 수집된 데이터를 분석해볼 수 있습니다.

To Do **01** ❶ [보고서]를 클릭해 보고서에 접근합니다.

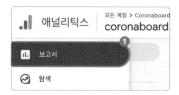

이제부터 보고서 메뉴 안에 있는 서브 메뉴 중 자주 사용하는 것 위주로 설명을 진행하겠습니다.

[보고서 개요]에서는 보고서 메뉴 서브에서 제공하는 다양한 분석 기준 중 가장 많이 이용되는 항목을 요약해서 보여줍니다. [그림 18-3]에서 볼 수 있듯이 보고서 ❶에서 데이터를 분석할 날짜범위를 선택할 수 있고, ❷ ✏️ 아이콘을 클릭하면 현재 보고 있는 보고서의 패널 배치를 변경하거나 패널을 추가/삭제할 수 있습니다. 각 패널에 대한 자세한 설명은 개별 보고서를 설명하면서 다시 한번 언급하겠습니다.

그림 18-3 보고서 개요 화면

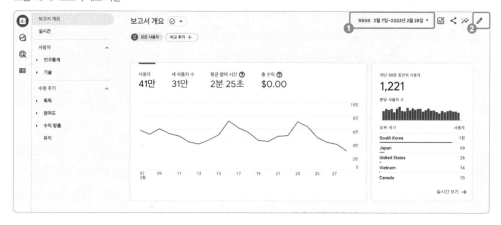

[실시간] 메뉴에서는 지난 30분 동안 활성화된 사용자 숫자를 확인할 수 있기 때문에 현재 웹사이트에 접속해 있는 사용자 숫자가 몇 명인지 대략 파악할 수 있습니다. 동시 접속자 수를 측정하는 별도의 시스템을 운영하지 않고 있다면 GA의 실시간 메뉴를 활용하면 됩니다.

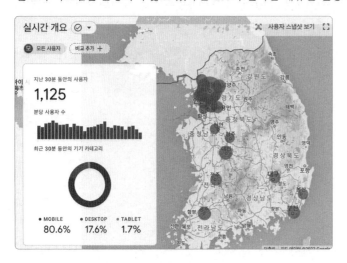

[인구 통계] 메뉴에서는 국가별, 시/군/구별, 성별, 연령별 데이터를 한눈에 확인할 수 있습니다. 이러한 인구 통계를 기반으로 사용자의 특성을 파악하고 이에 맞는 콘텐츠를 준비해 사용자 만족도를 올릴 수 있습니다.

만약 성별/연령별 분석이 나오지 않고 있다면 '구글 신호 데이터 수집 사용 설정'을 해줘야 합니다. 다음 그림에서처럼 ❶ 사이드바의 [관리] 메뉴를 클릭한 후 ❷ [데이터 설정] → [데이터 수집]을

클릭한 후 ❸ [시작하기] 버튼을 클릭하면 구글 신호 데이터 수집이 시작됩니다(새롭게 수집되는 데이터부터 적용되기 때문에 과거에 수집된 데이터에 대해서는 여전히 성별/연령별 분석이 불가능합니다).

▼ 구글 신호 데이터 수집 사용 설정

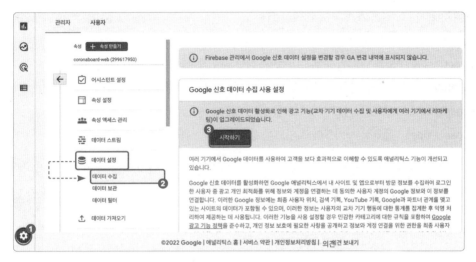

[기술]에서는 사용자들이 사용한 운영체제/웹브라우저/기기/화면해상도 정보를 얻을 수 있습니다. 이러한 정보는 실제로 많이 사용되는 기기 위주로 웹사이트를 최적화하는 데 도움이 됩니다.

[획득] 메뉴에서는 웹사이트를 이용한 사용자 수와, 이 사용자들이 어떤 경로를 통해서 웹사이트에 접속했는지를 보여줍니다. GA에서는 트래픽 채널을 다음과 같은 방식으로 분류합니다. 몇 가지 더 세세한 분류가 있지만 대부분의 트래픽 채널은 아래 내용에 해당됩니다.

- **Organic Search** : 검색 엔진 검색을 통해 접속
- **Paid Search** : 구글 검색 광고를 통해서 접속
- **Display** : 구글 디스플레이 광고를 통해서 접속
- **Direct** : 직접 주소를 입력해서 웹사이트에 접속 혹은 리퍼러referrer를 알 수 없는 경우
- **Referral** : 검색 엔진을 제외한 다른 웹사이트에서 링크를 통해 접속
- **Organic Social** : SNS 사이트에서 링크를 통해 접속
- **Organic Video** : 동영상 사이트에서 링크를 통해 접속

참고로 오가닉Organic이라는 용어는 고객이 광고를 클릭해 들어온 것이 아니고 자연스럽게 들어온 것을 의미합니다. 보통 SEO가 잘되어 있거나 SNS에서 바이럴을 타서 웹사이트 링크 공유가 많이 되면 오가닉 유입이 많습니다.

[참여도] 메뉴에서는 사용자가 얼마나 오랫동안 웹사이트에 머물렀는지, 많이 발생한 이벤트는 무엇인지 등을 살펴볼 수 있습니다.

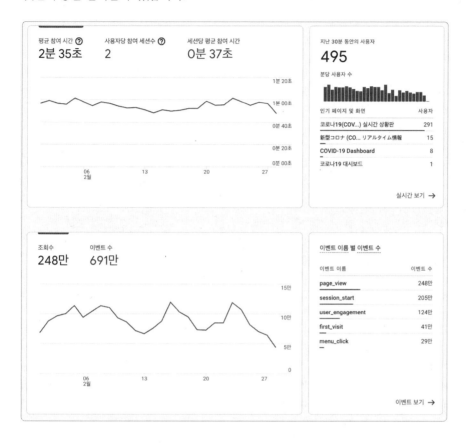

18.2.1 커스텀 보고서 만들기

데이터를 분석하다 보면 기본적으로 제공되는 보고서 외에 원하는 형태로 데이터를 보고 싶은 경우가 있습니다. 이번 절에서는 원하는 형태로 보고서를 만드는 기능을 알아보겠습니다.

기본 제공되는 트래픽 획득 보고서는 획득된 사용자를 트래픽 채널별로 묶어서 보여주기 때문에 사용자가 구체적으로 어떤 페이지에서 링크를 클릭해서 사이트로 유입되었는지를 정확히 알 수가 없는 단점이 있습니다. 이제 이 문제를 보완해 획득된 사용자가 어떤 페이지 URL로부터 왔는지를 알 수 있는 리퍼러를 볼 수 있는 새로운 보고서를 만들겠습니다.

To Do **01** 이 좌측 하단의 ❶ [라이브러리] 메뉴를 이용해 원하는 형태의 보고서를 만들 수 있습니다. ❷ [새 보고서 작성] 메뉴를 클릭한 후 ❸ [세부정보 보고서 만들기]를 선택합니다.

02 ❶ 트래픽 획득 템플릿을 클릭하면 기존 트래픽 획득 보고서와 같은 형태의 보고서가 생성됩니다. 여기에서부터 원하는 방식으로 보고서를 수정하겠습니다.

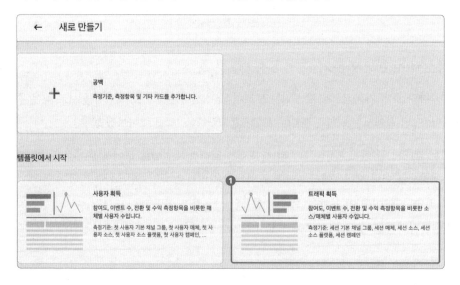

03 보고서 데이터 영역의 **①** [크기][6]를 클릭합니다.

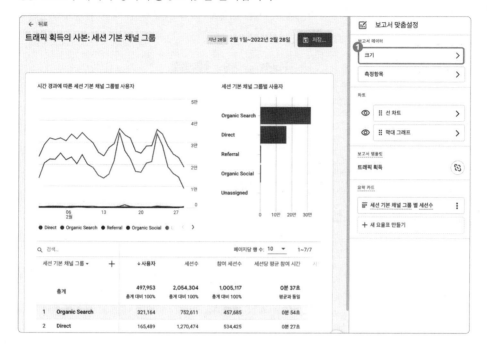

04 **①** [측정기준 추가] 버튼을 클릭하면 나오는 목록에서 페이지 리퍼러page referrer를 선택하면 **②**에서처럼 측정기준 목록에 추가됩니다. **③** 아이콘을 클릭해 나오는 메뉴에서 [기본값으로 설정]을 클릭합니다. **④** [적용] 버튼을 클릭합니다.

---

6 의미상 [측정기준]이 맞는데 구글 측에서 [크기]로 번역을 잘못한 것으로 보입니다.

05 페이지 리퍼러를 개별적으로 보는 테이블에 더 집중하려면 제공되는 그래프를 모두 ❶ 비활성화합시다. ❷ 테이블에는 페이지 리퍼러 주소가 잘 나오는 것을 확인할 수 있습니다. ❸ [저장]을 클릭합니다.

06 ❶ 보고서 이름은 '리퍼러'로 지었습니다. 최종적으로 ❷ [저장] 버튼을 클릭하면 보고서 저장이 완료됩니다.

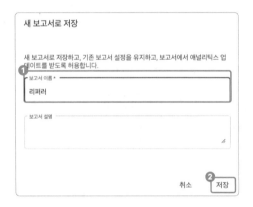

07 다시 라이브러리 페이지로 돌아오면 방금 만든 ❶ 리퍼러 보고서를 목록에서 찾을 수 있습니다. 매번 라이브러리 메뉴를 통해서 리퍼러 보고서에 접근하려면 번거로우니 이 보고서를 왼쪽 메

뉴에 추가해서 사용하겠습니다. '수명 주기' 카테고리의 ❷ [보고서 모음 수정]을 클릭합니다.

08 오른쪽 보고서 목록에서 ❶ 리퍼러를 찾아서 왼쪽 메뉴 목록의 원하는 위치로 끌어다 놓습니다. 원하는 위치에 추가되었다면 ❷ [저장] 버튼을 클릭하고 ❸ [현재 컬렉션에 변경 사항 저장]을 클릭합니다.

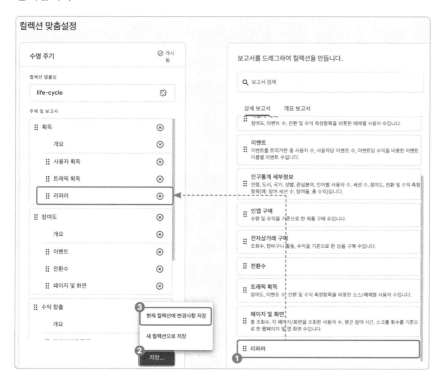

09 화면을 빠져나온 후 좌측 보고서 메뉴를 잘 살펴보면 방금 추가한 ❶ 리퍼러를 확인할 수 있습니다. 이 메뉴를 클릭하면 방금 만든 리퍼러를 볼 수 있는 테이블이 화면에 표시됩니다.

학습 마무리

이번 장에서는 GA와 GTM을 이용해 사용자 분석을 하는 방법을 알아보았습니다. GA에 수집된 데이터와 사용자들이 발생시킨 다양한 이벤트를 기반으로 어떤 사용자가 어떻게 웹사이트를 사용하는지를 파악할 수 있으면 이를 웹사이트를 개선해나갈 방향을 정하는 데 사용할 수 있습니다.

핵심 요약

1 GA는 구글에서 제공하는 사용자 분석 도구로 대부분의 기능을 무료로 사용할 수 있습니다.
2 GTM을 통해서 GA를 연동해 사용하면 훨씬 유연한 방식으로 사용자 데이터 수집을 할 수 있습니다.
3 GA에서는 기본적인 이벤트들을 자동으로 수집해주기 때문에 편리하지만 그 외에 사용자 정의 이벤트는 GTM을 통해 생성하거나 직접 코드를 작성해서 생성해줘야 합니다.

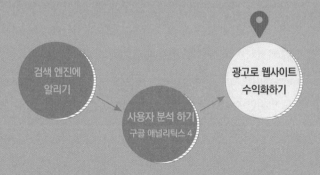

검색 엔진에
알리기

사용자 분석 하기
구글 애널리틱스 4

광고로 웹사이트
수익화하기

☐ **학습 목표**

서비스를 개발하고 운영하는 데 상당한 노력과 비용이 듭니다. 어떤 서비스든 지속적으로 운영하고 발전시켜 나가려면 어떤 방식으로든 수익화가 필요합니다. 이번 장에서는 구글 애드센스와 쿠팡 파트너스를 활용해 광고 수익을 창출하는 방법을 알아보겠습니다.

☐ **학습 순서**

```
┌─────────────────┐         ┌─────────────────┐
│  구글 애드센스로   │  ────▶  │  쿠팡 파트너스로   │
│ 광고 수익 창출하기 │         │ 광고 수익 창출하기 │
└─────────────────┘         └─────────────────┘
         ┊                           ┊
┌──────────────────────┐   ┌──────────────────────┐
│ 1. 애드센스 가입 및 설정하기 │   │ 1. 쿠팡 파트너스 가입하기   │
│ 2. 애드센스 사이트 승인 기다리기 │   │ 2. 광고 삽입하기         │
│ 3. 광고 삽입하기         │   │ 3. 쿠팡 파트너스 수익 리포트 확인하기 │
└──────────────────────┘   └──────────────────────┘
```

☐ **구글 애드센스**

구글 애드센스^{Google AdSense}는 구글에서 제공하는 광고 플랫폼입니다. 웹사이트 운영자가 웹사이트에 애드센스에 광고를 게시할 수 있도록 설정해두면 애드센스가 광고주로부터 받은 광고들을 해당 웹사이트 광고 영역에 게시합니다. 그리고 여기서 발생하는 광고 수익은 구글 애드센스와 웹사이트 운영자가 나눠가지게 됩니다. 미국 달러로 지급되며 일정 금액 이상이 되면 매월 정산해 등록한 외화 계좌로 지급됩니다. 사업자등록 없이 수익을 지급받을 수 있어서 부담 없이 사용할 수 있습니다.

☐ **쿠팡 파트너스**

쿠팡 파트너스^{Coupang Partners}는 쿠팡에서 제공하는 광고 플랫폼입니다. 광고 클릭당 혹은 뷰당 광고 수익이 발생하는 구글 애드센스와는 달리 광고 링크를 클릭 → 쿠팡 페이지로 이동 → 실제 구매까지 이루어져야만 수익이 분배됩니다. 고객이 쿠팡 파트너스 링크를 타고 쿠팡에 접속한 시간 기준 24시간 내 결제한 금액의 3%를 커미션으로 지급합니다. 쿠팡 파트너스 링크는 특정 상품에 대해서 생성할 수도 있지만 다이나믹 배너와 같이 개인 추천 기반의 다양한 상품이 자동으로 업데이트되는 배너도 있습니다.

19.1 구글 애드센스로 광고 수익 창출하기

웹사이트에 방문하는 사용자가 많을수록, 광고가 더 많이 노출되고 사용자가 광고를 클릭할 확률도 커지기 때문에 더 많은 수익을 발생시킬 수 있습니다. 방문자 수가 같은 상황을 가정하면 웹사이트 내에 광고 영역을 늘릴수록 수익이 더 늘어날 가능성이 큽니다. 하지만 과도한 광고로 인해 웹사이트를 이용하는 사용자들의 경험이 안 좋아진다면 웹사이트 사용자 수가 줄어들 수 있으니 주의하기 바랍니다.

이제 애드센스에 가입하고 광고를 게재하는 방법을 알아보겠습니다.

19.1.1 애드센스 가입 및 설정하기

`To Do` **01** 애드센스 웹사이트[1]에 접속합니다. ❶ [시작하기] 버튼을 클릭합니다. 구글 계정으로 로그인이 필요합니다.

02 기본 정보를 입력합니다. ❶ 애드 센스를 설치해 운영할 웹사이트 주소를 입력합니다. ❷ 실적 개선 제안 이메일을 받도록 선택합니다(선택 사항이라 동의하지 않아도 무방합니다). ❸ '국가/지역'을 대한민국으로 선택합니다. ❹ [애드센스 사용 시작] 버튼을 클릭합니다.

---

1 https://www.google.com/intl/ko_kr/adsense/start

03 기본 정보 입력이 완료된 후에 추가적인 정보 입력이 필요합니다. '지급' 영역의 ❶ [정보 입력] 버튼을 클릭합니다.

04 고객 정보 입력창이 나타납니다.
❶ '계정 유형'으로 개인과 사업자가
있습니다. 법인사업자만 '사업자'를
선택하고, 개인사업자는 '개인'을 선
택합니다. 사업자등록이 없는 개인도
'개인'을 선택하면 됩니다. ❷ 사업장
또는 거주지 주소를 입력한 후에 ❸
[제출] 버튼을 클릭합니다.

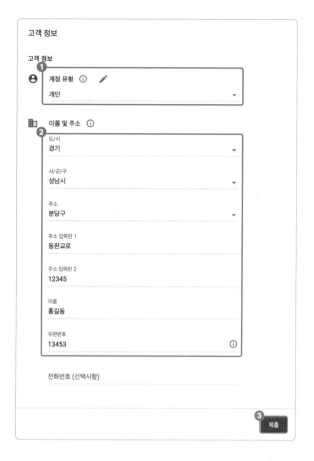

05 원하는 방식으로 전화번호 인증
을 진행하면 지급을 위한 고객 정보
입력 단계가 완료됩니다.

06 03의 ❷ [탐색] 버튼을 클릭하면 다음처럼 웹사이트에 실제로 광고가 적용되는 모습을 미리
확인할 수 있습니다. ❶ [자동 광고]를 활성화하면 따로 광고를 어디에 위치시킬지 별도의 코드를
작성하지 않아도 구글이 알아서 광고 수와 위치를 지정해주고, 이를 ❷에서 미리 볼 수 있습니다.

하지만 웹사이트의 사용자 경험을 해치지 않으려면 광고 영역을 직접 배치하는 것이 더 좋을 수 있으니 상황에 따라 결정하기 바랍니다. 여기서는 [자동 광고]를 다시 비활성화한 후 ❸ [사이트에 적용] 버튼을 클릭합니다.

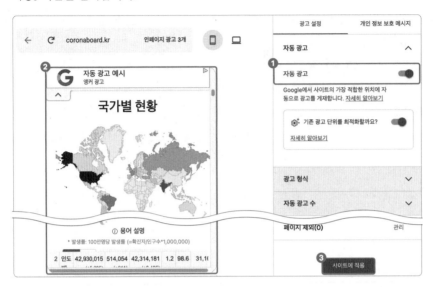

07 **03**의 ❸ [시작하기] 버튼을 클릭하면 애드센스 연동 코드가 제공됩니다. ❶의 애드센스 코드를 웹페이지의 ⟨head⟩ 태그 안에 복사해서 넣어줘야 합니다.[2]

---

2 ⟨body⟩ 태그 안에 넣어도 별 문제 없이 동작하지만 애드센스 공식 문서에는 ⟨head⟩ 태그를 추천합니다.

08 〈head〉 태그 안에 애드센스 코드 조각을 넣기 위해서 17.4절 '개츠비 기반 웹사이트에서 메타 디스크립션 추가하기'에서 사용한 react-helmet을 이용하겠습니다. 〈head〉 태그 내에 어떤 값을 넣고 싶다면 항상 Helmet 컴포넌트를 떠올리시면 됩니다. ❶에서처럼 복사해둔 애드센스 코드를 Helmet 컴포넌트 태그 내부에 입력합니다. 이렇게 Helmet 컴포넌트 안에 〈script〉 태그를 넣으면 웹페이지가 렌더링될 때 해당 〈script〉 태그를 자동으로〈head〉 태그 안으로 옮겨줍니다.

```
coronaboard-web/src/component/helmet-wrapper.js
... 생략 ...
function HelmetWrapper({ title, description }) {
  ... 생략 ...
  return (
    <Helmet
      ... 생략 ...
    >
      // ❶ 복사해뒀던 애드센스 코드 조각을 여기에 입력
      <script async src="https://pagead2.googlesyndication.com/pagead/js/
adsbygoogle.js?client=ca-pub-1511546096943469"
      crossorigin="anonymous"></script>
    </Helmet>
  );
}
... 생략 ...
```

09 애드센스 코드 조각이 추가된 상태로 웹사이트를 다시 빌드해 배포한 후 **07**의 ❷ [검토 요청] 버튼을 클릭합니다. 이 버튼을 클릭하면 구글에서 웹사이트에 사이트 광고 게재 가능 여부를 검토하게 됩니다. 검토 과정을 통과하면 애드센스 코드가 운영 중인 웹페이지에 포함합니다. 다음과 같이 모든 단계가 완료됐다는 화면이 나타나면 모든 준비가 끝난 겁니다.

19.1.2 애드센스 사이트 승인 기다리기

이제 애드센스에서 사이트 승인 검토가 끝날 때까지 기다려야 하는데 이 기간은 대략 2~4주 정도 소요됩니다. 애드센스에서는 광고를 게재할 웹사이트에 일정량 이상의 콘텐츠가 존재하는지를 확인합니다. 그러니 애드센스에 검토 요청을 하기 전에 웹사이트 내에 충분한 콘텐츠를 작성해두기 바랍니다. 콘텐츠도 양만 많으면 안 되고 실제로 의미 있는 콘텐츠를 제공해 사용자에게 충분한 가치를 전달할 수 있어야 합니다. 이러한 기본적인 조건 외에도 콘텐츠와 관련된 더 상세한 항목들이 존재하니 구글 게시자 정책 페이지[3]를 꼭 한 번 읽어보고 자신이 운영하는 사이트가 게시자 정책과 잘 부합하는지 확인합시다.

19.1.3 광고 삽입하기

애드센스 사이트 승인이 완료되어 광고 게재를 할 수 있는 상태라고 가정하고 웹사이트의 특정 영역에 애드센스 광고를 넣는 방법을 알아보겠습니다.

그림 19-1 광고가 있는 웹페이지 레이아웃 예시

애드센스의 모든 광고는 광고 단위ad unit 정의부터 시작됩니다. 광고 단위별로 형식을 다르게 지정할 수 있고 이 설정에 맞게 별도의 코드가 생성됩니다. 이렇게 생성된 코드를 웹사이트 내에 실제 광고가 게재되길 원하는 위치에 넣어주면 해당 영역에 원하는 형태의 광고가 나타납니다.

예를 들어 다음 그림처럼 콘텐츠 영역의 시작과 끝에는 각각 사각형 광고 형태를 가진 광고 단위를 만들고, 사이드바 영역에는 수직형 광고 형태를 만들어서 총 3개의 광고 단위를 운영할 수 있습니다.

---

3   게시자 정책 : https://support.google.com/adsense/answer/10502938

나중에 보고서를 통해서 광고 단위별로 얼마나 수익이 발생했는지도 볼 수 있기 때문에 광고 위치에 따른 수익성 분석을 할 수도 있습니다. 이러한 분석을 통해 수익성이 좋지 않은 광고 단위를 제거하고 다른 위치에 광고 단위를 만들어서 넣어보는 방식의 접근도 가능합니다.

이제 실제로 광고 단위를 만들고 웹페이지의 특정 위치에 코드 조각을 넣어서 광고를 표시하겠습니다.

To Do **01** 애드센스 웹 콘솔(https://www.google.com/adsense)에 접속한 후 ❶ [광고]를 클릭합니다.

02 상단에 탭 영역의 ❶ [광고 단위 기준]을 클릭 후 ❷ '디스플레이 광고'를 선택합니다. 디스플레이 광고는 애드센스에서 제공하는 가장 일반적인 광고 형태로 사각형, 수평형, 수직형 등의 모양이 있습니다. 페이스북이나 트위터 같은 피드 방식 웹페이지에는 '인피드 광고'가, 뉴스 기사나 블로그 같은 글 중심 콘텐츠에는 '콘텐츠 내 자동 삽입 광고'가 적절합니다.

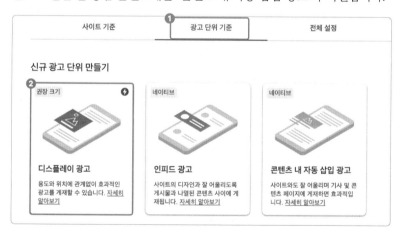

03 ❶ 광고 단위의 이름은 square01로 정했습니다. 여기서 정한 이름이 나중에 보고서에 나타나게 되니 광고 단위를 잘 구분할 수 있게 정하면 됩니다. ❷ 광고 모양은 가장 무난한 사각형을 선택했습니다. 모양 또한 웹사이트의 어느 부분에 광고를 넣을 것인지에 따라 잘 고민해서 원하는 대로 선택하면 됩니다. ❸ '광고 크기'는 반응형, 고정 두 가지 방식이 있습니다. 광고 크기를 고정해버리면 고정된 크기와 일치하는 광고만 게재될 수 있어서 게재 가능한 광고 수가 적어지고, 광

고 노출 수가 줄어 수익도 줄어들 가능성이 있습니다. 따라서 특수한 경우가 아니라면 반응형 방식을 선택하기 바랍니다. ❹ [만들기] 버튼을 클릭합니다.

04 방금 만든 광고 단위에 대한 코드 조각이 생성되었습니다. ❶ [코드 복사] 버튼을 클릭해 코드를 복사해둔 후 ❷ [완료] 버튼을 클릭합니다.

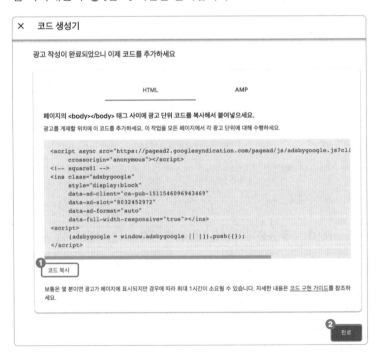

05 이제 실제 광고를 코로나보드의 공지사항과 메뉴바 사이 위치에 넣어보겠습니다.

```
                                           coronaboard-web/src/templates/single-page.js
import React, { useEffect } from 'react';
... 생략 ...


export default function SinglePage({ pageContext }) {
  ... 생략 ...
  // ❶ 컴포넌트가 마운트될 때 애드센스 초기화 코드 실행
  useEffect(() => {
    if (windows) {
      (windows.adsbygoogle = windows.adsbygoogle || []).push({});
    }
  });


  return (
    <div id="top">
      ... 생략 ...
      <Notice notice={notice} />
      {/* ❷ 광고 영역을 중앙 정렬 */}
      <div
        css={css`
          text-align: center;
        `}
      >
        {/* ❸ square01 */}
        <ins className="adsbygoogle"
             style={{display:'block'}}
             data-ad-client="ca-pub-1511546096943469"
             data-ad-slot="8032452972"
             data-ad-format="auto"
             data-full-width-responsive="true"></ins>
      </div>

      <Navigation />
      ... 생략 ...
    </div>
  );
}
```

❶ 리액트의 useEffect 후크를 사용해 컴포넌트가 마운트될 때 애드센스 초기화를 위한 코드가 실행되도록 합니다.

❷ 광고 영역을 중앙 정렬하기 위해 〈div〉 태그로 한 번 감싼 후 CSS 속성을 지정합니다.

❸ square01 광고 단위에 해당하는 코드를 여기에 입력합니다. 내용이 원래 코드 조각과는 조금 달라진 것을 알 수 있습니다. 상단 애드센스 스크립트를 불러오는 부분은 이미 Helmet 컴포넌트를 통해서 추가된 상태라 생략했고, 하단 애드센스 초기화 스크립트는 리액트 환경에 맞게 ❶의 useEffect 후크 내부로 옮겨갔습니다. style 부분은 JSX 문법에 맞게 수정되었습니다. 앞으로 다른 광고 유닛을 추가하는 때에도 이와 비슷한 방식으로 코드 조각을 수정해주면 됩니다.

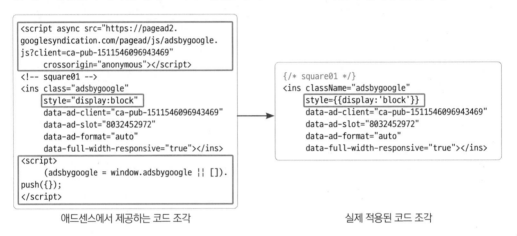

애드센스에서 제공하는 코드 조각　　　　　　　　　실제 적용된 코드 조각

06 광고가 잘 적용되었는지 웹페이지를 열어서 개발자 도구로 해당 영역을 조사해봅시다. ❶처럼 광고 표시 영역이 나타나고, ❷ 관련된 요소들이 로드되어 있으면 문제 없이 설정된 겁니다. 아직 광고 게재 승인이 되지 않거나 승인한 웹사이트가 아닌 다른 웹사이트에 광고 코드 조각을 넣으면 ❶에서처럼 광고 영역은 잡히지만 실제 광고가 로드되지 않습니다.

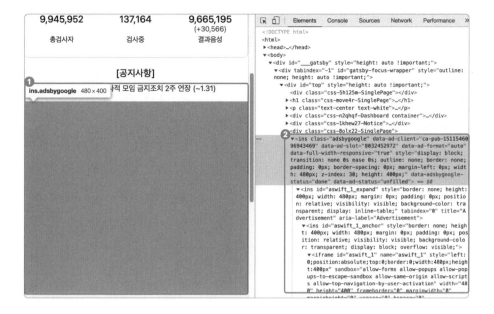

19.2 쿠팡 파트너스로 광고 수익 창출하기

이제 쿠팡 파트너스 프로그램에 가입하고 광고를 생성해 게재하는 방법을 알아보겠습니다.

19.2.1 쿠팡 파트너스 가입하기

쿠팡 파트너스 가입은 계정 생성 → 활동 시작 → 최종 승인 단계로 이루어져 있습니다. 일단 계정을 생성 한 후 등록한 채널에 쿠팡 파트너스 사이트에서 생성한 링크를 게재합니다. 이렇게 공유한 링크를 통해 발생한 결제 금액이 150,000원을 넘으면, 등록된 채널의 라이선스 위배 여부 등을 검토해서 최종 승인이 이루어지게 됩니다. 최종 승인이 이루어진 후 수익금이 최소 지급 기준액인 1만 원을 넘는 시점에 지급됩니다.

먼저 계정을 생성하는 방법부터 소개하겠습니다.

To Do **01** 쿠팡 파트너스 웹사이트[4]에 접속합니다. 이미 쿠팡 아이디가 있으면 ❶ [로그인] 버튼을, 없으면 ❷ [회원가입]을 클릭합니다. 쿠팡 아이디가 없다고 가정하고 회원가입으로 진행하겠습니다.

02 ❶ 가입을 위한 기본 정보인 아이디, 비밀번호, 이름, 휴대폰 번호를 입력합니다.

03 쿠팡 서비스 약관을 읽고 ❶ 필수 약관에 동의 후 ❷ [동의하고 가입하기] 버튼을 클릭합니다.

---

4 https://partners.coupang.com/

04 쿠팡 회원가입이 끝나면 쿠팡 파트너스 가입 화면이 뜹니다. ❶ [지금 가입]을 눌러 쿠팡 파트너스 가입을 진행합니다.

05 사업자 유형을 선택합니다. 사업자 등록를 등록하지 않은 개인이라면 ❶ [개인]을, 세금계산서를 발행할 수 있는 사업자라면 [법인/개인사업자 (세금계산서 Y)]를, 등록된 사업자가 있지만 간이과세자라서 세금계산서 발행이 불가능하다면 [개인사업자 (세금계산서 N)]을 선택해주세요. [개인]이나 [개인사업자 (세금계산서 N)]을 선택하는 경우 ❷ 본인인증을 진행해야 합니다.

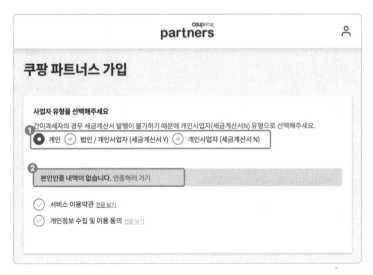

06 본인 인증을 완료하고 ❶ 약관에 동의하고 ❷ [다음] 버튼을 눌러주세요

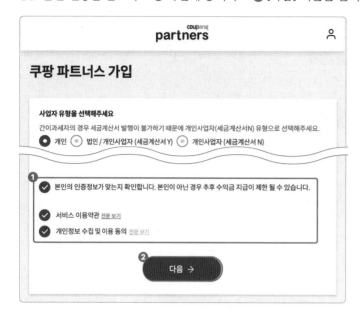

07 쿠팡 파트너스 링크를 게시할 웹사이트의 목록을 ❶에 입력하고 [추가] 버튼을 클릭합니다.

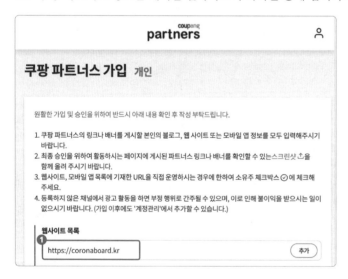

08 ❶ 웹사이트 성격을 입력하고 ❷ 웹사이트 주제를 선택합니다. ❸ [추천인 코드]는 쿠팡 파트너스에서 더 많은 파트너스를 모집하려 진행하는 이벤트로, 추천인 코드를 입력해서 가입한 신규 가입자의 첫 30일 매출의 1%를 신규가입자와 추천인 각각에게 추가 지급합니다. 즉 추천인 코드

를 기입하면 첫 30일은 커미션이 4%가 되는 겁니다. 따로 입력할 추천인 코드가 없는 경우 코로나보드팀의 추천인 코드인 **AF7043751**을 넣어주세요. 모든 항목을 입력했다면 ❹ [다음] 버튼을 클릭합니다.

09 이제 쿠팡파트너스 가입의 마지막 단계입니다. ❶ 전화번호 입력 → ❷ 이메일 입력 → ❸ [다음] 버튼을 클릭합니다. 그러면 쿠팡 파트너스 가입이 완료됩니다! 이제 등록한 웹사이트에서 쿠팡 파트너스 링크를 게재할 차례입니다.

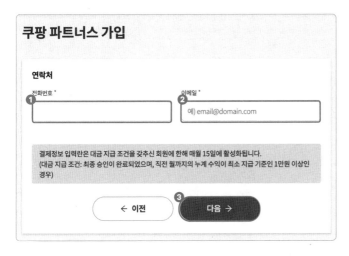

19.2.2 광고 삽입하기

생성된 계정을 이용해 실제 광고를 웹페이지에 삽입하겠습니다. 쿠팡 파트너스 링크를 생성하는 방법에는 상품 링크, 다이나믹 배너, 카테고리 배너, 검색 위젯, 이벤트/프로모션 링크 등이 있습니다. 이 중 다이나믹 배너는 한 번 생성해두면 자동으로 콘텐츠가 돌아가면서 바뀌고 아이템도 계속 변경되기 때문에 일반적인 웹사이트에서 무난하게 사용할 수 있는 광고입니다. 여기서는 다이나믹 배너 기준으로 설명을 진행합니다.

To Do **01** 쿠팡 파트너스 홈 상단 [링크 생성]에서 ❶ [다이나믹 배너]를 클릭합니다.

02 배너 설정 화면에서 ❶ 배너 제목을 적어줍니다. 이 값은 외부에 노출되는 것은 아니고 만들어둔 배너들을 단순히 구분하는 용도의 값입니다. ❷ '배너 타입'을 선택할 차례입니다. '파트너스 추천', '카테고리 베스트', '고객 관심 기반 추천', '상품 직접 선택' 중 하나를 선택한 후 하단 미리보기를 확인해보고 결정해주세요. ❸ 크기는 너비 100%, 높이 200으로 설정합니다. 원하는 크기를 설정하면 됩니다.

배너 설정

배너 제목 *
❶
디지털_배너_01

배너 타입 *
❷
카테고리 베스트

파트너스 추천
카테고리 베스트
고객 관심 기반 추천
상품 직접 선택

크기 조정
❸
너비 *   100%

높이 *   200

03 미리보기를 확인하고 ❶ [배너 만들기] 버튼을 클릭합니다. 왼쪽은 '카테고리 베스트' → '가전 디지털'을, 오른쪽은 '파트너스 추천' → 'Apple 브랜드 상품 모음'을 선택했을 때 생성된 배너 예시입니다.

04 ❶ [iframe 태그]를 선택한 후 ❷ [복사] 버튼을 눌러 코드를 복사합니다. [자바스크립트 태그]는 리액트 기반의 웹사이트에 삽입하기가 복잡하기 때문에 iframe 태그를 사용하겠습니다. 광고 기능상의 차이는 없습니다.

05 기존에 애드 센스 광고를 추가했던 위치를 피해서 광고를 넣기 위해 이번에는 '국가별 현황 슬라이드'와 '글로벌 차트 슬라이드' 사이 위치에 파트너스 광고를 넣어보겠습니다. single-page.js 파일을 열어서 다음과 같이 수정합니다.

coronaboard-web/src/templates/single-page.js

```
... 생략 ...
export default function SinglePage({ pageContext }) {
  ... 생략 ...
  return (
```

```
<div id="top">
    ... 생략 ...
    <GlobalSlide id="global-slide" dataSource={dataSource} />

    {/* ❶ 쿠팡 파트너스 코드 조각 추가 */}
    <iframe              src="https://ads-partners.coupang.com/widgets.html?id=
562965&template=carousel&trackingCode=AF7043751&subId=&width=100%25&height=200"
        width="100%" height="200" frameBorder="0" scrolling="no"
referrerPolicy="unsafe-url"></iframe>

    <GlobalChartSlide id="global-chart-slide" dataSource={dataSource} />

    ... 생략 ...
  </div>
  );
}
```

광고를 넣고자 하는 위치에 ❶ 쿠팡 파트너스 사이트로부터 복사한 코드 조각을 붙여넣었습니다.
너비에 % 기호를 넣어서 생성된 코드에서는 URL에 % 기호가 그대로 들어 있어서 바로 사용하면
오류가 발생합니다. 이 오류를 피하려면 % 기호를 URL에 안전한 형태로 인코딩^{encoding}해서 사용
해야 합니다. **% 기호를 URL 인코딩하면 %25**입니다. 여기서는 해당 부분을 직접 수정해서 사용
하겠습니다.

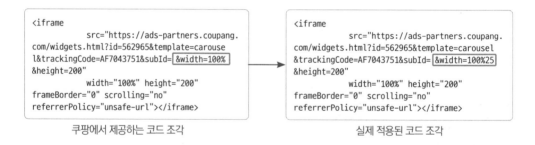

쿠팡에서 제공하는 코드 조각　　　　　　　　　　실제 적용된 코드 조각

Note　URL에서 &, =, % 등은 특수한 의미로 사용되는 예약 문자입니다. 이런 문자들을 문자 그자체로 사용하려면 꼭
URL 인코딩 절차를 거쳐야 합니다.

06 광고가 잘 적용되었는지 웹페이지를 열어서 확인합시다. 쿠팡 파트너스 광고는 최종 승인 이전에도 광고가 정상 노출됩니다.

19.2.3 쿠팡 파트너스 수익 리포트 확인하기

To Do **01** 쿠팡 파트너스 홈에서 리포트 → 실적 리포트 → ❶ [기간별 리포트]를 클릭합니다.

02 기간별 리포트에서는 최근 90일 동안의 실적을 조회할 수 있습니다.

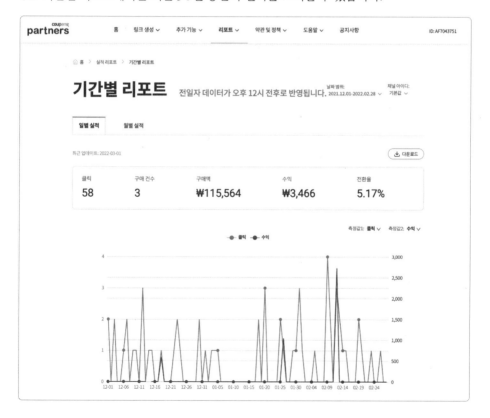

학습 마무리

이번 장에서는 구글 애드센스와 쿠팡 파트너스를 이용해 웹사이트에 광고를 게재하고 이를 통해 광고 수익을 얻는 방법을 알아보았습니다. 결국 어떤 서비스든지 담고 있는 콘텐츠나 제공하는 기능이 사용자를 만족시킬 수 있어야 지속적으로 사용자를 모을 수 있습니다. 이렇게 모아진 사용자가 수익으로 직결됩니다. 광고 자체도 중요하지만 광고 수익에 정신이 팔려서 서비스 자체의 품질을 높이는 노력을 게을리하지 않도록 주의합시다.

핵심 요약

1 구글 애드센스는 웹사이트에 광고를 게재할 수 있는 영역을 설정해 놓으면 광고주가 구글 애드센스 플랫폼을 통해 광고를 집행하고, 이 광고비를 애드센스와 웹사이트 운영자가 나눠갖는 방식입니다.
2 쿠팡 파트너스는 생성한 쿠팡 링크를 통해 일어난 거래액의 3%를 커미션으로 지급합니다.

부록

비동기 함수와
async, await 키워드

노드JS 기반으로 작성된 애플리케이션 서버는 단일 스레드만을 사용하지만 서버로 유입되는 요청을 비동기적asynchronous으로 처리하기 때문에 수많은 요청을 효율적으로 동시에 처리할 수 있습니다.

보통 애플리케이션 서버가 요청을 처리하다 보면 데이터베이스를 조회하거나 파일을 읽는 I/O 작업이 빈번히 발생합니다. 보통 I/O 작업은 시간이 걸리기 때문에 동기적으로 처리하면 결과를 얻을 때까지 CPU는 더는 다음 코드를 실행하지 않고 블로킹blocking 상태로 기다립니다. CPU 자원 사용 측면에서 비효율적이고, 사용자 경험 측면에서도 컴퓨터가 멈춰있는 듯 보이기 때문에 좋지 못합니다.

이러한 상황을 해결하는 데 대개는 다중 스레드 방식을 사용합니다. 미리 스레드를 여러 개 만들어 스레드 풀thread pool에 넣어두고 요청이 올 때마다 스레드를 꺼내서 요청을 처리한 후 다시 스레드 풀에 돌려놓는 방식으로, 아파치Apache나 톰캣Tomcat이 이렇게 동작합니다. 스레드 풀에 존재하는 스레드 수만큼의 요청을 동시에 처리할 수 있지만 미리 스레드들을 생성하고 유지하는 데 메모리가 필요할 뿐만 아니라, CPU가 스레드 간 문맥 전환까지 빈번하게 처리해야 하니 전체적인 응답 속도가 그만큼 느려질 수 있습니다.

반면 I/O를 비동기적으로 처리하는 방식은 I/O 요청을 한 함수가 결과를 기다리지 않습니다. I/O 요청 시 콜백callback 함수를 등록해두고 곧바로 다음 코드를 실행합니다. 블로킹 상태에 빠지지 않는다고 하여 논블로킹non-blocking이라고도 합니다. 자원 사용 측면에서 훨씬 효율적이죠. 결과가 준비되면 콜백 함수가 호출되고, 호출된 콜백 함수에서 결과를 처리합니다. 이것이 단일 스레드 기반의 노드JS가 여러 요청을 동시에 처리할 수 있는 비결입니다.

콜백 함수는 누가 어떻게 호출하는 걸까요?

노드JS 애플리케이션에는 이러한 논블로킹 I/O 작업을 수행하는 이벤트 루프event loop가 내장되어 있습니다. 이벤트 루프는 애플리케이션이 실행되는 동안 같이 실행되고 있는 일종의 무한 루프라고 생각하면 됩니다. 이벤트 루프는 무한히 루프를 돌면서 외부에서 서버로 들어온 요청이 있으면 해당 요청을 처리하는 코드를 실행합니다. 해당 요청을 처리하다 보면 즉시 처리해서 응답을 돌려줄 수 있는 경우도 있지만 데이터베이스 또는 파일에 있는 정보를 읽어들여서 응답해야 하는 경우 (즉 I/O 작업이 발생하는 경우) 때문에 즉시 응답할 수 없습니다. 이러한 I/O 작업을 콜백으로 등록해두게 됩니다. 이벤트 루프가 한 번 수행될 때마다 요청된 I/O 작업 중 완료된 작업들이 있는 지를 확인하고, 완료된 I/O 요청이 있으면 등록된 콜백 함수를 호출합니다.

노드JS의 이벤트 루프가 실제 동작하는 방식과 구조는 이것보다 더 복잡하지만 개념적으로 이해 하기 쉽도록 간소화해서 설명했습니다. 더 자세한 내용은 공식 문서[1]를 참고하기 바랍니다.

비동기 방식에서 문제점, 콜백 지옥 알아보기

성능 관점에서 보면 비동기 방식이 훨씬 좋지만, 코드 작성 관점에서 보면 코드가 작성되어 있는 순서대로 하나씩 실행되는 동기 방식이 훨씬 이해하기 쉽습니다. 비동기 방식으로 작성된 코드에 서 비동기 작업의 결과를 이용해 또 다시 비동기 작업을 수행하기도 합니다. 다음 코드처럼 콜백 함수 안에 콜백 함수를 중첩해서 사용하는 경우죠. 이런 식으로 2단계 이상 중첩된 코드는 사람이 해석하기가 매우 힘들어지는데 이를 콜백 지옥callback hell이라고 부릅니다.

example/appendix/callback_style.js

```
const fs = require('fs')

function readFilesAndConcat(callback) {
  fs.readFile('file1.txt', (err1, data1) => {        ┐
    if (err1) {
      callback(err1);                                  ├── 첫 번째 콜백
      return;
    }                                                  ┘
    console.log('file1.txt is ready!');
```

---

1 https://nodejs.org/en/docs/guides/event-loop-timers-and-nexttick

```
    fs.readFile('file2.txt', (err2, data2) => {
      if (err2) {
        callback(err2);
        return;
      }
      console.log('file2.txt is ready!');
      callback(null, data1 + data2);
    })
  });
}

readFilesAndConcat((err, result) => {
  if (err) {
    console.error(err);
    return;
  }

  console.log(result);
})
```

─── 두 번째 콜백

이런 콜백 지옥을 해결할 목적으로 프로미스^{promise} 객체가 도입되었습니다. 프로미스 객체는 언젠가 준비될 비동기 작업의 결과를 담고 있는 객체라고 생각할 수 있습니다. 비동기 작업의 특성상 아직 완료되기 전까지는 원하는 결괏값이 담겨 있지 않기 때문에 바로 값에 접근할 수는 없습니다. 프로미스 객체에 존재하는 then() 함수에 콜백 함수를 등록해두면 결과가 준비되었을 때 해당 콜백 함수가 호출됩니다. 다음 코드는 원래 콜백 함수를 받도록 만들어진 readFile() 함수를 프로미스화^{promisify}시켜서 프로미스 객체를 반환하도록 변경한 후 코드 스타일만 바꿔서 같은 동작을 하도록 만든 겁니다.

example/appendix/promise_style.js
```
const util = require('util');
const fs = require('fs');
const readFile = util.promisify(fs.readFile);

function readFilesAndConcat() {
  return readFile('file1.txt')
      .then(data1 => {
        console.log('file1.txt is ready!');
```

```
        return new Promise((resolve, reject) => {
          readFile('file2.txt')
              .then(data2 => {
                console.log('file2.txt is ready!');
                resolve(data1 + data2)
              })
              .catch(err => reject(err));
        })
    })
}

readFilesAndConcat()
    .then(result => {
      console.log(result);
    })
    .catch (err => {
      console.error(err)
    });
```

이 방식으로 작성하면 순차적으로 수행되어야 하는 비동기 호출을 몇 번을 하든 2단계 이상 중첩되지 않습니다. 또한 에러가 발생했을 때 처리를 한 곳에 모은다는 장점도 있습니다. 하지만 동기적으로 실행되는 코드에 비하면 여전히 많이 어렵습니다.

궁극의 콜백 지옥 탈출 방식 async/await

async/await는 프로미스 기반 코드를 동기 방식 코드처럼 쉽게 작성할 수 있도록 자바스크립트에 새로 추가된 키워드입니다. 같은 내용을 async/await 키워드를 이용해서 다시 작성한 아래 코드를 보면 실제로 비동기적으로 수행되는 코드임에도 동기적으로 수행되는 코드처럼 직관적입니다. 다만 await 키워드는 async 키워드가 붙은 함수 내에서만 사용이 가능한 제약이 있기 때문에 파일의 최상위 스코프에서는 await를 사용하지 못합니다. 그래서 아래 코드에서 readFilesAndConcat()을 호출하는 코드를 main() 함수 안으로 넣은 후 main() 함수를 호출합니다.

```js
const util = require('util');
const fs = require('fs');
const readFile = util.promisify(fs.readFile);

async function readFilesAndConcat() {
 const data1 = await readFile('file1.txt');
 const data2 = await readFile('file2.txt');

 return data1 + data2;
}

async function main() {
 try {
   const result = await readFilesAndConcat();
   console.log(result);
 } catch (err) {
   console.error(err)
 }
}

main();
```

async 키워드가 붙은 비동기 함수는 항상 반환값으로 프로미스 객체가 전달되기 때문에 비동기 함수를 호출할 때 await 키워드를 앞에 명시해서 호출할 수도 있지만 await 키워드 없이 반환된 프로미스 객체에 then() 함수를 연결할 수도 있습니다. async 키워드가 없는 일반 함수라도 프로미스 객체를 반환한다면 동일하게 await 키워드를 앞에 명시해서 호출할 수 있습니다. 결국 async/await 키워드는 프로미스를 더 가독성 있게 작성하는 문법적 설탕syntatic sugar이기 때문에 프로미스 객체와 완벽하게 호환되는 형태로 사용이 가능하다는 사실을 알 수 있습니다.

에필로그

코로나가 발생한 지 햇수로 3년입니다. 디지털 노마드 생활을 하며 태국 치앙마이의 작은 레지던 스에서 코로나보드 개발을 시작했을 때는 코로나가 이렇게 오래 지속될 것이라고는, 이렇게 코로 나보드 사이트 유지보수를 오래 할 것이라고는 전혀 상상하지 못했습니다. 거기에 책까지 쓰게 될 줄이야!

되돌아보면 코로나보드를 개발하고 운영하는 모든 과정은 끝없는 고민과 선택의 연속이었습니다. 만들고자 하는 서비스와 완전히 똑같은 서비스는 세상에 존재하지 않기 때문에 정답 또한 어디에 도 없었습니다. 결국 끊임없는 도전과 시행착오를 통해 쌓은 노하우를 기반으로 좀 더 나은 선택 을 해나갈 수밖에 없었습니다. 부부가 하루 종일 함께 코로나보드를 개발하고 운영하느라 힘든 점 도 있었지만, 함께 토론하고 치열하게 개발한 끝에 좋은 결과가 있었던 것 같습니다.

이 책을 쓴 이유는 서비스 기획부터 개발, 운영까지의 생생한 경험을 전달해 여러분만의 서비스를 만들 때 시행착오를 조금이라도 줄여드리기 위해서입니다. 저희의 경험을 발판 삼아서 자신만의 고민과 선택을 반복하다 보면 자신만의 서비스를 세상에 내놓을 수 있을 거라 생각합니다.

코로나로 많은 분이 힘든 시기지만, 한편으로는 IT 분야에서 다양한 기회가 열리기도 했습니다. 원격 진료, 비대면 거래, 메타버스 같은 기회가 새로 열리고 빠르게 성장하고 있습니다. 독자 여러 분도 항상 주변의 변화를 주시하며 좋은 기회를 찾아 만족할 만한 성과를 이룰 수 있기를 진심으 로 바라겠습니다.

감사의 인사

항상 응원해주신 부모님, 건강하게 잘 있어준 우리집 귀염둥이 나리에게 감사합니다. 실제 독자의 시각에서 많은 의견을 남겨주신 베타 리더 분들께도 큰 감사의 말씀을 드립니다. 저희가 블로그에 쓰듯이 작성한 글을 멋지게 책으로 다듬어주신 골든래빗 출판사 최현우, 이복연 프로님께도 감사 합니다. 마지막까지 이 책을 읽어주신 모든 독자께도 감사드립니다.

용어 찾기

용어 찾기

코드 찾기

코로나보드로 배우는 실전 웹 서비스 개발

Node.js와 AWS를 활용한 설계부터 크롤링, 개발, 운영, 수익화까지

초판 1쇄 발행 2022년 5월 1일

지은이 권영재, 주은진
펴낸이 최현우 · **기획** 최현우 · **편집** 최현우, 이복연
디자인 Nu:n · **조판** 이경숙

펴낸곳 골든래빗(주)
등록 2020년 7월 7일 제 2020-000183호
주소 서울 마포구 신촌로2길 19, 302호
전화 0505-398-0505 · **팩스** 0505-537-0505
이메일 ask@goldenrabbit.co.kr
SNS facebook.com/goldenrabbit2020
홈페이지 goldenrabbit.co.kr

ISBN 979-11-91905-19-9   93000